담마짝까 법문

• 초전법륜경 해설 •

제6차 결집 질문자 최승대현자

마하시 사야도

번역 허가증

ဗုဒ္ဓသာသနာနုဂ္ဂဟအဖွဲ့ချုပ်

မဟာစည်သာသနာ့ရိပ်သာ

အမှတ်–၁၆၊သာသနာ့ရိပ်သာလမ်း၊ဗဟန်းမြို့နယ်၊ရန်ကုန်မြို့။

ဖုန်း ၀၁ ၅၄၅၄၆၉
၀၁ ၅၄၁၉၇၁
ဖက်စ် ၀၁ ၅၄၅၉၁၈

Buddha Sāsanā Nuggaha Organization
MAHĀSI SĀSANA YEIKTHA
16, Thathana Yeiktha Road, Bahan Tsp. Yangon.(Myammar)

Phone: +951545469
+951541971
Fax: +951545918

Website - www.mahasi.org.mm **Email - mahasi.meditationcenter@gmail.com**

Date .27-12-2018

အကြောင်းအရာ ။ ။ **ကိုရီးယားဘာသာဖြင့် ပြန်ဆို၍ စာအုပ်ရိုက်နှိပ်ထုတ်ဝေရန် ဗုဒ္ဓသာသနာနုဂ္ဂဟအဖွဲ့ချုပ်မှ ခွင့်ပြုခြင်း။**

ကိုရီးယားနိုင်ငံတွင် မြတ်ဗုဒ္ဓ ထေရဝါဒ သာသနာပြန့်ပွားရေးအတွက် ကျေးဇူးတော်ရှင် မဟာစည်ဆရာတော်ဘုရားကြီး၏ အောက်ဖော်ပြပါ တရားစာအုပ်(၃)အုပ်ကို တတိယအကြိမ်အဖြစ် မြန်မာဘာသာမှ ကိုရီးယားဘာသာသို့ ပြန်ဆို၍ ဓမ္မဒါနဖြန့်ချီရန် တောင်ကိုရီးယားနိုင်ငံ အန်ညန်းမြို့နယ်၊ ကိုရီးယားမဟာစည်ရိပ်သာမှ ဥက္ကဋ္ဌ ဆရာတော် ဦးသောဓန အား အောက်ပါစည်းကမ်းချက်များနှင့်အညီ ဆောင်ရွက်ရန် ခွင့်ပြုပါသည်။

ဘာသာပြန်ဆိုရမည့်ကျမ်းစာအုပ်များ –

(၁) ဓမ္မစကြာတရားတော်
(၂) ဟေမဝတသုတ်တရားတော်
(၃) အနတ္တလက္ခဏသုတ် တရားတော်

စည်းကမ်းချက်များ–

၁။ ဤခွင့်ပြုချက်သည် မူပိုင်ခွင့်ပြုပေးခြင်းမဟုတ်ဘဲ ဗုဒ္ဓသာသနာနုဂ္ဂဟအဖွဲ့ချုပ်သာလျှင် **မူပိုင်ရှင်** ဖြစ်သည်။
၂။ ထုတ်ဝေမည့်စာအုပ်တွင် ဗုဒ္ဓသာသနာနုဂ္ဂဟအဖွဲ့ချုပ်သည် **မူပိုင်ရှင်** ဖြစ်ကြောင်းဖော်ပြရမည်။
၃။ သာသနာတော်ပြန့်ပွားရေးအတွက် **ဓမ္မဒါန** အဖြစ်ပုံနှိပ်ဖြန့်ဝေရန်။
၄။ ဤခွင့်ပြုချက်သည် **ကိုရီးယားဘာသာဖြင့်** ပြန်ဆိုထုတ်ဝေရန်အတွက်သာဖြစ်သည်။
၅။ ပုံနှိပ်ထုတ်ဝေသောစာအုပ်တွင် **ကျေးဇူးတော်ရှင်မဟာစည်ဆရာတော်ဘုရားကြီး၏(ဆေးရောင်စုံ)ဓာတ်ပုံ၊ ဘဝဖြစ်စဉ်နှင့် ထေရုပ္ပတ္တိအကျဉ်း** ဖော်ပြပါရှိရမည်။
၆။ ပုံနှိပ်ထုတ်ဝေသောစာအုပ်အရေအတွက်ဖော်ပြရမည်။
၇။ စည်းကမ်းချက်များနှင့် ညီညွတ်မှုမရှိပါက ခွင့်ပြုချက်ကို ပြန်လည်ရုပ်သိမ်းမည်။

ဖော်ပြပါစည်းကမ်းချက်များအတိုင်းလိုက်နာဆောင်ရွက်
ဖြစ်ပါကြောင်းဂတိပြုပါသည်။

ဘဒ္ဒန္တသောဓန
၅/မရန(သ)၀၀၀၀၉၄
(သာသနဓဇဓမ္မာစရိယ)
မဟာစည်ကမ္မဋ္ဌာနာစရိယ
ပဓာနနာယကဆရာတော်
ကိုရီးယားမဟာစည်ရိပ်သာ
အန်ညန်းမြို့၊ တောင်ကိုရီးယားနိုင်ငံ။

(ဒေါက်တာတင့်စိုးလင်း)
ဥက္ကဋ္ဌ
ဗုဒ္ဓသာသနာနုဂ္ဂဟအဖွဲ့ချုပ်
မဟာစည်သာသနာ့ရိပ်သာ
ဗဟန်း၊ရန်ကုန်မြို့။

나모 땃사 바가와또 아라하또 삼마삼붓닷사
나모 땃사 바가와또 아라하또 삼마삼붓닷사
나모 땃사 바가와또 아라하또 삼마삼붓닷사

Namo tassa bhagavato arahato sammāsambuddhassa.
Namo tassa bhagavato arahato sammāsambuddhassa.
Namo tassa bhagavato arahato sammāsambuddhassa.

아라한이시며 정등각자이신 그 거룩하신 세존께 예경 올립니다.
아라한이시며 정등각자이신 그 거룩하신 세존께 예경 올립니다.
아라한이시며 정등각자이신 그 거룩하신 세존께 예경 올립니다.

차 례

약어 | 16
일러두기 | 18
마하시 사야도 일대기 | 19
마하시 사야도 『담마짝까 법문』 제8쇄 발간사 | 25
서문 | 28

제1장 1962년 음력 8월 그믐

법문을 시작하며 | 46
경의 서분 | 48
설한 시기 | 49
세 가지 서문 | 51
출가하기까지 | 53
보살과 세속의 영화 | 53
저열한 구함 | 54
거룩한 구함 | 54
보살의 출가 | 58
스승을 찾다 | 59
알라라 선인에게 가다 | 59
알라라 선인에게서 방법을 배우다 | 60

매우 힘이 되고 만족할 만한 말 | 62
자기가 먹지 못할 약을 다른 이에게 주어선 안 된다 | 62
올바르게 숙고하는 모습 | 63
높여줄 것은 높여주는 것이 스승의 의무 | 63
우다까 선인에게 가다 | 65

우루웰라 숲에서 고행하다 | 67

세 가지 비유 | 68
마음을 마음으로 제압하는 고행 | 69
들숨날숨을 참아 숨 없는 선정에 들다 | 72
음식을 먹지 않는 고행 | 73
마라 천신이 유혹하며 말하다 | 74

붓다가 되다 | 78

바르게 반조하는 지혜가 생겨나다 | 78
어릴 때 초선정을 얻은 모습 | 79
음식을 다시 수용하다 | 81
오비구들 떠나다 | 82
붓다가 되다 | 83
고행이 자기학대에 포함된다는 사실 | 87

초전법륜을 설하시다 | 89

법을 처음 설하기 위해 숙고하시다 | 89
7일 일찍 죽어서 도와 과를 놓쳐버리다 | 91
하루 일찍 죽어서 도와 과를 놓쳐버리다 | 92
법을 처음 설하기 위해 가시다 | 94
우빠까 나체외도와 만나다 | 94
잘못에 집착하면 진리를 안 믿는다 | 99
오비구가 있는 곳에 도착하다 | 100

법을 듣도록 청하고 격려하다 | 101
「담마짝까숫따」의 가르침 | 106
출가자는 양극단을 의지해선 안 된다 | 106
중도실천 | 110

제2장 1962년 음력 9월 상현의 8일

양극단 | 114
성전과 의미 | 114
출가자는 양극단을 의지해선 안 된다 | 114
두 가지 극단부분 | 115
감각욕망쾌락의 탐닉에 몰두하는 것 | 117
감각욕망을 즐기는 것은 저열하다 | 118
감각욕망을 즐기는 것은 통속적이다 | 119
감각욕망을 즐기는 일은 범속하다 | 121
감각욕망 몰두는 거룩한 성자들의 실천이 아니다 | 121
감각욕망 몰두는 진정한 이익과 관련없다 | 122
재가자는 감각욕망에 의지해도 되는가 | 124
스스로를 힘들게 하는 실천 | 126
스스로를 힘들게 실천하는 모습 | 127
자기학대 실천은 고통일 뿐이다 | 131
자기학대 실천은 불이익과만 관련된다 | 131
자기학대를 잘못 견지하는 모습 | 133
행복함과 괴로움을 관찰하면 안 된다고까지 견해가 잘못된다 | 136
어떤 재가 수행지도자의 견해 | 137

중도실천의 이익 | 140
양극단에서 떠나도록 실천하는 모습 | 145
눈과 지혜를 생겨나게 하는 모습 | 146
번뇌를 잠재우는 모습 | 155
특별한 지혜로 아는 모습 | 159
꿰뚫어서 아는 모습 | 161
열반을 실현하는 모습 | 162
성스러운 도 구성요소 여덟 가지 | 166

제3장 1962년 음력 9월 보름

팔정도 상설 | 172
바른 말 도 구성요소 | 173
바른 행위 도 구성요소 | 176
바른 생계 도 구성요소 | 177
바른 노력 도 구성요소 | 180
바른 새김 도 구성요소 | 185
팔정도를 자세하게 설하셨는가 | 188
위빳사나 새김을 생겨나게 하려면 | 190
위빳사나 찰나삼매 | 191
현재법을 관찰해야 진짜 통찰지가 생겨난다 | 193
새김확립이 포함되지 않으면 통찰지가 생겨나지 않는다 | 194
바른 삼매 도 구성요소 | 196
성전과 의미 | 196
선정을 얻지 못하면 위빳사나 관찰을 해선 안 된다는 주장 | 197
세 종류의 삼매 | 199

바른 견해 도 구성요소 | 201
성전과 의미 | 201
업 자산 정견 | 203
닦아야 할 삼단 도 요소 | 207
바른 생각 도 구성요소 | 219

제4장 1962년 음력 9월 하현의 8일

사성제 | 224
괴로움의 진리 | 224
성전 검증 | 224
성스러운 진리 네 가지 | 230
괴로움의 진리 | 231
괴로움의 진리 법체 | 232
(1) 태어남이라는 괴로움 | 232
(2) 늙음이라는 괴로움 | 241
(3) 죽음이라는 괴로움 | 242
(4) 슬픔이라는 괴로움 | 243
(5) 비탄이라는 괴로움 | 244
(6) 고통이라는 괴로움 | 245
(7) 근심이라는 괴로움 | 246
(8) 절망이라는 괴로움 | 246
(9) 싫어하는 것과 함께함이라는 괴로움 | 247
(10) 좋아하는 것과 헤어짐이라는 괴로움 | 248
(11) 원하는 것을 얻지 못함이라는 괴로움 | 249
(12) 다섯 취착무더기라는 괴로움 | 250

제5장 1962년 음력 9월 그믐

생겨남의 진리 | 274
생겨남의 진리 개요 | 274
갈애의 성품 | 277
갈애의 종류 | 323

제6장 1962년 음력 10월 보름

소멸의 진리 | 336
도의 진리 | 345
바른 견해 | 347
들어서 아는 지혜도 필요하다 | 354
도 구성요소를 닦는 모습 | 358
지혜라는 바른 견해가 생겨나는 모습 | 360
관찰할 때마다 팔정도가 포함되는 모습 | 365
위빳사나 지혜로 네 가지 진리를 아는 모습 | 372
성스러운 도의 지혜로 네 가지 진리를 동시에 알고 보는 모습 | 374
위빳사나도 소멸에 이르게 하는 도에 포함된다 | 376

제7장 1963년 음력 2월 보름

3전 12행상 | 380
괴로움의 진리 | 380
괴로움의 진리에 대한 진리 지혜 | 380

괴로움의 진리에 대한 역할 지혜 | 390
괴로움의 진리에 대한 완수 지혜 | 394
생겨남의 진리 | 399
생겨남의 진리에 대한 진리 지혜 | 399
생겨남의 진리에 대한 역할 지혜 | 404
생겨남의 진리에 대한 완수 지혜 | 409
소멸의 진리 | 412
소멸의 진리에 대한 진리 지혜 | 412
소멸의 진리에 대한 역할 지혜 | 413
소멸의 진리에 대한 완수 지혜 | 415
도의 진리 | 416
도의 진리에 대한 진리 지혜 | 416
도의 진리에 대한 역할 지혜 | 419
도의 진리에 대한 완수 지혜 | 423
성스러운 도의 순간에 네 가지 진리를 동시에 아는 모습 | 426

제8장 1963년 음력 3월 보름

붓다의 지위를 선언하시다 | 430
붓다의 지위를 선언하지 않으셨던 모습 | 430
붓다의 지위를 선언하시는 모습 | 434
끝맺는 말씀 | 436
숙고할 점 | 439
실천 방법을 직접 설하신 것이 없다 | 439
법문을 듣는 대중들이 특별한 법을 얻는 모습 | 440

결집 기록 | 444

꼰단냐 장로에게 법안이 생겨나다 | 445

성전과 의미 | 445
법문을 들으면서 꼰단냐 존자가 특별한 법을 얻는 모습 | 446
도의 순간에 티나 더러움이 사라지는 모습 | 448
위빳사나로 가능한 만큼 제거해야 도의 지혜가 번뇌의 뿌리까지 제거한다 | 449
위빳사나 지혜에서 도의 지혜가 생겨난다 | 450
도의 대상인 열반은 모든 물질·정신이 소멸한 성품 | 453
설한 법을 이해하는 것만으로 도의 지혜가 생겨나는 것 아닌가 | 455

천신과 범천들이 찬탄하는 모습 | 456

"그 순간에"라는 구절에 대해 | 459

대지의 진동과 광채가 나타나다 | 460

부처님께서 감흥어를 읊으시다 | 461

안냐시꼰단냐가 비구가 되길 청하는 모습 | 462

성전과 대역 | 462
전통을 버리기는 쉽지 않다 | 463
"법을 보게 되어"라는 등의 덕목을 갖추는 모습 | 464
찟따 장자와 나따뿟따 | 468
매우 존경할 만하다 | 469

에히 빅쿠로 비구가 되는 모습 | 471

초전법륜, 그 후 | 472

초전법륜을 듣고 특별한 법을 얻은 이들 | 472
노력하고 나서야 특별한 법을 얻게 된 모습 | 473
교법의 시작부터 체계적으로 노력하고 보호하는 모습 | 474

듣는 것만으로는 되지 않고 수행해야 한다 | 482
왑빠 존자 등이 노력하는 모습 | 483
부처님을 포함 아라한 여섯 분이 출현하시다 | 485

부 록

「담마짝까숫따」 빠알리어와 해석 | 488

삼장의 구성 | 508

상윳따 니까야의 구성 | 510

칠청정과 위빳사나 지혜들 | 512

빠알리어의 발음과 표기 | 514

역자후기 | 520
참고문헌 | 523
찾아보기 | 526

약어

A.	Aṅguttara Nikāya 앙굿따라 니까야 增支部
AA.	Aṅguttara Nikāya Aṭṭhakathā 앙굿따라 니까야 주석서
Be	삼장의 VRI 간행 미얀마 제6차 결집본
BDe.	삼장의 미얀마 이본異本
D.	Dīgha Nikāya 디가 니까야 長部
DA.	Dīgha Nikāya Aṭṭhakathā 디가 니까야 주석서
Dhp.	Dhammapada 담마빠다 法句經
DhpA.	Dhammapada Aṭṭhakathā 담마빠다 주석서
ItA.	Itivuttaka Aṭṭhakathā 이띠웃따까 주석서
J.	Jātaka 자따까 本生譚
JA.	Jātaka Aṭṭhakathā 자따까 주석서
Ke.	삼장의 캄보디아 본
Kv.	Kathāvatthu 까타왓투 論事
M.	Majjhima Nikāya 맛지마 니까야 中部
MA.	Majjhima Nikāya Aṭṭhakathā 맛지마 니까야 주석서
Mil.	Milindapañha 밀린다빤하 彌蘭陀王問經
Nd2A.	Cūla Niddesa Aṭṭhakathā 쭐라 닛데사 주석서

PaMṬ. Pañcapakaraṇa Mūḷaṭīkā 빤짜빠까라나 근본복주서
Pm. Paramatthamañjūsā = Visuddhimagga Mahāṭīkā = Mahāṭīkā 위숫디막가 마하띠까 청정도론 대복주서
Ps. Paṭisambhidāmagga 빠띠삼비다막가 無碍解道
PsA. Paṭisambhidāmagga Aṭṭhakathā 빠띠삼비다막가 주석서

S. Saṁyutta Nikāya 상윳따 니까야 相應部
SA. Saṁyutta Nikāya Aṭṭhakathā 상윳따 니까야 주석서
Se. 삼장의 스리랑카 본
SdṬ. Sāratthadīpanī Ṭikā 사랏타디빠니 복주서 要義燈釋
Sn. Suttanipāta 숫따니빠따 經集
SnA. Suttanipāta Aṭṭhakathā 숫따니빠따 주석서

Te. 삼장의 태국 본

UdA. Udāna Aṭṭhakathā 우다나 주석서

Vbh. Vibhaṅga 위방가 分別論
VbhA. Vibhaṅga Aṭṭhakathā 위방가 주석서
VbhMṬ. Vibhaṅga Mūḷaṭīkā 위방가 근본복주서
Vin. Vinaya Piṭaka 위나야 삐따까 律藏
VinA. Vinaya Aṭṭhakathā 위나야 주석서
Vis. Visuddhimagga 위숫디막가 淸淨道論
Vv. Vimānavatthu 위마나왓투 天宮史

일러두기

1. 본문에 인용된 빠알리 문헌은 모두 6차 결집본이다.
2. M.i.217은 6차 결집본 『맛지마 니까야』 제1권 217쪽을 뜻하고, M26은 『맛지마 니까야』의 26번째 경을 뜻한다.
   Dhp.240은 《법구경》 240번째 게송을 뜻한다.
3. 원저자의 번역은 **대역** 이나 **해석** 으로 표시했고 역자의 번역은 **역해** 로 표시하거나 괄호로 표시했다.
4. 대역할 때 한 단어의 여러 의미는 쌍반점 ';'으로 표시했다. 원저자의 보충 설명은 겹화살 괄호 '《 》', 역자의 보충 설명은 소괄호 '( )', 관찰할 때 명칭은 홑화살 괄호 '〈 〉'로 표시했다. 시의 단락 구분에서 행은 빗금 홑구분줄 ' | '로, 연은 겹구분줄 ' || '로 표시했다. 게송의 단락 구분도 이 둘로 표시했다.
5. 원저자인 마하시 사야도의 주석은 ㉯으로 표시했고, 표시가 없거나 ㉳으로 표시된 것은 역자의 주석이다. 본문의 내용을 주석으로 옮긴 내용은 ㉰으로 표시했다.
6. 빠알리어는 정체로 표기했고, 영문은 이탤릭체로 표기했다. 미얀마어는 영어로 표기한 후 이탤릭체로 표기했다.
7. 약어에 전체 빠알리어가 제시된 문헌은 본문에 따로 빠알리어를 표기하지 않았다. 본문에 인용된 경은 빠알리어 한글표기를 기본으로 했으며 빠알리어 영문 표기와 의미는 각주에 밝혔다.
8. 미얀마어로 된 참고문헌은 영어의 이탤릭체로 표기한 뒤 그 의미를 이어서 소괄호 안에 표기했다. 저자도 영어의 이탤릭체로만 표기했다.
9. 반복 인용된 문헌은 처음에만 저자를 표기하고 두 번째부터는 책의 제목만 표기했다.
10. 인용문과 게송은 들여쓰기를 했다.

마하시 사야도 일대기

장차 '마하시 사야도*Mahāsi Sayadaw*'라고 불리게 될 귀한 아들이 1904년 7월 29일 금요일 새벽 3시, 사가인 주, 쉐보 시, 세익쿤 마을에서 아버지 우 깐도와 어머니 도 쉐오욱 사이의 둘째 아들로 태어났다. 어릴 때의 이름은 마웅 뜨윈이었다.

마웅 뜨윈은 1910년 6세 때 세익쿤 마을 인진또 정사의 뻬마나 짜웅 사야도 밧단따 아딧짜Bhaddanta Ādicca 스님에게 기초학문을 배웠다. 1916년 12세 때는 부모님의 후원으로 어릴 적 스승이었던 밧단따 아딧짜 스님에게 사미계를 수지했다. 법명은 아신 소바나Ashin Sobhana였다. 그리고 1923년 11월 26일 월요일[1] 오전 8시, 인진또 정사의 밧다 Baddha 계단戒壇에서 우 아웅보와 도 띳의 후원으로 탄신 마을에 있는 수메다 짜웅 사야도 밧단따 님말라Bhaddanta Nimmala 장로를 은사로 비구계를 수지하셨다.[2]

1924년[3] 9월 2일, 비구로서 첫 번째 안거를 나기도 전에 정부가 주

1 저본에는 10월 26일로 되어 있으나 1923년 10월 26일은 금요일이다. 미얀마 본에는 미얀마 대왕력 1285년 음력 10월 하현의 4일로 나온다. 미얀마 만세력인 Mycal 앱에 따르면 이날은 양력으로 11월 26일, 월요일이다. 또한 *Ashin Sīlānandābhivaṁsa*, 『*Biography of The most venerable Mahāsi Sayadaw*』, *part I*, p.23에도 1923년 11월 26일로 돼 있다.

2 저본에 이 단락부터 경어체를 써서 그대로 따랐다.

3 저본에는 1925년으로 돼 있으나 저본에 병기한 미얀마력 1286년과 양력의 9월 1일이라는 표현, 그리고 비구로서 한 번의 안거도 지내지 않았다는 사실을 고려하면 1924년도가 돼야 한다. 미얀마 만세력인 Mycal 앱과도 일치한다.

관하는 빠알리어 시험의 초급에 합격했고, 1927년 중급에 이어 1928년 고급단계까지 합격하셨다. 1942년에는[4] 정부가 두 번째로 시행한 '정부 주관 담마짜리야' 시험에서 필수 세 과목을 포함해 특별 다섯 과목에 합격함으로써 사사나다자 시리빠와라 담마짜리야Sāsanadhaja Sīripavara Dhammācariya 칭호를 받으셨다.

1929년에는 어릴 때의 여러 스승을 포함해서 만달레이 시 서쪽 외곽에 있는 킨마깐 짜웅다익의 브와도 짜웅에 주석하던 찬다지 다익 사야도 밧단따 락카나Bhaddanta Lakkhaṇa, 킨마깐 다익띠짜웅 사야도 밧단따 인다왐사비왐사Bhaddanta Indavaṁsābhivaṁsa 등 교학으로 유명했던 여러 사야도에게 성전과 주석서 등을 배우고 익혀 교학에 능통하게 되셨다. 1930년 음력 6월, 이전에 스승이었던 밧단따 아딧짜 장로의 청으로 몰라먀인의 따운와인갈레이 강원으로 가서 비구와 사미 등 학인들에게 교학을 가르치셨다.

1932년 1월 29일, 사마타 수행과 위빳사나 수행을 실천하기 위해 도반이었던 밧단따 떼자완따Bhaddanta Tejavanta와 함께 진짜익, 따토웅, 껠라사, 먀더베익 산, 짜익티요우 산, 쉐이야운빠 산, 우오웅칸 숲속 정사 등에서 여러 수행주제를 실천하면서 검증하고 익힌 뒤 마지막에는 따토웅 시의 밍군 제따완 사야도를 찾아가 새김확립 관찰방법을 배우고 실천하셨다. 그러던 중 1932년 7월 9일, 고향이 같은[5] 아딧짜 장로의 건강이 좋지 않다는 소식을 듣고 따토웅에서 다시 몰라먀인 따운와인갈레이 강원으로 가셨다.

4 이전 책들에는 1941년으로 나오는데 미얀마 음력과 양력의 차이 때문에 생긴 오류다.
5 이전 본에는 '스승이었던'이라고 설명했다.

1938년 5월에는 친척들을 섭수하기 위해[6] 고향인 세익쿤 마을 마하시 짜웅다익으로 가셨다. 그곳에서 7개월 정도 머무르며 친척인 우 툰 에이, 우 포우초웅, 사야 짠 세 명에게 새김확립 위빳사나 수행을 처음 지도하셨다. 그리고 1941년에 다시 몰라먀인 따운와인갈레이 강원으로 돌아가셨다.

1941년 12월,[7] 제2차 세계대전으로 몰라먀인 따운와인갈레이 강원에서 고향인 세익쿤 마을로 다시 돌아오셨고, 바로 그해부터 새김확립 위빳사나 수행법을 본격적으로 설하셨다. 이후 수행자들이 매년 늘어났다. 이때 주석하시던 곳이 마하시 짜웅*Mahāsi kyaung*이었다. 마하시 짜웅은 세익쿤 마을의 수행자들에게 수행시간을 알리면서 쳤던 큰*Mahā* 북*si*이 있는 정사*kyaung*라는 뜻이다. '마하시 사야도'라는 이름은 여기에서 유래됐다.

1944년에는 총 950쪽이나 되는 『*Vipassanā Shunyikyan*(위빳사나 수행방법론)』(전체 2권)을[8] 7개월 만에 저술하셨고, 이후로 여러 쇄가 출판됐다. 이 외에도 『*Visuddhimagga Mahāṭīkā Nissayakyan*(위숫디막가 마하띠까 대역)』(전체 4권)을 비롯해 설하신 법문집과 저술하신 책이 80권이 넘는다.

1947년 11월 13일, 거룩하신 부처님의 교학과 실천의 가르침을 진흥하고 선양하려는 목적으로 불교진흥회*Buddhasāsanānuggaha Organization*가 사우뜨윈을 회장으로 양곤에 설립됐다. 다음 해 1948년 9월 6일에

6 이전 본에는 '동생의 부고 소식을 전해듣고'라고 설명했다.

7 저본에 1941년 음력 11월로만 나와 있는데, 이는 양력으로 11월과 12월에 걸쳐 있다. 그중 12월을 택했다.

8 이전 본에는 '위빳사나 수행의 실제와 경전 근거에 관해 총망라한 위대한 책이다'라는 설명이 첨가돼 있다.

는 사우뜨윈이 양곤 시 바한 구의 대지 5에이커를 불교진흥회에 보시해 수행센터를[9] 개원하게 됐다. 이 수행센터는 현재 20에이커까지 확장됐고, 수행 법당과 수행 지도자 및 남녀 출가자와 재가자 건물 등이 속속 들어섰다.

마하시 사야도께서는 당시 수상이었던 우 누와 사우뜨윈 등의 요청으로 1949년 11월 10일부터 양곤 수행센터에서 주석하시다가 그해 12월 4일부터는 집중수행자 25명에게 위빳사나 수행법을 지도하셨다. 그 후 몇 년 지나지 않아 미얀마 전역에서 마하시 수행센터가 개원됐으며, 현재 그 수가 미얀마 국내외를 합쳐 697곳에 이른다. 태국이나 스리랑카 등 여러 이웃 나라에도 수행센터가 개원돼 마하시 사야도의 위빳사나 수행법을 지도하고 있다. 2018년 12월 31일 현재 마하시 방법으로 위빳사나 수행을 경험한 미얀마 국내외 수행자들은 무려 518만 3천15명에 이른다.[10]

마하시 수행센터에서 지도하신 지 2년 후인 1952년에는[11] 사야도의 계·삼매·통찰지의 덕목을 존중하고 기리면서 정부에서 수여하는 최승대현자Aggamahāpaṇḍita 칭호를 받으셨다.

1954년 5월 17일, 음력 4월의 보름날(수요일)을 시작으로 2년간 제6차 결집Chaṭṭhasaṅgayanā이 열렸다. 마하시 사야도께서는 제6차 결집의 여러 중요한 모임에서 의무를 다하셨다. 특히 성전과 주석서, 복주서를 최종적으로 검증해 결정하는 최종결정회osānasodheyya의 위원으로서 여러 성전과 주석서를 독송하고 결정하셨다. 그리고 사야도

9 저본에는 '마하시 수행센터'라고 표현했다.

10 2018년도 자료는 마하시 사사나 수행센터 불교진흥회 71번째 연례보고서를 참조했다.

11 이전 여러 본에서는 1957년, 1954년으로 되어 있다.

께서는 제6차 결집 질문자pucchaka 역할도 맡으셨다. 마하시 사야도의 질문에 대답하는 송출자visajjaka 역할은 밍군 삼장법사께서 맡으셨다.

중요한 내용 한 가지를 덧붙이자면, 부처님께서 완전 열반에 드신 뒤 열린 첫 번째 결집에서 마하깟사빠Mahākassapa 존자가 질문자를 맡고 우빨리Upāli 존자와 아난다Ānanda 존자가 독송하고 송출하며 결집에 올리셨던 것과 마찬가지로 삼장 성전을 독송하며 결집한 뒤 주석서와 복주서는 마하시 사야도의 주도로 편집하고 교정, 검증해서 제6차 결집에 올리셨다.

마하시 사야도와 관련된 책은 100권이 넘는다. 그중 『*Visuddhimagga Mahāṭīkā Nissayakyan*(위숫디막가 마하띠까 대역)』 초고는 직접 저술하신 지 6년여 만인 1967년 2월 23일에 완성됐다. 제1권이 1966년에 출간됐고 1967년에 제2권, 1968년에 제3권, 1969년에 제4권까지 모두 출간됐다. 또한 『위숫디막가 마하띠까』의 「사마얀따라Samayantara」 부분을 발췌해 『*Visuddhimagga Mahāṭīkā Samayantara Ganṭhi Nissaya*(위숫디막가 마하띠까 사마얀따라 간티 대역)』라는 제목으로 편집, 출간되기도 했다.

마하시 사야도께서는 태국, 라오스, 캄보디아, 스리랑카, 네팔, 인도, 인도네시아, 일본 등[12] 동양의 여러 국가와 미국, 영국, 프랑스, 이탈리아 등 서양의 여러 국가에 가서 새김확립 위빳사나 수행법을 지도하시면서 테라와다 불교 교법Theravāda Buddhasāsana을 널리 보급하셨다.

12 이전 본에는 싱가포르, 말레이시아, 베트남도 언급됐다.

현재 세계 곳곳에서 마하시 새김확립 위빳사나 관찰방법을 지도하고 있는 정사들, 수행센터들이 늘어나고 있다. 양곤과 만달레이에 있는 국립불교대학의 교과 과정에 수행이 포함돼 있는데, 교학 과정을 마친 뒤 양곤과 만달레이의[13] 마하시 수행센터에서 수행과정을 이수해야만 학위를 받을 수 있다.

1982년 8월 13일 저녁, 마하시 사야도께서는 평상시처럼 수행자들에게 수행방법에 관해 법문하셨다. 그러다 그날 밤 심각한 마비 증세가 왔고, 다음날인 8월 14일 토요일 오후 1시 36분, 마하시 싼자웅 건물에서 세랍 78세, 법랍 58하夏로 입적하셨다. 다비식은 1982년 8월 20일 열렸다.

특출한 용모와 예리한 지혜, 특별한 위빳사나 지혜를 두루 갖춘 마하시 사야도께서는 교학과 실천을 통해 여러 법문을 설하고, 새김확립 위빳사나 법을 능숙하게 지도하셨다.

사야도께서 한평생 설하고 지도하고 저술하신 위빳사나 법은 동서양을 막론하고 온 세계에 퍼져 수많은 사람에게 많은 이익을 주었다. 이렇듯 직접 실천하고 닦으셨던 위빳사나 수행, 평생에 걸친 법과 관련된 업적으로 마하시 사야도께서는 테라와다 교법에서 특별하고 거룩하고 뛰어난 분으로 추앙받고 있다.

2018년 8월에 새로 고쳐 실었다.[14]

---

13 저본에는 양곤으로만 되어 있으나 만달레이 국립불교대학 학인들은 만달레이의 마하시 센터에서 수행한다.

14 *Mahāsi Sayadaw*, 『*Cittānupassanā tayatogyi hnin Dhammānupassanā tayatogyi*(마음 거듭관찰의 큰 가르침과 법 거듭관찰의 큰 가르침)』의 서문에서 인용했다.

마하시 사야도 『담마짝까 법문』 제8쇄 발간사

마하시 사야도께서는 불교진흥회의 초청으로 1949년 11월 양곤 사사나Sāsana 수행센터에 오셨고, 1949년 12월 4일 수행센터를 개원하고 첫 법문으로 「담마짝까숫따」를 설하셨습니다.

1957년 7월 11일(음력 6월 보름)에는 담마짝까의 날을 맞아 라디오 방송 '미얀마의 소리'에서 담마짝까 법문을 설하셨습니다. 그 법문을 『담마짝까 법문, 아낫딸락카나숫따 법문, 마하사띠빳타나 법문』이라는 제목으로 발간해 같은 해 1쇄 2천 부를 찍어 배포했습니다.

마하시 사야도께서는 이 담마짝까 법문을 다시 1962년 9월 28일부터 양곤에 있는 마하시 사사나 수행센터의 페인 법당에서 포살날마다 여덟 번 설하셨고, 1963년 4월 8일 법문을 모두 마치셨습니다. 마하시 사야도께서 이 담마짝까 법문을 설하실 때 서문으로 다음과 같이 말씀하셨습니다.

> "본승은 직접 실천하는 모습과 함께 이 경을 여러 번 법문했습니다. 양곤 사사나 수행센터를 개원할 때도 이 「담마짝까숫따」를 제일 먼저 설했고 그 뒤 다시 설하기도 했습니다. 다른 도시, 다른 지역에서도 마찬가지로 새로 수행센터를 개원할 때면 언제나 이 「담마짝까숫따」를 먼저 설했습니다. 이렇게 여러 번 설했지만, 그렇게 자세하

게 설한 법문들을 책으로 인쇄하거나 배포한 적은 없었습니다. 방송국에서 간략하게 설한 「담마짝까숫따」 법문 정도만 책으로 배포된 상태입니다. 그래서 수행방법이나 절차가 포함된 「담마짝까숫따」의 가르침을 구하고 있던 한 사야도에게 그 간략한 책을 소개해 주었습니다. 그 사야도는 자신이 여러 「담마짝까숫따」 책을 읽어 보았지만, 수행과 관련해서 설한 책은 아직 본 적이 없고, 그동안 문헌적으로 설한 것만 접해서 만족할 수 없었다고 했습니다. 그래서 본승은 그 방송국에서 출간한 것을 참조하라고 소개해 준 것입니다. 그 사야도는 본승이 설한 그 간략한 법문을 통해 「담마짝까숫따」와 수행실천을 연결해서 이해하게 됐다고 했습니다."

1962년부터 1963년까지 설하신 이 담마짝까 법문을 불교진흥회가 녹취해서 초고를 사야도께 올렸습니다. 사야도께서도 직접 읽으시며 교정해 주셨고, 서문을 당시 마하시 수행지도 사야도였던 우 수자따 사야도에게 맡겼습니다. 그리고 1975년 10월에 1쇄 200부를 찍어 배포했습니다.

부처님께서 기원전 589년 음력 4월 보름날 후야에 정등각자의 지위에 오르신 뒤 같은 해 음력 6월 보름날 초야에 담마짝까 법문을 오비구에게 먼저 설하셨다는 사실, 존경하는 마하시 사야도께서도 그와 마찬가지로 1949년 음력 11월 보름날(12월 4일) 양곤 사사나 수행센터 페인 법당에서 이 담마짝까 법문을 처음 설하시는 것으로 수행센터를 개원하셨다는 사실, 1982년 음력 윤 6월 보름날(8월 4일) 마찬가지로 양곤 사사나 수행센터 페인 법당에서 입적하시기 전 마지막 법문으로 이 담마짝까 법문을 설하셨다는 사실, 이『담마짝까 법문』은 도와 과에 도달하고자 수행하는 이들을 위해 어떻게 방법을 취해서 어떻게 노력해야 하는지를 정확하게 설해 놓으신 가르침이라는 사실, 이러한 매우 특별한 여러 덕목을 갖춘 이『담마짝까 법문』을 법의 도반dhammamitta, 법을 소중히 생각하는dhammamāmaka 모든 수행자 참사람들을 위해 여덟 번째로 인쇄해 배포합니다.

이『담마짝까 법문』에 따라 수행을 직접 실천하고 노력하시길.

모든 중생이 법을 깨달아 행복하고 편안하기를.

2017년 5월
핀소울린 박사
불교진흥회 회장
마하시 사사나 수행센터
양곤

서 문

따라가기를 청하면서

법륜 보배가 굴러왔습니다.
환영하며 받아들여 따르도록 준비됐습니다, 참사람들이여.
그 법륜 보배를 따라간다면
'언제나 적정한 곳'에 도달할 것입니다.

2,500여 년 전, 거룩하신 부처님께서 법의 바퀴(dhammacakka, 法輪)를 처음 굴리셨습니다. 처음 굴리실 때 따라간 꼰단냐Koṇḍañña 존자와 헤아릴 수 없이 많은 천신과 범천은 언제나 적정한 곳, 그 열반에 특별한 지견을 통해 알고 보아 도달했습니다. 그 뒤에도, 또 그 뒤에도 이 법륜 보배를 따라가서 '언제나 적정한 곳'에 도달한 이들은 헤아릴 수 없이 많았습니다.

하지만 그 법륜 보배를 확실하게 알지 못해 함께 따라가지 못한 이들은 적정하길 바라면서도 적정하지 못한 채 갖은 괴로움을 겪어야만 했습니다. 그렇게 적정하기를 바라는 참사람들이 이 법륜 보배를 확실하게 이해해서 선뜻 따라나설 수 있게 하려는 목적과 바람으로 최승대현자(Aggamahapaṇḍita, 最勝大賢者) 마하시 사야도*Mahāsi Sayadaw*께서는 그 법륜 보배에 관한 법문을 다양한 방법으로 장엄하여 1962년 음력 8월 그믐날부터 시간이 허락하는 포살날마다 양곤 시, 사사나 수행센터, 페인 담마용 법당에서 여덟 번에 걸쳐 설하셨습니다.

마하시 담마짝까를 고대하다

당시 법문을 들었고 지금 서문을 쓰고 있는 필자와 다른 여러 청법 대중은 그 법문이 책으로 출판되기를 고대하고 있었습니다. 법문을 직접 듣지 못했더라도 사야도의 법문을 책으로 접했던 여러 참사람도 거룩하신 부처님의 최초 설법인 「담마짝까숫따」의 가르침이 마하시 사야도께서 해설하신 책으로 출간되고 배포된다면 큰 도움이 될 것이라고 기대하고 있었습니다.

그렇게 많은 이가 고대하던 중에 판사를 역임한 후 지금은 불교진흥회*Buddhasāsanānuggaha*에서 내무국장을 맡고 있는 우 떼인 한*U thein han*이 마하시 사야도께 300쪽이 넘는 분량의 『담마짝까 법문』 초고를 올렸습니다. 그 법문집은 1962년 음력 8월 그믐날부터 1963년 음력 3월 보름날까지 마하시 사야도께서 여덟 차례에 걸쳐 설하실 때 녹음한 테이프에서 녹취한 것입니다. 그 초고를 사야도께서 시간이 날 때마다 살펴보면서 교정해서 한 달 반 만에 완성본으로 만들어 주셨습니다.

「담마짝까숫따」를 매우 중시하다

이 「담마짝까숫따」는 거룩하신 부처님께서 제일 먼저 설하신 법문으로, 불자라면 누구나 알고 있을 것입니다. 매우 중시하는 가르침이기 때문에 이전에 여러 사야도께서 『담마짝까숫따 성전의 대역』이나 『담마짝까숫따 문답』으로나 『담마짝까숫따 번역』이나 『담마짝까숫따 상설』 등 여러 책으로 저술해 왔습니다. 그중 『*Dhammasaccā Mahāṭīkā thik*(초전법륜 대복주 신판)』는 903쪽이 넘는 가장 방대한 책입니다.

그러한 여러 문헌이 있지만 「담마짝까숫따」에서 제시한 실천과 수행 방법에 관해 '직접 경험, 지혜 경험'을 통해 확실하게 설명해 놓은 책은 아직 없습니다. 그래서 수행절차가 포함된 「담마짝까숫따」의 가르침을 찾고 구하는 사야도 한 분의 일화를 마하시 사야도께서 이 책에 포함시켰습니다. | p.47 |[15]

수행절차까지 구족된 외에도

마하시 사야도께서 설하고 저술하신 이 『담마짝까 법문』에는 '직접 경험, 지혜 경험'으로 수행방법과 절차를 적절한 곳에 설해 놓으신 것 외에도 여러 주석서나 복주서 등 다른 문헌들에서 지금까지 설명하지 않았던 중요한 내용도 적절한 위치에 밝혀 놓으셨습니다. 이를테면, 알라라Āḷāra 선인과 우다까Udaka 선인의 제자나 대중이 몇 명인지 테라와다 문헌에는 없습니다. 그 내용을 사야도께서는 견문을 넓히는 의미에서 참고하도록 밝혀 놓으셨습니다. | p.60, 66 |

또 우빠까라는 이가 어떠한 출가자인지 알지 못하는 이들이 많은데, 사야도께서는 그가 니간타 나따뿟따Nigaṇṭha nāṭaputta의 제자이며 나체 외도라는 사실 등을 설명한 뒤 우빠까는 사견을 지닌 종파에 입문해 있었기 때문에 부처님의 가르침을 흔쾌히 믿지 못했다는 사실을 일화로 보여주셨습니다. 그리고는 요즘 시대에도 잘못된 사실을 믿고 그것에 집착하게 되면, 부처님의 가르침의 의향과 일치하는 바른 방법을 믿지

15 서문 저자의 보충설명은 | |로 표시했다.

못하게 될 뿐만 아니라, 바른 법을 설하고 실천하는 이를 경시하고 비방하게 된다며 주의를 주셨습니다.

감각욕망쾌락과 자기학대를 설명하는 모습

감각욕망쾌락 탐닉몰두kāmasukhallikānuyoga와 관련해서 한 구절씩 설명하신 대목은 매우 분명하고 정확해서 진실로 새길 만하고 실천할 만한 내용입니다. 자기학대 몰두attakilamathānuyoga와 관련해서는 그릇되게 견지하는 내용을 설명하신 뒤, 연민을 가지고 여러 성전과 주석서를 통해서도 해설하고 보이면서 주의를 주셨는데 그 대목도 매우 주목할 만합니다.

선서 덕목과 관련된 설명

선서sugata 덕목에 관한 설명 중 보살이 감각욕망쾌락kāmasukha과 자기학대attakilamatha라는 두 극단에 떨어지지 않고 중도실천majjhima-paṭipada을 통해서만 훌륭하게 가셨다고 설명하는 부분에서 그 두 극단은 무엇을 뜻하는지, 그 양극단에 어떻게 떨어지지 않았는지 각주를 통해 자세하게 설명해 놓은 내용도 매우 주목할 만합니다.

지혜의 눈에 대한 설명

부처님께서 「담마짝까숫따」에서 설해 놓으신 "중도실천이 지혜의 눈을 여는 모습"이 지금 수행자들에게는 직접 경험으로 분명하다는 내용을 사야도께서는 본문에 다음과 같이 설명해 놓았습니다.

> 그래서 새김확립 가르침에 따라 생겨나고 있는 물질과 정신을 끊임없이 관찰하고 새겨 계속해서 알고 있는 수행자들에게는 'cakkhukaraṇī, ñāṇakaraṇī'라는 가르침에 따라 '관찰하여 계발하고 있는 팔정도의 실천이 통찰지의 눈을 열게 한다. 앎과 지혜를 생겨나게 한다'라는 사실이 직접 경험을 통해 분명해집니다. | p.150 |

인식의 앎으로는 특별한 앎이 생겨날 수 없다

물질과 정신이 생겨날 때마다 그것을 관찰하고 새겨서 실제로 아는 통찰지의 앎으로만 특별한 앎과 지혜를 생겨나게 할 수 있다는 사실, 외워서 아는 인식의 앎으로는 거듭 숙고하더라도 특별한 앎과 지혜를 생겨나게 할 수 없다는 사실 등도 직접 조사해 보도록 아래와 같이 제시해 놓았습니다.

> 아비담마와 관련된 문헌들에 밝혀 놓은 대로 단지 외워서 숙고하는 것으로 이렇게 특별한 앎과 봄이 생겨나겠습니까? 원래 외워 놓은 것보다 더 특별한 앎과 봄이 생겨나겠습니까? 숙고하지 않고 반조하지 않고 내버려 두면 외워놓은 것조차 잊어버리지 않겠습니까? 그것은 직접 경험하여 아는 지혜와 통찰지가 아니라 외워 놓은 인식으로 아는 것일 뿐이기 때문입니다. | p.150 |

인식의 앎을 통찰지의 앎으로 생각했던 모습

서문을 쓰고 있는 필자 본인의 실제 경험을 소개하고자 합니다.

1947년 음력 11월께 한 수행센터에 들어가 수행한 적이 있습니다. 처음 이틀간은 비행기 소리를 〈들린다, 들린다〉라고 관찰하면서 마음이 고요해졌습니다. 마음이 고요해지자 마치 작은 알갱이가 툭, 툭 다가오는 것처럼 미세한 소리가 다가오는 현상을 경험했습니다. 흡족한 마음에 앉은 자리에서 일어나 〈오른발, 왼발〉이라고 새기면서 경행했습니다. 경행할 때도 다리를 옮길 때마다 탁, 탁 하는 움직임이 지혜에 드러났습니다. 손이나 발을 구부리는 것도 같은 모습으로 경험했습니다.

다음 날, 수행 지도 사야도가 "특별한 경험을 한 것이 있는가?"라고 물었습니다. 본승은 〔지혜 단계를 문헌에서 보고 알고 있는 대로〕 "저는 생멸의 지혜에 도달했습니다"라고 대답했습니다. "어떠한 것을 경험했는가?"라고 사야도가 다시 물었습니다. 본승이 경험한 모습을 자세하게 대답하자 사야도는 매우 마음에 들어 했습니다. 그 센터에서 7일간 수행했습니다.

그 뒤 다른 수행센터에 가서 까니Kanī 방법에[16] 따라 첫째 날에는 숫자를 헤아리는 헤아리기gaṇanā 방법, 둘째 날에는 들숨과 날숨의 길고 짧은 것을 관찰하는 장단dīgharassa 방법, 셋째 날에는 들숨과 날숨의 처음과 중간과 끝을 아는 전체경험sabbakāyapaṭisaṁvedī 방법, 넷째 날에는 들숨과 날숨을 고요하게 하는 안식(passambhanā, 安息) 방법에 따라 수행한 뒤 다섯째 날에는 위빳사나 쪽으로 전향해서 관찰했습니다. 그

16 까니Kanī라는 사야도의 방법을 말한다.

렇게 관찰하자 온몸이 툭, 툭 커지는 현상을 경험했습니다. 몸 전체를 마음으로 보고 있는 현상도 경험했습니다. 〔이것은 삼매가 좋아서 경험한 것이라는 사실을 나중에야 스스로 결정할 수 있었습니다.〕 그렇게 경험한 것을 수행지도 사야도에게 말씀드렸고, 사야도는 위빳사나 수행도 오래 걸리니 지내던 곳으로 돌아가서 계속 수행하라고 했습니다.

그곳에서 나온 뒤 바로 마하시 사야도께서 지내시던 세익쿤 마을의 물라 마하시 짜웅*Mūla Mahāsi kyaung* 수행센터로 갔습니다. 1948년 음력 10월쯤이었습니다. 그곳에 도착하자 마하시 사야도께서 "어디에서 왔는가?"라고 물으셨습니다. 본승은 까니Kanī 방법으로 수행했던 것은 말씀드리지 않고 인세인 수행센터에서 수행해서 생멸의 지혜에 이르렀다는 것과 그때의 경험을 말씀드렸습니다. 그러자 사야도께서 미소를 지으신 뒤 "지금 스님은 쉐보 시의 빠떼인 짜웅에서 오지 않았는가?"라고 물으셨습니다. 말씀드리지도 않았는데 제가 빠떼인 짜웅에서 왔다는 사실을 사야도께서 이미 알고 계셔서 매우 놀랐고, 또 한편 기뻤습니다.

사야도께서는 제게 몇 가지를 더 물으신 뒤 "그대로 15일 정도 노력하는 것만으로 구족할 수 있다네"라고 격려하시고 관찰하는 모습을 설명해 주셨습니다. 하지만 저는 새김을 너무 많이 놓쳐 15일 정도로는 구족되지 않았고 다시 15일을 수행해야 했습니다. 수행을 마칠 무렵 사야도께서 지혜 단계를 설명하실 때 "당시 우 수자따가 말한 생멸의 지혜란 정신·물질 구별의 지혜 정도이다"라고 드러내어 설명해 주셨습니다. 이런 과정을 통해 당시 드러났던, 진짜 생멸의 지혜에서 경험하는 광명과 희열, 경안 등의 부수번뇌upakkilesa가 마하시 사야도 회상에서 수행할 때에야 비로소 문헌으로 경험한 것과 지혜로 경험한 것이 일치한다는 사실을 스스로 알게 됐습니다. 이렇게 정확하게 실제로 노력해야 인식의 앎과 통찰지의 앎을 구별해서 스스로 결정할 수 있습니다.

지금 언급했던 내용은 정신·물질 구별의 지혜가 생겨난 정도를 가지고 '휙, 휙, 탁, 탁 하는 것을 경험했으니 생멸의 지혜가 생겨났다'라고 들어서 아는 지혜로 연결해서 스스로 잘못 생각했던 모습, 인식 정도로 알았던 모습입니다. 그래서 여기서 사야도께서 점검해 살펴놓으신 대로 들어서 아는 것만으로 특별한 앎과 지혜가 생겨나는지 생겨나지 않는지를 올바르게 살펴보도록 이 내용을 첨가한 것입니다.

이전에 설명한 적이 없어 특별히 구족하다

마하시 사야도의 『담마짝까 법문』은 중도실천이라는 팔정도를 설명할 때 다른 여러 성전과 주석서, 복주서까지 인용한 것 외에도 직접 관찰해서 닦는 모습까지 설명해 놓았기 때문에 이전의 여러 「담마짝까숫따」를 설명한 문헌들과 비교할 수 없을 정도로 특별하고 거룩하며 핵심을 완전히 갖추었습니다. 그렇게 특별하고 거룩하며 핵심을 완전히 갖춘 모습은 「담마짝까숫따」를 설명하고 설하시는 사야도의 교학과 실천과 통찰의 덕목을 분명하게 드러냅니다. 법문을 듣거나 책을 읽는 이들에게 분명하게 드러날 것이라는 데 의심의 여지가 없습니다.

그 밖에도 생겨남 때문에 괴로움이 생겨나는 모습을 이해시키기 위해 여러 일화를 설명하신 것, 난해한 구절을 단어 분석을 통해 알기 쉽게 설명하신 것, 심오한 내용을 분명하게 드러내어 확실하게 결정하신 것 등은 문헌에 해박한 현자들조차 놀랄 정도로 잘 구족돼 있고 매우 훌륭합니다.

교법의 장애도 제거하셨다

마하시 사야도께서는 말해야 하는 곳에서는 실천 교법을 지지하는 것 정도가 아니라 생겨나고 있는 여러 위험과 장애도 확실한 근거를 통해 물리치곤 했습니다. 예를 들어 다음과 같이 주의를 주시면서 물리치셨습니다.

> "ye dhammā hetuppabhavā"라는 구절을 통해 다섯 무더기라는 괴로움의 진리를 설했다는 사실, "tesaṁ hetuṁ tathāgato āhā"라는 구절을 통해 생겨남의 진리를 설했다는 사실을 율장 대품 주석서에 설명해 놓았습니다(Vin.ii.256). 《이 원인과 결과의 가르침을 듣고 사리뿟따 존자는 수다원이 됐습니다.》 따라서 괴로움의 진리와 생겨남의 진리를 간략하게 들어서 알면 연기를 간략하게 아는 '들어서 아는 지혜'를 갖추었다는 사실이 매우 분명합니다. 그렇기 때문에 "연기를 원형 도표와 함께 자세하게 알지 못하면 법을 수행해서는 안 된다"라고 설하는 것은 그러한 주석서나 복주서와 반대되는, 실천 교법을 무너뜨리는 말이라고 기억해야 합니다. | p.354-355 |

이것은 "연기를 배운 뒤, 이해한 뒤, 안 뒤에 수행해야 한다. 연기를 알지 못한 채, 배우지 않은 채 수행하면 잘못 수행하는 것이다"라고 교학과 실천에 능숙하지 못한 채 함부로 설하고 있는 이들에게 사야도께서 연민으로써 주의를 주는 말입니다. 이러한 말을 하지 않도록 삼가는 것은 실천 교법에 장애나 위험이 사라지는 원인이 되기도 합니다.

그 밖에 다음과 같은 내용을 통해서도 교법의 장애를 제거하셨습니다.

> "물질·정신 형성인 괴로움의 법들을 관찰하고 있으면 괴로움만 경험하게 될 것이다. 열반을 관찰해야 행복을 얻을 수 있다"라는 등으로 부처님께서 원하시는 바와 반대로 설하면서 교법을 무너뜨리고 있는 이들이 있어서 바른 방법과 바른 길을 확실하게 이해할 수 있도록 거듭 말하는 것입니다." | p.371 |

이것은 요즈음 교학에도 능숙하지 못하고 바른길에 따라 실천하려 하지도 않고 실제로 실천한 적도 없으면서 자기 생각만을 고집하며 "행하는 것은 모두 괴로움이다. 괴로움의 진리를 관찰해서는 안 된다. 소멸의 진리인 열반만 관찰해야 한다"라는 등 교학과 실천에서 벗어나 함부로 말하는 행실의례집착sīlabbataparāmāsa 교리자들에게 주의를 주는 훈계의 말씀입니다. 참사람이라면 자신의 교리를 다시 점검해 보고 바른길로 들어서도록 고쳐 나가는 데 매우 가치 있는 말씀입니다.

행실의례집착

행실의례집착 사견(sīlabbataparāmāsa diṭṭhi, 戒禁取見)이란 개처럼, 혹은 소처럼 행동하는 실천만이 아닙니다. 여러 성전이나 주석서에 포함되

지 않은 행실이나 실천이라면 그것을 믿고 집착하는 것은 모두 행실의례집착 사견일 뿐입니다. | p.156 | "팔정도의 실천없이 네진리도 못보고서 행복하다 믿고결정 행실의례 집착이네"라는 게송처럼 네 가지 진리를 알고 보게 하는 관찰도 포함되지 않고, 팔정도가 생겨나게 하는 실천도 포함되지 않은 실천들은 모두 행실의례일 뿐입니다. 그러한 실천을 믿고 집착하는 것은 모두 행실의례집착입니다. 그러한 실천을 믿고 집착해서 견지하는 모든 것도 행실의례집착 사견입니다.

"마음을 마음에 따라 그대로 지내는 것이 고요함과 행복이구나. 적정함과 행복이구나. 고요한 곳, 적정한 곳, 소멸된 곳이구나. 열반이구나. 여기서 더 이상 향상시키면 안 된다. 이보다 더 향상시키려 하면 형성들만 다시 생겨날 것이다. 이렇게 될 때마다 고요한 곳에서 향상시키면 괴로움의 성품들이 되어 계속 사라질 성품이 될 것이다. 이렇게 확실히 아는 것, 능숙하게 아는 것을 '구분해서 안다'라고 설하는 것이다. 이것이 괴로움, … 이것이 도라고 구분해서 아는 것이다. 그보다 더 향상시켜서는 안 된다고 알기 때문에 끝이 난 것이다. 법의 끝까지 아는 앎, 보는 작용dassanakicca, 출세간이라는 수다원도의 지혜이다. 이래야 수다원이 된 것이고 열반을 본 것이다"라거나 "열반을 보도록 어떠한 노력도 해서는 안 된다. 저절로 얻기 때문에 열반이라고 말한다. 열반의 행복은 어떠한 것을 형성시켜서 된 것이 아니라 저절로 있는 것이다. 어떠한 행위를 하지 않아도 되기 때문에 행복한 것이다"라는 등으로 설하는 것, 견지하는 것, 믿고 집착하는 것도 행실의례집착 사견일 뿐입니다.

이 「담마짝까숫따」를 비롯해 부처님께서 설하신 가르침에는 "괴로움을 관찰해 구분해서 알아야 한다. 생겨남을 제거해야 한다. 도의 진리라는 팔정도를 닦아야 한다. 〔이 중에서 바른 노력에 따라 노력해야 한다. 바른 새김에 따라 새김확립 네 가지를 닦아야 한다. 바른 삼매에 따라 근접삼매와 몰입삼매를 생겨나게 해야 한다.〕 소멸의 진리를 성스러운 도의 지혜로 실현해야 한다"라고 분명하게 밝혀져 있습니다. 그럼에도 방금 언급한 제멋대로인 설법에는 "괴로움도 관찰하지 않고 구분해서 알지 못한 채, 생겨남도 제거하지 않은 채, 도의 진리라는 팔정도도 닦지 않은 채, 소멸의 진리인 열반을 보통 사람의 평상시 마음, 바로 그것으로 고요하게 두고 알아야 한다. 실현해야 한다"라고 했고, "노력할 필요가 없다. 노력하는 것은 괴로움이다"라고도 했습니다. 이렇게 부처님의 가르침과 반대되는 생각과 견해이기 때문에 행실의례집착 사견일 뿐입니다.

눈·귀·코·혀·몸·마음이라는 내부 여섯 감각장소, 형색·소리·냄새·맛·감촉·법이라는 외부 여섯 감각장소, 보아서 아는 것과 들어서 아는 것과 맡아서 아는 것과 먹어서 아는 것과 닿아서 아는 것과 생각해서 아는 것이라는 여섯 의식, 눈 접촉과 귀 접촉 등의 여섯 접촉, 보아서 느끼는 것과 들어서 느끼는 것 등의 여섯 느낌, 이러한 여섯 가지씩 다섯 종류인 30가지 법은 괴로움의 진리일 뿐입니다. 보통 사람들은 이러한 괴로움의 진리만을 밤낮없이 경험합니다. 이 괴로움의 진리와 정반대인 열반을 범부의 마음으로는 누구도, 언제라도 경험해 볼 수 없습니다. 그럼에도 불구하고 항상 경험하고 있는 괴로움의 진리는 관찰하지 않고, 경험해 볼 수 없고 아직 알지 못하는 소멸의 진리인 열반을 관찰해야 한다는 것은 어떤 마음으로 관찰하는 것입니까? 평상시에 알고 있는 마음으로 관찰하는 것입니까? 그렇게 평상시 마음으로 관찰한다고 하면 범부의 마음은 열반을 대상으로 할 수 없고 알 수 없기 때문에 추측해서 아는 정도일 것입니다. 그렇게 추측해서 아는 것, 가늠해서 아는 것을 확실한 앎, 정확한 앎으로 생각하고 견지하는 것은 잘못 아는 것입니다. 그릇되게 알고 보는 것은 사견입니다.

마하시 사야도께서는 이 『담마짝까 법문』을 통해서 그러한 사견이 아직 생겨나지 않았거나 갓 생겨나서 아직 확고하지 않은 이들로 하여금 바른길과 바른 방법을 알아 바르게 실천할 수 있도록 확고한 성전과 주석서와 복주서를 인용해 연민으로 거듭거듭 설하고 지도하셨습니다.

맺으면서

마하시 사야도의 『담마짝까 법문』에서 칭송할 만한 점을 드러낸다면 이 법문의 열 배 이상 말해도 다하지 못할 것입니다. 그러나 이 정도로 갈무리하고 그 특징에 대해 간략하게 정리하겠습니다.

(1) 성전의 의미가 정확합니다.
(2) 성전의 의미가 분명합니다.
(3) 감각욕망쾌락과 자기학대와 중도실천을 분명하게 설명했습니다.
(4) 팔정도를 닦는 모습을 실제 수행을 통해 구족하게 설명했습니다.
(5) 네 가지 진리를 아는 모습을 분명하게 보였습니다.
(6) 진리 지혜와 역할 지혜와 완수 지혜를 그 지혜들이 생겨나는 시기와 함께 설명했습니다.
(7) 현법열반 등의 의미를 심오하게 설명했습니다.

이러한 내용만 보아도 이전에는 없었던 특별한 가르침이 확실합니다.

진정 참되고 올바른 실천법을 기대하는 참사람들에게 이 법문집의 출간은 마치 법륜 보배가 다시 굴러온 듯 매우 기쁠 것입니다.

'이 법문집을 여러 번 읽고 숙고해서 법륜 보배를 따라간다면 열반이라는 거룩한 법에 성스러운 도의 지혜와 과의 지혜로 빠르게 도달할 것이다. 열반을 빠르게 실현할 것이다'라고 확신하고 기대합니다.

이러한 확신과 기대가 그대로 성취되기를.

1975년 7월 31일
음력 6월 하현의 9일
아신 수자따*Ashin Sujāta*
수행지도 스승
나하시 사사나 수행센터
양곤

마하시 사야도의

담마짝까 법문

• 초전법륜경 해설 •

제1장

1962년 음력 8월 그믐

(1962. 09. 28)

법문을 시작하며

오늘은 1962년 음력 8월의 그믐날입니다. 오늘부터 시작해서 부처님께서 제일 처음 설하신 「담마짝깝빠왓따나숫따」(이하 「담마짝까숫따」)를[17] 설하려고 합니다.

이 경은 부처님 교법에서 제일 먼저 설해진 가르침이기 때문에 가장 오래되고 가장 직설적인 가르침입니다. 미얀마 불자들 중에 이 「담마짝까숫따」를 들어보지 못한 이들은 거의 없을 것입니다. 이 경을 독송할 수 있을 정도로 외워 수지한 이들도 많이 있습니다. '담마짝까 독송회'라는 이름으로 단체를 만들어 같이 읽고 독송하고 있는 이들도 도시마다, 마을마다 있습니다. '부처님께서 제일 먼저 설하신 법이다'라고 하면서 불자들이 매우 중시하는 가르침이기도 합니다. 빠알리어로 된 이 경을 대역으로든, 혹은 다른 여러 방법으로든 번역해 놓은 책들도 많습니다. 하지만 도에 이르고자, 과에 이르고자 진실로 열심히 노력하려는 수행자들이 이 경에서 어떻게 방법을 취해서 어떻게 수행해야 하는지를 정확하게 설명해 놓은 책은 거의 없다시피 합니다.

본승은 직접 실천하는 모습과 함께 이 경을 여러 번 법문했습니다. 이 양곤 수행센터를 개원할 때도 이 「담마짝까숫따」를 제일 먼저 설했고 그 뒤에 다시 설하기도 했습니다. 다른 도시, 다른 지역에서도 마찬가지로 새로 수행센터를 개원할 때면 언제나 이 「담마짝까숫따」를 먼저 설했습니다. 이렇게 여러 번 설했지만 그렇게 자세하게 설한 법문들을

17 S56:11; 「Dhammacakkappavattanasutta 초전법륜경」

책으로 인쇄하거나 배포한 적은 없었습니다. 방송국에서 간략하게 설한 「담마짝까숫따」 법문 정도만 책으로 배포된 상태입니다. 그래서 수행방법이나 절차가 포함된 「담마짝까숫따」의 가르침을 구하고 있던 한 사야도에게 그 간략한 책만 소개해 주었습니다.

그 사야도는 자신이 여러 「담마짝까숫따」 책을 읽어 보았지만, 수행과 관련해서 설한 책은 아직 본 적이 없고, 그동안 문헌적으로 설한 것만 접해서 만족할 수 없었다고 했습니다. 그래서 본승은 그 방송국에서 출간한 것을 참조하라고 소개해 준 것입니다. 그 사야도는 본승이 설한 그 간략한 법문을 통해 「담마짝까숫따」와 수행실천을 연결해서 이해하게 됐다고 했습니다.

앞으로 설할 「담마짝까숫따」의 가르침은 경장과 율장과 논장이라는 삼장 중 경장에 속합니다. 『디가 니까야』, 『맛지마 니까야』, 『상윳따 니까야』, 『앙굿따라 니까야』, 『쿳다까 니까야』의 다섯 니까야 중에서는 『상윳따 니까야』에 속합니다.[18] 『상윳따 니까야』에는 「사가타왁가 상윳따」, 「니다나왁가 상윳따」, 「칸다왁가 상윳따」, 「살라야따나왁가 상윳따」, 「마하왁가 상윳따」의 다섯 상윳따가 있는데 그중 「마하왁가 상윳따」에 속합니다. 「마하왁가 상윳따」에는 「막가 상윳따」, 「봇장가 상윳따」, 「사띠빳타나 상윳따」 등 열두 가지 상윳따가 있는데 그중 마지막인 「삿짜 상윳따」에 포함됩니다. 그 「삿짜 상윳따」 중 두 번째 품의 첫 번째 경으로 결집에 포함됐습니다.[19] 제6차 결집본으로는 『상윳따 니까야』 제3권, 368~371쪽에 해당합니다. 그곳에 서문을 다음과 같이 밝혀 놓았습니다.

---

18 삼장에 대해서는 부록 2를 참조하라.

19 『상윳따 니까야』의 구성에 대해서는 부록 3을 참조하라.

경의 서문

Evaṁ me sutaṁ. Ekaṁ samayaṁ bhagavā bārāṇasiyaṁ viharati isipatane migadāye. Tatra kho bhagavā pañcavaggiye bhikkhū āmantesi.

이것은 부처님께서 완전열반에 드신 뒤 3개월 정도가 지나[20] 첫 번째 결집을 할 때 아난다Ānanda 존자가 대답한 모습을 보인 서문입니다. 당시 마하깟사빠Mahākassapa 존자가 다음과 같이 먼저 물었습니다.

Dhammacakkappavattanasuttaṁ kho āvuso ānanda katthakena kesaṁ kathaṁ bhāsitaṁ?

해석

도반 아난다여, 「담마짝깝빠왓따나숫따」라는 이 「담마짝까숫따」의 가르침을 어느 곳에서 누가 누구에게 어떻게 설하셨습니까?

그때 아난다 존자가 앞에서 소개한 바와 같이 대답했습니다.

1 Evaṁ me sutaṁ. Ekaṁ samayaṁ bhagavā bārāṇasiyaṁ viharati isipatane migadāye. Tatra kho bhagavā pañcavaggiye bhikkhū āmantesi.[21] (S.iii.368/S56:11)

20 저본에서는 '3개월이 지나 4개월이 됐을 때'라고 표현했다. 부처님께서 완전열반에 드신 날은 음력 4월 보름이었고, 제1차 결집은 음력 7월 하현의 5일에 시작됐다.

21 단락번호는 저본의 부록에 표시된 것을 따랐다.

대역

Bhante마하깟사빠 존자여,[22] me저는; 저 아난다는 evaṁ이와 같이 sutaṁ들었습니다. ekaṁ samayaṁ한때 bhagavā세존께서 bārāṇasiyaṁ바라나시 성의 isipatane이시빠따나라는;[23] 벽지불들과 여러 부처님께서 내려오신 곳이어서 '이시빠따나'라고 불리는[24] migadāye미가다야 숲에; 사슴들에게 위험없음을 제공해 주는 녹야원에; 사슴들을 보호해 주는 사슴동산에 viharati머무셨습니다. tatra그렇게 머무실 때 bhagavā세존께서는 pañcavaggiye bhikkhū오비구에게; 다섯 명의 모임이어서 '오비구'라고 불리는 다섯 비구에게 āmantesi말씀하셨습니다; "비구들이여, 출가자는 두 가지 극단을 의지하면 안 되느니라"라고 시작되는 가르침을 설하셨습니다.[25]

설한 시기

그 서문에서 「담마짝까숫따」를 설한 시기를 '한때'라고 일반적으로만 보여 놓았습니다. 다른 여러 경에서도 설한 시기를 'ekaṁ samayaṁ 한때'라고 일반적으로만 보여 놓았습니다. 경마다 몇 년 몇 월 며칠에 설하셨다고 정확하게 설명해 놓았으면 좋았을 것입니다. 하지만 그렇

22 원문에는 없지만 대역할 때는 보통 상대방을 분명히 밝힌다.

23 대역에 쓰인 쌍반점(;) 앞의 내용은 빠알리어 그대로의 의미고 뒤의 내용은 저본에 설명된 자세한 의미다.

24 자세한 설명은 뒤에 p.51을 참조하라.

25 이 단락은 세 문장이다. 그중 첫 번째인 "들었습니다"로 끝나는 문장과 세 번째인 "설하셨습니다"로 끝나는 문장은 저본에 높임말로 되어 있고, 두 번째인 "머무셨습니다"로 끝나는 문장은 평서체로 되어 있다. 뒤의 여러 단락에서도 혼용하고 있다. 이 책에서는 현장감을 살리기 위해 모두 높임말로 표현했다.

게 정확하게 설명해 놓으면 독송해서 수지하기가 매우 어려울 것입니다. 그렇기 때문에 정확하게 설명해 놓지 않고 '한때'라고만 설명해 놓은 것입니다.

이처럼 어느 경을 몇 년 몇 월 며칠에 설하셨다고 정확하게 알고 설명하기가 쉽지는 않습니다만, 이 「담마짝까숫따」는 부처님께서 제일 처음 설하신 가르침이라는 점, 다른 여러 경장과 율장 등에서 언급해 놓은 내용이 많이 있다는 점 등의 이유로 설하신 시기를 정확하게 알 수 있습니다.

부처님께서는 기원전 589년[26] 음력 4월 보름날 후야에 정등각자 부처님의 지위에 이르셨습니다. 그 뒤 음력 6월 보름 초저녁에 이 「담마짝까숫따」를 설하셨습니다. 거슬러 헤아려 보면 올해는 부처님께서 완전열반에 드신 지 2,506년이 되는 해고, 「담마짝까숫따」는 부처님께서 완전열반에 드시기 45년 전에 설하신 경이기 때문에 「담마짝까숫따」를 설한 시기는 올해 1962년 현재로부터 2,551년 전이 될 것입니다. 그래서 '이 「담마짝까숫따」는 2,551년 전[27] 음력 6월 보름날 초저녁에 설하셨다' 라고 정확하게 기억할 수 있습니다. 이것은 동양에서의 견해입니다. 서양의 학자들은 60년을 앞당겨서 헤아리기 때문에 그들의 견해에 따르자면 2,491년 전에 설하셨다고 할 수 있겠습니다. 하지만 인도에서 설하신 가르침이니, 동양의 견해에 따라 2,551년 전에 설하신 것으로 하겠습니다.

그리고 '미가다야migadāya 숲', 즉 사슴들에게 위험없음을 주는 곳,

26 미얀마 대왕력Mahāsakkarāja으로 103년이다.

27 2019년도는 5월 18일 이후부터 불기 2563년이다. 따라서 2019년 후반부를 기준으로는 2608년 전이다.

사슴들을 보호해 주는 곳이라는 녹야원도 그 당시에는 사슴들이 노니는 진짜 숲이었을 것입니다. 하지만 지금 그 지역은 숲이 없고, 나무들도 많지 않은 공터입니다. 그리고 그 주위는 논밭이거나 주거지역이 됐습니다.[28] 과거 벽지불 존자들은 간다마다나Gandhamādana 산에서 신통으로 하늘을 날아 사람들이 없는 그 숲으로 내려왔습니다. 과거 여러 부처님께서도 법을 설하러 오실 때 하늘에서 바로 그곳으로 내려오셨습니다. 그래서 그곳을 '이시빠따나isipatana'라고[29] 불렀다고 합니다.

이 경의 서문에서는 '부처님께서 바라나시의 미가다야 숲에 머물고 계실 때 오비구에게 이 「담마짝까숫따」를 설하셨다'라는 정도만 알 수 있습니다. 하지만 이것으로는 충분하지 않습니다. 그래서 다른 여러 경에 설해 놓은 내용을 보충한 뒤 이어서 이 경의 서문을 자세하게 설명하고자 합니다.

세 가지 서문

서문이란 경전의 가르침과 관련된 여러 사실입니다. 서문에는 먼dūre 서문, 멀지 않은avidūre 서문, 가까운santike 서문 등 세 종류가 있습니다.

경전의 가르침과 관련해 멀리 떨어진 여러 사실을 먼 서문이라고 합니다. 디빵까라Dīpaṅkara 부처님 당시 결정수기를 받으신 때를 시작으

28 최근에는 주위에 사슴을 기르고 있다.

29 isi선인들이+patana내려온 곳.

로 도솔천Tusitā에 오르셔서 세따께뚜Setaketu라는 천신의 생애까지 보살이 바라밀을 구족하는 모습과 관련된 내용입니다. 먼 서문은 더 자세히 설명할 필요가 없을 것 같습니다.

멀지 않은 서문이란 경전 가르침과 관련해 멀지도 않고 가깝지도 않은 여러 사실입니다. 도솔천에서 보리수 아래 금강좌에 이르기까지 여러 내용을 말합니다. 멀지 않은 서문에 대해선 알맞은 만큼 설명해야 합니다.

마지막으로 가까운 서문이란 이 경을 설할 즈음의 사실들입니다. 앞서 언급했던 'evaṁ me sutaṁ' 등의 서문 구절 그대로입니다.

이 세 가지 서문 중 멀지 않은 서문에 대해선 보충설명을 할 필요가 있습니다. 그 내용은 『앙굿따라 니까야(세 가지 모음)』「수쿠말라숫따」[30], 『맛지마 니까야(근본50경)』「빠사라시숫따」라고도 불리는 「아리야빠리예사나숫따」[31]와 「마하삿짜까숫따」[32], 『맛지마 니까야(중50경)』「보디라자꾸마라숫따」[33]와 「상가라와숫따」[34], 『숫따니빠따』「빱밧자숫따」와[35] 「빠다나숫따」[36] 등 여러 경전에 있습니다. 그러한 경전들에서 일부를 발췌해 설명하겠습니다.

---

30 A3:39; 「Sukhumālasutta 편안함 경」.

31 M26; 「Pāsarāsisutta 올가미 더미 경」; 「Ariyapariyesanāsutta 성스러운 구함 경」.

32 M36; 「Mahāsaccakasutta 삿짜까 긴 경」.

33 M85; 「Bodhirājakumārasutta 보디 왕자 경」.

34 M100; 「Saṅgāravasutta 상가라와 경」.

35 Sn.339; 「Pabbajjāsutta 출가경」.

36 Sn.341; 「Padhānasutta 정진경」.

출가하기까지

보살과 세속의 영화

보살은 도솔천에서 임종해 까삘라왓투Kapilavattu 성 숫도다나Suddhodhana 왕의 왕비인 마하마야데위Mahāmāyādevī의 태에 재생연결하셨습니다. 그리고 기원전 624년[37] 음력 4월 보름날 금요일에 룸비니Lumbinī 살라나무 정원에서 탄생하셨습니다. 이름은 싯닷타Siddhattha라고 불렸습니다. 왕자는 16세에 이르자 데와다하Devadaha 성 숩빠붓다Suppabuddha 왕의 딸인 야소다라데위Yasodharādevī 공주와 결혼해 4만 명의 다른 궁녀와[38] 함께 큰 영화를 누리며 지냈습니다.

그렇게 여러 감각욕망 대상들을 즐기며 살던 어느 날, 대중을 거느리고 유희를 위해 공원으로 나섰습니다. 그러나 길을 가던 중에 노인을 보고서 경각심이 생겨나 바로 그 자리에서 돌아왔습니다. 다음에 다시 나섰을 때는 환자를 봤고, 세 번째는 죽은 이를 보게 됐습니다. 그때마다 경각심saṁvega이 생겨나 바로 그 자리에서 돌아왔습니다. 그때 경각심이 생겨난 모습을 「아리야빠리예사나숫따」에는 다음과 같이 설명하고 있습니다.

37 미얀마 대왕력으로 68년.

38 저본에는 '공주들과'라고 표현했다.

저열한 구함

> "… 자기 스스로가 늙기 마련이면서[39] 늙기 마련인 것을 구하고 거머쥐는 것은 옳지 않다. … 늙기 마련인 것들이란 무엇을 말하는가? 처자식이 … 하인과 하녀가 … 염소와 양이 … 닭과 돼지가 … 코끼리와 소와 말과 물소가 … 금과 은이 늙기 마련인 것들이다."[40]

즉 '자기 스스로가 늙기 마련이면서 역시 늙기 마련인 처자식이나 금은 등 생명 있고 생명 없는 감각욕망 대상들을 소중하다고 생각하고 찾고 구하고 거머쥐는 것은 옳지 않다'라고 숙고했다는 뜻입니다. 마찬가지로 '자기 스스로가 병들기 마련이면서, 죽기 마련이면서 역시 병들기 마련인, 죽기 마련인 감각욕망 대상들을 찾고 구하고 거머쥐는 것은 옳지 않다'라고도 숙고했다고 합니다. 이렇게 추구해서는 안 될 것을 추구하는 것을 'anariyapariyesanā', 즉 '저열한 구함, 성스럽지 않은 구함'이라고 합니다.

거룩한 구함

반대로 자기 스스로가 늙기 마련이고 병들기 마련이고 죽기 마련이기 때문에 늙지 않고 병들지 않고 죽지 않고 무너지지 않는 법을 구하

39 jarādhammo samāno. 저본에는 '늙기 마련인 성품이 있음에도 불구하고'라고 번역됐다.
40 M26/M.i.217; 대림 스님, 『맛지마 니까야』 제1권, p.614 참조.

는 것을 'ariyapariyesanā', 즉 '성스러운 구함'이라고 합니다.

보살도 원래는 저열한 구함으로 감각욕망 대상들을 추구하고 있었다는 사실을 그 경에서 다음과 같이 설명하고 있습니다.

Ahampi sudaṁ, bhikkhave, pubbeva sambodhā anabhisambuddho bodhisattova samāno attanā jātidhammo samāno jātidhammaṁyeva pariyesāmi, attanā jarādhammo samāno jarādhammaṁyeva pariyesāmi.[41] (M.i.218/M26)

대역

Bhikkhave비구들이여, ahampi나 역시도 pubbeva sambodhā깨닫기 전에는; 네 가지 진리를 아직 알지 못했을 때는, anabhisambuddho바르게 깨닫지 못했을 때는; 아직 네 가지 진리를 알지 못했을 때는, bodhisattova samāno보살일 뿐이었을 때는 attanā jātidhammo samāno자기 스스로가 태어나기 마련이면서; 자기 자신이 새로운 생에 태어나는 성품이 있음에도 불구하고 jātidhammaṁyeva pariyesāmi태어나기 마련인 것만 추구했다; 태어나는 성품이 있는 것만 구하고 추구했다. attanā jarādhammo samāno자기 스스로가 늙기 마련이면서; 자기 스스로가 늙는 성품이 있음에도 불구하고 jarādhammaṁyeva pariyesāmi늙기 마련인 것만 추구했다; 늙는 성품이 있는 것만 구하고 추구했다.

이것은 야소다라 왕자비와 함께 여러 궁녀와 즐기는 모습을 스스로

41 저본에 대역만 있어 빠알리어 원문을 역자가 첨가했다.

꾸짖으면서 설명한 것입니다. 그렇게 설명한 뒤 태어남, 늙음, 죽음 등이 사라진 열반이라는 적정한 요소법을 구해야 한다는 생각이 생겨나는 모습도 다음과 같이 설명해 놓았습니다.

Yaṁnūnāhaṁ attanā jātidhammo samāno jātidhamme ādīnavaṁ viditvā ajātaṁ anuttaraṁ yogakkhemaṁ nibbānaṁ pariyeseyyaṁ, attanā jarādhammo samāno jarādhamme ādīnavaṁ viditvā ajaraṁ anuttaraṁ yogakkhemaṁ nibbānaṁ pariyeseyyaṁ.

(M.i.218/M26)

대 역

Attanā jātidhammo samāno자기 스스로가 태어나기 마련이기 때문에; 새로운 생에 태어나는 성품이 있기 때문에 jātidhamme ādīnavaṁ viditvā태어나는 성품에 허물을 보고서 ajātaṁ anuttaraṁ yogakkhemaṁ nibbānaṁ태어남이 없어 위없고 속박에서 안온한 열반을; 태어남이 없는 성품, 속박이 사라진 성품, 제일 거룩한 적정의 요소인 열반을 pariyeseyyaṁ구하면 yaṁ nūna어떨까; 좋을 것이다. attanā jarādhammo samāno스스로가 늙는 성품이 있기 때문에 jarādhamme ādīnavaṁ viditvā늙는 성품에 허물을 보고서 ajarāṁ anuttaraṁ yogakkhemaṁ nibbānaṁ늙음이 없어 위없고 속박에서 안온한 열반을; 늙음이 없는 성품, 속박이 사라진 성품, 제일 거룩한 적정의 요소인 열반을 pariyeseyyaṁ구하면 yaṁ nūna어떨까; 좋을 것이다.

이러한 모습으로 늙음과 병듦과 죽음이 사라진 적정의 요소인 열반을 추구하고자 생각했습니다. 이것은 매우 훌륭한 생각입니다. 어떻게 훌륭하고 거룩한지 그 모습을 분명하게 알 수 있도록 조금 더 생각해 봅시다.

스스로 늙고 노쇠하다고 합시다. 그렇게 자기 스스로가 늙은 사람이, 마찬가지로 늙고 노쇠한 여인이나 할머니를 함께 지내고자 구한다면 타당하겠습니까? 지금은 아직 늙지 않았지만 머지않아 늙을 한 여인을 배우자로 찾아 구한다면 타당하겠습니까? 타당하지 않습니다. 더 나아가 건강하지 않아 큰 고통을 당하고 있는 이가 건강하지 않고 매우 심하게 괴로운 느낌을 당하고 있는 이를 배우자로 찾아 구한다면 더욱 타당하지 않을 것입니다. 지금은 건강해도 머지않아 질병으로 매우 큰 고통에 빠질 이를 찾아 구한다면 그것도 타당하지 않습니다. 다르게 설명하자면, '평생 함께 즐겁게 지낼 수 있을 것이다'라고 생각해서 결혼을 합니다. 하지만 업이 좋지 않고 조건이 여의치 않아 배우자 중 한 사람이 얼마 지나지 않아 큰 병이 들어 환자가 됐다면 그 환자를 돌보느라 다른 한 사람은 큰 곤란에 처하게 됩니다. 어떤 경우는 결혼한 지 오래되지 않아 배우자가 죽어서 슬퍼하며 큰 괴로움에 처하기도 합니다. 그렇지 않더라도 마지막 시간에는 두 사람 모두 노인, 환자, 시체가 되어 고통에 처하기 마련입니다. 따라서 늙기 마련이고 병들기 마련이고 죽기 마련인 감각욕망 대상들을 구하고 있는 것은 타당하지 않습니다. 훌륭하지 않습니다. 늙지 않고 병들지 않고 죽지 않는 법을 구하는 것이야말로 훌륭합니다. 그렇게 구하는 것이 제일 훌륭합니다. 지금 이 수행센터에서 법을 수행하고 있는 출가자나 재가 수행자들은 그렇게 제일 훌륭한 구함으로 법을 구하고 있는 것입니다. 매우 기뻐할 만한 일입니다.

보살의 출가

보살이 네 번째로 성을 나서 공원으로 갔을 때 사문을 만나게 됐습니다. 그 사문은 보살에게 자신은 출가해서 선법을 구하고 있다고 말했습니다. 그 말을 들은 보살에게 재가자의 삶을 떠나 사문이 되어 늙음과 병듦과 죽음이 없는 법을 구해야겠다는 거룩하고 훌륭한 생각이 생겨났습니다. 늙지 않고 병들지 않고 죽지 않는 법을 스스로 구한 뒤 다른 많은 중생도 그 늙지 않고 병들지 않고 죽지 않는 법을 얻도록 설하고 제도해야겠다는 생각이었습니다. 매우 거룩하고 드높은 생각이 아닐 수 없습니다. 바로 그날, 그즈음에 보살의 부인인 야소다라 왕자비가 아들을 출산했습니다. 그 사실을 전해들은 보살은 "달을 덮는 라후Rāhu처럼 태어났구나. 족쇄가 생겨났구나"라고 중얼거렸습니다. 그 말을 연유로 부왕 숫도다나 왕은 보살이 출가할 수 없도록 라후와 같이 붙잡아 주는 아들이 됐으면 하는 바람으로 손자에게 라훌라Rāhula라는 이름을 지어 주었다고 합니다.

하지만 보살은 세상이 즐겁지 않았습니다. 혐오스러웠습니다. 그래서 그날 밤에는 연주하고 춤추며 자신을 즐겁게 해 주는 무희들조차 돌아보지 않고 일찍 침소에 들었습니다. 그러자 무희들도 각자 있던 자리에서 잠을 잤습니다. 잠에서 깨어난 보살은 여기저기 뒤섞여 추하게 자고 있는 무희들의 모습을 보게 됐고, 마치 시체를 본 것처럼 보살에게 더러움 인식asubhasaññā이 생겨났습니다. 그래서 자정에 깐다까Kaṇḍaka라는 의전용 말을 타고 뒤따르는 찬나Channa 대신과 함께 성을 떠났습니다. 보살은 아노마Anomā 강에 이르렀을 때 그 강의 모래사장에서 머리카락을 자르고 가띠까라Ghaṭīkāra 범천이 올린 가사를 두른 뒤 출가했습니다. 그때 보살의 나이는 29세였습니다. 즐기기에 제일 좋은 연령대였습니다. 그렇게 좋은 나이에 왕으로서의 부귀영화와 야소다라 왕비와 여러 궁녀를 애착하지 않고 출가해서 사문이 된 것은 매우 놀라운 일입니다.[42]

스승을 찾다

알라라 선인에게 가다

당시 보살에게는 구체적인 수행방법이 따로 없었습니다. 그래서 그때 유명했던 알라라Āḷāra라는 선인에게 수행방법을 배우러 갔습니다. 그 선인은 보통 사람이 아니었습니다. 그는 세간 선정의 여덟 가지 중에 무소유처ākiñcaññāyatana 선정까지 일곱 가지 선정을 몸소 증득해 제자들에게 가르치던 특별한 사람이었습니다. 부처님께서 출현하시기 전까지는 이렇게 선정을 직접 증득해 가르치던 존재들이 매우 의지할 만한 스승이었습니다. 알라라 깔라마도 스승으로, 그 당시에는 마치 한 분의 부처님처럼 유명한 스승이었습니다. 그 스승이 어디에서 지내고 있었는지, 제자들이 얼마나 많았는지에 대해서 테라와다 문헌에는 언급된 내용이 없습니다. 북방불교 문헌인 『방광대장엄경』이라는[43]

42 네 번 성을 나서는 모습과 출가하는 장면은 비구 일창 담마간다, 『부처님을 만나다』, pp.157~167 참조.

43 方廣大莊嚴經; 빠알리어로는 'Lalitavitthāra'이고 산스크리트어로는 'Lalitavistra'이다.

부처님 일대기에는 그 알라라 선인이 웨살리Vesālī 성에서 지냈고, 그에게서 수행방법을 배워 실천하던 제자들이 300명 정도 있었다고 합니다.

알라라 선인에게서 방법을 배우다

알라라 선인에게 가서 수행방법을 배우는 모습을 「빠사라시숫따」에서는 다음과 같이 설명하고 있습니다.

So evaṁ pabbajito samāno kiṁ kusalagavesī[44] anuttaraṁ santivarapadaṁ pariyesamāno yena āḷāro kālāmo tenupasaṅkamiṁ. Upasaṅkamitvā āḷāraṁ kālāmaṁ etadavocaṁ - 'icchāmahaṁ, āvuso kālāma, imasmiṁ dhammavinaye brahmacariyaṁ carituʼnti. Evaṁ vutte, bhikkhave, āḷāro kālāmo maṁ etadavoca.[45]

(M.i.220/M26)

대 역

So ahaṁ그 나는; 보살이었던 나는 evaṁ[46] pabbajito samāno출가한 뒤에 kiṁ kusalānuesī'선善이 무엇인가'라고 찾으면서 anuttaraṁ santivarapadaṁ위없는 적정의 경지를; 그보다 더 거룩함이 없어 위없는 적정의 경지인 열반을 pariyesamāno구하다가 yena āḷāro kālāmo tenupasaṅkamiṁ깔라마 가문의 알라라 선인이 있는 곳에 가까이 다가갔다. upasaṅkamitvā가까이 다가가서 "āvuso kālāma

44 kiṁkusalaṁgavesī (BDe.). 저본의 대역에는 'kiṁ kusalānuesī'라고 표현돼 있다.

45 저본에 대역만 있어 빠알리어 원문을 역자가 첨가했다.

46 『*Mūlapaṇṇāsapāḷito Nissaya*』, p.175를 참조해서 역자가 첨가했다.

벗, 깔라마여[47], imasmiṁ dhammavinaye이 법과 율에서; 그대가 가르치고 지도하는 이 법과 율에서; 그대의 훈계, 가르침에서 brahmacariyaṁ carituṁ청정범행을 실천하길; 거룩한 실천을 실천하기를 ahaṁ icchāmīti나는 원하오"라고 etaṁ이 청하는 말을 āḷāraṁ kālāmaṁ깔라마 가문의 알라라에게[48] avocaṁ말했다.

요약하자면, 알라라 선인이 있는 곳에 도착한 뒤 "깔라마 존자여, 그대가 설하고 제시하는 거룩한 실천을 실천하고 싶소"라고 말했다는 것입니다. 그러자 알라라 선인은 다음과 같이 말했습니다.

Viharatāyasmā; tādiso ayaṁ dhammo yattha viññū puriso nacirasseva sakaṁ ācariyakaṁ sayaṁ abhiññā sacchikatvā upasampajja vihareyya.[49] (M.i.220/M26)

대역

Āyasmā존자는; 고따마 가문의 존자는 viharatu머무시오; 이곳, 이 가르침에 머무시오, 실천하시오. ayaṁ dhammo이 법은; 내가 가르치는 이 실천법은 tādiso이러한 성품이 있소; 지금 이어서 말할 내용과 같은 성품이 있소. yattha그 실천법에는 viññū puriso지혜로운 이들이라면 nacirasseva오래지 않아 sakaṁ ācariyakaṁ자기 스승과 동등한 것을; 자신의 스승이 경험해서 안 특별한 법을 sayaṁ

47 ㉯㉰ 가문으로 이름을 삼아 부른 것이다. 공손하게 대할 만한 이들에게는 원래 이름으로 부르지 않고 이렇게 가문 등으로 부르는 것이 지혜 있는 이들이 사용하는 관례이다.

48 ㉯㉰ 미얀마어에 따라 부드럽게 하기 위해 목적격을 여격으로 해석했다.

49 저본에 대역만 있어 빠알리어 원문을 역자가 첨가했다.

abhiññā sacchikatvā스스로의 지혜로 실현해서 upasampajja vihareyya이르러 증득해 머물 수 있소.

이렇게 격려하는 말을 하고서 수행하는 모습을 설명했습니다.

매우 힘이 되고 만족할 만한 말

그 알라라 선인이 말하는 모습 중에 "자기가 설한 대로 실천하는 이는 스승이 안 특별한 법을 머지않아 스스로의 지혜로 경험해서 알고 지낼 수 있다"라는 말은 매우 의지할 만하고 믿을 만한 말입니다. 직접 실천하는 법이라고 한다면 이렇게 직접 경험할 수 있어야 힘이 되고 만족할 만합니다. 또한 머지않아 직접 알 수 있다는 것도 힘이 될 만합니다. 머지않아 빨리 경험해야 힘이 솟아납니다. 그래서 알라라 수행자의 그 말을 듣자 보살은 잘 이해하고서 다음과 같이 숙고했습니다.

자기가 먹지 못할 약을 다른 이에게 주어선 안 된다

'알라라는 이 법을 단순히 믿음으로만 말하는 것이 아니다. 진실로 직접 경험해 알고서 말하고 있는 것이다'라고 숙고했습니다. 맞습니다. 알라라가 말한 그 말은 "문헌에 어떻게 설해져 있습니다"라고 문헌을 의지하여 말하는 것도 아니었습니다. "이렇게 알게 된다고 합니다"라는 등으로 전해들은 것으로 말하는 것도 아니었습니다. "스승이 아는 특별한 법을 직접 안다"라고 이렇게 직접 설한 말만 있었습니다. 수행실천을 설명하는 스승이라고 한다면 이렇게 당당하고 떳떳하게 말할 수 있어야 합니다. 스스로는 수행하지 않고, 스스로는 아무것도 경험하지 못하고 알지 못하면서 문헌 정도로만 스승 노릇을 하는 사람들,

수행법을 설명하는 사람들, 수행법에 관한 책을 저술하는 사람들은 그리 합당하지 않습니다. 스스로는 먹지 않고 사용하지 않는 약, 스스로는 감히 먹을 엄두가 나지 않는 약을 다른 이에게 먹게 하는 것과 같습니다. 그렇게 설하고 말하는 설법이나 문헌, 책은 그리 믿고 의지할 만한, 힘을 얻을 만한 것이 아닙니다.

올바르게 숙고하는 모습

지금 알라라 선인이 설하고 제시하는 것은 직접 당당하게, 떳떳하게 설하고 제시하는 것이기 때문에 보살은 즉시 그것을 믿고 힘을 얻게 됐습니다. '알라라에게만 믿음이 있는 것이 아니다. 나에게도 있다. 알라라에게만 정진, 새김, 삼매, 통찰지가 있는 것이 아니다. 나에게도 있다'라고 숙고하고서 알라라 수행자가 얻은 법을 스스로 경험해서 얻도록 노력했습니다. 노력해서 머지않아 무소유처 선정을 증득했습니다. 그리자 보살은 알라라에게 가서 "스승님, 스스로의 지혜로 실현하여 경험해 이르렀다고 하는 무소유처 선정법이 내가 지금 경험한 이 법과 마찬가지입니까?"라고 물었습니다.

높여줄 것은 높여주는 것이 스승의 의무

그러자 알라라 선인은 "맞소. 내가 스스로의 지혜로 경험해서 도달한 법이라는 것은 그대 고따마 존자가 경험한 그 법과 마찬가지오. 나도 이 정도로 경험하였소"라고 대답하고는 바로 다음과 같이 칭찬하는 말을 했습니다.

"그대 고따마 존자는 매우 특별한 사람이오. 이 무소유처 선정이라는 것은 쉽게 얻을 수 있는 법이 아니오. 고따마 존자는 그리 길지 않은 시간에 이 법을 얻었소. 매우 특별하오. 이렇게 특별한 동료를 얻는다면 우리는 매우 좋겠소. 매우 다행이겠소. 내가 직접 경험해서 안 법을 고따마도 알았소. 고따마가 안 그 법 정도를 나도 아오. 그러니 고따마 존자는 나와 덕목으로 서로 동일하오. 고따마 존자는 이곳에서 지내시오. 이 무리에는 제자들이 많소. 고따마와 내가 같은 스승으로 지도하고 보호합시다."

이렇게 말하고서 제자의 반을 보살에게 지도하도록 했습니다. 앞서 말한 300명 중에서 제자 150명을 나누어 준 것입니다. 이렇게 칭찬하는 것은 스승이 제자를 자신과 같은 위치에 두고 높여주는 것입니다.

하지만 보살은 그곳에서 잠시 동안만 지냈습니다. 그렇게 지내면서 다음과 같이 숙고했습니다.

'이 무소유처 선정은 염오의 지혜가 생겨나게 하는 것이 아니다. 애착빛바램과 소멸을 위한 것도 아니다. 번뇌를 잠재우기 위한 것도, 특별한 법을 생겨나게 하는 것도, 꿰뚫어 아는 것을 위한 것도, 모든 고통을 없애기 위한 것도 아니다. 무소유처 탄생지에 이르게 하는 정도일 뿐이다. 그 탄생지에 이르러 6만 대겁 동안 수명을 길게 할 뿐이다. 그 생에서 임종했을 때 욕계 생에 다시 태어나 여러 고통과 괴로움을 겪어야 할 것이다. 내가 원하는 죽음이 없는 법은 아직 아니다.'

이렇게 숙고하고는 그 무소유처 선정법을 버렸습니다. 그리고는 알라라의 수행처를 떠났습니다.[50]

50 『부처님을 만나다』, pp.172~174 참조.

우다까 선인에게 가다

그곳을 떠나 그보다 더 거룩한 것이 없어 위없는anuttara 적정의 경지santivarapada인 열반, 그 죽음없음의 법을 스스로의 지혜로 다시 구했습니다. 그렇게 구하다가 라마뿟따Rāmaputta, 즉 라마의 아들, 혹은 라마라는 스승의 제자라는 우다까Udaka 선인의 덕목과 소식을 듣게 돼 그 우다까 선인에게 가서 라마 스승의 수행방법을 묻고 다시 받아들였습니다. 그곳에서 보살이 스승의 수행방법을 받아들이는 모습, 우다까 선인이 말하는 모습, 보살이 이해해서 숙고하는 모습, 노력해서 머지않아 스승이 말한 법을 얻고서 우다까 선인에게 자신이 얻은 법을 말하는 모습 등의 모든 구절은 앞서 알라라 선인의 경우와 거의 같습니다.

다른 점은 우다까 선인은 라마뿟따라고 말한 대로 라마라는 스승의 아들, 아니면 제자였습니다. 라마라는 스승은 비상비비상처 선정까지 여덟 가지 선정을 증득했습니다. 하지만 보살이 그곳에 도착했을 때 라마 선인은 더 이상 없었습니다. 그래서 "라마는 어느 단계까지 직접 경험해서 알았다고 말하고 선언했습니까"라고 보살이 우다까 선인에게 질문했습니다. 그 질문 중에 'pavedesi 선언했습니까?'라고 과거형으로, 이전에 있었던 일인 것으로 질문한 것을 볼 수 있습니다. 또한 '라마에게만 믿음과 정진과 새김과 삼매와 통찰지가 있었던 것이 아니다. 나에게도 있다'라고 숙고하는 모습도 볼 수 있습니다. 그리고 "라마가 알았던 법을 존자도 압니다. 그대가 안 법을 라마도 알았습니다. 그러니 라마와 그대는 같은 수준입니다. 그대 고따마 존자가 이 무리를 스승으로서 지도하고 이끌어 가십시오"라고 우다까 선인이 보살에게 스승의 역할을 맡기는 것도 볼 수 있습니다. 또한 '우다까는 라마의 제자로서 나와 같이 실천하는 동료이지만 나를 스승으로 삼아 스승의 위치에 올려놓았다'라고 보살이 숙고하는 모습도 볼 수 있습니다.

따라서 보살은 라마 선인과는 만나지 않았고 그의 제자인 우다까 선인과만 만났다는 사실을 알 수 있습니다. 우다까 선인은 라마라는 대선인의 수행법을 보살에게 설명했습니다. 그렇게 설명한 대로 노력했기 때문에 보살은 라마 대선인이 직접 경험하여 안 비상비비상처 선정까지 머지않아 직접 경험해서 알게 된 것입니다. 라마 대선인처럼 비상비비상처 선정을 증득했기 때문에 우다까 선인은 보살을 한 무리의 대스승으로 대접했다는 사실에 특히 주목해야 합니다.

우다까 선인이 머물던 장소가 어디인지, 제자 대중의 수가 얼마나 되는지 테라와다 문헌에는 설명돼 있지 않습니다. 앞에서 언급한 북방불교의 문헌인 『방광대장엄경』이라는 부처님 일대기에는 그 우다까 선인이 라자가하Rājagaha에서 지냈다고 하며, 그에게서 수행 방법을 배워 실천하고 있던 제자들이 700명 정도 있었다고 합니다.

보살과 만났을 당시 우다까 선인은 비상비비상처 선정까지 아직 증득하지 못해서 대선인인 라마가 얻은 법으로만 설명했습니다. 그리고 비상비비상처 선정까지 얻어 자신보다 더 높은 덕목을 갖추고 있는 보살을 스승의 지위에 추대했습니다. 나중에 우다까도 보살을 본받아 더욱 노력해서 비상비비상처 선정을 얻었습니다.《이것은 복주서의 내용입니다.》

보살은 그 수행처에서 얼마간 스승으로서 지도하며 머물렀습니다. 그렇게 지내다 보살은 다시 다음과 같이 숙고했습니다. '이 비상비비상처 선정도 염오의 지혜가 생겨나게 하는 것이 아니다. 애착빛바램과 소멸을 위한 것도 아니다. 번뇌를 잠재우기 위한 것도, 특별한 법을 생겨나게 하는 것도, 꿰뚫어 아는 것을 위한 것도, 모든 고통을 없애기 위한 것도 아니다. 비상비비상처 탄생지에 이르게 하는 정도일 뿐이다. 그 탄생지에 이르러 8만4천 대겁 동안 수명을 길게 할 뿐이다. 그 생에서 임종했을 때 욕계 생에 다시 태어나 여러 고통과 괴로움을 겪어야 할 것이다. 내가 원하는 죽음이 없는 법은 아직 아니다'라고 숙고하고는 그 비상비비상처 선정의 법을 버렸습니다. 그리고는 우다까의 수행처에서도 떠났습니다.[51]

우루웰라 숲에서 고행하다

그곳에서 떠난 뒤 위없는 적정의 경지인 열반, 죽음없음의 법을 스스로의 지혜로 구하던 중에 마가다Magadha국 안을 유행하게 됐습니다. 그렇게 유행하다가 세나니가마Senānigama라는 성읍 근처 우루웰라Uruvela 숲에 이르렀습니다. 그 숲에는 깨끗하게 흐르는 네란자라Nerañjarā 강이 있다는 사실도 알게 됐습니다. 최근 본 바로 네란자라 강은 음력 1월쯤 되면 물이 흐르지 않습니다. 큰 모래사장만 볼 수 있습니다. 우기나 한겨울에만 물이 있습니다. 하지만 2천여 년 전에는 열두 달 내내 물이 흘렀을 수도 있습니다. 그래서 우루웰라 숲에 도착했을 때 깨끗하게 흐르는 강도 보았을 것입니다. 또한 근처에 세나니가마라는 탁발을 위한 마을이 있다는 것도 알았습니다. 그렇게 좋은 땅, 좋은 숲, 좋

51 『부처님을 만나다』, pp.174~175 참조.

은 강과 탁발 마을도 있다고 알게 되어 '이곳은 수행하려는 이에게 법을 노력하기에 적당한 곳이다'라고 숙고하고서 그 우루웰라 숲에서 지냈습니다.

당시 보살에게는 수행을 위해 별도로 결정한 방법이 아직 없었습니다. 그리고 당시 인도 전역에는 몸을 학대하면서 수행하는 고행이 유행했습니다. 그래서 그 방법을 의지해서 보살에게 세 가지 비유가 떠올랐습니다.

세 가지 비유

무화과 나무토막이 있다고 합시다. 갓 잘라내어 축축한 상태이고, 물에도 담가 놓았다고 하면 그렇게 젖은 나무토막을 서로 비비거나 다른 나무토막과 비빈다고 불이 붙지 않습니다. 불이 생겨나지 않습니다. 마찬가지로 아들과 딸 등 감각욕망 대상과 토대들이 있고, 좋아하고 즐기는 감각욕망 번뇌가 생겨난다고 하면, 피곤함을 무릅쓰고 아무리 노력해도 출세간의 지견이라는 특별한 법은 얻을 수 없습니다. 이것이 첫 번째 비유입니다.

무화과 나무토막을 물에 일부러 담가 놓지는 않았더라도 갓 잘라내어 축축한 상태라고 한다면, 그 나무토막을 비벼서도 불이 붙지 않습니다. 불이 생겨날 수 없습니다. 마찬가지로 아들과 딸 등 감각욕망 대상들이 없다 하더라도 마음속으로 좋아하고 즐기는 감각욕망 번뇌가 생겨난다면 피곤함을 무릅쓰고 아무리 노력해도 출세간의 지견이라는 특별한 법은 얻을 수 없습니다. 이것이 두 번째 비유입니다. 이 비유는 바라문법행자Brahmaṇadhammika라는 이들이 선인이 되는 것을 대상으로 했다고 주석서는 설명하고 있습니다.[52] 그 '바라문법행자'라는 바라문들은 어릴 때부터 48세까지는 청정범행brahmacariya을[53] 실천하고, 그 이후에는 가문을 잇기 위해 결혼을 한다고 합니다. 이렇다고 한다면, 그들이 청정범행을 실천하고 있을 때도 감각욕망 애착들은 생겨나기 마련일 것입니다.

무화과 나무토막이 완전히 말랐고 물에 담그지도 않았다고 한다면, 그 마른 나무토막을 비비면 쉽게 불이 붙을 것입니다. 마찬가지로 감각욕망 대상과 토대들을 버려 버렸고, 마음으로 좋아하고 즐기는 감각욕망 번뇌들에 대한 집착ālaya을 끊고 잘 제거했다면 피곤함을 무릅쓰고 노력해도 출세간의 지견이라는 특별한 법을 얻을 수 있고, 피곤함을 무릅쓰지 않고 편안하고 쉽게 노력하더라도 출세간의 지견이라는 특별한 법을 얻을 수 있다는 것입니다. 이것이 세 번째 비유입니다.[54]

마음을 마음으로 제압하는 고행

세 가지 비유를 숙고한 다음, 세 번째 비유의 두 가지 방법 중에서[55] 첫 번째 방법으로 매우 강하게 고행하며dukkaracariyā 노력하리라는 생각이 보살에게 다음과 같이 떠올랐다고 합니다.

Yaṁnūnāhaṁ dantebhi dantamādhāya, jivhāya tāluṁ āhacca,

52 MA.ii.188; 전재성, 『숫타니파타』, pp.156~163 참조.

53 성행위를 전혀 하지 않는 것.

54 M36/M.i.306~307; 『맛지마 니까야』 제2권, pp.170~173 참조.

55 세 번째 비유는 감각욕망 대상과 감각욕망 번뇌를 제거하고서 수행하는 것이다. 그중 첫 번째 방법은 피곤함을 무릅쓰고 고행을 하는 것이고 두 번째 방법은 편안하게 수행하는 것이다.

cetasā cittaṁ abhiniggaṇheyyaṁ abhinippīḷeyyaṁ abhisantāpeyyaṁ.[56] (M.i.309/M36)

대 역

Ahaṁ나는 dantehi아랫니로 dantaṁ윗니를 ādhāya지지하여; 악물고서[57] jivhāya혀로; 혀를 tāluṁ āhacca입천장에 대고 cetasā마음으로 cittaṁ마음을; 저절로 생겨나는 마음을 abhiniggaṇheyyaṁ제압하고 abhinippīḷeyyaṁ억누르고 abhisantāpeyyaṁ뜨겁게 말려버리면 yaṁ nūna좋을 것이다.

지금 보인 성전 구절과 「위딱까산타나숫따」에서[58] 설명한 성전 구절은 거의 비슷합니다.[59] 하지만 「위딱까산타나숫따」에서 설명한 '마음을 마음으로 제압하는 모습'은 부처님이 되신 뒤에 설하신 실천방법이기 때문에 저절로 생겨나는 번뇌 마음을 「사띠빳타나숫따」[60] 등의 경전에서 설명한 방법에 따라 수행 마음으로 관찰해서 알아차려 제거하기 위한 것입니다. 여기에서 설명하고 있는 '마음을 마음으로 제압하는 모습'은 중도실천majjhimapaṭipadā을 알기 전에 실천한 방법이기 때문에 새김확립 방법이라는 바른길이 아직은 아닙니다. 하지만 주석서에서는 '불선의 마음을 선의 마음으로 제압한다는 말이다'라고 설명합니다.[61]

56 저본에 대역만 있어 빠알리어 원문을 역자가 첨가했다.

57 ⓐ 주석서나 복주서에 의하면 'dante아랫니에 abhidantaṁ윗니를 ādhāya두고서'라고만 번역해야 한다. 하지만 윗니는 부수적이어서 위치를 바꿀 수 없다. 주된 아랫니로만 지지할 수 있다. '이를 악물다'라는 뜻이다. 이 내용을 잘 살펴봐야 한다.

58 M20; 「Vitakkasaṇṭhānasutta 사유그침 경」.

59 M.i.170; 『맛지마 니까야』 제1권, p.513 참조.

60 M10; 「Satipaṭṭhānasutta 새김확립 경」.

61 MA.ii.189; 『맛지마 니까야』 제2권, pp.170~173 참조.

만약 주석서의 설명대로라면 새김확립 등으로 설한 바른 방법과 같은 것이 됩니다. 그렇게 바른 방법으로 마음을 제압한 것이 맞다면, 바로 그 바른 방법으로 그때 부처님이 됐을 수도 있을 것입니다. 하지만 마음으로 마음을 제압하는 그 방법으로는 부처님이 되지 못했을 뿐만 아니라 도리어 피곤함만 남았다는 내용, 그 이후에도 잘못된 방법으로 실천했다는 내용이 이어서 설명돼 있습니다.

따라서 보살이 실천했던 '마음으로 마음을 제압하는 방법'은 불교라는 이름을 내건 다른 종파의 무리가 실천하고 있는 '마음을 소멸하게 하는 종류의 방법'일 것으로 생각합니다. 본승이 전법차 일본에 갔을 때 어느 큰 절에서 좌선수행을 하고 있는 것을 봤습니다. 그들의 방법은 '생겨나는 모든 마음을 다 제거하는 것'이라고 했습니다. 그렇게 소멸시켜 아무런 생각도 일어나지 않을 때 '공suñña', 아무것도 없는 상태라는 법도의 끝에 도달한다는 것이었습니다. 그들이 수행하는 모습은 다음과 같았습니다.

먼저 수행하려는 대승mahāyāna 비구들이 줄지어 결가부좌하고 앉았습니다. 여섯 명 정도 됐습니다. 한 스승이 앉아 있는 스님들을 때리기 위한 막대기를 보여주었습니다. 조금 시간이 지나자 수행지도 스승이 앉아 있는 스님들의 등을 막대기로 한 차례씩 때렸습니다. 맞는 순간 마음이 완전히 사라져 공에 이르는 경우도 있기 때문에 그렇게 차례로 때려야 한다는 것이었습니다. 매우 이상한 방법입니다. 이것은 생겨나는 모든 생각을 제압해서 소멸시키는 방법입니다.

보살이 그 당시 마음을 마음으로 따라가서 제압하며 노력한 모습도 이와 비슷하다고 생각할 수 있습니다. 보살은 그때 이를 악물고 마음을 마음으로 억지로 따라가서 제압하는 것이 매우 피곤했다고 했습니다.

피곤해서 겨드랑이에서 땀까지 흘렸다고 했습니다. 하지만 그렇게 피곤하게 노력해서도 특별한 지혜나 특별한 법을 얻지 못했다고 했습니다.

들숨날숨을 참아 숨 없는 선정에 들다

마음을 마음으로 제압하는 방법으로 특별한 지혜나 특별한 법을 얻지 못하자, 보살은 '숨을 억제해서 들숨날숨 바람이 없는 숨 없는appāṇaka 선정을 이끌어내면 좋을 것이다'라고 생각했습니다. 그래서 입과 코에서 들어 온 바람이 나갈 수 없도록 억제했습니다. 그러자 귀에서 억지로 밀어붙이며 나가는 바람소리가 마치 대장간의 풀무소리처럼 울렸습니다. 몸도 뜨거워지고 더욱 피곤해졌습니다. 하지만 보살은 물러서지 않았습니다. 입과 콧구멍뿐만 아니라 귀에서도 바람이 나가지 못하도록 다시 억제했습니다. 그러자 매우 심한 바람이 정수리로 올라가 밀어내는 듯했습니다. 마치 매우 힘이 센 사람이 손바닥으로 내리치는 듯, 머리를 가죽끈으로 억지로 조여 매는 듯 아팠다고 합니다. 배에서도 바람이 억지로 부풀어서 살을 칼로 베는 듯 아팠다고 합니다. 또한 온몸이 바람에 밀리고 부딪혀 숯불 더미 위에서 구워지는 듯 매우 뜨거웠다고 합니다. 너무 뜨겁고 피곤해진 보살은 급기야 쓰러져 움직일 수 없는 지경에 이르렀습니다. 그 모습을 보고서 일부 천신은 "사문 고따마는 죽었다"라고 말했습니다. 일부 천신은 "아직 죽지 않았다. 죽음에 가까워졌다"라고 말했습니다. 일부 천신은 "죽은 것도 아니고, 죽음에 가까워진 것도 아니다. 저렇게 움직이지 않고 있는 것이야말로 바로 거룩한 아라한들의 머묾vihāra이다"라고 말했습니다. 하지만 그렇게 피곤을 감수하고 노력했어도 특별한 지혜나 특별한 법은 얻지 못했습니다.

음식을 먹지 않는 고행

그래서 보살은 '음식을 완전히 끊는 실천을 하면 좋을 것이다'라고 생각했습니다. 그 생각을 알게 된 천신들이 "사문 고따마시여, 음식을 완전히 끊지는 마십시오. 가능하면 저희가 존자의 몸 털을 통해 천상의 음식을 넣어드릴 것입니다. 그 천상의 영양분으로 고따마 존자는 연명할 것입니다"라고 말했습니다. 그러자 보살은 숙고했습니다. '나는 전혀 먹지 않겠다는 선언을 했다. 그런데도 천신들이 몸털로 넣어준 천상의 영양분으로 연명한다면 음식을 전혀 먹지 않겠다는 나의 선언은 거짓말이 될 것이다'라고 생각해 천신들을 물리쳤습니다.

천신들을 물리친 뒤 보살은 음식의 양을 크게 줄였습니다. 어느 정도로 줄였는가 하면, 콩죽 한 줌만 먹었습니다. 양손을 붙여 받는 양을 두 줌이라고 하고, 한 손바닥에 받는 양을 한 줌이라고 하는데 대략 4~6숟갈 정도 됩니다. 매일 그 한 줌의 콩죽으로 연명했습니다. 그러자 보살의 몸에서 살과 피가 줄어들어 급격히 여위어 갔습니다. 급기야 보살의 몸에는 피부와 힘줄, 뼈만 남았습니다. 척추가 꺼지거나 튀어나오거나 혹처럼 울퉁불퉁하게 됐습니다. 갈비뼈도 드문드문 고르지 않게 드러났습니다. 고행상 그림이나 불상을 보았을 것입니다. 그대로입니다. 눈도 푹 꺼졌습니다. 깊은 우물 안의 물과 같았습니다. 머리 가죽도 마치 익지 않은 조롱박을 따서 널어놓았을 때 오그라드는 것처럼 오그라들었습니다. 몸이 마른 모습은 뱃가죽을 손으로 더듬으면 등뼈에 닿고, 등뼈를 더듬으면 뱃가죽에 닿았다고 묘사했습니다. 그렇게 말라버린 것은 음식을 적게 먹었기 때문입니다. 대변이나 소변을 보려고 하면 너무 피곤해서 앞으로 고꾸라졌다고 합니다.

그렇게 심하게 마른 모습을 보고 일부 사람은 "고따마 존자의 피부색은 검다"라고 말했고, 일부는 "갈색이다", 일부는 "청갈색이다"라고 말했다고 합니다. 이것은 음식을 너무 적게 먹은 탓에 원래 황금색으로 빛나던 깨끗한 피부색이 무너진 것입니다.

마라 천신이 유혹하며 말하다

보살이 음식을 급격히 줄여 육신이 힘들어할 정도로 노력하고 있을 때 마라 천신이 와서 연민하는 척하며 다음과 같이 말했습니다.

Kiso tvamasi dubbaṇṇo, santike maraṇaṁ tava.
Sahassabhāgo maraṇassa, ekaṁso tava jīvitaṁ.
Jīva bho jīvitaṁ seyyo, jīvaṁ puññāni kāhasi.[62] (Sn.341)

대 역

Mārisa사문 고따마여, tvaṁ그대는 kiso말랐고; 매우 여위어 dubbaṇṇo hoti안색이 좋지 않다; 용모가 무너져 안색이 좋지 않다. tava그대의 maraṇaṁ죽음은 santike매우 가까이 있다. sahassabhāgo maraṇassa죽을 가능성이 천이나 되고 tava그대의 jīvitaṁ 살아남을 가능성은 ekaṁso하나일 뿐이다.[63] bho그대여, jīva살도록 노력하라. jīvitaṁ seyyo죽는 것보다 사는 것이 낫다. jīvaṁ살아서 puññāni공덕을 kāhasi행하면 된다.

62 그대는 말랐고 안색이 좋지 않다| 그대에겐 죽음이 가까이 있다||
죽을 가능성이 천이나 되고| 살아남을 가능성은 하나일 뿐이다||
그대여, 살아라. 사는 것이 낫다| 살아서 공덕을 행하면 된다||

63 ㉯㉰ 살아남을 가능성이 천 분의 일 정도라는 뜻이다.

마라가 권하는 선업공덕이라는 것은 도와 과, 열반에 이르게 하는 보시와 계 등의 선업공덕이 아니었습니다. 위빳사나 선업이나 성스러운 도의 선업도 아니었습니다. 바로 다음과 같은 것이었습니다.

Carato ca te brahmacariyaṁ, aggihuttañca jūhato;
Pahūtaṁ cīyate puññaṁ, kiṁ padhānena kāhasi.[64] (Sn.341)

대역

Brahmacariyaṁ청정범행을; 음행을 삼가는 청정범행을 carato ca 실천하는 것으로나, aggihuttañca jūhato숭배하는 불에 헌공하는 것으로 te그대에게 pahūtaṁ puññaṁ많은 공덕이 cīyate쌓일 것이니 padhānena힘든 정진으로 kiṁ kāhasi무슨 이익이 있겠는가.

마라가 권하는 선업은 음행을 삼가는 청정범행과 불에 헌공하는 정도였습니다. 그러한 선업으로 좋은 세상에서 좋은 생을 얻어 행복할 수 있다고 당시 사람들은 믿고 있었습니다. 보살은 그러한 좋은 생의 행복을 원하지 않았습니다. 그래서 다음과 같이 대답했습니다.

Aṇumattopi[65] puññena, attho mayhaṁ na vijjati;
Yesañca attho puññena, te māro vattumarahati.[66] (Sn.341)

64 청정범행을 행하는 것으로 | 숭배하는 불에 헌공하는 것으로 ||
많은 공덕이 쌓일 것이니 | 힘든 정진으로 무슨 이익 있겠는가 ||

65 aṇumattenapi(Se. Te.).

66 공덕으로는 티끌만큼도 | 내게 원하는 것이 전혀 없다네 ||
공덕을 원하는 이 | 마라여, 그에게 말하는 것 마땅하리라 ||

대역

Mayhaṁ나에게 puññena공덕으로는; 그대가 말하는 공덕으로는 attho원하는 것이 aṇumattopi티끌만큼도 na vijjati없다네. yesañca 어떤 이에게 puññena attho공덕으로 원함이 있다면; 그대 마라가 말하는 공덕으로 원함이 있다면, te그에게; 그러한 공덕을 원하는 그에게 māro마라는 vattumarahati말하는 것이 마땅하리라.

이 게송 중 '선업공덕을 원하지 않는다'라는 보살의 말을 근거로 일부가 잘못 생각하여 말하기도 합니다. '윤회에서 벗어나기를 원한다면 보살처럼 선업공덕을 원해서도 안 되고, 해서도 안 된다. 거부해야 한다'라고 잘못된 견해를 갖기도 합니다. 이와 관련해 어떤 사람이 질문을 해서 본승은 이렇게 대답했습니다. "열반에 이르게 하는 보시와 계와 수행이라는 선업, 위빳사나 선업이나 도 선업이라는 것들을 마라도 아직 알지 못한 상태였습니다. 보살도 그 당시에는 열반에 이르게 하는 거룩한 선업을 정확하게 알지 못한 상태였습니다. 그런 이유로 단식 등의 고행을 좋고 거룩한 것으로 생각해 실천하고 있었던 것입니다. 그래서 그 당시 '선업공덕을 원하지 않는다'라는 보살의 말은 열반에 이르게 하는 선업을 말하는 것이 아닙니다. 생의 행복을 얻게 할 수 있다고 믿는 그러한 종류의 선업공덕을 말하는 것입니다"라고 대답해 주었습니다. 이 대답은 마라가 말한 선업공덕과 비교해 보면 매우 분명합니다. 그래서 주석서에서도 다음과 같이 설명하고 있습니다.

Puññenāti vaṭṭagāmiṁ mārena vuttaṁ puññaṁ sandhāya bhaṇati. (SnA.ii.116)

대역

Puññenāti'공덕으로는 원함이 없다'라는 그 말은 vaṭṭagāmiṁ mārena vuttaṁ puññaṁ sandhāya마라가 말한 윤전에 이르게 하는 공덕과 관련해서 bhaṇati말한 것이다.

따라서 열반에 이르게 하는 선업을 거부한 것이 아니라고 확실하게 기억해야 합니다.

또한 보살은 그 당시에 단식이라는 고행의 실천을 특별한 지혜와 법을 얻게 할 수 있는 훌륭한 실천이라고 믿었습니다. 그래서 다음과 같이 이어서 말했습니다.

Nadīnamapi sotāni, ayaṁ vāto visosaye;
Kiñca me pahitattassa, lohitaṁ nupasussaye.
'Lohite sussamānamhi, pittaṁ semhañca sussati;
Maṁsesu khīyamānesu, bhiyyo cittaṁ pasīdati;
Bhiyyo sati ca paññā ca, samādhi mama tiṭṭhati.[67] (Sn.342)

대역

Ayaṁ vāto이 바람은; 불어닥치는 이 바람은 nadīnamapi sotāni강에 흐르는 그 물도 visosaye말려버릴 수 있거늘 pahitattassa전념하여 노력하는 me나의 lohitaṁ피를 kiñca na upasussaye어찌 말리지 못하겠는

67 강에 흐르는 그 물도ǀ 이 바람은 말려버리니ǁ
전념하여 노력하는 나의ǀ 피를 어찌 말리지 못하겠는가ǁ
피가 다 말라버리면ǀ 담즙과 점액도 말라버리고ǁ
살이 다 사라져버리면ǀ 마음은 더욱 맑아지리니ǁ
나에게 새김과 또한 통찰지와ǀ 삼매도 더욱 확고해질 것이다ǁ

가. lohite sussamānamhi피가 다 말라버리면 pittaṁ semhañca sussati 담즙과 점액도 말라버릴 것이다. 《maṁsañca살도 말라버릴 것이다.》 maṁsesu khīyamānesu살이 다 사라져버리면 cittaṁ마음은 bhiyyo pasīdati더욱 맑아지리니 mama나에게 sati ca paññā ca samādhi새김과 통찰지, 그리고 삼매도 bhiyyo tiṭṭhati더욱 확고해질 것이다.

이것은 단식하며 지내는 것에서 더 나아가 피와 살, 담즙, 점액 등이 말라버릴 것이고, 그렇게 말라버리면 마음이 깨끗해져 새김과 삼매와 통찰지가 더욱 특별하게 될 것이라고 믿고서 보살이 마라에게 대답하는 말입니다. 마라도 단식하는 것으로 특별한 법을 얻으리라 생각해서 그 특별한 법을 얻을까 염려해 유혹하며 말한 것입니다. 나중에 오비구라는 다섯 명의 수행자도 단식하는 실천으로 특별한 지혜를 얻어 부처님이 되리라고 믿어 그들이 제일 먼저 법을 듣기 위해, 그 목적으로 보살에게 가서 여러 가지 크고 작은 소임을 맡아 하면서 기다리고 있었습니다. 그래서 고행의 실천을 그 당시에는 붓다가 되게 하는 실천이라고 믿고 있었다는 사실이 분명합니다.

붓다가 되다

바르게 반조하는 지혜가 생겨나다

하지만 고행을 실천하며 6년이 지났을 때, 보살에게 다음과 같은 반조의 지혜가 생겨났습니다.

'과거의 사문이나 바라문이라는 거룩한 출가자들이 스스로를 힘들게 하여 매우 참기 힘든, 괴롭고 고통스러운 느낌을 겪었다고 하는 것도 내가 지금 겪는 정도일 뿐이다. 미래의 사문이나 바라문이라는 거룩한 출가자들이 스스로를 힘들게 하여 매우 참기 힘든, 괴롭고 고통스러운 느낌을 겪을 것이라고 하는 것도 내가 지금 겪는 정도일 것이다. 지금의 사문이나 바라문이라는 거룩한 출가자들이 스스로를 힘들게 하여 매우 참기 힘든, 괴롭고 고통스러운 느낌을 겪고 있다고 하는 것도 내가 지금 겪는 정도일 것이다. 그보다 더할 수는 없다. 그렇지만 나는 매우 참기 힘들어서 난행dukkarakārikā이라고 부르는 이 고행dukkaracariya의 실천으로도 보통 사람들이 얻을 수 있는 선법을 훨씬 넘어서서 거룩하고, 번뇌들을 제거할 수 있어서 성스러운 특별한 지혜를 얻을 수 없지 않았는가? Siya nu kho añño maggo bodhāya, 스스로를 힘들게 하는 이 고행 외에 진리를 알기 위한 다른 실천길이 있지 않을까?[68]'

이러한 생각과 지혜가 보살에게 생겨났습니다. 이렇게 반조한 뒤 보살은 어릴 때 부왕 숫도다나 왕이 농경제 행사를 주관할 때 잠부나무 아래에서 초선정을 얻어 입정했던 것을 돌이켜 기억했습니다. 그리고는 'Siya nu kho eso maggo bodhāya 그 초선정의 실천길이 진리를 알기 위한 것이 아닐까?'라고 숙고했습니다.

어릴 때 초선정을 얻은 모습

보살은 음력 4월 보름날에 탄생했고, 음력 5월이나 6월쯤 숫도다나

68 저본에는 '다른 실천길이 진리를 알기 위한 것이 아닐까'라는 직역도 실었다. 『맛지마 니까야』 제2권, pp.178~179 참조.

대왕이 농경제 행사를 벌인 것으로 생각됩니다. 농경제가 열릴 때 어린아이였던 보살을 잠부나무 그늘에 훌륭하게 장엄된 침상 위에 눕혀 놓았습니다. 주위 전체에 휘장도 드리워 놓았습니다. 시종들도 정성스럽게 보살폈습니다. 농경제는 왕이 직접 주관하는 축제였기 때문에 매우 장엄하고 화려하고 멋있었을 것입니다. 볼 기회를 얻은 사람이라면 누구나 보고 싶어 하는 축제였을 것입니다. 그래서 시종들도 왕자가 잠들어 있다고 생각하고서 잠시 농경제가 열리는 곳에 직접 가서 보게 됐습니다. 그때 보살인 어린 왕자는 여기저기 주위를 둘러보고는 시종이 없다는 것을 알고서 누운 자리에서 일어나 결가부좌를 하고서 이전의 여러 생부터 바라밀로 익혀 온 대로 코에서 들숨과 날숨을 관찰했습니다. 아주 짧은 시간 안에 대상을 처음 생각하는 사유vitakka, 거듭 고찰하는 고찰vicāra, 기뻐하는 희열pīti, 마음의 행복함인 행복sukha, 집중됨인 삼매samādhi라는 선정 구성요소 다섯 가지가 있는 초선정에 이르렀습니다. 시종들은 잠시만 볼 요량으로 갔지만, 볼거리와 먹을거리들이 넘쳐나 시간 가는 줄 몰랐습니다. 그사이 적잖은 시간이 흘렀습니다. 나무 그늘도 다른 곳으로 이동해 버렸습니다. 하지만 보살을 드리우고 있던 나무 그늘은 움직이지 않은 채 그대로 있었다고 합니다. 보살도 일체의 움직임 없이 고요하게 앉아 있었습니다. 축제에서 돌아와 그 모습을 보게 된 시종들이 숫도다나 왕에게 보고했고, 숫도다나 왕도 나무 그늘이 움직이지 않은 채 그대로 유지되는 것과 아들 왕자가 고요하게 앉아 있는 것을 보자 매우 경이로워 아들에게 예경을 올렸다고 합니다.[69]

69 『부처님을 만나다』, pp.154~155 참조.

이렇게 보살은 농경제 때 어린아이로서 얻었던 들숨날숨 선정을 방금 말했던 대로 기억하게 됐습니다. 그렇게 기억하고서 '그 들숨날숨 선정이라는 실천길이 진리를 알기 위한 것이 아닐까?'라고도 반조해 보았습니다. 그렇게 반조하고서 다음과 같이 결정했습니다.

Eseva maggo bodhāya. (M.i.313/M36)

대역

Eseva바로 이것이야말로; 이 들숨날숨 선정의 실천길이야말로 bodhāya깨달음을 위한; 네 가지 진리라는 바른 법을 알기 위한 maggo도이다; 바른 실천길이다.

그 당시에 경험했던 선정의 행복이 매우 행복하고 좋았던 것입니다. 그래서 'kiṁ nu kho ahaṁ tassa sukhassa bhāyāmi 나는 그 들숨날숨 선정의 행복을; 행복을 얻도록 노력하는 것을 두려워하는가?'라고 자문했습니다. 그리고는 'na kho ahaṁ tassa sukhassa bhāyāmi 나는 그 들숨날숨 선정의 행복을 얻도록 노력하는 것을 두려워하지 않는다'라고 숙고했습니다.

음식을 다시 수용하다

그렇게 숙고하고 나서 '매우 여위어 힘없는 이 몸으로는 그 들숨날숨 선정을 얻도록 노력할 수 없다. 원래 먹던 밥 등의 거친 음식들을 공양하는 것이 좋겠다. 그렇게 공양하고서 힘이 갖춰졌을 때라야 그 들숨날숨 선정을 얻도록 노력할 수 있을 것이다'라고도 숙고했습니다. 그렇게 숙고하고서 이전에 먹었던 음식을 공양했다고 합니다. 단식 후 다시 음식을 먹을 때는 부드러운 음식부터 조금씩 먹어야 합니다. 그래야 위장이 받아들여 소화할 수 있습니다. 그래서 그렇게 조금씩 먹기 시작했을 것입니다.

오비구들 떠나다

보살이 거친 음식을 다시 수용하자 오비구들이 오해했습니다. 오비구라는 이들은 다른 이들이 아닙니다. 보살 곁에서 여러 가지 크고 작은 시봉을 하고 있던 이들이었습니다. 그들은 보살이 태어날 때부터 보살이 붓다가 될 것이라고 예언을 했던 왕사, 제사장, 바라문들이었습니다. 그 당시 예언을 하고 징조를 점칠 수 있는 바라문이 여덟 명 있었습니다. 그 여덟 명 중에 세 명은 두 손가락을 펴고는 전륜성왕이 되거나 붓다가 될 것이라고 두 가지로 말했습니다. 나머지 다섯 명은 검지 하나만 들고서 확실히 붓다가 될 것이라고 자신 있게 말했습니다. 바로 그 자신 있게 말했던 다섯 바라문이 결혼 생활의 족쇄에 묶이기 전 출가해 오비구가 됐다고 『맛지마 니까야(근본50경) 주석서』에 설명돼 있습니다(MA.i.92). 『붓다왕사 주석서』 등에서는 바라문 일곱 명이 두 손가락을 들어 두 종류로 예언했고, 나중에 꼰단냐Koṇḍañña 존자가 될 제일 어린 바라문만 한 손가락을 들어 붓다가 될 것이라고 자신 있게 예언했다고 합니다. 그리고 그 제일 어린 바라문이 훗날 다른 바라문의 아들 네 명과 함께 출가해서 오비구가 됐다고 합니다.

이들은 일찍이 출가를 먼저 한 뒤 보살이 출가해 사문이 되기를 기다리고 있었습니다. 그러다 보살이 우루웰라 숲에서 고행을 하고 있다는 소식을 듣고는 그곳으로 와서 보살을 위해 여러 가지 크고 작은 의무를 행하면서 시봉하고 있었습니다. 그들은 '특별한 법을 알고 보았을 때 우리에게 제일 먼저 설할 것이다. 우리는 제일 먼저 법을 들을 것이다'라는 목적으로 기대하고 있었습니다. 그렇게 시봉하며 기대하던 중에 보살이 몸의 힘을 채워서 들숨날숨 선정을 얻도록 실천하기 위해 다시 거친 음식을 수용하자, 오비구들은 오해한 나머지 실망하게 됐습니다. '콩죽 한 줌만으로 연명하면서 실천해도 특별한 지혜나 법을 얻지 못했는데, 지금처럼 거친 음식을 수용하면서 어떻게 특별한 지혜나 법을 얻을 수 있겠는가? 얻을 수 없을 것이다. 저 스승은 고행하며 노력하던 정근을 버리고 필수품을 많이 얻도록, 복덕만 많아지도록 하고 있다'라고 잘못 생각하고서 오비구는 보살을 버리고 그곳을 떠나 바라나시의 미가다야 숲으로 가서 지냈습니다.

붓다가 되다

오비구가 떠나간 것은 보살에게 몸의 한거kāyaviveka를 얻어 수행하기에 좋은 여건과 원인이 됐습니다. 이 내용을 『맛지마 니까야(근본50경) 주석서』에서 다음과 같이 설명해 놓았습니다.

> Bodhisatto tesu gatesu addhamāsaṁ kāyavivekaṁ labhitvā bodhimaṇḍe aparājitapallaṅke nisīditvā sabbaññutaññāṇaṁ paṭivijjhi.[70] (MA.ii.192)

70 저본에 대역만 있어 빠알리어 원문을 역자가 첨가했다.

대역

Bodhisatto보살은 tesu gatesu그 오비구들이 떠나자 addhamāsaṁ15일 내내《오비구는 음력 3월 그믐쯤 떠난 듯하다.》kāyavivekaṁ labhitvā몸의 한거를 얻어; 근처에 사람이 없어 조용함이라는 몸의 한거를 얻어 bodhimaṇḍe aparājitapallaṅke보리수 아래 불패의 금강좌에 nisīditvā앉으시고는 sabbaññutañāṇaṁ일체지를; 모든 것을 아는 일체지를; 붓다의 지혜를 paṭivijjhi꿰뚫어 아셨다.

보살은 세납 29년에 출가했고, 그 뒤 고행한 햇수가 6년이므로 당시 세납이 아직 35세였습니다. 나이도 젊고 건강도 매우 좋았기 때문에 15일 정도 음식을 섭취하자 피부와 살이 원래대로 돌아갔습니다. 32상 80종호라는 크고 작은 특징들도 분명하게 드러났습니다. 그렇게 음식으로 영양분을 섭취해 힘이 생겨나자 보살은 들숨날숨ānāpāna을 관조해 사유vitakka와 고찰vicāra과 희열pīti과 행복sukha과 하나됨ekaggatā이라는 선정 구성요소 다섯 가지가 있는 초선정을 얻어 입정했고, 선정의 행복으로 지냈습니다. 희열과 행복과 하나됨이라는 세 가지 구성요소가 있는 제2선정에도 입정해 선정의 행복으로 지냈습니다. 마찬가지로 행복과 하나됨이라는 두 가지 구성요소가 있는 제3선정, 평온upekkhā과 하나됨이라는 두 가지 요소가 있는 제4선정에도 입정해 선정의 행복으로 지냈습니다.

그렇게 네 가지 선정을 얻어 선정의 행복을 누리면서 지낸 뒤 기원전 589년[71], 지금으로부터 2,551년 전[72] 음력 4월 보름날, 아침 일찍

71 미얀마 대왕력으로 103년이다.

72 앞서 언급했듯이 2019년 후반부를 기준으로는 2608년 전이다.

《해가 뜬 뒤》 탁발하기 위해 시간을 기다리면서 세나니Senāni 도읍 근처 반얀나무 아래에 앉아 계셨습니다. 그때 세나니 도읍에 사는 장자의 딸 수자따Sujāta가 그 반얀나무에 사는 목신에게 헌공하리라는 생각으로 하녀를 보내 반얀나무 아래를 청소하게 했습니다. 하녀는 보살이 앉아 계신 것을 보고 반얀나무 목신이 헌공을 받으려고 자신의 몸을 분명하게 드러낸 것이라고 생각했습니다. 그래서 집으로 급히 돌아가 수자따에게 이 사실을 알렸습니다.

수자따도 아침 일찍 헌공을 위한 음식을 십만 금에 해당하는 황금그릇에 담고, 그 황금그릇을 다른 황금그릇으로 덮어서 반얀나무 아래로 가지고 와서 십만 금의 황금그릇까지 보살의 손에 올려 보시했습니다. 그리고 "저의 소원이 이루어진 것처럼 존자의 소원도 이루어지시길"이라고 거룩한 서원을 하고서 돌아갔습니다. "저의 소원이 이루어진 것처럼"이라는 것은 이전에 젊었을 때 그 반얀나무 아래서 "신분이 같은 사람과 결혼해 아들을 낳게 되기를 바랍니다. 이 소원이 성취되면 헌공을 올리겠습니다"라고 기원했던 것을 말합니다. 그 소원이 성취돼 해마다 그 반얀나무 목신에게 헌공했던 것입니다. 나중에 보살이 자신이 공양 올린 그 우유밥을 먹고서 붓다가 됐다는 사실을 알게 된 수자따는 매우 기뻐하며 그것을 대상으로 제일 거룩한 보시 선업을 생겨나게 했다고 합니다.

공양을 받은 보살은 먼저 네란자라 강으로 가서 몸을 씻은 후 수자따 여인이 보시한 우유밥을 49개의 덩어리로 만들어 공양했습니다. 공양을 하고 나서 '바로 오늘 내가 붓다의 지위에 오른다면 이 황금그릇은 물을 거슬러 올라갈 것이다'라고 결의한 후 황금그릇을 강으로 띄워 보냈습니다. 황금그릇은 강물을 한참 거슬러 올라간 뒤 깔라Kāla 용왕이 사는 곳에서 강 속으로 가라앉아 과거 세 분 부처님의 황금그릇들 중 제일 아래로 들어가 다른 황금그릇들을 받치고 있었습니다.

보살은 그날 오후 내내 그곳에서만 지내시다가 저녁에 보리수가 있는 곳으로 가셨습니다. 그렇게 가실 때 솟티야Sotthiya라는 풀 베는 이가 8움큼의 풀을 보시했습니다. 인도에서는 수행자들이 풀을 깔고 그 위에 앉고 눕는 관습이 있었습니다. 그 풀 또한 깔고 앉을 수 있도록 보시한 것입니다.[73] 보살은 보리수 아래에 이르렀을 때 동쪽을 향해 풀을 깔았습니다. 자리를 깔고 나서 '붓다의 지위와 깨달음의 지혜에 이르기 전까지 절대로 이 결가부좌를 풀지 않겠다'라고 결의한 후 동쪽을 향해 그 풀 위에 결가부좌하고 앉으셨습니다.

그때 마라가 결의를 무너뜨려 붓다가 되지 못하도록 하기 위해 앉아 있던 보리좌를 빼앗으려고 했습니다. 하지만 보살은 보시 바라밀 등 여러 바라밀의 위력으로 해가 저물기 전에 마라 천신을 물리치셨습니다. 승리하셨습니다. 이렇게 승리하신 뒤 선정 수행의 힘을 통해 초저녁에는 숙명통을 얻으셨고, 중야에는 천안통을 얻으셨고, 후야에는 연기를 반조하신 뒤 다섯 취착무더기의 생멸을 관찰하는 위빳사나 지혜를 닦아서 성스러운 네 가지 도에 차례대로 이르러 정등각자 붓다가 되셨습니다.

붓다의 위치에 오르신 후 그 보리좌를 포함해서 일곱 장소에서 7일씩 머무시면서 아라한과의 행복을 누리거나 법을 숙고하는 것으로 49일을 보내셨습니다. 그 일곱 장소 중에 다섯 번째 일주일을 보내신 장소인 '염소치기의 반얀나무ajapālanigrodha', 즉 염소치기들이 쉬는 장소에서 일주일 내내 계속해서 앉아 지내셨는데, 그때 부처님께서 고행dukkarakārikā

73 저본에는 이 이후의 일화를 간략하게만 설하겠다는 내용, 자세한 내용은 마하시 사야도의 『*Sallekhasutta tayato*(살레카숫따 법문)』을 참조하라는 내용이 언급돼 있다. 『부처님을 만나다』, pp.186~187 참조.

이라는, 자기 몸을 힘들게 하도록 실천하는 자기학대attakilamatha의 실천에서 벗어났다는 것을 숙고하시다가 이와 같은 생각이 떠올랐습니다.

고행이 자기학대에 포함된다는 사실

Mutto vatamhi tāya dukkarakārikāya. Sādhu mutto vatamhi tāya anatthasaṁhitāya dukkarakārikāya. Sādhu vatamhi mutto bodhiṁ samajjhagaṁ.[74] (S.i.104/S4:1)

대 역

Tāya dukkarakārikāya그 고행의 행위로부터; 몸을 괴롭히도록 실천하는 그 고행의 행위로부터 mutto amhi벗어났구나. anattasaṁhitāya이익과 관련없는 tāya dukkarakārikāya그 고행의 행위로부터; 몸을 괴롭히는 그 고행의 행위로부터 mutto벗어나서 sādhu amhi vata참 훌륭히구나. mutto벗어나서 bodhisamajjhagaṁ깨달음의 지혜를 얻는 것이 sādhu amhi vata참 훌륭하구나.

그동안 마라 천신은 부처님의 몸과 말과 마음의 행위를 주시하고 있었습니다. 허물을 찾아 비난하기 위해서였습니다. 그러던 중 부처님께서 고행에서 벗어났다고 숙고하시는 것을 알고는 비방하려는 의도로 "중생은 자기 몸을 힘들게 하는 실천인 난행tapo을 떠나서는 청정해질 수 없다. 고따마는 청정하지 못하면서 청정하다고 생각한다. 그는 청정한 실천길에서 벗어났다"라고 말했습니다.

74 저본에 대역만 있어 빠알리어 원문을 역자가 첨가했다.

그러자 부처님께서는 다음과 같이 반박하셨습니다.

Anatthasaṁhitaṁ ñatvā, yaṁ kiñci amaraṁ tapaṁ[75];
Sabbaṁ natthāvahaṁ hoti, phiyārittaṁva dhammani[76]. (S.i.104/S4:1)

대 역

Yaṁ kiñci어떤 모든 amaraṁ tapaṁ죽음없음을 위한 난행이; 자기 학대에 몰두하는 실천이 atthi있는데 sabbaṁ그 모든 것은 dhammani모래사장 위의; 황량한 언덕과 땅이나 모래사장 위에 올려진 phiyārittaṁva노와 키처럼; 노와 키, 삿대가 전혀 이익이 없는 것처럼 natthāvahaṁ hoti이익을 가져다주지 못한다네. iti이렇게 anatthasaṁhitaṁ ñatvā이익과 관련이 없다는 사실을 알기 때문에 vissajjesiṁ버렸다네; 모든 고행을 나는 버렸다네.[77]

이 대답 중 "amaraṁ tapaṁ죽음없음을 위한 난행"이라는 구절에 대해 주석서는 다음과 같이 설명했습니다.

Amaraṁ tapanti amaratapaṁ amarabhāvatthāya kataṁ lūkhat-

75 aparaṁ tapaṁ (BDe.)

76 vammani (Se.), jammaniṁ (BDe.).

77 이익과 관련없음 알아 버렸나니 | 불사위한 난행은 그 무엇이든지 ||
모두다 아무 이익 가져주지 못한다네 | 맨땅 위에 놓인 노와 키처럼 ||
(다음 게송을 보충하면 다음과 같다.)
Sīlaṁ samādhi paññañca, maggaṁ bodhāya bhāvayaṁ;
Pattosmi paramaṁ suddhiṁ, nihato tvamasi antaka.
계와 삼매, 그리고 통찰지를 | 깨달음 위해 도를 닦아서 ||
수승한 청정에 나는 이르렀네 | 패했나니, 그대 끝장내는 자여 ||

apaṁ, attakilamathānuyogo.[78] (SA.i.155)

대역

Amaraṁ tapanti'죽음없음을 위한 난행'이란 amarabhāvatthaya죽음없음의 상태를 위한; 죽음없음을 목표로 하여 행하는 lūkhatapaṁ 거친 난행; 옷이나 음식 등을 줄이는 실천이나 attakilamathānuyogo자신을 학대하는 데 몰두함이다.

따라서 고행 행위dukkarakārikā라는 고행의 실천dukkaracariyā도 자기 학대 몰두attakilamathānuyoga에 포함된다는 사실을 기억해 둬야 합니다. 그래야 「담마짝까숫따」를 잘 이해할 수 있습니다. 이런 이유로 「마라 상윳따」에서 부처님의 마음이 생겨난 모습을 여기서 추가 설명한 것입니다.

초전법륜을 설하시다

법을 처음 설하기 위해 숙고하시다

일곱 장소에서 7일씩 49일을 머무시고 나서 50일째 되는 날《음력 6월 상현의 6일》, 아자빨라 반얀나무 아래로 다시 가셨습니다. 그곳에 앉아 계실 때 '누구에게 제일 처음 법을 설할 것인가? 누가 이 법을 빠

78 저본에 대역만 있어 빠알리어 원문을 역자가 첨가했다.

르게 이해할 수 있을 것인가?'라고 반조하셨습니다. 그렇게 숙고하실 때 '깔라마 가문인 알라라 선인은 지혜가 훌륭하고 예리하다. 지혜의 눈에 번뇌의 때가 적게 된 지 오래됐다. 이 알라라에게 제일 먼저 설하면 좋을 것이다. 그는 이 법을 빠르게 이해할 것이다'라는 생각이 보통의 마음에[79] 떠올랐습니다.

이렇게 숙고하는 모습에서 '빠르게 이해할 사람에게 제일 먼저 설하기 위해'라는 목적이 포함돼 있습니다. 이 목적이 매우 중요합니다. 예를 들어 요즘 강원을 개원한다면 지혜가 좋은 학인들을 유치하는 것이 매우 중요합니다. 지혜가 좋은 학인들이 시험에 많이 합격해야 그 강원이 유명해지고 번창할 것입니다. 마찬가지로 수행센터를 개원할 때도 믿음, 열의, 정진, 새김, 지혜가 좋은 수행자들이 필요합니다. 그러한 수행자들은 특별한 지혜와 법을 빠르게 경험할 것이고, 그래야 다른 이들도 그들을 따라서 열심히 노력할 것입니다. 만약 처음 수행하는 이들이 믿음, 열의, 정진, 새김, 지혜가 저열하거나, 힘없고 활발하지 않은 이들이라면 특별한 삼매나 지혜에 이르기가 쉽지 않습니다. 그렇게 처음 수행하는 이들이 특별한 지혜와 법을 빠르게 경험하지 못하면, 다른 이들도 이들을 따라 수행할 마음이 생겨나지 않을 것이며, 생겨난다고 하더라도 강하지 않을 것입니다.

따라서 새로 문을 연 수행센터라면 특별한 지혜와 법을 쉽게 깨달을 수 있는 이들을 선택할 필요가 있습니다. 본승이 처음 새김확립 위빳사나 수행센터를 개원했을 때 특별하게 선택하지 않았어도 업에 따라 특별한 세 사람이 왔습니다. 본승의 동생과 형, 그리고 친척 한 사람이었

79 신통으로 안 것이 아니라 보통의 마음에 떠올랐다는 의미다.

습니다. 그들은 수행한 지 3일 만에 생멸의 지혜에 이르러 빛, 광명, 희열, 경안 등을 경험하고서 매우 기뻐했습니다. 그들이 수행했던 모습은 『*Vipassanā acheikhan tayato*(위빳사나의 기초 법문)』 등에 자세하게 설명해 놓았습니다. 그렇게 처음 수행하는 이들이 빠르게 특별한 지혜를 경험했기 때문에 마하시 센터에서 지도하는 새김확립 위빳사나 수행법이 지금처럼 전 세계로 퍼지게 된 것입니다.

이렇게 빠르게 알고 보는 것이 필요해서 부처님께서는 빠르게 알고 볼 수 있는 알라라에게 처음 법을 설하려고 숙고하셨던 것입니다. 이것은 보통의 마음으로 숙고한 것이지, 특별한 지혜로 숙고한 것이 아닙니다. 그 당시 알라라가 살아 있는지 죽었는지를 지혜로 아직 숙고하지 않은 상태였습니다. 그때 부처님의 마음을 아는 한 천신이 "알라라는 7일 전에 죽었습니다, 부처님"이라고 말했습니다. 그러자 부처님께서도 특별한 지혜로 숙고해 보셨고, 알라라가 죽은 지 7일이 지나 자신이 얻은 선정 선업의 위력으로 무소유처라는 무색계 탄생지에 이르렀다는 사실을 알게 됐습니다. 그러자 부처님께서는 다음과 같이 마음으로 크게 안타까워하셨습니다.

7일 일찍 죽어서 도와 과를 놓쳐버리다

Mahājāniyo kho āḷāro kālāmo.[80] (M.i.226/M26)

대역

Kālāmo깔라마 가문의 āḷāro알라라는 mahājāniyo크게 잃었구나; 크게 손해를 보았구나.

80 저본에 대역만 있어 빠알리어 원문을 역자가 첨가했다.

무엇 때문에 안타까워하셨는가 하면, 만약 알라라가 부처님의 가르침을 듣게 된다면 즉시 법을 알고 보아 아라한과를 얻어 아라한까지 될 수 있었습니다. 그렇게 특별한 자질이 있음에도 7일 일찍 죽어버려서 어떠한 특별한 법도 얻지 못했습니다. 그가 도달한 무소유처 탄생지에는 물질은 없고 마음과 마음부수라는 정신법만 있습니다. 물질이 없어 들을 수 있는 귀도 없습니다. 그래서 그에게 가서 법을 설한다 해도 들을 수 없습니다. 그 탄생지는 수명도 6만 겁이나 됩니다. 그 수명이 다하면 인간의 생으로 다시 돌아옵니다. 그렇게 인간으로 태어나도 부처님의 가르침을 들을 수 없습니다.[81] 오로지 범부로만 업에 따라 윤회해야 합니다. 사악처에 떨어져 여러 괴로움과 고통도 수없이 겪어야 합니다. 그래서 부처님께서는 알라라가 7일 일찍 죽어서 매우 크게 잃었다고 마음으로 안타까워하셨던 것입니다.

지금도 본승이 설하는 새김확립 수행법을 듣지 못한 채, 혹은 들었어도 수행하지 않은 채 죽는 이들 중에 이러한 특별한 법을 얻을 만한 바라밀을 가지고 있었어도 아무것도 얻지 못하고 기회를 놓쳐버리는 이들도 있을 것입니다. 지금 법을 듣는 참사람들은 그들처럼 이렇게 좋은 기회를 놓쳐버리지 않도록 주의해야 합니다.

하루 일찍 죽어서 도와 과를 놓쳐버리다

부처님께서는 다음으로 라마뿟따, 즉 라마라는 큰스승의 아들 혹은 제자인 우다까 선인에게 제일 먼저 법을 설해야겠다고 생각했습니다. 그러자 한 천신이 "우다까 선인은 지난밤 초저녁에 죽었습니다"라고

81 알라라 깔라마가 무소유처에서 죽어 다시 인간으로 태어났을 때는 부처님의 가르침이 없는 시기라고 한다.

말했습니다. 부처님께서도 특별한 지혜로 숙고하시고는 우다까 선인이 지난밤 초저녁에 죽어 자신이 얻은 비상비비상처 선정 선업의 힘으로 비상비비상처 탄생지에 이르렀다는 사실을 보셨습니다. 그 탄생지도 물질이 없는 탄생지입니다. 수명이 8만4천 대겁이나 됩니다. 31탄생지라는 세상 중 제일 높은 탄생지입니다. 그래서 '존재꼭대기bhavagga', 즉 제일 높은 탄생지라고 부릅니다. 그곳에서도 법을 들을 수 없습니다. 그곳에서 죽어 인간 세상에 다시 태어났을 때도 부처님의 가르침을 들을 기회가 없습니다. 우다까 선인은 부처님의 가르침을 듣는다면 즉시 아라한과까지 특별한 법을 알고 볼 수 있었습니다. 하지만 하룻밤 정도, 12시간 정도 일찍 죽어서 특별한 법을 얻을 기회를 놓쳐버린 것입니다. 그래서 앞서 알라라와 마찬가지로 부처님께서는 마음으로 크게 안타까워하셨습니다.

Mahājāniyo kho udako rāmaputto.[82] (M.i.227/M26)

대역

Rāmaputto라마의 아들 혹은 제자인 udako우다까 선인은 mahājāniyo크게 잃었구나; 크게 손해를 보았구나.

그 뒤 부처님께서는 누구에게 제일 먼저 법을 설할 것인가 다시 숙고하셨고, 오비구를 떠올리셨습니다. 부처님께서는 그들이 지내는 곳을 지혜로 숙고하셔서 바라나시의 미가다야 숲에 있다는 것을 보셨습니다.

82 저본에 대역만 있어 빠알리어 원문을 역자가 첨가했다.

법을 처음 설하기 위해 가시다

그렇게 보시고는 바라나시로 가셨습니다. 다른 부처님들은 신통으로 가셨지만 고따마 부처님께서는 도중에 우빠까Upaka라는 나체외도와 대화를 나눌 인연이 있다는 것을 아셨기 때문에 걸어서 가셨습니다. 어느 날 가셨는가 하면, 『붓다왐사 주석서』나 『자따까 주석서』에서는 음력 6월 보름날에 가셨다고 설명하고 있습니다. 하지만 보리수의 금강좌에서 바라나시 미가다와나까지는 18요자나, 약 200km나 멀리 떨어져 있어서 걸어간다면 하루 만에 도착하기 어렵습니다. 신통으로 가야 도착할 수 있는 거리입니다. 따라서 음력 6월 6일부터 걸어가셨다고 생각하는 것이 적당합니다.

우빠까 나체외도와 만나다

부처님께서는 바라나시로 가시다가 가야Gayā에 도착하기 전, 도중에 우빠까 나체외도와 만나셨습니다. 보리수의 금강좌와 가야는 3가우따, 약 9km 정도 떨어졌다고 주석서에 설명돼 있습니다. 지금은 가야에서 남쪽으로 보리수의 금강좌까지 도로에 표지판이 있습니다. 나체외도란 옷을 입지 않는 실천을 하는 수행자들입니다. 나따뿟따Naṭaputta라는 이를 스승으로 모시는 종파에 속한 이들입니다. 그 우빠까 나체외도가 부처님을 보고 물었습니다.

"존자여, 그대의 눈과 얼굴 등 감관은 매우 깨끗합니다. 피부색도 매우 깨끗합니다. 그대는 누구를 스승으로 하여 출가했습니까? 그대의 스승은 누구입니까? 어느 스승의 가르침을 그대는 마음에 들어 합니까?"

보자마자 즉시 존경하는 마음이 생겨나 물은 것입니다. 그러자 부처님께서는 다음과 같이 대답하셨습니다.

Sabbābhibhū sabbavidūhamasmi,
Sabbesu dhammesu anūpalitto;
Sabbañjaho taṇhākkhaye vimutto,
Sayaṁ abhiññāya kamuddiseyyaṁ.[83] (M.i.227/M26)

대 역

Ahaṁ나는 sabbābhibhū모든 것을 이겨냈고; 눈, 형색 등의 모든 법을 완전히 이겨냈고《이 구절을 통해 '봄이나 들음 등의 모든 법을 모두 다 이겨냈다'는 사실을 주장하고 장담하는 것이다. '대부분 중생은 그 봄이나 들음 등을 이겨내지 못하기 때문에, 그 봄이나 들음 등의 뒤를 따라가 버리기 때문에 고통에 빠지게 되고 눈이나 얼굴 등의 감관이 깨끗하지 않게 되기도 한다. 부처님께서는 그러한 것을 모두 이겨내고 편안하게 되어 감관도 깨끗하다'는 사실도 알게 한다.》 sabbavidū asmi모든 법을 다 알게 됐다. sabbesu dhammesu anūpalitto모든 법에 들붙지 않고; 모든 법에 물들지 않고 sabbañjaho모든 것을 버릴 수 있는 이가 됐다. taṇhākkhaye갈애가 다한 열반에 vimutto해탈한 이가 됐다. sayaṁ abhiññāya스스로의 지혜로 알았으니 kaṁ어느 누구를 uddiseyyaṁ나의 스승이라 지목하겠는가?《다른 이에게서 방법을 배우지 않고 스스로 실천해서 알았기 때문에 지목할 만한 스승이 없다는 것을 말한다.》

83 모든 것 이겨낸 이, 모든 것 아는 이 | 모든 법에 물들지 않는 이라네 ||
모든 것 버린 이, 갈애 다함에 해탈한 이 | 스스로 알았으니 누구를 지목하랴 ||

그렇게 말씀하신 뒤 더욱 분명하도록 이어서 다시 말씀하셨습니다.

Na me ācariyo atthi, sadiso me na vijjati;
Sadevakasmiṁ lokasmiṁ, natthi me paṭipuggalo. (M.i.227/M26)

대 역

Me나는 ācariyo스승이; 출세간의 특별한 법을 알도록 지도하는 스승이 na atthi없다네.《이 구절은 세간 선정을 얻도록 지도한 알라라와 우다까가 있지만 출세간의 특별한 법을 얻도록 실천하는 데는 스승이 없다는 뜻이다.》me나와 sadiso같은 덕목을 가진 이는 na vijjati보이지 않는다네.《이 구절을 통해 덕목이 같은 이조차 없으니, 더 높은 스승이 어찌 있겠는가라는 사실을 알게 한다.》sadevakasmiṁ lokasmiṁ천신을 포함한 세상에서; 사람, 천신, 범천 중에서 me나와 paṭipuggalo견줄 만한 이는 natthi없다네.[84]

그러자 "그렇다면 그대는 아라한이 되었습니까?"라고 우빠까가 다시 질문했습니다. 그래서 이어서 다음과 같이 말씀하셨습니다.

Ahañhi arahā loke, ahaṁ satthā anuttaro;
Ekomhi sammāsambuddho, sītibhūtosmi nibbuto. (M.i.227/M26)

대 역

Loke온 세상에서 ahañhi나야말로 arahā아라한이네.《'자기 혼자만 아라한이라고 주장하고, 그렇게 알려진 다른 이들은 진짜가 아니라

84 나에게는 스승이 있지 않다네 | 나와 동등한 이, 발견할 수 없다네 ||
신을 포함한 세상 어디에도 | 나와 견줄 그 누구도 없다네 ||

나 혼자만이 진짜 아라한이다'라는 사실을 알게 한다.》 ahaṁ나는 anuttaro위없이 제일 거룩한 satthā스승이라네; 악을 제지하고 선을 제시하는 진짜 거룩한 스승이라네. ahaṁ나는 eko혼자인 sammāsambuddho amhi스스로 바르게 깨달은 붓다라네. nibbuto적멸하여; 번뇌의 불이 꺼져 sītibhūto청량하게 asmi되었네.[85]

그러자 "지금은 무슨 일로, 어디로 가고 있습니까?"라고 우빠까 나체외도가 다시 물었고, 부처님께서는 다음과 같이 대답하셨습니다.

Dhammacakkaṁ pavattetuṁ,
gacchāmi kāsinaṁ puraṁ;
Andhībhūtasmiṁ[86] lokasmiṁ,
āhañchaṁ amatadundubhiṁ. (M.i.227/M26)

대역

Dhammacakkaṁ법의 바퀴를 pavattetuṁ굴리기 위해 kāsinaṁ까시국의 puraṁ바라나시로 gacchāmi간다네. andhībhūtasmiṁ장님과도 같은; 지혜의 눈이 없어 장님과도 같은 lokasmiṁ세상에; 세상이라 불리는 인간과 천신과 범천 중생들 가운데 amatadundubhiṁ 불사不死의 북을; 죽음없음이라는 매우 훌륭하게 묵묵히 울리는 불사의 북을 āhañchaṁ울리기 위해; 울리는 것처럼 설하리라.[87]

85 나야말로 실로 세상에서 아라한। 나는 위없는 거룩한 스승॥
오직 유일한 정등각자 붓다이니। 적멸에 이르러 청량하게 되었네॥

86 andhabhūtasmiṁ (Se. Te.).

87 법의 바퀴를 굴리기 위해। 까시국의 도시로 나는 간다네॥
장님과도 같은 중생 세상에। 不死의 북을 울리기 위해॥

그러자 우빠까 나체외도가 다음과 같이 질문했습니다.

Yathā kho tvaṁ, āvuso, paṭijānāsi, arahasi anantajino'ti!

(M.i.227/M26)

대역

Yathā kho tvaṁ āvuso paṭijānāsi그대가 주장하는 대로라면 arahasi anantajino무한의 승리자라고 불릴 만합니까; 한계없이 모두를 정복한 이라는 무한의 승리자라 할 수 있겠습니까; 그대는 무한의 승리자라는 칭호를 받을 만하다고 생각합니까?

이렇게 질문한 것은 이유가 있었습니다. 그들 니간타 종파에는 불선업과 번뇌 모두를 제거할 수 있는 이를 '무한의 승리자anantajina'라고 생각합니다. 그래서 그들 종파의 큰스승인 나따뿟따Nāṭaputta를 '승리자jina, 지나'라고도 부릅니다. 인도 발음으로는 '제인'이라고 합니다. 그 승리자jina인 큰스승의 가르침과 제자들을 '제나jena, 자이나'라고 부릅니다. 인도에서 나따뿟따의 제자인, 자이나교에 입문한 이들은 지금까지도 많은 편입니다. 우빠까 나체외도는 자이나교도여서 '지나jina'라는 명칭을 매우 중시하기 때문에 이렇게 질문한 것입니다. 그러자 부처님께서는 다음과 같이 대답하셨습니다.

Mādisā ve jinā honti, ye pattā āsavakkhayaṁ;
Jitā me pāpakā dhammā, tasmāhamupaka jino. (M.i.227/M26)

대역

Upaka우빠까여, ye어떤 이들은; 나와 같은 어떤 이들은 āsavakkhayaṁ누출의 다함에; 번뇌의 다함에 pattā이르렀나니, te mādisā 나와 같은 그들을 ve실로 jinā honti승리자라 한다네. 《이 구절을 통해서 '나처럼 번뇌가 진실로 다한 이들만을 승리자jina라고 한다. 그대들의 종파에서 번뇌가 다했다고 생각해 승리자jina라고 부르는 자는 번뇌가 진실로 다한 것이 아니다. 그러므로 승리자라는 이름에 걸맞지 않다'라는 사실을 알게 한다.》 me나는 pāpakā dhammā 저열한 법들을; 불선업 번뇌법들을 jitā정복하였네. tasmā그래서; 그렇게 모든 불선법, 번뇌를 정복했기 때문에 ahaṁ나는 jino승리자라네.[88]

잘못에 집착하면 진리를 안 믿는다

그러자 우빠까 나체외도는 다음과 같이 말했습니다.

Hupeyyapāvuso. (M.i.227/M26)

대역

Āvuso벗이여, hupeyyapi그럴 수도 있겠습니다; 그대의 주장이 사실일 수도 있겠습니다; 사실이라 한다면 그럴 수도 있겠습니다.

그 뒤 고개를 갸우뚱하고는 가던 길에서 조금 벗어나 부처님께 길을 내어드리고 자신은 목적지를 향해 계속 갔다고 합니다. 이 내용에 특히 주의해야 합니다. 우빠까는 진짜 부처님과 만났음에도 불구하고 부처님이라는 사실을 알지 못했습니다. 부처님께서 당신이 진짜 부처님이

88 나 같은 승리자들 실로 있나니 | 누출의 다함에 이른 그들이 ||
악한 법에 나는 승리하였네 | 그래서, 우빠까여, 나는 승리자네 ||

라는 사실을 매우 분명하게 말씀하셨는데도 잘 믿지 못했습니다. 이것은 그가 나체외도 종파의 사견에 집착하고 있었기 때문입니다. 지금도 이미 그릇된 방법을 받아들인 사람들은 바른 방법을 들어도 잘 믿지 못합니다. 바른 방법대로 말하고 실천하는 이들을 무시하거나 존중하려 하지 않습니다. 이런 잘못을 하지 않도록 특히 주의해야 합니다.

우빠까는 부처님을 완전히 믿지는 않았지만, 어느 정도의 믿음은 갖게 됐습니다. 나중에 그는 사냥꾼의 딸 짜빠Capā[89]와 결혼해 아들을 낳지만, 가정생활을 염오해 부처님께 와서 출가해 수행하고서 아나함이 됩니다. 입적해서는 정거천 탄생지 중 무번천avihā에 이르러 머지않아 아라한이 됩니다. 부처님께서는 이런 결과를 미리 내다보셨기 때문에 우빠까와 만날 수 있도록 걸어서 가셨고, 그가 한 모든 질문에도 대답하신 것입니다.

오비구가 있는 곳에 도착하다

우빠까의 질문에 대답하신 뒤 부처님께서도 가던 길을 계속 가셨습니다. 부처님께서 오시는 것을 오비구는 조금 멀리서 보았습니다. 그때 그들은 다음과 같이 약속했습니다.

"벗들이여, 저기 사문 고따마가 오고 있습니다. 그는 음식을 끊고 정진하는 실천에서 떠나 세속적인 이익을 많이 얻도록 애쓰고 있습니다. 그러니 그에게 예경하지 맙시다. 맞이하지도 맙시다. 그의 발우와 가사를 받아주지도 맙시다. 하지만 그는 고귀한 가문 태생이니 자리는 내어

89 ㉯㉤ 혹은 Chāvā라고 하기도 한다.

줍시다. 앉고 싶으면 앉겠지요."

하지만 부처님의 복덕과 위력 때문에 부처님께서 근처에 다가오자 오비구는 자신들의 약속을 지킬 수 없었습니다. 한 사람은 맞이하며 발우를 받아 들고, 한 사람은 가사를 받아 들고, 한 사람은 자리를 깔아 드리고, 한 사람은 다리 씻을 물을 내어 드리고, 한 사람은 발 받침대를 준비했습니다. 하지만 그들은 부처님을 동등한 위치에 두고 원래 부르던 대로 부처님에게 "고따마gotama"라는 이름으로, 또는 "벗이여āvuso"라는 존칭이 아닌 호칭으로 여전히 말을 건넸습니다. 그러자 부처님께서 그들이 내어 준 자리에 앉아 다음과 같이 말씀하셨습니다.

법을 듣도록 청하고 격려하다

"비구들이여, 과거의 여러 부처님과 같은 나를 '고따마gotama'라는 이름으로 불러서는 안 된다. '벗이여āvuso'라고 불러서도 안 된다. 비구들이여, 나는 아라한arahaṁ, 공양받을 만한 붓다가 됐다. 여래tathāgato, 과거 부처님들과 같게 됐다. 정등각자sammāsambuddho, 스스로 바르게 깨달은 이가 됐다. 비구들이여, 들어라. 나는 죽음없음을 증득했다amatamadhigataṁ. 죽음없음인 거룩한 열반법을 나는 알게 됐다. 내가 방법을 지도할 것이니라. 법을 나는 설할 것이니라. 내가 지도하는 대로 그대들이 실천한다면 선남자들이 출가할 때 'saṁsāravaṭṭadukkhato mocanatthāya 윤회윤전의 고통에서 벗어나기 위해'라는 등으로 서원한 그 근본목적이자 결과인, 거룩한 실천의 끝이기도 한 거룩한 아라한과와 열반을 현생에 머지않아 스스로의 특별한 지혜로 실현하고 증득하여 머물 것이니라."

이렇게 당당하게 장담하며 말씀하셨습니다. 그러나 오비구는 부처님의 말씀을 믿지 않았습니다. 오히려 다음과 같이 반박했습니다.

"고따마 존자여, 이전에 음식을 끊고 힘들게 실천하던 그 고행으로도 보통사람들이 얻을 수 있는 일반 선법들보다 더 높고 거룩한 초인법(uttarimanussadhamma, 超人法)이라는, 번뇌를 제거할 수 있는 성스러운 지견을 얻지 못하지 않았습니까? 그런데 지금 그 고행에서 떠나 필수품과 이익을 많이 얻도록 추구하는 그대가 그 특별한 지견을 어떻게 얻을 수 있겠습니까?"

이 부분도 심사숙고해야 할 내용입니다. 오비구는 보살이 태어날 때부터 붓다가 될 것이라고 스스로의 확신으로 붓다의 특징을 파악한 이들이었습니다. 그럼에도 불구하고 거친 음식을 끊고 실천하는 고행에서 떠나 거친 음식과 영양분을 다시 받아들이면 붓다가 될 수 없다고 오판했습니다. 특징을 잘 파악해서 스스로 말한 것을 나중에는 믿지 않게 된 것입니다. 지금 부처님께서 "거룩한 법을 알게 되었다. 진짜 정등각자 붓다가 되었다"라고 명백하게 장담하는 것을 듣고서도 믿지 않았습니다. 이것은 무엇 때문이겠습니까? 다름 아니라 당시 그들은 고행이야말로 올바르고 훌륭한 실천이라고 믿고 고집했기 때문입니다. 마찬가지로 지금도 그릇된 것을 믿고 고집하면 바른 것을 아무리 말해도 믿지 못합니다. 더 나아가 바른 사실을 말하는 이를 무시하거나 무례하게 대합니다. 이러지 않도록 주의해야 합니다.

이렇게 오비구가 반박하자, 부처님께서는 대연민심으로 말씀하셨습니다.

"비구들이여, 과거 여러 부처님과 같게 된 여래인 나는 필수품을 많이 얻으려 노력하는 것도 아니고, 번뇌를 제거할 수 있는 바르고 진실한 정근에서 떠나간 것도 아니고, 많은 필수품을 얻기 위한 실천으로 다시 돌아간 것도 아니다."[90]

그리고는 앞서 말한 대로 "나는 아라한, 여래, 정등각자가 되었느니라"라는 등으로 거듭 말씀하셨습니다.

그러나 오비구는 두 번째도 똑같이 반박하며 대답했습니다. 부처님께서는 오비구가 아직 몰라서 말하기에 적당하지 않은 것을 말하고 있다고 아시고는 연민심으로 세 번째도 똑같이 설하셨습니다. 하지만 이번에도 오비구는 반박하고 거부했습니다.

그러자 부처님께서는 조금 다르게 말씀하셨습니다.

"비구들이여, 한번 생각해 보라. 나와 그대들은 지금 처음 본 것이 아니다. 고행할 때 그대들은 6년 내내 크고 작은 소임을 행하면서 나와 함께 지냈다. 그때 그대들에게 내가 지금 말한 것과 같은 종류의 말을 한 적이 있는가?"

그제야 오비구는 숙고해 보았습니다.

'그때는 이러한 말을 한 번도 한 적이 없다. 그때는 특별한 법을 경

---

90 이 구절에 해당하는 원문과 대역은 다음과 같다.
Na, bhikkhave, tathāgato bāhulliko, na padhānavibbhanto, na āvatto bāhullāya. (M.i.228)
대 역
Bhikkhave비구들이여, tathāgato여래는 na bāhulliko네 가지 필수품들을 많이 얻기 위해 실천하는 것도 아니다. padhānavibbhanto정근에서 떠난 것도 아니다. bāhullāya네 가지 필수품을 많게 하기 위해 āvatto이리저리 다니는 것도 아니다.

대역은 『*Mūlapaṇṇāsa Nissaya*(근본50경 대역)』, p.186을 참조했다.
본문과 대역의 이러한 번역은 "bāhullikoti cīvarabāhullādīnaṁ atthāya paṭipanno. padhānavibbhantoti padhānato vibbhanto bhaṭṭho parihīno. āvatto bāhullāyāti cīvarādīnaṁ bahulabhāvatthāya āvatto('많게 하려는 것'이란 가사를 많게 하는 것 등을 위해 실천하는 것이다. '정근에서 떠난 것'이란 정근에서 떠난 것, 떨어진 것, 포기한 것이다. '많은 것을 위해 물러난 것'이란 가사 등이 많은 상태를 위해 물러난 것이다)"라는 주석서를 바탕으로 한다(MA.ii.96) 참고로 『맛지마 니까야』 제1권, p.640에는 "비구들이여, 여래는 호사스러운 생활을 하지도 용맹정진을 포기하지도 사치스러운 생활에 젖지도 않았다"라고 번역돼 있다.

험하지 못해서, 아직 알지 못해서 말하지 않은 것이다. 지금은 진실로 알게 되어서 말하는 것이다.'

이렇게 숙고하자 믿음이 생겨난 오비구는 "그 당시는 지금처럼 말하지 않았습니다, 존자여"라고 공손하게 대답했습니다.

그러자 부처님께서는 다음과 같이 다시 당당하게 장담하며 말씀하셨습니다.

Arahaṁ, bhikkhave, tathāgato sammāsambuddho. Odahatha, bhikkhave, sotaṁ, amatamadhigataṁ, ahamanusāsāmi, ahaṁ dhammaṁ desemi. Yathānusiṭṭhaṁ tathā paṭipajjamānā nacirasseva - yassatthāya kulaputtā sammadeva agārasmā anagāriyaṁ pabbajanti tadanuttaraṁ - brahmacariyapariyosānaṁ diṭṭheva dhamme sayaṁ abhiññā sacchikatvā upasampajja viharissathā.[91]

(M.i.228/M26)

대 역

Bhikkhave비구들이여, ahaṁ나는 arahaṁ아라한이니라; 공양받을 만한 붓다가 됐느니라. tathāgato여래니라; 과거 부처님들과 같게 됐느니라. sammāsambuddho정등각자이니라; 스스로 바르게 깨달았느니라. bhikkhave비구들이여, sotaṁ odahatha귀를 기울여라; 경청하여 들어라. amatamadhigataṁ죽음없음을 증득했나니; 죽음없음인 거룩한 열반법을 나는 알게 되었나니 ahamanusāsāmi내가 방법을 지도할 것이니라. ahaṁ dhammaṁ desemi나는 법을 설

91 저본에 대역만 있어 빠알리어 원문을 역자가 첨가했다.

할 것이니라. yathānusiṭṭhaṁ paṭipajjamānā내가 지도하는 대로 그대들이 실천한다면 yassatthāya kulaputtā sammadeva agārasmā anagāriyaṁ pabbajanti선남자들이 집을 떠나 출가할 때 '윤회윤전의 고통에서 벗어나기 위해saṁsāravaṭṭadukkhato mocanatthāya'라는 등으로 목표하는 근본목적이자 결과인 tadanuttaraṁ바로 그 위없는 brahmacariyapariyosānaṁ청정범행의 완성을; 거룩한 아라한과와 열반을 diṭṭheva dhamme현생에 nacirasseva머지않아 sayaṁ abhiññā스스로의 특별한 지혜로 sacchikatvā실현하여 upasampajja도달해서 viharissathā머물 수 있을 것이니라.[92]

그제야 오비구는 부처님께서 설하실 법을 들으려는 간절한 마음으로 공손하게 듣고 있었습니다. 알고 이해하기를 간절히 원하게 됐습니다.

지금까지 내용은 멀지 않은 서문avidūre 중에서 적당한 정도로 일부를 발췌해 말한 것입니다.[93]

이렇게 오비구가 정성스럽게 경청하고 있을 때 "evaṁ me sutaṁ 이와 같이 나는 들었습니다"라는 등으로 경의 서문에서 보인 가까운 santike 서문에 따라 부처님께서 이 「담마짝까숫따」의 가르침을 설하기 시작하셨습니다. 지금으로부터 2,551년 전[94] 음력 6월 보름날 저녁, 해질 무렵이었습니다. 해가 서쪽으로 막 지려던 참이어서 사위는 온통 붉게 물들어 있었습니다. 그리고 동쪽에서는 달이 노란빛으로 떠올랐습니다. 이렇게 해와 달이 모두 분명하게 세상에 드러나 있을 때 이 「담마

92 저본에는 일부만 대역이 되어 있어 편역자가 보충했다.

93 ㉮㉯ 원래 설법한 내용 중에서 책을 편집할 때 일부 생략했다.

94 앞에서도 언급했듯이 2019년 후반부를 기준으로는 2608년 전이다.

짝까숫따」를 설하기 시작하셨다고 『상윳따 니까야 주석서』는 설명하고 있습니다(SA.iii.327).

법문을 들은 청중 가운데 인간은 오비구뿐이었습니다. 범천들은 1억 8천만 명이었습니다. 이 법을 듣고 특별한 법을 얻은 욕계 천신들은 헤아릴 수 없이 많았다고 『밀린다빤하』는 언급하고 있습니다. 그 때문에 욕계 천신들은 헤아릴 수 없이 많았다고 할 수 있습니다.[95] 이렇게 최초의 설법을 들을 만한 바라밀을 갖춘 천신과 범천, 오비구가 정성스럽게 귀를 기울이며 앉아 있을 때, 부처님께서는 "dveme, bhikkhave, antā pabbajitena na sevitabbā"라는 등으로 「담마짝까숫따」를 설하기 시작하셨습니다.

「담마짝까숫따」의 가르침

출가자는 양극단을 의지해선 안 된다

2-1 Dveme, bhikkhave, antā pabbajitena na sevitabbā.

(S.iii.368/S56:11)

대 역

Bhikkhave비구들이여, 《부처님께서 오비구의 주의를 환기시키려고 부르는 것이다. 그때 오비구는 부처님의 교단에 아직 속해 있지 않았다. 부처님께서 출가하시기 전 스스로 먼저 출가한, 교단 밖의 출가자였다. 하지만 그들은 보살이 부처님이 됐을 때 부처님의 제자가 되려고 출가했기 때문에 부처님의 교법과 반대되는 유행자는

95 Mil.331; 본서 p.472 참조.

아니었다. 부처님을 대상으로 해서 가사를 두른 마하깟사빠처럼 부처님 교단과 관련된 출가자들이었다. 그래서 부처님께서도 교단 내의 출가자들처럼 "bhikkhave 비구들이여"라는 표현으로 부르신 것이다.》 pabbajitena출가자는 ime dve antā이 두 가지 극단을; 지금 말할 이러한 두 가지 극단부분을 na sevitabbā의지해서는 안 된다.

여기에서 '극단anta'이라는 단어는 'koṭṭhāsa, bhāga', 즉 '부분'이라는 뜻이라고 여러 주석서는 설명하고 있습니다.[96] 하지만 나중에 설할 중도실천majjhimapaṭipadā이라는 것을 근거로 살펴보면 '양극단'이라는 의미도 적당합니다. '부분'이라고는 하지만 보통의 부분이 아니라, 이쪽 끝과 저쪽 끝이라는 부분을 말하는 것으로 생각한다면 더욱 분명할 것입니다. 그래서 본승은 '극단부분'이라고 번역했습니다. 스리랑카나 태국 주석서들에도 'lamakakoṭṭhāsa'라고 되어 있습니다. '열등한 부분'이라는 의미입니다. 이것은 과거 번역본들에서 '저열한 법'이라고 번역한 것과 의미가 비슷합니다. 따라서 '출가자들은 이제 구체적으로 드러내어 설명할 끝부분인 저열한 법을 의지해서는 안 된다'라고 먼저 기억해야 합니다.

2-2 Katame dve? Yo cāyaṁ kāmesu kāmasukhallikānuyogo hīno gammo pothujjaniko anariyo anatthasaṁhito, yo cāyaṁ attakilamathānuyogo dukkho anariyo anatthasaṁhito. (S.iii.369/S56:11)

96 Dveme, bhikkhave, antāti dve ime, bhikkhave, koṭṭhāsā. (SA.iii.327)

대역

Katame어떠한 dve두 가지인가?; 양극단의 두 가지인가? kāmesu 감각욕망들에 대해; 좋아하고 즐길 만한 대상인 감각욕망 토대들에 대해 kāmasukhallikānuyogo감각욕망쾌락의 탐닉에 몰두하는 것이라는; 좋아하고 즐기면서 행복한 감각욕망쾌락을 얻으려 노력하는 것, 생겨나게 하는 것, 누리는 것, 몰두하는 것이라는 yo ca ayaṁ anto그 극단도; 그 극단부분도 hīno저열하고 gammo통속적이고; 마을 사람이나 도시 사람들의 행실이어서 통속적이며 pothujjaniko 범속하고; 범부들의 행실이어서 범속하고 anariyo성스럽지 못하고; 거룩한 성자들의 실천이 아니라 성스럽지 못하고; 깨끗하지 않아 성스럽지 못하고 anatthasaṁhito이익과 관련되지 않나니; 자신이 바랄 만한 진짜 이익과 관련되지 않나니, so ca그것도; 감각욕망쾌락의 탐닉에 몰두하는 것도 의지해서는 안 될 하나의 극단이다. attakilamathānuyogo자기학대에 몰두하는 것이라는; 스스로를 힘들게 하는 자기학대에 몰두하는 것이라는 yo ca ayaṁ anto그 극단도; 그 극단부분도 dukkho괴로움일 뿐이어서; 순전히 괴로운 것일 뿐이어서 anariyo성스럽지 못하고; 거룩한 성자들의 실천이 아니라 성스럽지 못하고; 깨끗하지 않아 성스럽지 못하고 anatthasaṁhito이익과 관련되지 않나니; 자신이 바랄 만한 진짜 이익과 관련되지 않나니, so ca그것도; 자기학대에 몰두하는 것도 의지해서는 안 될 하나의 극단이다.

먼저 감각욕망쾌락의 탐닉에 몰두하는 것에 관해 설명하겠습니다. 원하고 즐길 만한 형색·소리·냄새·맛·감촉이라는 좋은 대상들을 '감각욕망대상·감각욕망토대kāma'라고 합니다. 그 감각욕망대상과 감각욕망토대를 좋아하고 즐기면서 몸으로 마음으로 행복한 것, 좋은 것을 '감각욕망쾌락kāmasukha'이라고 합니다. 이 감각욕망쾌락이 생겨나도록 행하고 노력하고 애쓰는 것, 그리고 그 감각욕망쾌락을 누리는 것을 '감각욕망쾌락의 탐닉에 몰두하는 것kāmasukhallikānuyoga'이라고 합니다. 요약하면, 감각욕망 대상을 즐기고 애착하고 좋아해서 즐기는 것입니다. 이렇게 감각욕망쾌락들을 애착하고 좋아해서 즐기는 것은 저열하다는 말입니다. 또한 그렇게 감각욕망쾌락을 즐기는 것은 마을 사람이나 도시 사람들의 행위이기 때문에 통속적이고, 범부라고 하는 많은 이들의 행위이기 때문에 범속하고, 거룩한 성자들의 실천도 아니고 깨끗하지도 않은 것이어서 성스럽지 않은 것이고, 자신이 원하는 진짜 이익이나 번영과도 관련되지 않은 것이고, 그래서 그러한 감각욕망쾌락을 좋아하고 애착하고 즐기면서 누리는 것이라는 그 극단도 출가자들은 의지해서는 안 되고 삼가야 한다는 말입니다. 이 내용을 요약해서 게송으로 다음과 같이 표현해 보았습니다.

감각쾌락 수용을 떠나삼가야[97]

이어서 자기학대에 몰두하는 것attakilamathānuyogo을 설하셨습니다. 옷이나 음식 등을 비롯해서 적절하게 수용해야 하는 것조차 수용하지 않고 스스로를 힘들게 하는 실천은 괴롭기만 할 뿐입니다. 전혀 이익이 없습니다. 성자들이나 거룩한 이들의 실천도 아니고 깨끗하고 거룩한 실천도 아닙니다. 스스로 원하는 이익과도 관련이 없습니다. 그렇게 자

97 중간에 '수용을'이라는 구절은 뒤에 나오는 고행 게송과 관련되기 때문에 그렇게 표현했다. 감각욕망쾌락을 수용해서 즐기고 누리는 것을 말한다.

신을 힘들게 하는 실천이라는 그 극단도 출가자들은 의지해서는 안 되고 삼가야 한다는 말입니다. 이 내용도 요약해서 게송으로 다음과 같이 표현해 보았습니다.

수용않고 자학을 역시삼가야

옷이나 음식, 잠자리처럼 수용하기에 적절한 것조차 수용하지 않고 자신의 몸을 일부러 괴롭히는 실천도 삼가야 한다는 말입니다. 이 양극단을 삼가면서 실천하는 것이 중도실천majjhimapaṭipadā입니다. 그래서 이어서 다음과 같이 설하셨습니다.

중도실천

3 Ete kho, bhikkhave, ubho ante anupagamma majjhimā paṭipadā tathāgatena abhisambuddhā cakkhukaraṇī ñāṇakaraṇī upasamāya abhiññāya sambodhāya nibbānāya saṁvattati.

(S.iii,369/S56:11)

대역

Bhikkhave비구들이여, ete kho ubho ante이러한 두 가지 극단을; 지금 설명한 이 두 가지 극단을 anupagamma따르지 않고 tathāgatena여래는; 그대들의 스승인 나 여래는 majjhimā paṭipadā중도실천을 abhisambuddhā꿰뚫어 알았으니 abhisambuddhā내가 꿰뚫어 안 majjhimā paṭipadā중도실천은 cakkhukaraṇī눈을 만들고; 지혜의 눈을 행하기도 하고; 지혜의 눈을 생겨나게 하는 것이기도 하고 ñāṇakaraṇī지혜를 만들고; 아는 지혜를 행하기도 하고; 아는 지혜를 생겨나게 하는 것이기도 하고 upasamāya saṁvattati적정을 위한 것이기도 하고; 번뇌의 꺼짐을 위한 것이기도 하고 abhiññāya saṁvattati특별한 지혜를 위한 것이기도 하고; 특별한 지혜로 알게 하는 것이기도 하고 sambodhāya saṁvattati바른 깨달음을 위한 것이기도 하고; 바르게 깨닫게 하는 것이기도 하고; 꿰뚫어서 알게 하는 것이기도 하고[98] nibbānāya saṁvattati열반을 위한 것이기도 하다; 모든 고통이 사라진 열반을 위한 것이기도 하다; 모든 고통이 사라진 열반을 얻게 하는 것이기도 하다.

이 의미를 간략하게 수지해서 기억하도록 두 게송으로 "양극사도 제거해 중도바른길ı 정도걸어 깨달아 열반이르러"라고 표현해 보았습니다. 이 게송도 같이 독송해 봅시다.

양극사도 제거해 중도바른길

이 게송의 의미는 이미 분명합니다.[99] 이어서 두 번째 게송도 같이 독송해 봅시다.

정도걸어 깨달아 열반이르러

중도라는 팔정도의 바른 실천을 행하면 "cakkhukaraṇī ñāṇakaraṇī"라는 등으로 설하신 그대로 "지혜의 눈도 떠질 것이고, 지혜도 생겨날 것이고, 번뇌도 적정해질 것이고"라는 등 특별한 이익들을 직접 얻을

98 일반적으로 'sambodhi'를 '바른 깨달음'이라고 번역하지만 저본에는 '꿰뚫어 아는 것'이라고 번역돼 있어서 그 내용을 첨가했다.

99 저본에는 '양극단의 삿된길 제거중도 바른길'이라고 표현됐다. 글자 수를 맞추기 위해 본문과 같이 표현해 보았다. '양극'은 양극단, '사도邪道'는 삿된 길이라는 뜻이다. 나머지는 의미가 분명하다.

수 있습니다. 지혜의 눈이 떠지는 모습, 지혜가 생겨나는 모습, 번뇌가 적정해지는 모습 등은 다음에 자세하게 설명해야 쉽게 이해할 것입니다. 오늘은 이 정도로 법문을 마치겠습니다.

서문과 함께 이 「담마짝까숫따」의 가르침을 정성스럽게 경청한 청법 선업 의도의 공덕으로 지금 법문을 듣는 대중들, 선남자·선여인 모두가 양극단이라는 잘못된 길을 버리고 중도라는 팔정도, 그 거룩한 법을 수행하고 노력해서 지혜의 눈과 특별한 지혜들이 생겨나 모든 고통이 사라진 열반이라는 거룩한 법에 빠르게 도달하기를.

사두, 사두, 사두.

『담마짝까 법문』 제1장이 끝났다.

제2장

1962년 음력 9월 상현의 8일

(1962. 10. 06)

지난 음력 8월 그믐날부터 『담마짝까 법문』을 설하기 시작했습니다.
하지만 서문을 설하느라 「담마짝까숫따」는 아직 개요밖에 나가지 못했습니다.
이제 경의 첫 부분부터 자세하게 설해 나가고자 합니다.

양극단

성전과 의미

출가자는 양극단을 의지해선 안 된다

2-1 Dveme, bhikkhave, antā pabbajitena na sevitabbā.

(S.iii.368/S56:11)

대역

Bhikkhave비구들이여, pabbajitena출가자들은 ime dve antā이 두 가지 극단을; 지금 말할 이러한 두 가지 극단부분을 na sevitabbā의지해서는 안 된다.

출가자들은 왜 이러한 양극단 부분을 의지하면 안 되는지와 관련해서 먼저 출가자의 의미를 살펴봅시다.

Pabbājayamattano malaṁ, tasmā pabbajitoti vuccati. (Dhp.388)

대역

Attano자신의 malaṁ더러움을; 애착과 성냄 등의 더러움이나 때를

pabbājayaṁ쫓아낼 수 있다. tasmā그래서 pabbajitoti출가자라고 vuccati부른다.

이러한 가르침에 따라 출가자pabbajita라면 마땅히 애착과 성냄 등 번뇌라는 더러움을 제거해 몰아낼 수 있도록 실천해야 합니다. 지금 말하는 두 가지 극단부분에 의지하게 되면 애착과 성냄 등 번뇌라는 더러움을 제거하지 못할 뿐만 아니라 그 더러움을 더욱 많이 생겨나게까지 하기 때문입니다.

여기에서 'anta'는 '부분koṭṭhāsa'이라는 뜻이라고 여러 주석서는 설명합니다. '부분'이란 전체를 이루는 여러 종류의 범위를 말합니다. 두 가지 부분이란 여기에서는 실천의 두 가지 종류를 뜻합니다. 그 두 가지 부분도 보통의 부분이 아니라 한 종류와 다른 종류가 완전히 정반대로 실천하고 있는 부분입니다. 또한 그 각각의 부분을 따르지 않고 중간인 실천을 중도실천majjhimapaṭipadā이라고 합니다. 그 중도실천을 근거로 살펴보면 두 가지 부분은 이쪽 끝과 저쪽 끝인 실천을 뜻합니다. 그래서 본승의 견해로는 '두 가지 극단'이라고 표현하는 것이 더욱 분명할 것 같습니다. 사실 'anta'라는 단어에 '끝'이라는 의미도 있습니다. 하지만 주석서의 설명을 무시하지 않기 위해 '두 가지 극단부분'이라고 번역했습니다.

두 가지 극단부분

2-2 Katame dve? Yo cāyaṁ kāmesu kāmasukhallikānuyogo hīno gammo pothujjaniko anariyo anatthasaṁhito, yo cāyaṁ attakilamathānuyogo dukkho anariyo anatthasaṁhito. (S.iii.369/S56:11)

대 역

Katame어떠한 dve두 가지인가; 양극단의 두 가지인가?[100] kāmesu 감각욕망들에 대해; 좋아하고 즐길 만한 대상인 감각욕망 토대들에 대해 kāmasukhallikānuyogo감각욕망쾌락의 탐닉에 몰두하는 것이라는; 좋아하고 즐기면서 행복한 감각욕망쾌락을 얻으려고 노력하는 것, 생겨나게 하는 것, 누리는 것, 몰두하는 것이라는 yo ca ayaṁ anto그 극단도; 그 극단부분도 hīno저열하고 gammo통속적이고; 마을 사람이나 도시 사람들의 행실이어서 통속적이며 pothujjaniko범속하고; 범부들의 행실이어서 범속하고 anariyo성스럽지 못하고; 거룩한 성자들의 실천이 아니라 성스럽지 못하고; 깨끗하지 않아 성스럽지 못하고 anatthasaṁhito이익과 관련되지 않나니; 자신이 바랄 만한 진짜 이익과 관련되지 않나니, so ca그것도; 감각욕망쾌락의 탐닉에 몰두하는 것도 의지해서는 안 될 하나의 극단이다. attakilamathānuyogo자기학대에 몰두하는 것이라는; 스스로를 힘들도록 노력하고 행하는 것인 자기학대에 몰두하는 것이라는 yo ca ayaṁ anto그 극단도; 그 극단부분도 dukkho괴로움일 뿐이어서; 순전히 괴로운 것일 뿐이어서 anariyo성스럽지 못하고; 거룩한 성자들의 실천이 아니라 성스럽지 못하고; 깨끗하지 않아 성스럽지 못하고 anatthasaṁhito이익과 관련되지 않나니; 자신이 바랄 만한 진짜 이익과 관련되지 않나니, so ca그것도; 자기학대에 몰두하는 것도 의지해서는 안 될 하나의 극단이다.

100 ㉯㉰ '어떠한 두 가지인가'라는 질문은 다른 외국본에는 없다. 미얀마 본 삼장에만 있다.

감각욕망쾌락의 탐닉에 몰두하는 것

감각욕망쾌락의 탐닉에 몰두하는 것kāmasukhallikānuyoga이란 좋아하고 즐길 만한 감각욕망 대상들을 좋아하고 즐기면서 누리는 것입니다. 그 감각욕망 대상들을 좋아하고 즐기는 갈애와 결합해 행복하도록, 좋도록 노력하고 애쓰며 누리는 것입니다. 좋아하고 즐길 만한 감각욕망 대상들에는 다섯 종류가 있습니다. 형색 대상, 소리 대상, 냄새 대상, 맛 대상, 감촉 대상입니다. 일반적인 용어로 말하자면, 현재 사람들이 대하고 사용하는 생명이 있거나 생명이 없는 모든 것이라고 할 수 있습니다.

아름답고 좋다고 생각되는 형색 대상과 토대들을 보면서 좋아하고 즐기고 누리는 것이 감각욕망쾌락의 탐닉에 몰두하는 실천입니다. '형색 대상'이라고 말했지만 눈으로 보이는 형색 대상 그 자체만은 아닙니다. 그 형색이 의지하는 곳인, 여성이나 남성 등으로 불리는 대상과 물체들을 포함한 모든 것을 형색이라는 감각욕망 대상이라고 부릅니다. 소리 대상, 냄새 대상, 감촉 대상들도 마찬가지입니다. 소리가 의지하고, 냄새가 의지하고, 감촉이 의지하는 여성이나 남성, 악기 등의 대상이나 물체들 전부를 소리와 냄새와 감촉이라는 감각욕망 대상이라고 부릅니다. 맛을 예로 들면, 맛이 의지하는 밥, 반찬, 빵, 과일 등이나 요리하고 준비해 주는 여성 혹은 남성들까지 다 포함해서 맛이라는 감각욕망 대상이라고 부릅니다. 좋아하는 소리들을 들으면서, 향기로운 냄새를 맡으면서 즐기고 좋아하는 것이 감각욕망쾌락의 탐닉에 몰두하는 실천입니다. 좋은 음식을 먹으면서 즐기고 좋아하는 것이 감각욕망쾌락의 탐닉에 몰두하는 실천입니다. 부드러운 잠자리나 여성 혹은 남성과 닿으면서 즐기고 좋아하는 것이 감각욕망쾌락의 탐닉에 몰두하는 실천입니다.

감각욕망을 즐기는 것은 저열하다

그렇게 감각욕망쾌락을 즐기고 좋아하며 누리는 것은 'hīno', 저열하다고 부처님께서는 말씀하셨습니다. 왜냐하면, 그 감각욕망 대상들을 누릴 때 저열한 번뇌가 생겨나기 때문입니다. 애착하고 들러붙어서 좋아하는 감각욕망애착kāmarāga이나 감각욕망갈애kāmataṇhā가 생겨납니다. '나만 이러한 좋은 것들을 즐길 수 있다'라는 식으로 자만māna도 생겨납니다. 자신이 소유한 감각욕망 대상들이 다른 이와 연결되지 않기를 바라는 인색macchariya도 생겨납니다. 다른 이들에게는 이러한 감각욕망 대상들이 갖추어지는 것을 바라지 않는 질투issā도 생겨납니다. 상대편이나 적이라고 생각되는 이들에게 허물을 범하려는 성냄dosa도 생겨납니다. 악행을 하는 데 부끄러움없음ahirika이나 두려움없음anottappa도 생겨납니다. '좋다. 행복하다'라는 등으로 잘못 아는 어리석음moha도 생겨납니다. 범부라면 '영혼이 지속되는 자아다'라거나 '업과 업의 결과는 없다'라는 등의 사견diṭṭhi도 생겨납니다. 이렇게 저열한 번뇌를 생겨나게 하기 때문에 감각욕망쾌락의 탐닉에 몰두하는 실천은 저열합니다.

더욱이 감각욕망쾌락은 저열한 축생들이나 아귀들도 누리고 즐기는 것입니다. 심지어 구더기도 즐깁니다. 그런 저열한 중생들과 관련돼 있기 때문에도 저열합니다. 그렇게 저열하기 때문에 감각욕망쾌락의 탐닉에 몰두하는 실천을 삼가야 합니다. 그것에 의지하면 안 됩니다. 숙고해 보십시오. 사람들이 각자의 대상에 대해 '좋구나, 좋구나'라고 가치 있게 생각하는 것처럼, 개나 돼지나 닭이나 벌레들도 각자 '좋구나, 좋구나'라고 가치 있는 것으로 생각합니다. 그러면 개나 돼지나 고양이나 벌레들이 느끼는 것과 사람들이 느끼는 것이 같지 않습니까? 그런 저열한 중생들이 즐기는 것과 같기 때문에도 저열합니다. 그렇기 때문에 감각욕망쾌락의 탐닉에 몰두하는 실천을 출가자들은 의지하면 안 됩니다.

감각욕망을 즐기는 것은 통속적이다

감각욕망 대상을 즐기는 것은 가정을 떠나 생활하는 출가자들의 행위가 아닙니다. 결혼해 재가에서 지내는 재가자들의 행위입니다. 그래서 'gammo', 마을 사람이나 도시 사람들의 행실이나 행위여서 통속적이라고 부처님께서는 말씀하셨습니다.

출가자가 아닌 사람들은 이 감각욕망 행복이야말로 제일 좋은 것이라고 여깁니다. 대부분 사람은 감각욕망 대상을 많이 누릴수록 행복하다고 생각합니다. 과거 통치권을 가진 왕이나 거부들은 감각욕망대상과 토대들을 가질 수 있는 만큼 누리고 즐겼습니다. 강제로 빼앗아서라도 누리고 즐겼습니다. 지금도 일부 지역은 그렇습니다. 재산이 없는 이들도 할 수 있는 만큼 구해서 즐깁니다. 성년이 되면 으레 결혼해서 감각욕망의 행복을 누리려고 생각합니다.

이처럼 부처님의 가르침을 접하지 못하고 알지 못한 채 재가에 머무는 이들은 대부분 감각욕망의 행복만을 제일 좋은 것으로, 제일 가치 있는 것으로 생각합니다.

현법열반론

부처님께서 출현하시기 전에 이미 현법열반론자diṭṭhadhammanibbānavādī들은 "감각욕망 행복을 누리는 것이 제일 좋은 것이다. 감각욕망쾌락보다 더 좋은 것은 없다. 죽으면 더 이상 아무것도 남지 않는다.

다음 생에 즐길 수 있는 행복이라는 것은 없다. 다음 생의 행복을 위해 지금 생에서 애쓰면 행복하게 즐겨야 할 시간이 지나갈 뿐이다. 시간을 낭비하지 말고 세간적으로 허물이 없으면 수단과 방법을 가리지 말고 찾고 구해서 감각욕망 대상들을 마음껏 누려야 한다. 이것이 현생에서 누릴 수 있는 열반의 행복이다"라고까지 설했다고 합니다. 이 현법열반론이라는 사견은 『디가 니까야』 「브라흐마잘라숫따」에[101] 있는 62가지 사견 중 하나입니다.

앞서 말한 대로 감각욕망을 즐기는 것은 세속의 재가자들에게나 해당되는 행실이기 때문에 출가자들은 절대 여기에 의지해서는 안 됩니다. 출가자는 감각욕망 대상을 모두 버리고 출가한 것 아닙니까? 그런데 다시 감각욕망을 누리고 즐기는 것이 올바르겠습니까? 재가자들과 똑같아지는 것 아니겠습니까? 사람들이 출가자들을 존경하고 예경하고 공경하는 것은 '축제나 공연, 이성 등의 감각욕망 대상을 삼가면서 부처님의 가르침을 실천하고 있다'라고 믿기 때문입니다. 그래서 자신들이 좋아하고 소중히 하는 음식과 가사 등을 기꺼이 보시합니다. 그렇게 보시 받은 필수품들을 사용하면서 재가자들처럼 감각욕망 대상들을 즐기고 누리는 게 올바르겠습니까? '올바르지 않다'라고 분명하게 대답할 수 있습니다.

더욱이 출가는 'saṁsāra vaṭṭadukkhato mocanatthāya nibbānassa sacchikaraṇatthāya 윤회윤전의 고통에서 벗어나기 위해, 열반을 실현하기 위해'라는 분명한 목적을 가지고 행하는 것입니다. 그렇게 거룩하고 훌륭한 목표로 출가한 이가 감각욕망쾌락을 재가자들처럼 좋아하고

101 D1; 「Brahmajālasutta 범망경」.

누린다면 윤회윤전의 고통에서 벗어날 수 있겠습니까? '벗어날 수 없다. 열반을 실현할 수 없다'라는 사실이 분명합니다. 그렇기에 출가자라면 응당 감각욕망쾌락의 탐닉에 몰두해서는 안 됩니다. 이것을 게송으로 표현해 보았습니다. 같이 독송합시다.

감각쾌락 수용을 떠나삼가야

감각욕망을 즐기는 일은 범속하다

또한 그렇게 감각욕망쾌락의 탐닉에 몰두하는 행위는 'pothujjaniko', 보통 사람들의 행실이라고 말씀하셨습니다. 'puthu 많은' + 'jana 사람의' + 'ika 행실' = 'pothujjanika', 많은 사람의 행실이라는 뜻입니다. 세상 사람들 가운데 법의 성품을 아는 이, 거룩한 실천을 할 수 있는 이들은 적습니다. 좋은 의식주와 감각욕망을 즐기려는 이들이 더 많습니다. 이러한 이들의 행실이기 때문에라도 출가자들은 감각욕망 대상을 즐기는 것을 삼가야 합니다.

감각욕망 몰두는 거룩한 성자들의 실천이 아니다

또한 감각욕망쾌락의 탐닉에 몰두하는 행위는 'anariyo', 거룩한 성자들의 행실이 아니라고 부처님께서는 말씀하셨습니다. 그렇다면 성자인 위사카Visākhā 부인이나 아나타삔디까Anāthapiṇḍika 장자나 제석천왕은 무엇 때문에 감각욕망을 누렸는지 의구심을 가질 수 있습니다. 감각욕망의 행복을 누린다고 해서 성자들에게 특별한 덕목이 생겨나지는 않습니다. 하지만 수다원들에게는 감각욕망이 아직 제거되지 않았기 때문에, 그 감각욕망애착이 타오르고 괴롭힐 때는 '행복하다는 인식

sukhasaññā'으로 '좋다. 행복하다'라고 생각해서 감각욕망 행복을 가까이하고 즐기는 것이 생겨나기도 합니다. 비유하자면, 어떤 이가 매우 깨끗하고 청결한 것을 좋아하지만 발정 난 코끼리가 무서워 똥이 있는 곳으로 피하는 것과 마찬가지라고 합니다(AA.i.353).

또 다른 의미로 감각욕망 행복을 누리는 행실은 'anariyo', 깨끗하지 않은 행실입니다. 거룩한 성자들의 행실도 아니고, 깨끗한 행실도 아니기 때문에 출가자라면 감각욕망쾌락에 탐닉하는 행위를 하면 안 됩니다. 이러한 이유로도 "감각쾌락 수용을 떠나삼가야"라고 게송으로 표현했습니다.

감각욕망 몰두는 진정한 이익과 관련없다

또한 감각욕망쾌락의 탐닉에 몰두하는 행위는 'anatthasaṁhito', 자신이 원할 만한 진정한 이익과도 관련이 없다고 부처님께서는 말씀하셨습니다. 세간의 측면에서 살펴보면, 감각욕망 대상들을 구하고 찾는 일도 이익과 관련된 것으로 생각할 여지가 있습니다. 먹을 것도 있어야 하고, 입을 것도 있어야 하고, 지낼 곳도 있어야 하고, 같이 지낼 배우자나 친지들도 있어야 하고, 대중이나 친구들도 있어야 하고, 사용할 필수품들도 갖추어야 합니다. 그렇게 감각욕망 대상이나 물건들을 갖추어야 원하는 대로 즐기고 누릴 것입니다. 그래서 감각욕망 대상을 구하고 찾아서 즐기는 일도 자신이 바라는 이익과 관련된 것으로 생각할 수 있습니다.

하지만 그러한 것들은 중생들이 진정으로 원할 만한 진짜 이익이 아닙니다. 그러면 진실로 원할 만한 진짜 이익은 무엇일까요? 중생들은 늙지 않길 바랍니다. 병들지 않길 바랍니다. 죽지 않길 바랍니다. 모든 고통이 사라지기를 바랍니다. 그렇게 늙음과 병듦과 죽음이 없는, 모든 고통이 사라진 상태, 바로 그것이 중생들이 진실로 원할 만한 진정한 이익입니다. 모든 고통이 사라짐이라는 이익은 계와 삼매와 통찰지라는 실천으로만 얻을 수 있습니다. 그렇기 때문에 계와 삼매와 통찰지라는 것도 진실로 바랄 만한 이익입니다.[102]

그러면 감각욕망 대상을 즐기는 것으로써 늙음과 병듦과 죽음이 없는 법, 모든 고통이 사라진 법을 얻을 수 있겠습니까? 얻을 수 없습니다. 감각욕망 대상을 즐기는 것으로써 계가 생겨나겠습니까? 생겨날 수 없습니다. 즐기기에 적당하지 않은 감각욕망 대상을 즐기면 계가 무너지기만 할 뿐입니다. 재가자들의 경우, 삿된 음행kāmesu micchācāra의 계목을 범하면서까지 즐기면 계가 무너집니다. 출가자들은 음행 자체를 행하기만 해도 계가 무너집니다. 재가자든 출가자든 살생과 도둑질, 거짓말 등으로 재산을 구해 감각욕망을 즐기면 계가 무너집니다. 감각욕망 대상을 직접 즐기지 않는다고 해도 생각을 하는 것만으로도 삼매와 통찰지가 무너집니다. 이렇게 계와 삼매와 통찰지를 갖추지 못하면 모든 고통이 사라진 열반을 얻을 수 있겠습니까? 얻을 수 없습니다.

계가 무너지면 사악처에 떨어져 극심한 고통을 겪어야 합니다. 계를 갖추었어도 삼매와 통찰지를 갖추지 못하면 선처의 생에서 한 생 두 생 세 생 … 거듭거듭 태어나 늙고, 병들고, 죽고, 여러 가지 고통을 계속해서 겪어야 할 것입니다. 자신이 진정으로 바라는, 모든 고통이 사라진 열반을 얻을 수 없습니다. 출가를 하는 것도 열반에 이르기 위해서입니다. 하지만 감각욕망 대상을 즐기고 좋아하는 것으로는 계와 삼매와 통찰지

102 모든 고통이 사라진 상태도 진실로 바랄 만한 이익이고, 그것을 얻게 하는 실천도 진실로 바랄 만한 이익이라는 뜻이다.

를 갖추지 못하고, 이로 인해 열반에 이르지 못하니 이것은 스스로 이익을 놓치는 일입니다. 따라서 감각욕망대상을 즐기고 누리는 행위는 계와 삼매와 통찰지라는 진정한 이익과 관련이 없음을 분명히 알아야 합니다.

결론적으로 말씀드리자면, 감각욕망 대상을 누리는 일은 저속한 행실이어서 저열합니다. 세속의 사람들의 행실이어서 통속적입니다. 지혜가 없는 범부들의 행실이어서 범속합니다. 거룩한 성자들의 실천이 아니어서, 혹은 깨끗하고 청정한 행실이 아니어서 성스럽지 않습니다. 또한 자신이 원하는 계와 삼매와 통찰지라는 진짜 이익, 늙음과 병듦과 죽음이 없는, 모든 고통이 사라진 열반이라는 진짜 이익과도 관련이 없습니다. 그뿐만 아니라 이러한 진짜 이익들을 무너지게 하고, 잃어버리게 하고, 놓쳐버리게 하는 것일 뿐입니다. 그래서 출가자라면 감각욕망쾌락의 탐닉에 몰두하는 실천을 의지하면 안 됩니다. 삼가야 합니다. 게송을 다시 한번 독송합시다.

감각쾌락 수용을 떠나삼가야

재가자는 감각욕망에 의지해도 되는가

여기에서 '출가자들은pabbajitena 의지하면 안 된다'라고 했기 때문에 "재가자들은 원하는 대로 마음껏, 한계 없이 의지하고 누려도 되는가"라고 질문할 수 있습니다. "참사람 법들을 실천하려는 마음이 없는 이들은 자신이 원하는 대로 의지할 수 있다"라고 말할 수 있을 것입니다. 이들에게 '즐기지 말라'라고 가르치더라도 그렇게 하지 않을 것이기 때문입니다. 'gammo 통속적이다', 즉 세속 사람들의 행실이라고 말한 대로 일반 사람들에게 감각욕망 대상을 삼가라고 하면 적당하지 않습니다. 그래서 'pabbajitena'라고 출가자들에게만 말한 것입니다. 그렇지만 참사람 법들을 실천하고자 하는 사람들이라면 그렇게 참사람 법을 실천하고 있을 때는 감각욕망을 적당한 만큼 삼가야 합니다. 오계를 실천하는 이라면 삿된 음행을 삼가야 합니다. 살생이나 도둑질이나 거짓말 등 올바르지 않은 방법으로 재산을 구해서 감각욕망을 즐기는 일도 삼가야 합니다. 살생 등으로 재산을 구해서 감각욕망을 즐기는 일도 쾌락의 탐닉에 몰두하는 실천이므로 삼가야 한다고『디가 니까야』「빠사디까숫따」에서[103] 다음과 같이 설하셨습니다.

쾌락의 탐닉에 몰두하는 네 종류

Idha cunda ekacco bālo pāṇe vadhitvā vadhitvā attānaṁ sukheti pīceti, ayaṁ paṭhamo sukhallikānuyoga. (D.iii.180/D29)

대 역

Cunda쭌다여, idha이 세상에서 ekacco bālo어떤 어리석은 자는 pāṇe생명들을; 닭이나 돼지나 물소나 소나 사슴이나 물고기 등 축생들을 vadhitvā vadhitvā죽이고 죽이면서; 계속해서 거듭거듭 죽이면서 attānaṁ자신을 sukheti pīceti행복하게 하고 채우게 한다. ayaṁ이 행실이 paṭhamo첫 번째인 sukhallikānuyoga쾌락의 탐닉에 몰두하는 것이다.

도둑질과 약탈을 일삼아 감각욕망의 행복을 누리는 일이 두 번째 행실, 속이거나 사기를 쳐서 누리는 일이 세 번째 행실, 그러한 살생이나

103 D29;「Pāsādikasutta 정신경淨信經」.

도둑질이나 속이는 것 외에 다른 방법으로 재산을 구해 누리는 일이 네 번째 행실이라고 경에서 설하셨습니다. 이것도 감각욕망쾌락의 탐닉에 몰두하는 행위를 출가자들이 삼가야 하는 이유 중 하나입니다. 이 경도 매우 주의해서 기억해야 합니다.

팔계나 십계를 수지하며 실천하는 이들이라면 청정범행이 아닌 행위 abrahmacariya[104], 때아닌 때 먹는 행위vikālabhojana, 춤을 추거나 연주하는 행위nacca-gīta 등의 계목들과 관련된 감각욕망들도 삼가야 합니다.

사마타나 위빳사나 수행을 하고 있는 이들이라면 수행 중에는 감각욕망 대상들을 가능한 한 삼가야 합니다. 그렇지 않으면 삼매와 통찰지가 강하게 생겨나지 않습니다. 그래서 재가자라 하더라도 사마타나 위빳사나 수행을 하고 있는 동안에는 감각욕망쾌락의 탐닉에 몰두하는 행위를 하지 않고, 즐기지 않는 것이 바람직합니다. 삼가야 한다고 기억해야 합니다. 감각욕망쾌락의 탐닉에 몰두하는 실천에 대한 설명은 이 정도면 충분한 것 같습니다.

스스로를 힘들게 하는 실천

두 번째는 스스로를 힘들게 하는 고행입니다. 이 내용은 다시 성전을 살펴봅시다.

Yo cāyaṁ attakilamathānuyogo dukkho anariyo anattha-saṁhito. (S.iii.369/S56:11)

104 음행하는 것을 말한다.

대역

Attakilamathānuyogo자기학대에 몰두하는 것이라는; 스스로를 힘들게 노력하고 행하는 것인 자기학대에 몰두하는 것이라는 yo ca ayaṁ anto그 극단도; 그 극단부분도 dukkho괴로움일 뿐이어서; 순전히 괴로운 것일 뿐이어서 anariyo성스럽지 못하고; 거룩한 성자들의 실천이 아니라 성스럽지 못하고; 깨끗하지 않아 성스럽지 못하고 anatthasaṁhito이익과 관련되지 않나니; 자신이 바랄 만한 진짜 이익과 관련되지 않나니, so ca그것도; 자기학대에 몰두하는 것도 의지해서는 안 될 하나의 극단이다.

'attakilamathānuyogo'란 자기학대에 몰두하는 실천을 말합니다. 무엇 때문에 이러한 실천을 하는지 생각해 보면 '자신에게 적당한 감각욕망들을 제공하고 누리게 한다면 애착하고 원하는 번뇌들이 늘어날 것이다. 옷이나 음식 등 감각욕망 대상을 주지 않고서 힘들게 실천해야 애착하고 원하는 번뇌들이 사라질 것이다. 그 번뇌들이 사라져야 늙음과 병듦과 죽음 등 모든 고통이 사라질 것이다'라는 등으로 생각하고서 스스로를 힘들게 하는 실천을 하는 것입니다.

스스로를 힘들게 실천하는 모습

더울 때 덥지 않도록, 추울 때는 춥지 않도록, 모기나 등에[105] 등이 물지 않도록, 신체 부분이 드러나지 않도록 출가자들도 의복을 입거나 가사를 둘러야 합니다. 하지만 자기학대를 실천하는 이들은 옷도 입지 않

105 개울·습지·산림지대에 서식하며 탄저병炭疽病, 야토병野兎病, 트리파노소마감염증과 같은 질병을 생겨나게 하는 곤충.

고 맨몸으로 견딥니다. 그들은 추울 때 물속에 들어가 지냅니다. 더울 때는 땡볕에서 지냅니다. 심지어 사방에 한 개씩 네 개의 불 무더기를 놓고 다섯 열기를 견딥니다. 이것을 다섯 열기pañcatapa 고행이라고 합니다. 잠도 땅 위에서만 잡니다. 일부는 가시 위에 자리를 깔고 눕기도 합니다. 오랜 기간 결가부좌한 채 괴로움을 견디기도 합니다. 선 자세로 괴로움을 견디기도 합니다. 나뭇가지에 두 다리를 묶고 거꾸로 매달려 지내기도 합니다. 장시간 물구나무서기 자세로 있기도 합니다.

생명 유지를 위해, 배고픔과 허기를 채울 수 있게 적당량의 음식과 음료는 출가자들도 수용해야 합니다. 하지만 자기학대를 실천하는 이들은 음식과 음료를 완전히 끊고 지내기도 합니다. 하루, 이틀, 사흘 동안 절식絕食하기도 합니다. 4일, 5일, 6일, 7일까지 단식하기도 합니다. 15일간 단식하는 경우도 있습니다. 밥 한 줌까지 절식하기도 하고, 생야채나 풀을 먹기도 합니다. 생식을 하거나 심지어 소똥을 먹기도 합니다. 《91대겁 전 보살이 스스로 이러한 단식을 했다는 사실, 죽기 전에 지옥의 표상이 떠올라 잘못된 것을 알고 그 실천을 버리고 천상에 이르렀다는 사실이 『자따까』「로마항사 자따까」[106] 주석에 설명돼 있습니다. 『맛지마 니까야(근본50경)』「마하시하나다숫따」[107] 등에도 나와 있습니다(M.i.110). 제1장에서 설명했던 고행의 실천 중 콩죽 한 줌만 먹었다는 사실을 보였습니다.》[108]

이렇게 자신을 힘들게 하는 실천들을 자기학대에 몰두하는 실천atta-kilamathānuyoga이라고 합니다. 이런 자기학대 실천은 부처님께서 출현

106 J94; 「Lomahaṁsa Jātaka 로마항사 본생담」.
107 M12; 「Mahāsīhanādasutta 사자후 긴 경」.
108 본서 p.73 참조.

하시기 전 이미 니간타 나따뿟따Nigaṇṭha nāṭaputta 종파 사람들이 행하고 있었습니다. 현재의 자이나교도들이 니간타 나따뿟따 종파의 사람들입니다. 그 당시 자기학대에 몰두하는 실천은 훌륭한 실천으로 여겨져 많은 사람이 믿었습니다. 그래서 보살이 이러한 고행을 실천하다가 거친 음식과 영양분을 다시 수용하자 매우 가까웠던 오비구조차 보살이 'padhānavibbanti 정근의 실천에서 떠났다, 더 이상 특별한 법을 얻을 수 없다'라고 잘못 생각하고서 보살을 버리고 떠난 것입니다.

니간타 문헌의 주장

자기학대에 몰두하는 실천을 하는 니간타 종파들의 문헌에서는 윤회윤전의 괴로움에서 벗어나기 위한 실천에 단속saṁvara과 풀려남nijjarā이라는 두 가지가 있다고 합니다. 이 중 단속이란 가로막는 것, 제지하는 것입니다. 무엇을 가로막고 제지하는가 하면, 업 개아kamma puggala라고 그들이 부르는, '업이 생겨날 수 있는 물질'이 자신의 몸에 들어올 수 없도록 가로막고 제지해야 한다고 합니다. 그들의 주장에 따르면 눈에 형색 물질이 들어와 보게 되고, 그 보이는 형색과 자아atta가 결합해 새로운 업이 생겨난다고 합니다. 마찬가지로 귀, 코, 혀, 몸에도 소리, 냄새, 맛, 감촉이라는 물질이 들어오면 그 물질과 자아가 결합해 새로운 업이 생겨나고 늘어난다고 합니다. 그 새로운 업은 새로운 생을 생겨나게 합니다. 그래서 새로운 업이 생겨나지 않도록 형색과 소리 등의 물질들이 자기 몸에 들어오지 않게 제지하고 단속해야 한다고 주장합니다.

풀려남nijjarā이란 소멸, 즉 몸을 힘들게 해서 이전의 업들을 다하게 하는 것을 말합니다. 그들은 '지금 괴로움을 겪으면 과거의 여러 업이 과보를 주게 되고, 그러면 그 과거 업들이 소멸된다'라고 믿고 주장하며 그렇게 되기를 바랍니다. 그래서 니간타 종파에 입문해 일부러 괴로움을 겪고 있는 나체수행자들에게 언젠가 부처님께서는 다음과 같이 질문하셨습니다.

"그대들은 과거 생에서 행한 불선업들이 다하도록 일부러 괴로움을 겪고 있다고 하는데, 그대들은 과거 여러 생에서 불선업들을 행했다는 것을 아는가?"

"모릅니다."

"그렇다면 과거 생에서 불선업들을 얼마나 행했는지 아는가? 지금 고통을 겪어서 과거의 불선업들이 얼마나 사라졌고 얼마나 남아 있는지 아는가?"

"모릅니다."

"불선업이 있었는지 없었는지도 모르고, 얼마나 다하고 얼마나 남았는지도 모르면서 자기를 힘들게 하는 실천을 하는 것은 적당하지 않다."

이렇게 니간타들에게 조사하고 숙고하는 지혜, 바라밀 씨앗이 생겨나도록 설하셨습니다. 그리고 과거의 불선업들을 소멸시킬 목적으로 현생에 일부러 괴로움을 겪고 있는 이들은 과거 여러 생에서 불선업을 많이 행했다고 생각할 여지가 있다고도 설하셨습니다.[109]

보살이 고행을 실천한 것은 과거 불선업들을 소멸시키기 위해서가 아니었습니다. 그 실천으로 특별한 지혜와 법을 얻으리라 생각해서였습니다. 하지만 고행을 실천한 지 6년이 지나자 앞에서 말한 대로 '이 실천으로는 특별한 지혜와 법을 알 수 없다. Siya nu kho añño maggo bodhāya, 스스로를 힘들게 하는 이 고행 외에 다른 실천과 길만이 진

109 M101; 『맛지마 니까야』 제4권, pp.585~588 참조.

리를 알기 위한 것이 아닐까? 진리를 알기 위한 다른 실천과 길이 있지 않을까?'라는 등으로 숙고하고 결정해서 고행의 실천을 버린 것입니다.

자기학대 실천은 고통일 뿐이다

그래서 자기학대에 몰두하는 실천은 'dukkho', 고통스럽게 하는 것일 뿐이라고 부처님께서는 설하셨습니다. 하지만 자기학대에 몰두하는 그 실천을 나따뿟따 등 다른 여러 선인과 출가자들이 거룩한 실천으로 믿고 있었기 때문에 그들의 마음을 건드리지 않기 위해 'hīno 저열하다'라고도 말하지 않았고, 많은 이의 실천이어서 'pothujjaniko 범속하다'라고도 말하지 않았다는 사실이 『빠띠삼비다막가 주석서』에 설명돼 있습니다(PsA.ii.215).

그리고 그 자기학대에 몰두하는 실천은 'anariyo', 거룩한 성자들의 실천도 아니고, 깨끗하고 거룩한 실천도 아니라고 말씀하셨습니다.

자기학대 실천은 불이익과만 관련된다

또한 그 자기학대에 몰두하는 실천은 'anatthasaṁhito', 이익이나 번영과 관련이 없다고 말씀하셨습니다. 이 실천은 계와 삼매와 통찰지 등 출세간의 이익과 관련이 없을 뿐만 아니라 세간의 이익과도 관련이 없습니다. 단지 몸의 고통만 결과로 남습니다. 계속 고통을 당한다면 병에 걸릴 수 있고 죽을 수도 있습니다. 아무런 이익이 없는 실천입니다. 하지만 잠부디빠jambudīpa로 불리는 인도 전역에선 부처님께서 출현하시기 전부터 현재까지도 윤전의 고통에서 벗어나게 할 수 있는 진실로 좋은 실천이자 거룩한 실천으로 믿고 있습니다. 오비구도 그렇게 믿고 있었습니다. 그래서 부처님께서 몸을 힘들게 하는 실천은

'dukkho 고통일 뿐이다'라고, 'anariyo 거룩한 성자들의 실천도 아니다. 혹은 깨끗하고 거룩한 실천도 아니다'라고, 'anatthasaṁhito 이익과도 관련이 없다'라고, 나아가 자기학대에 몰두하는 실천도 출가자들은 의지해선 안 된다고 분명하게 드러내어 설하신 것입니다.

그렇게 분명하게 드러내어 설명하는 것도 매우 필요합니다. 왜냐하면, 그 당시 사람들은 '스스로를 힘들게 하며 실천해야 특별한 법을 얻을 수 있다'라고 믿고 집착했고, 오비구도 그렇게 믿고 집착하고 있었는데, 그 집착을 제거하지 못하면 부처님께서 설하실 팔정도 법을 믿지 않을 것이기 때문입니다. 일부러 힘들게 실천하는 고행을 요약해서 말하자면 옷이나 음식 등 수용할 만한 것조차 수용하지 않고서 일부러 고통을 겪는 실천입니다. 그것을 게송으로 "수용않고 자학을 역시삼가야"라고 표현해 보았습니다. 감각욕망쾌락과 관련된 첫 번째 게송에서 "감각쾌락 수용을 떠나삼가야"라고 표현했습니다. 이 게송과 연결해서 살펴보면 "수용않고"라는 것은 '수용해서 사용하기에 적당한 것조차 수용하지 않고'라는 의미가 분명합니다. 이 게송을 독송합시다.

수용않고 자학을 역시삼가야

감각욕망쾌락을 즐기고 누리는 것이라는 첫 번째 극단은 자신의 마음과 몸이 바라는 대로 내버려 두기 때문에 너무 느슨합니다. 사마타나 위빳사나를 실천하지 않고, 마음을 단속하지 않고 내버려 두면 그 감각쾌락탐닉[110] 실천으로 빠져들게 됩니다. 어떤 스승은 '수행할 필요가 없다. 마음을 그 성품대로 그대로 두어 고요하게 되는 것만으로 성취된

110 저본에 '몰두'를 나타내는 'anuyoga'를 생략하고 'kāmasukhallika'라고만 언급해서 그대로 따랐다.

다'라고 설한다고 합니다. 마음이라는 것은 사마타나 위빳사나로 끊임없이 관찰하고 단속해도 감각욕망 대상 등으로 계속 달아나기만 합니다. 더군다나 사마타나 위빳사나를 수행하지 않고 마음을 가만히 내버려 두고 있으면 감각욕망 대상을 생각하게 돼 감각쾌락탐닉 실천에만 틀림없이 빠져들게 됩니다. 그래서 그 감각쾌락탐닉 실천의 법체를 분명하게 드러나도록 "마음따라 버려둬 감각쾌락 몰두해"라고[111] 게송으로 표현했습니다. 같이 독송합시다.

마음따라 버려둬 감각쾌락 몰두해

수용할 만한 것조차 수용하지 않고 자기를 힘들게 하는 두 번째 극단은 행복함이나 편안함이 없기 때문에 너무 팽팽합니다. 지나치게 팽팽한 이런 실천도 삼가야 합니다.

자기학대를 잘못 견지하는 모습

어떤 사람들은 '자기학대 실천'의 의미를 부처님의 의향과 반대되는 의미로 해석해서 "피곤함을 감수하면서까지 수행하는 것도 자기학대에 해당된다"라고 말하기도 합니다. 그러한 견해는 부처님의 의향과는 완전히 정반대입니다. 부처님께서는 몸과 목숨조차 염두에 두지 말고 삼매와 통찰지 수행을 열심히 실천하라고 격려하셨습니다. 부처님께서는 '피부와 힘줄과 뼈만 남아도 좋다. 살과 피가 다 말라버려도 좋다. 서원하는 도와 과라는 특별한 법을 얻기 전에는 절대로 수행을 그만두지 않고 계속 노력해 나가리라'라고 확고하게 결심하고 치열하게 계속 수행

111 마음이 바라는 그대로 내버려 두는 것이 감각욕망쾌락의 탐닉에 몰두하는 것이다.

해야 한다고 격려하셨습니다.[112]

그러므로 삼매와 통찰지를 생겨나게 할 수 있는 수행, 그러한 노력을 고행이라고 말해서는 안 됩니다. 삼매나 통찰지를 생겨나게 할 수 있는 실천은 말할 것도 없고, 계를 지키는 데 어느 정도 몸이 힘들어도 그것을 고행이라고 말해서는 안 됩니다. 생각해 보십시오. 팔계를 수지해 지키고 있는 어린 재가자들이 배가 고픈데도 오후나 밤에 음식을 먹지 못한다면 얼마나 고통스럽겠습니까? 어린 사미나 젊은 비구들도 마찬가지일 것입니다. 하지만 계를 구족하게 하는 실천이기 때문에 그것을 고행이라고 해서는 안 됩니다.

일부 사람에게는 살생을 삼가면서 희생하는 것이 고통스럽습니다. 하지만 계를 구족하게 하는 실천이기 때문에 역시 고행이라고 해서는 안 됩니다. 부처님께서는 이렇게 고통을 참고 실천하는 것을 "지금은 고통스럽지만 미래에는 좋은 이익을 얻게 해 줄 수 있는 실천이다"라고 칭송하면서 『맛지마 니까야(근본50경)』「마하담마사마다나숫따」에서[113] 설하셨습니다. 그 내용을 간략히 소개합니다.

Idha, bhikkhave, ekacco sahāpi dukkhena sahāpi domanassena pāṇātipātā paṭivirato hoti, pāṇātipātā veramaṇīpaccayā ca dukkhaṁ domanassaṁ paṭisaṁvedeti. … sahāpi dukkhena sahāpi domanassena sammādiṭṭhi hoti, sammādiṭṭhipaccayā ca dukkhaṁ domanassaṁ paṭisaṁvedeti. So kāyassa bhedā pa-

112 S.i.267. 피부힘줄 뼈남아 살과피말라 | 목숨조차 고려마 네가지정근 ||

113 M46; 「Mahādhammasamādānasutta 법 준수 긴 경」.

raṁ maraṇā sugatiṁ saggaṁ lokaṁ upapajjati. Idaṁ vuccati, bhikkhave, dhammasamādānaṁ paccuppannadukkhaṁ āyatiṁ sukhavipāke.[114] (M.i.388/M46)

대역

Bhikkhave비구들이여, idha ekacco이 세상에서 일부 사람들은 sahāpi dukkhena sahāpi domanassena몸의 고통과 마음의 근심과 함께 paṇātipātā paṭivirato hoti생명을 해치는 것을 삼간다. pāṇātipātā veramaṇipaccayā ca살생을 삼가는 것을 조건으로 해서도 dukkhaṁ domanassaṁ paṭisaṁvedeti몸의 고통과 마음의 근심을 경험한다. … sahāpi dukkhena sahāpi domanassena몸의 고통과 마음의 근심과 함께 sammādiṭṭhi hoti 바른 견해를 가진다. sammādiṭṭhipaccayo ca바른 견해를 조건으로 해서도 dukkhaṁ domanassaṁ paṭisaṁvedeti몸의 고통과 마음의 근심을 경험한다. so그렇게 현생에 괴로움을 겪으면서 법을 실천하는 그들이 kāyassa bhedā paraṁ maraṇā몸이 무너져 죽은 뒤에 sugatiṁ saggaṁ lokaṁ선처인 천상에 upapajjati태어난다. bhikkhave비구들이여, idaṁ dhammasamādānaṁ이렇게 열 가지 선행을 실천하는 것을 paccuppannadukkhaṁ현생에는 괴롭지만 āyatiṁ sukhavipākaṁ 내생에는 행복한 결과를 주는 실천이라고 vuccati말한다.

따라서 "계와 삼매와 통찰지를 생겨나게 하는 실천이라면 'anattha-saṁhita 이익과 관련되지 않은 것'이 아니라 'atthasaṁhita 이익과 관

114 저본에 대역만 있어 빠알리어 원문을 역자가 첨가했다.

련된 것'이기 때문에 의지하면 안 되는 자기학대 실천이 아니다. 의지해야 하는 중도실천일 뿐이다"라고 확실하게 기억해 두어야 합니다. 계와 삼매와 통찰지 중에 아무것도 생겨나게 하지 않고 단지 몸을 괴롭히는 것만 자기학대 몰두attakilamathānuyoga의 실천이라고 해야 합니다. 이 자기학대 몰두라는 실천의 법체도 분명하게 드러나도록 "고통뿐만 노력해 자기학대 몰두해"라고[115] 게송으로 표현했습니다. 같이 독송합시다.

고통뿐만 노력해 자기학대 몰두해

행복함과 괴로움을 관찰하면 안 된다고까지 견해가 잘못된다

어떤 사람들은 위빳사나 수행을 하는 경우조차 "행복함을 관찰하면 감각쾌락탐닉 실천이 되고, 괴로움을 관찰하면 자기학대 실천이 된다. 따라서 행복함과 괴로움을 관찰해서는 안 된다. 평온함만 관찰해야 한다"라고 교묘하게 말하기도 합니다. 이것은 'duggahitaggāha', 즉 잘못된 견해로써 말하는 것입니다. 그들의 주장을 뒷받침해 줄 만한 경전의 근거는 없습니다. 부처님께서는 「마하사띠빳타나숫따」의[116] 느낌 거듭관찰vedanānupassanā 장에서 "sukhaṁ vā vedanaṁ vedayāmāno, sukhaṁ vedanaṁ vedayāmīti pajānāti. dukkhaṁ vedanaṁ vedayāmano, dukkhaṁ vā vedanaṁ vedayāmīti pajānāti(행복한 느

115 단지 고통스럽기만 하면서 노력하는 것이 자기학대에 몰두하는 것이다.

116 D22; 「Mahāsatipaṭṭhānasutta 새김확립 긴 경大念處經」.

낌을 느낄 때는 '행복한 느낌을 느낀다'고 분명히 안다. 괴로운 느낌을 느낄 때는 '괴로운 느낌을 느낀다'고 분명히 안다)"라는[117] 등으로 행복함과 괴로움과 평온함이라는 세 가지 느낌 모두를 관찰하라고 분명하게 설해 놓으셨습니다. 또한 여러 경전에서 "yampidaṁ cakkhu-samphassapaccayā uppajjati vedayitaṁ sukhaṁ vā dukkhaṁ vā adukkhamasukhaṁ vā tampi aniccanti yathābhūtaṁ pajānāti(눈 접촉을 조건으로 어떤 행복함과 괴로움과 괴롭지도 않고 행복하지도 않은 느낌들이 생겨나는데, 그것들을 '무상하다'라고 사실대로 바르게 안다)"라는[118] 등으로 세 가지 느낌 모두를 관찰해야 하고 알아야 한다는 사실을 분명하게 설해 놓으셨습니다. 따라서 다섯 취착무더기에 포함되는 법들은 모두 다 관찰해도 좋은 대상, 관찰해야 하는 대상이라고 확실하게 알아야 합니다.

어떤 재가 수행지도자의 견해

어떤 재가 수행지도자가 "어느 한 자세로 수행하다가 저림이나 아픔 등을 참기 힘들면 바로 자세를 바꾸어야 한다. 바꾸지 않고 계속 관찰하면 그것은 자기학대 몰두의 실천이다"라고 가르친다는 소문을 들었습니다. 그것도 이익 바른 앎sātthaka sampajañña[119]을 너무 중시해

117 D.ii.236.

118 S.ii.275.

119 바른 앎sampajañña에는 ① 이익이 있는지 없는지를 바르게 아는 이익 바른 앎sātthaka sampajañña, ② 이익이 있어도 적당한지 그렇지 않은지 바르게 아는 적당함 바른 앎sappāya sampajañña, ③ 자신의 수행주제에 대해 바르게 알고 계속해서 마음 기울이는 영역 바른 앎gocara sampajañña, ④ 무상하고 괴로움이고 무아라고 바르게 아는 미혹없음 바른 앎asammoha sampajañña의 네 가지가 있다. 초기불전연구원에서는 바른 앎을 '분명하게 알아차림'으로 번역했다. 네 가지 바른 앎에 대해서는 『네 가지 마음챙기는 공부』, pp.136~170 참조.

서 올바르지 않게 견지하여 말하는 것입니다. 사마타나 위빳사나 수행을 할 때 인욕 단속khanti saṁvara[120]은 매우 중요하고 꼭 필요합니다. '어느 정도의 고통은 계속 참으면서 수행해야 삼매와 지혜가 생겨

120 ㊊ 부처님께서는 『맛지마 니까야(근본50경)』 「삽바사와숫따Sabbāsavasutta 모든 누출 경」에서 인욕 단속에 대해 다음과 같이 설하셨다.

Idha, bhikkhave, bhikkhu paṭisaṅkhā yoniso khamo hoti sītassa uṇhassa, jighacchāya pipāsāya. Ḍaṁsamakasavātātapasarīṁsapasamphassānaṁ, duruttānaṁ durāgatānaṁ vacanapathānaṁ, uppannānaṁ sārīrikānaṁ vedanānaṁ dukkhānaṁ tibbānaṁ kharānaṁ kaṭukānaṁ asātānaṁ amanāpānaṁ pāṇaharānaṁ adhivāsakajātiko hoti. Yañhissa, bhikkhave, anadhivāsayato uppajjeyyuṁ āsavā vighātapariḷāhā, adhivāsayato evaṁsa te āsavā vighātapariḷāhā na honti. Ime vuccanti, bhikkhave, āsavā adhivāsanā pahātabbā. (M.i.113/M2)

대역

Bhikkhave비구들이여, idha여기에서; 이 불교라는 성스러운 교단에서 bhikkhu비구는 paṭisaṅkhā yoniso합리적으로 성찰하고서; 적합한 원인에 따라 숙고하고서 khamo hoti sītassa추위를 참는다. uṇhassa더위를 참는다. jighacchāya pipāsāya굶주림과 갈증을 참는다. ḍaṁsamakasavātātapasarīṁsapasamphassānaṁ등에와 모기와 바람과 열기와 뱀과 전갈과의 접촉들을 참는다. duruttānaṁ durāgatānaṁ vacanapathānaṁ모욕이나 비방하는 말들을 참는다. uppannānaṁ sārīrikānaṁ vedanānaṁ dukkhānaṁ신체에서 생겨나는 괴로운 느낌들을, tibbānaṁ kharānaṁ kaṭukānaṁ날카롭고 극심하고 참기 힘든 느낌들을, asātānaṁ amanāpānaṁ pāṇaharānaṁ좋지 않고 마음에 들지 않고 생명을 앗아갈 정도의 괴로운 느낌들을 adhivāsakajātiko hoti참는 성품이 있다. bhikkhave비구들이여, hi실로; 그 이익을 말하자면 anadhivāsayato참지 못한다면; 그러한 추위나 더위, 굶주림과 갈증, 등에나 모기 등과의 접촉, 비방하는 말, 신체적 괴로움을 참지 못한다면 assa그에게; 그 비구에게 yaṁ uppajjeyyuṁ āsavā vighātapariḷāhā어떤 누출번뇌와 피곤함과 뜨거움이 생겨날 수 있다. adhivāsayato assa그러한 괴로움들을 참는 비구에게는 evaṁ이와 같이; 앞에서 말한 대로 참기 때문에 te āsavā vighātapariḷāhā na honti그렇게 생겨날 가능성이 있는 누출번뇌와 피곤함과 뜨거움이 없어진다. bhikkhave비구들이여, ime āsavā이러한 누출번뇌를; 참지 않으면 생겨날 수 있는 이러한 누출번뇌를 adhivāsanā pahātabbā참음을 통해 제거할 수 있는, 제거해야 하는 번뇌라고 vuccanti말한다.

이 「삽바사와숫따」에서 심지어 죽을 정도의 치명적인 고통까지도 참도록 부처님께서 가르치셨다. 이러한 가르침을 명심해야 한다.
게다가 그 경의 주석에는 '로마사나가Lomasanāga 장로는 안따랏타까Antaraṭṭhaka라는 음력 1월과 2월의 사이, 매우 추워 서리까지 내리는 8일 동안에도 세중지옥lokantarika의 추위를 숙고하면서 수행주제를 놓치지 않고 그대로 밖에서 시간을 보냈다'라는 등으로 인욕 단속을 중시하며 실천한 여러 일화를 설명해 놓고 있다. 따라서 조금 뻐근하다고, 뜨겁다고, 아프다고 원래 자세를 바꾸어서는 안 된다. 자세를 바꾸지 말고 참으면서 계속 관찰하던 대로 관찰해야 한다. 가능하다면 목숨조차 염두에 두지 않고 관찰하던 대로 관찰해야 한다. 그렇게 참으면서 관찰해야 인욕 단속과 위빳사나 삼매와 지혜들이 생겨날 수 있다. 도저히 참을 수 없을 정도가 되었을 때는 새김과 삼매와 지혜가 무너지지 않도록 특별히 주의하면서 자세를 바꾸어야 한다.

날 수 있다. 참지 못하고 자세를 자주 바꾼다면 삼매와 지혜가 생겨날 수 없다'라는 것은 열심히 수행해 본 적이 있는 사람이라면 누구나 알 것입니다. 따라서 참기 힘든 괴로운 느낌이 생겨나더라도 참을 수 있는 만큼 참으면서 관찰해 나가야 합니다. 그렇게 해서 생겨나는 것은 인욕 단속입니다. 자기학대가 아닙니다. 그렇게 참으면서 관찰하는 것은 일부러 괴롭게 하려고 애쓰는 것이 아니고, 또 괴롭고 피곤하기만 한 것이 아니라 부처님의 바람에 일치하는 인욕 단속과 새김, 삼매, 통찰지들을 생겨나게 하고 있는 것이기 때문입니다. 부처님께서는 제자들이 할 수만 있다면 앉은 자세를 바꾸지 말고 한 번 앉은 그 자리에서 아라한과에 이를 때까지 물러서지 말고 노력할 것을 진정으로 바라셨고 그것을 더욱 기뻐하셨습니다. 그래서 『맛지마 니까야(근본50경)』 「마하고싱가숫따」에서[121] "'나의 마음이 집착하지 않고 모든 누출번뇌로부터 벗어나기 전까지는 결코 이 결가부좌를 풀지 않겠다'라고 결의하고 수행을 한다면 그렇게 수행하는 비구야말로 이 고싱가 살라나무 숲을 아름답게 할 수 있다"라고 설하셨습니다.[122] 그러한 비구야말로 숲속 정사를 아름답게 할 수 있는 최고의 사람이라는 뜻입니다.

그러므로 괴로운 느낌을 참으면서 수행하는 것을 자기학대 몰두와 같다고 말하는 사람들은 부처님의 가르침대로 수행하는 사람들을 모욕하는 것이며 부처님의 가르침을 무너뜨리는 것입니다. 또한 삼매와 지혜가 잘 생겨날 수 있도록 자세를 바꾸지 않고 참으면서 관찰하고 있는

121 M32; 「Mahāgosiṅgasutta 고싱가 긴 경」.

122 M.i.280; 『맛지마 니까야』 제2권, p.114 참조.

수행자들의 사기를 떨어뜨리는 일입니다.[123]

하지만 앞서 독송한 "고통뿐만 노력해 자기학대 몰두해"라는 게송에 따라, 계·삼매·통찰지와 관련 없이 단지 고통스럽게 하는 노력이라면 자기학대 실천입니다. 그렇지 않고 계·삼매·통찰지를 생겨나게 하는 실천이라면 아무리 피곤하고 힘들더라도 자기학대 실천이 아닙니다. 부처님의 가르침과 일치하는 중도실천majjhimapaṭipadā, 바로 그 팔정도의 실천이라고 확실하게 기억해야 합니다.

부처님께서는 지금까지 말한 대로 너무 느슨한 감각쾌락탐닉 실천이라는 한 극단과 너무 팽팽한 자기학대 실천이라는 한 극단, 이 두 가지 극단부분을 버리고서 'majjhimapaṭipadā'라는 중도실천으로 붓다의 위치에 오르셨습니다.

중도실천의 이익

3 Ete kho, bhikkhave, ubho ante anupagamma majjhimā paṭipadā tathāgatena abhisambuddhā cakkhukaraṇī ñāṇakaraṇī upasamāya abhiññāya sambodhāya nibbānāya saṁvattati.

(S.i.369/S56:11)

대역

Bhikkhave비구들이여, ete kho ubho ante이러한 두 가지 극단을; 지금 설명한 이 두 가지 극단을 anupagamma따르지 않고 tathāgatena여래는; 그대들의 스승인 나 여래는 majjhimā paṭipadā중도

123 비구 일창 담마간다 편역, 『위빳사나 백문백답』, pp.181~182 참조.

실천을 abhisambuddhā꿰뚫어 알았으니 abhisambuddhā내가 꿰뚫어 안 majjhimā paṭipadā중도실천은 cakkhukaraṇī눈을 만들고; 지혜의 눈을 행하고; 지혜의 눈을 생겨나게 하고 ñāṇakaraṇī지혜를 만들고; 아는 지혜를 행하고; 아는 지혜를 생겨나게 하고 upasamāya saṁvattati적정으로 인도하고; 번뇌를 없애고[124] abhiññāya saṁvattati특별한 지혜로 인도하고; 특별한 지혜로 알게 하고 sambodhāya saṁvattati꿰뚫는 앎으로[125] 인도하고; 꿰뚫어서 알게 하고 nibbānāya saṁvattati열반으로 인도한다; 열반을 실현하게 한다; 모든 고통이 사라지게 한다.

위 내용을 통해 "감각욕망을 즐기고 누리는 것이라는 너무 느슨한 극단과 수용하기에 적당한 것조차 수용하지 않고 자신을 괴롭히는 것이라는 너무 팽팽한 극단, 이 두 가지 극단에 떨어지는 두 가지 실천을 버리는 중도실천을 깨달았다. 중도실천을 통해 지혜의 눈을 여는 것이나 번뇌를 고요하게 하는 것 등도 직접 경험했다"라는 것을 오비구가 알게 하셨습니다. 어떻게 알게 하셨을까요?

보살은 16세부터 29세까지 13년 동안 감각욕망 행복을 즐기는 매우 느슨한 길을 걸어왔습니다. 그러다 29세에 출가를 함으로써 감각쾌락 탐닉 실천에서 떠났습니다. 그 길을 버린 것입니다. 그 뒤 6년간은 고행을 하는 자기학대 실천을 따랐습니다. 하지만 6년 후 자기학대 실천으

124 저본에 따라 직역하면 '적정을 위한 것이기도 하고; 번뇌를 없애기 위한 것이기도 하고'라고 번역할 수 있다. '~을 위한 것'과 '~하는 것'이라는 표현이 어색하여 위와 같이 번역했다. '특별한 지혜로 인도하고, 꿰뚫어 아는 지혜로 인도하고, 열반으로 인도하고'도 마찬가지다.

125 『맛지마 니까야』 제6권, p.385에는 '바른 깨달음'으로 번역됐다.

로 특별한 지혜나 법을 하나도 얻지 못했기 때문에 그 길이 잘못된 것임을 깨닫고 그 실천에서도 떠났습니다. 그 실천도 버린 것입니다.[126]

126 ㉻ 부처님 덕목 중 '선서sugata'에 대해서 『우다나 주석서』에서는 다음과 같이 설명해 놓았다.

Dīpaṅkarapādamūlato hi paṭṭhāya yāva mahābodhimaṇḍā tāva samatiṁsapāramipūritāya sammāpaṭipattiyā [+ ñātatthacariyāya lokatthacariyāya buddhatthacariyāya koṭiṁ pāpuṇitvā]* sabbalokassa hitasukhameva karonto{←…paribrūhanto}* sassataṁ ucchedaṁ kāmasukhaṁ attakilamathanti ime ante anupagacchantiyā [+ anuttarāya bojjhaṅgabhāvanāsaṅkhātāya majjhimāya paṭipadāya ariyasaccesu tato paraṁ samadhigatadhammādhipateyyo sabbasattesu avisayāya sammāpaṭipattiyā ca gato paṭipannoti evampi]* sammā gatattā sugato. (UdA.79)

*[+]안의 구절은 제6차 결집본에 첨가돼 있는 내용.

{←… }안의 구절은 제6차 결집본에 표현된 내용.

해 석

디빵까라 부처님의 발아래에서부터 보리수의 금강좌에 이르기까지 30가지 바라밀을 완성해서 바르게 실천하는 것을 통해, [친척을 위해 실천하는 것을 통해, 세상을 위해 실천하는 것을 통해, 깨달음을 위해 실천하는 것을 통해 꼭대기에 도달하고서] 모든 세상의 이익과 행복만을 채우면서{행하면서} 상견과 단견, 감각쾌락탐닉 몰두와 자기학대 몰두라는 이러한 양극단을 따르지 않고 [위없는 '깨달음 구성요소 수행'이라고 불리는 중도실천으로 성스러운 진리에, 그것에 더 나아가 차례대로 증득해야 할 출세간법을 중시해서 모든 중생의 경계가 아닌 바른 실천을 통해서만 가셨다. 실천하셨다. 이와 같이] 바르게 가셨기 때문에 선서이시다. (『Udāna Aṭṭhakatha Nissaya(우다나 앗타까타 대역)』, pp.216~217; 『청정도론』 제1권, p.491 참조)

이 설명을 근거로 일부는 "보살이 감각쾌락탐닉의 길과 자기학대의 길을 따른 뒤에 버렸다"라는 사실을 믿지 못하곤 한다. 그들은 "'감각쾌락을 즐기는 것으로 선처나 열반에 이른다'라고 견지하며 거머쥐고서 감각욕망 행복을 누리는 것이라야 감각쾌락탐닉 몰두에 해당한다"라고 생각한다. 만약 그렇다면 감각쾌락탐닉의 실천에 해당하는 범위가 매우 좁아진다. 선처나 열반에 이르게 하는 것으로 집착해서 감각욕망을 즐기는 이는 매우 드물다. 지금 같으면 없을 정도다. 부처님 당시에도 매우 적었을 것으로 생각된다. 또한 "그러한 견해가 없이 감각욕망을 즐기면 감각쾌락탐닉 몰두에 해당하지 않는다"라고 일부 사람들은 주장한다. 그렇다면 출가자들도 그러한 견해가 없다면 감각욕망을 누려도 좋다고 허용하는 것이 된다. 하지만 그렇게 허락하는 것은 적당하지 않다. 무엇 때문인가? 부처님께서 "감각욕망 탐닉을 의지해서는 안 된다"라고 설하신 것은 감각욕망애착kāmarāga 번뇌를 생기지 않게 하려고 설하신 것이다. 그래서 『디가 니까야』 「삼빠사다니야숫따Sampasādanīyasutta 확신경」 중 감각쾌락탐닉과 자기학대라는 양극단에서 벗어난 모습을 보인 구절에 대해 주석서가 "께니야Keṇiya 선인 등 다른 사문과 바라문들은 '다음 세상이 있다는 것을 누가 알겠는가? 이 어린 여자 선인의 부드러운 팔과 닿는 감촉은 매우 행복하다'라는 등으로 집착하고서 그 결발한 어린 여자 선인들과 즐긴다. 다가오는 모든 형색 등의 대상들을 즐기면서 감각욕망 행복에 몰두하고 누린다. 부처님께서는 그러한 사문과 바라문들처럼 몰두하거나 누리는 일이 없으시다"라고 설명해 놓았다.
또한 "일부 사문과 바라문들은 감각쾌락의 실천을 삼가려는 목적으로 자신의 몸을 피곤하게 하는 실천인 자기학대의 실천에 빠진다. 그 자기학대의 실천에서 벗어나려는 목적으로 감각욕망을 누리는 데 빠진다. 부처님께서는 그렇지 않다. 그 두 가지 극단을 삼가고서 중도라는 바른 실천sammāpaṭipatti만을 실천하신다"라는 등으로도 주석서에 설명돼 있다.

이러한 설명에서 "중도실천을 모르는 사문과 바라문들은 감각쾌락의 길을 삼가면 자기학대의 실천에 빠지고, 자기학대의 길을 삼가면 감각쾌락의 실천에 빠진다"라는 점에 매우 신중하게 주의를 기울여야 한다. 만약 선처나 열반에 이르게 하는 실천이라고 생각하고서 누려야 감각쾌락탐닉 몰두의 실천이 된다면 음식이나 옷 등 모든 것을 버릴 필요가 없을 것이다. 그러한 견해를 가졌다면 단지 음행의 행위를 버리는 것만으로 감각쾌락 실천으로부터 벗어난다. 그러한 견해를 가졌다면 음행의 행위를 버리는 것만으로는 자기학대의 실천이 되지 않을 것이다. 반대로 그러한 견해를 가지지 않았다면 자기학대의 실천을 버리고서 감각욕망 대상들을 수용하는 것만으로는 감각쾌락탐닉의 실천이 되지 않을 것이다. 사실 감각쾌락의 실천과 자기학대의 실천은 정반대의 실천이다. 따라서 감각쾌락의 실천에서 벗어나기 위해 음식이나 옷 등 모든 것을 버리는 것으로도 자신을 학대하는 실천이 되어 버린다. 몸이 피곤하지 않도록 음식이나 옷 등을 수용하는 것으로 감각쾌락의 실천이 되어 버린다. 그러한 모습을 주석서에서 설명해 놓았다.
또한 『맛지마 니까야』 「빠사라시숫따Pāsarāsisutta 올가미 경」의 주석에 다음과 같은 설명이 있다.

Pabbajitānampi catūsu paccayesu appaccavekkhaṇaparibhogo anariyapariyesanā eva.
(MA.i.97)

대 역

Pabbajitānaṁ출가자에게 있어 catūsu paccayesu네 가지 필수품에 대해 appaccavekkhitaparibhogo반조하지 않고서 수용하는 것은 anariyapariyesanā eva확실히 저열한 구함이다.

그 저열한 구함anariyapariyesana과 감각쾌락탐닉 몰두kāmasukhalakkhikānuyoga는 성품으로 동일하다. 따라서 출가자의 경우는 네 가지 필수품을 지혜로 반조하지 않고 수용하는 것은 저열한 구함이기도 하고 감각쾌락탐닉 몰두이기도 하다. 축제나 볼거리 등의 유별난 visabhāga 대상 등을 수용하고 즐기는 것이 감각쾌락탐닉에 해당한다는 사실은 특별히 말할 필요도 없다. 네 가지 필수품을 숙고한 뒤 수용하면 저열한 구함으로부터도 벗어나고 감각쾌락탐닉의 실천도 되지 않기 때문에 사마타나 위빳사나로 관찰하면서 수용하면 감각쾌락의 실천에서 벗어난다는 것은 말할 필요도 없다. 자애 수행 등의 사마타 수행을 닦고 있어도 자신을 위해서든 보시자를 위해서든 이익이 많다는 사실 등을 『앙굿따라 니까야(하나의 모음)』 성전이나 주석서 등에서 설명해 놓았다(A1:13 등).
또한 감각욕망대상을 좋아하고 즐겨 수용하는 그 모든 것이 감각쾌락탐닉 몰두에 해당한다는 것, 그러한 실천을 부처님의 제자인 출가자들은 삼가야 한다는 것을 『디가 니까야』 「빠사디까숫따Pāsādikasutta 정신경」에 "idhekacco pañcahi kāmaguṇehi samappito samaṅgībhūto paricāreti, ayaṁ catuttho sukhallikānuyogo(여기 어떤 자는 다섯 감각욕망에 빠져서 사로잡혀 맴돈다. 이것이 네 번째 쾌락탐닉 몰두이다)"라는 등으로 설해 놓으셨다(D.iii.108).
또 한 가지 사실은 보살이 로마항사Lomahaṁsa의 생에서 자기학대 몰두의 실천을 모두 다 행했다는 사실을 『자따까 주석서』나 『맛지마 니까야(근본50경)』 「마하시하나다숫따Mahāsīhanādasutta 사자후 긴 경」 주석 등에서 분명하게 설해 놓으셨다(MA.i.111). 또한 마지막 생에서 6년 내내 고행의 실천을 했다는 사실을 『맛지마 니까야(근본50경)』 「마하삿짜까숫따Mahāsaccakasutta 삿짜까 긴 경」 등에서 설해 놓으셨다. 「마라 상윳따」 성전과 주석서에서는 그러한 고행의 실천을 자기학대 몰두의 실천이라고 설명해 놓았다. 그것은 앞에서 이미 설명한 내용이다.
따라서 보살이 결정수기를 받은 뒤 보리수의 금강좌에 이르기까지 그 사이에 자기학대 몰두의 실천에 단 한 번도 빠진 적이 없다고 말해서는 안 된다. "보살은 그 두 가지 극단의 실천에 빠지지 않았다"라는 선서 덕목에 대한 설명은 "그러한 실천을 집착하고 거머쥐면서 계속해서 머물지는 않으셨다. 그 두 가지 극단의 실천을 버리고 중도실천을 행해서 붓다가 되셨다"라는 내용만 염두에 두고 설명한 것이라고 이해하면 적합하다. "그 두 가지 극단에 빠지지 않고 중도실천을 나는 알았다"라고 설하신 것도 이러한 방법으로 알아야 한다.

그 뒤 보살은 몸의 힘을 보충하려고 거친 음식과 영양분에 다시 의지했습니다. 이것은 중도실천에 포함되는 들숨날숨 수행주제를 위한 목적으로 수용하는 것이어서 반조의 지혜로 숙고하고서 먹는 것에 해당합니다. 그래서 감각쾌락탐닉 몰두라고 할 수 없습니다. 수용하지 않고 자기를 힘들게 하는 것도 아니기 때문에 자기학대 몰두도 아닙니다. 그 두 가지 양극단에서 벗어난 중도실천입니다. 그렇게 먹을 만한 음식을 수용한 후 몸의 힘이 보충되자 'ānāpāna'라는 들숨날숨을 관조해서 네 가지 선정을 얻으셨습니다. 그 선정삼매는 앞부분 도pubbabhāgamagga라 불리는 위빳사나의 기본이기 때문에 중도실천이라는 팔정도에 포함되는 삼매 도 구성요소입니다. 그 삼매 도 구성요소를 기본으로 위빳사나 바른 견해 도 구성요소를 닦으셨습니다. 그렇게 닦으셨기 때문에 성스러운 도 네 가지라는 팔지성도八支聖道, 그 거룩한 법을 직접 경험하여 증득하셨습니다. 이것은 거친 음식과 영양분을 끊어버리고 실천하는 고행의 실천dukkaracariyā으로 얻은 것이 아니고, 감각욕망 행복을 즐기고 누리는 감각쾌락탐닉으로 얻은 것도 아닙니다. 그 감각쾌락탐닉의 실천과 고행이라 불리는 자기학대의 실천을 버리고 중도실천으로 얻은 것입니다. 그래서 "bhikkhave비구들이여, ete kho ubho ante이러한 두 가지 극단을; 지금 설명한 이 두 가지 극단을 anupagamma따르지 않고 tathāgatena여래는; 그대들의 스승인 나 여래는 majjhimā paṭipadā중도실천을 abhisambuddhā꿰뚫어 알았으니"라고 말씀하신 것입니다.

"지나치게 느슨한 감각쾌락의 실천과 지나치게 팽팽한 자기학대의 실천이라는 잘못된 실천과 잘못된 길인 두 가지 극단에서 떠나 너무 느슨하지도 않고 너무 팽팽하지도 않은 중도실천을 나 여래는 알았느니라"라고 말씀하신 것입니다. 이 내용을 "양극사도 제거해 중도바른길"

이라고 게송으로 표현했습니다. 같이 독송합시다.

양극사도 제거해 중도바른길[127]

양극단에서 떠나도록 실천하는 모습

그렇다면 양극단에서 떠나려면 어떻게 해야 할까요? 형색·소리·냄새·맛·감촉이라는 다섯 감각욕망대상 중에서 계 수련sīlasikkhā에 어긋나지 않는 대상들이나 법을 실천하기에 바탕이 되는 물건들은 사용할 수 있습니다. 수용하기에 적당한 것을 수용하기 때문에 몸이 힘들지 않고 편안하게 법을 실천할 수 있습니다. 그래서 자기학대라는 극단에서 벗어납니다. 수용할 만한 네 가지 필수품을 수용할 때 반조의 지혜로 돌이켜 숙고해서 사용해야 합니다. 그렇지 않으면 사마타나 위빳사나로 관찰하면서 수용해야 합니다. 다섯 대상과 접할 때도 위빳사나로 관찰하고 알아야 합니다. 이렇게 반조의 지혜, 혹은 사마타와 위빳사나로 관찰하고 숙고해서 사용하기 때문에 감각욕망쾌락을 좋아하고 즐기면서 누리는 감각쾌락탐닉이라는 극단에서도 벗어납니다. 그래서 "두 가지 극단에 따르지 않고 중간의 실천을 나는 알았다"라고 선언하신 것입니다.

소화제와 같다

반조의 지혜로 숙고하는 것, 사마타와 위빳사나로 관찰해서 아는 것은 도 구성요소 여덟 가지 중에서 새김과 삼매와 통찰지입니다. 그것

127 앞에서도 설명했듯이 저본에는 '양극단의 삿된길 제거중도 바른길'이라고 표현됐다. 글자 수를 맞추기 위해 본문과 같이 표현했다. '양극'은 양극단, '사도邪道'는 삿된 길이라는 뜻이다. 나머지는 의미가 분명하다.

들은 음식을 잘못 먹었을 때 먹는 소화제와 같습니다. 병에서 회복 중인 환자들은 적당하지 않은 음식들을 삼가야 합니다. 삼가지 못하고 먹게 됐다면 소화제를 먹어야 합니다. 그러면 병이 다시 생겨나지 않고, 먹고 싶은 음식을 먹어서 힘도 생겨납니다. 마찬가지로 반조의 지혜로 숙고하는 것이나 사마타와 위빳사나로 관찰하는 것은 수용하는 필수품 대상과 관련해 번뇌가 생겨나지 않도록 보호하고 단속하는 것입니다. 특히 볼 때마다 들을 때마다 닿을 때마다 알 때마다 관찰하여 생겨남과 사라짐, 무상·고·무아의 바른 성품을 알고 있는 수행자에게는 그 보이는 형색 등과 관련해 탐욕도 생겨날 수 없습니다. 성냄도 생겨날 수 없습니다. 네 가지 필수품을 사용할 때도 보이는 것, 들리는 것, 먹는 것, 닿는 것을 관찰하여 알고 있으면 그 필수품과 관련해 번뇌가 생겨날 수 없습니다. 그러면 원하는 것을 수용하기 때문에 힘들거나 괴롭지 않고, 관찰하여 알면서 수용하기 때문에 좋아하고 즐기지도 않아서 감각쾌락 탐닉도 생겨나지 않습니다. 두 가지 극단에서 벗어납니다. 그래서 관찰하여 알고서 수용하는 것은 중도실천입니다. 적당하지 않은 것을 먹고서 소화제를 복용하는 것과 같습니다. 이렇게 여섯 문에서 드러나는 어떠한 대상이든 관찰하고서 사실대로 바르게 아는 중도실천으로 지혜의 눈이 열리는 것을 시작으로 열반의 실현까지 여러 이익을 얻을 수 있습니다. 그렇게 여러 이익을 얻을 수 있다는 사실을 이어서 다음과 같이 설하셨습니다.

눈과 지혜를 생겨나게 하는 모습

Majjhimā paṭipadā tathāgatena abhisambuddhā cakkhukaraṇī ñāṇakaraṇī. (S.i.369/S56:11)

대역

Tathāgatena여래는; 그대들의 스승인 나 여래는 majjhimā paṭipadā중도실천을 abhisambuddhā꿰뚫어 알았으니; 내가 꿰뚫어 안 majjhimā paṭipadā중도실천은 cakkhukaraṇī눈을 만들고; 지혜의 눈을 행하고; 지혜의 눈을 생겨나게 하고 ñāṇakaraṇī지혜를 만든다; 아는 지혜를 행한다; 아는 지혜를 생겨나게 한다.

중도실천이라는 도 구성요소 여덟 가지(이하 팔정도八正道)는 그 팔정도를 닦는[128] 이의 상속에 통찰지의 눈도 생겨나게 하고 아는 지혜도 생겨나게 한다는 뜻입니다. 여기에서 '아는 지혜'란 "tasseva vevacanaṁ(바로 그것의 동의어일 뿐이다)"이라는 설명대로 통찰지의 눈과 같습니다. 눈으로 보듯이 명확하게 알 수 있기 때문에 지혜를 눈이라고 비유하여 설하신 것입니다. 이 통찰지라는 눈과 지혜는 감각쾌락을 즐기는 것으로도 생겨나게 할 수 없고, 자기를 학대하는 실천으로도 생겨나게 할 수 없습니다. 팔정도라는 중도실천으로만 생겨나게 할 수 있습니다. 그래서 통찰지의 눈이라는 지혜가 생겨나는 모습이 매우 중요합니다.

부처님의 교법에서 '위빳사나 수행을 닦는다'라는 것은 바로 이 팔정도가 생겨서 늘어나도록 닦는 것입니다. 팔정도가 생겨서 늘어나도록 닦으면 물질법과 정신법을 마치 눈으로 보듯이 명확하게 알고 볼 수 있게 됩니다. 그 물질과 정신이 새로 거듭 생겨나는 모습과 거듭 사라져 버리는 모습도 생멸하는 그대로 명확하게 알고 볼 수 있습니다. '무상

128 보통 '닦는 것, 수행'이라고 번역하는 'bhāvanā'는 미얀마어 표현으로는 '생겨나게 하고 늘어나게 하는 것'이라고 번역한다.

하고anicca 괴로움이고dukkha 지배할 수 없어 무아인anatta 성품법일 뿐이다'라는 사실도 책이나 스승에게 들어서 아는 정도가 아니라 스스로의 지혜만으로 명확하게 알고 보게 됩니다. 최종적으로는 물질·정신 형성이라는 모든 고통이 완전히 소멸된 열반의 성품도 스스로의 경험만으로 명확하게 알고 보게 됩니다. 그렇게 볼 수 있는지 알 수 있는지를 숙고하고 살펴보는 것도 매우 중요합니다.

눈과 지혜가 단계 단계 생겨나는 모습

물질·정신이 계속 생겨날 때마다 끊임없이 관찰해서 아는 새김확립 관찰방법으로 위빳사나 도 구성요소법을 끊임없이 닦고 있는 수행자에게는 통찰지의 눈이 생겨나는 모습, 직접적인 경험으로 지혜가 생겨나는 모습이 매우 분명합니다. 처음 수행을 시작하는 수행자라면 〈부푼다, 꺼진다; 앉음, 닿음; 봄, 들음〉 등으로 관찰하고 있어도 삼매가 아직 좋지 않을 때는 전혀 특별한 것을 알지 못합니다. 관찰해서 3, 4, 5일 정도 지났을 때 '마음의 집중됨'이라는 삼매가 좋아집니다. 다른 대상으로 마음이 달아나지 않는 정도입니다. 관찰해야 할 물질·정신이 생겨날 때마다 그 물질·정신에 계속 밀착해서 집중됩니다. 그때는 관찰되는 물질이 따로, 관찰해서 아는 마음이 따로 나뉘어 드러납니다.

처음 관찰을 시작할 때는 스승이 지도하는 대로 〈부푼다, 꺼진다〉라는 등으로 관찰하고 있어도 부푸는 것과 새겨 아는 것, 꺼지는 것과 새겨 아는 것을 구분해서 알 수 없습니다. 부푸는 것과 새겨 아는 것, 꺼지는 것과 새겨 아는 것을 '한 사람'으로만 생각하고 있습니다. 삼매가 좋아지면 이제 새겨 알아지는 물질과 새겨 아는 마음·정신이 저절로 구별됩니다. 계속해서 새길 때마다 알아지는 물질이 따로, 아는 정신이 따로, 이렇게 나누어 드러납니다. 섞이지도 않습니다. 그때라면 '이 무더기에는 물질과 정신 두 가지만 있을 뿐이다. 계속 살아 있는 어떤 실체라고는 없다. 물질과 정신 두 가지 무더기일 뿐이다'라고 이해하고 알고 보는 지혜가 생겨납니다. 이렇게 아는 것도 생각이나 추측해서 아는 것이 아닙니다. 손바닥 위에 올려놓고 보는 것처럼 명확하게 알고 볼 수 있는 것입니다. 이렇게 알고 보는 것을 '통찰지의 눈慧眼이 생겨났다'라고 말합니다. '아는 지혜가 생겨났다'라고도 말합니다.

삼매와 지혜가 한 단계 더 향상돼 힘이 더욱 좋아졌을 때는 '눈이 있어서 본다. 보이는 형색이 있어서 본다. 귀가 있어서 듣는다. 들리는 소리가 있어서 듣는다. 굽히려는 마음이 있어서 굽힌다. 펴려는 마음이 있어서 편다. 움직이려는 마음이 있어서 움직인다. 사실대로 모르는 무명이 있어서 좋아하고 바라고 원한다. 좋아하고 원해서 집착한다. 집착해서 행한다. 행해서 좋고 나쁜 결과가 생겨난다'라는 등으로 이해하고 알고 봅니다.

삼매와 지혜가 다시 한 단계 더 향상돼 힘이 더욱더 좋아졌을 때는 관찰 대상이나 관찰해 아는 것이나, 새로 생겨나 계속해서 사라져 가는 것을 마치 눈으로 보듯이 명확하게 알게 됩니다. 그래서 'anicca 무상하다'라는 것도 명확하게 직접 경험으로 알게 됩니다. 'dukkha 괴로움이다. 좋지 않은 것들일 뿐이다'라는 것도, 'anatta 자아가 아닌 무아다. 지배할 수 없는 성품법들일 뿐이다'라는 것도 명확하게 직접 경험으로 알게 됩니다. 무상하고 괴로움이고 무아라고 아는 지혜가 성숙하고 구족됐을 때 물질·정신 형성이라는 모든 괴로움이 완전히 소멸한 열반도 성스러운 지혜로 이르러 직접 경험으로 알고 보게 됩니다. 이렇게 알고 보는 것이 특별한 통찰지의 눈, 특별한 앎과 지혜입니다.

그래서 새김확립 가르침에 따라 생겨나고 있는 물질과 정신을 끊임없이 관찰하고 새겨 계속해서 알고 있는 수행자들에게는 'cakkhukaraṇī, ñāṇakaraṇī'라는 가르침에 따라 '관찰하여 계발하고 있는 팔정도의 실천이 통찰지의 눈을 열게 한다. 앎과 지혜를 생겨나게 한다'라는 사실이 직접 경험을 통해 분명해집니다.

아비담마와 관련된 문헌들에 밝혀 놓은 대로 단지 외워서 숙고하는 것으로 이렇게 특별한 앎과 봄이 생겨나겠습니까? 원래 외워 놓은 것보다 더 특별한 앎과 봄이 생겨나겠습니까? 숙고하지 않고 반조하지 않고 내버려 두면 외워 놓은 것조차 잊어버리지 않겠습니까? 그것은 직접 경험하여 아는 지혜와 통찰지가 아니라 외워 놓은 인식으로 아는 것일 뿐이기 때문입니다.

시간이 지날수록 더욱 특별한 앎이 생겨나는 모습

직접 경험하여 알도록 노력하면 언제나 이전보다 나중에 더욱더 특별한 앎과 지혜가 생겨나기 마련입니다. 언젠가 아난다Ānanda 존자가 비구니 정사에 갔을 때 비구니 스님들이 다음과 같이 말했습니다.

Idha, bhante ānanda, sambahulā bhikkhuniyo catūsu satipaṭṭhānesu suppatiṭṭhitacittā[129] viharantiyo uḷāraṁ pubbenāparaṁ visesaṁ sañjānantīti[130].[131] (S.iii.134/S47:10)

---

129 supaṭṭhitacittā (Se. BDe.).

130 sampajānantīti (BDe.).

131 저본에 대역만 있어 빠알리어 원문을 역자가 첨가했다.

대역

Idha, bhante ānanda, sambahulā bhikkhunīyo아난다 존자여, 이 승원에 있는 많은 비구니 스님은 catūsu satipaṭṭhānesu suppatiṭṭhitacittā viharantiyo네 가지 새김확립에 마음을 잘 확립하면서 지내는 이들로서 uḷāraṁ pubbenāparaṁ visesaṁ이전보다 나중에 더욱 높고 특별함을; 특별한 앎과 지혜를 sañjānanti알고 경험합니다, 스님.

아난다 존자는 "그렇게 알고 보기 마련입니다"라고 대답한 뒤 그 사실을 부처님에게 아뢰었습니다. 부처님께서는 다음과 같이 말씀하셨습니다.

Evametaṁ, ānanda, evametaṁ, ānanda. Yo hi koci, ānanda, bhikkhu vā bhikkhunī vā catūsu satipaṭṭhānesu suppatiṭṭhitacitto viharati, tassetaṁ pāṭikaṅkhaṁ - 'uḷāraṁ pubbenāparaṁ visesaṁ sañjānissati[132]. (S.iii.134/S47:10)

대역

Ānanda아난다여, evametaṁ그와 같으니라; 그렇게 아는 모습과 경험하는 모습이 이처럼 사실이니라. ānanda아난다여, yo hi koci 어떠한 bhikkhu vā비구든, bhikkhunī vā비구니든 catūsu satipaṭṭhānesu네 가지 새김확립에 suppatiṭṭhitacitto잘 확립된 마음이 있으면서; 마음을 잘 확립하면서 viharati지낸다면 tassa그에게는;

132 sañjānissatīti (다른 여러 본).

그 비구와 비구니에게는 'pubbenāparaṁ이전보다 나중에 uḷāraṁ visesaṁ더 풍부한 특별함을 sañjānissatīti알게 될 것이다; 경험하게 될 것이다'라는 etaṁ이러한 결과를 pāṭikaṅkhaṁ확실하게 기대할 수 있느니라; 즉 확실하게 얻을 수 있느니라.

이 구절에서 '특별하게 되는 모습'을 주석서에서는 다음과 같이 설명해 놓았습니다.

Uḷāraṁ pubbenāparaṁ visesanti pubbavisesato aparaṁ uḷāravisesaṁ. Tattha mahābhūtapariggaho pubbaviseso, upādārūpapariggaho aparaviseso nāma. Tathā sakalarūpapariggaho pubbaviseso, arūpapariggaho aparaviseso nāma. Rūpārūpapariggaho pubbaviseso, paccayapariggaho aparaviseso nāma sappaccayanāmarūpadassanaṁ pubbaviseso, tilakkhaṇāropanaṁ aparaviseso nāma. Evaṁ pubbenāparaṁ uḷāravisesaṁ jānātīti attho.[133]

(SA.iii.238)

대역

Uḷāraṁ pubbenāparaṁ visesanti이전보다 더 높은 특별함이란 pubbavisesato이전의 특별함보다 aparaṁ나중에 uḷāravisesaṁ더 높은 특별함을 말한다. tattha그 특별함 중에 mahābhūtapariggaho 근본물질을 파악하는 것이; 구분해서 관찰하는 것이 pubbaviseso 이전의 특별함이다. upādārūpapariggaho파생물질을 파악하는 것

133 저본에 대역만 있어 빠알리어 원문을 역자가 첨가했다.

이 aparaviseso nāma나중의 특별함이라고 한다. tathā마찬가지로 sakalarūpapariggaho모든 물질을 파악하는 것이 pubbaviseso이전의 특별함이고 arūpapariggaho비물질을 파악하는 것이; 정신을 파악하는 것이 aparaviseso nāma나중의 특별함이다. rūpārūpapariggaho물질과 비물질을 파악하는 것이; 물질과 정신이라는 두 가지를 파악하는 것이 pubbaviseso이전의 특별함이고 paccayapariggaho조건을 파악하는 것이 aparaviseso nāma나중의 특별함이다. sappaccayanāmarūpadassanaṁ조건과 함께 결과인 정신과 물질을 파악하는 것이 pubbaviseso이전의 특별함이고 tilakkhaṇāropanaṁ세 가지 특성을 제기하는 것이 aparaviseso nāma나중의 특별함이다. evaṁ이와 마찬가지로 pubbenāparaṁ이전보다 나중에 uḷāravisesaṁ더 높은 특별함을 jānāti알아야 한다. iti attho이러한 의미다.

이것이 바로 이전보다 나중에 더 거룩하고 높고 특별한 것을 아는 모습입니다. 새김확립 가르침에 따라 몸 거듭관찰을 닦고 있으면 “gacchanto vā gacchāmīti pajānāti(갈 때는 ‘간다’라고 안다)”라는 등으로 설해진 대로 가는 물질, 선 물질, 앉은 물질, 누운 물질, 굽히는 물질, 펴는 물질, 움직이고 바꾸는 물질을 시작으로 관찰해야 합니다. 그것은 밀고 팽팽하고 움직이는 바람vāyo 요소라는 근본물질을 시작해서 관찰하는 것입니다. 그 근본물질을 아주 능숙하게 알고 나서야 눈, 형색, 귀, 소리 등의 파생물질을 〈본다; 듣는다〉라는 등으로 관찰해서 알 수 있습니다. 그렇게 물질들을 관찰하고 나서야 정신을 관찰하여 알 수 있습니다. 이렇게 차례대로 특별하게 관찰하여 아는 것이 생겨나는 모습을 보였습니다.

법체를 외워서 관찰한다면

아비담마와 관련된 문헌들에 밝혀 놓은 대로 법체를 나눈 모습을 외워 관찰한다면 근본물질부터 관찰하지 않고 파생물질부터 관찰해도 될 것입니다. 물질부터 관찰하지 않고 정신부터 관찰해도 될 것입니다. 물질과 정신을 관찰하지 않고 연기의 방법으로 원인과 결과를 시작으로 관찰해도 될 것입니다. 생멸을 시작으로 관찰해도 될 것입니다. 무상·고·무아라는 세 가지 특성부터 관찰해도 될 것입니다. 그래서 일부가 "정신·물질 구별의 지혜를 시작으로 관찰하는 것은 더디다. 생멸의 지혜나 무너짐의 지혜부터 시작하는 것이 빠르다. 느린 관찰 방법은 좋아하지 않는다. 빠른 관찰 방법을 좋아한다"라고 말하기도 합니다. 하지만 그렇게 물질·정신의 법체나 성품을 외워 놓은 대로 원하는 곳에서 시작하여 관찰하면 특별한 진짜 위빳사나 지혜가 생겨나지 않습니다. "이전, 이전보다 나중, 나중에 특별한 앎과 지혜가 생겨나는 것을 경험할 수 있다"라는 가르침에 따라 특별한 지혜가 생겨나는 모습도 경험할 수 없습니다. 학인들이 외워 놓은 글을 거듭 독송하고 있으면 달달 외워 능숙하게 되는 것처럼, 자신이 외워 놓은 대로 물질·정신의 법체나 성품을 외우는 것입니다. 아직 생겨나지 않은 특별한 앎과 지혜가 생겨나는 것을 경험할 수 없습니다. 유명한 어느 수행센터에서는 들어서 아는 지혜sutamaya ñāṇa로 외운 뒤 위빳사나 지혜의 차례에 따라 계속 향상시켜 닦아 나간다고 합니다. 하지만 형성평온의 지혜 단계에 이르렀을 때 수순의 지혜, 종성의 지혜, 도의 지혜, 과의 지혜는 이 방법으로는 올라가서 닦을 수 없기 때문에 처음부터 다시 한 번 더 닦아야 한다고 들은 적이 있습니다. 이것은 특별한 위빳사나 지혜와 법은 자신이 올리고 싶은 대로 올릴 수 없다는 사실을 보여줍니다.

새김확립 가르침에 따라 관찰하고 알아서 'majjhimapaṭipadā'라는 중도실천인 팔정도를 진실로 닦아 나가면 "cakkhukaraṇī, ñāṇakaraṇī"라는 「담마짝까숫따」의 가르침에 따라 이전, 이전보다 나중, 나중보다 더 나중에 더욱 특별한 앎과 지혜가 생겨나는 것이 확실합니다.

번뇌를 잠재우는 모습

또한 이 중도실천은 "upasamāya saṁvattati 번뇌의 적정을 위한 것이기도 하다; 번뇌를 없애기 위한 것이기도 하다"라고 설하셨습니다. 중도실천이라는 도 구성요소 법들이 팔정도를 닦는 이의 상속에서 번뇌도 없애버린다는 뜻입니다. 위빳사나 도 구성요소들은 부분적으로 없애고, 성스러운 도 구성요소들은 완전히 없앱니다.

감각쾌락을 누리는 실천은 번뇌를 없애기는커녕 오히려 많이 늘어나게 합니다. 한 번 즐기면 거듭해서 즐기고 싶어 하는 번뇌들이 늘어납니다. 감각욕망 대상 하나를 얻으면 두 개 세 개로 대상이 늘어납니다. 두 개 세 개를 얻으면 이제 열 개 스무 개를 얻고 싶어 합니다. '충분하다'라고 끝내는 일이 없습니다. 일부 부자들을 보십시오. 그들은 많은 것을 가졌습니다. 하지만 '충분하다'라고 끝내는 일이 없습니다. 그래서 '감각쾌락을 누리는 실천은 번뇌를 없애기는커녕 더욱 늘어나게 한다'라는 사실이 분명합니다.

스스로 힘들도록 고행하는 자기학대 실천도 번뇌를 없애지 못합니다. 그러한 실천을 좋아하는 이들이라면 '매우 심한 추위를 겪거나 매우 심한 더위를 겪거나 배가 고프거나 해서 그 때문에 매우 힘들고 지쳤을 때 감각욕망을 즐기려는 번뇌가 없어진다'라는 견해를 가지고 있을지도 모릅니다. 하지만 그것은 그 실천의 힘 때문에 없어지는 것이 아닙니다. 몸이 힘들어서, 몸에 힘이 없어서 생겨나지 못하는 것입니다. 그렇게 없어지는 것은 건강하지 않아 몸의 힘이 매우 적을 때나, 괴로운 느낌을 매우 심하게 겪고 있을 때도 없어집니다. 하지만 지내기에 편하고 몸의 힘이 좋아지게 되면 감각욕망 대상을 즐기려는 번뇌가 다시 생겨납니다. 마찬가지로 몸을 힘들게 하는 실천을 멈추거나 그 실천에서 떠났을 때 몸의 힘이 생겨나면, '없어졌다'라고 말한 번뇌가 다시 그대로 생겨납니다. 또한 자기학대의 실천을 실천하고 있을 때조차 거친 감각욕망 번뇌가 아닌 다른 번뇌가 생겨나기도 합니다. 고통이 사라지고 행복하게 지내고 싶다는 번뇌도 생겨날 것입니다. '내가 실천하고 있다'라고 집착하는 자아사견 번뇌도 생겨날 것입니다. '나처럼 다른 이들은 실천할 수 없다'라고 으스대는 자만도 생겨날 것입니다. 자기학대의 실천을 괴로움에서 벗어나게 하는 실천이라고 믿고 집착하는 행실의례집착도 생겨날 것입니다.

그릇된 실천을 바른 실천이라고 생각하면 행실의례집착 사견이다

그릇된 실천을 바른 실천이라고 믿고 집착하는 것을 행실의례집착 sīlabbataparāmāsa이라고 합니다. 계와 삼매와 통찰지를 생겨나게 할 수 있는 팔정도의 실천이 아닌, 그 실천에서 벗어난 다른 모든 실천은 부처님의 가르침에 따르면 행실의례집착입니다. 이것을 게송으로 "팔정도의 실천없이 네진리도 못보고서 행복하다 믿고결정 행실의례 집착이네"라고 표현했습니다. 같이 독송합시다.

팔정도의 실천없이 네진리도 못보고서
행복하다 믿고결정 행실의례 집착이네

여섯 문에서 분명하게 생겨나고 있는 것은 취착무더기upādānakkhandhā라고 부르는 물질과 정신, 괴로움의 진리들일 뿐입니다. 그것들을 알기 위해 관찰하면 팔정도 법들이 생겨나 네 가지 진리를 알게 됩니다. 그렇게 진리를 알기 위해 관찰하고 팔정도를 닦아 나가는 것이 아니라 다른 방법들을 믿고 집착하는 것은 모두 행실의례집착 사견일 뿐입니다. 요즘에는 "물질·정신 성품들을 외워서 아는 것만으로 일이 성취된다. 수행할 필요가 없다. 계조차 수지할 필요가 없다"라고 설하는 이들도 있습니다. 그러한 주장을 믿고 집착하는 것이 행실의례집착 사견인지 아닌지 스스로 숙고해 보아야 합니다. 본승은 그러한 설법에는 계와 삼매와 위빳사나 통찰지가 포함돼 있지 않기 때문에 행실의례집착 사견에 해당된다고 생각합니다. 수다원이라면 위빳사나 관찰 방법이라는 바른 실천 방법과 길을 이미 알고 있는 상태이기 때문에 그러한 행실의례집착 사견이 더는 생겨나지 않습니다. 그 뒤의 여러 생에서도 더 이상 사견이 생겨나지 않습니다. 도 구성요소 실천의 힘 때문에 번뇌가 없어진 것입니다.

부분적으로 없애는 모습

앞에서 언급한 내용 중에 '위빳사나 도 구성요소들은 번뇌들을 부분적으로 없앤다'라는 것의 의미는 다음과 같습니다. 관찰해서 무상하고 괴로움이고 무아의 성품일 뿐이라고 알게 된 대상에 대해서는 항상한 것으로, 행복한 것으로, 자아인 것으로 집착하여 생겨날 번뇌들이 더는 생겨나지 못합니다. 그것은 관찰하지 않아 사실대로 바르게 알지 못하면 그 대상에 대해 생겨날 기회를 가지는 번뇌들을 부분제거tadaṅgapahāna로 없애는 것입니다. 부분제거의 의미는 『위숫디막가』에 다음과 같이 설명돼 있습니다.

Tena tena vipassanāya avayavabhūtena ñāṇaṅgena paṭipakkhavaseneva tassa tassa pahātabbadhammassa pahānaṁ, idaṁ tadaṅgappahānaṁ nāma.[134] (Vis.ii.335)

대 역

Tena tena vipassanāya avayavabhūtena ñāṇaṅgena전체 위빳사나의 부분인 각각의 지혜부분으로 tassa tassa pahātabbadhammassa 각각 제거해야 할 법들을; 제거할 만한 각각의 번뇌법을 paṭipakkhavaseneva pahānaṁ반대되는 것으로 제거하는 것; 빛이 어둠을 제거하듯이 반대되는 것으로 제거하는 것, idaṁ tadaṅgappahānaṁ nāma이것을 부분제거라고 말한다.[135]

이것은 관찰하지 못하면 생겨날 기회를 가지는 대상잠재번뇌ārammaṇānusayakilesā들을, 관찰하는 위빳사나 한 부분의 지혜로 제거하는 모습, 사라지게 하는 모습을 설명한 구절입니다. 『위숫디막가』에서 설명한 내용을 지혜 있는 이들은 매우 신중하게 숙고해 보아야 합니다. "들어서 아는 지혜로 외운 대로 숙고하는 것만으로 위빳사나가 생겨난다고 한다면, 그 위빳사나는 어떠한 대상에 대해 생겨날 기회를 가진 대상잠재번뇌를 제거하는 것인가?"라고 자문해 볼 만합니다. 관찰되는 대상이 확실하게 없으면 그 질문에 대답하기가 어려울 것입니다.

새김확립 방법에 따라 생겨나고 있는 물질·정신을 관찰하고 있는 수행자들에게는 관찰되는 대상이 확실하게 있습니다. 관찰하지 못한

134 저본에 대역만 있어 빠알리어 원문을 역자가 첨가했다.

135 'idaṁ tadaṅgappahānaṁ nāma이것을 부분제거라고 말한다'는 역자가 보충했다.

대상들도 있습니다. 그래서 "관찰한 대상에 대해 생겨날 기회가 있는 대상잠재번뇌를 제거한다.[136] 관찰하지 못한 대상에 대해 생겨날 기회가 있는 번뇌들은 제거하지 못한다"라고 쉽게 대답할 수 있습니다.

그렇게 관찰한 대상에 대해 생겨날 기회가 있는 대상잠재번뇌를 위빳사나 도 구성요소들이 부분으로 제거한 뒤 그 개인의 상속에서 생겨날 수 있는 상속잠재번뇌들을 성스러운 도 구성요도들이 제거합니다. 그래서 수다원에서는 존재더미사견, 의심, 행실의례집착과 함께 사악처에 떨어지게 할 수 있는 모든 번뇌가 완전히 사라집니다. 사다함에서는 거친 감각욕망 애착과 분노들이 완전히 없어집니다. 아나함에서는 미세한 감각욕망애착과 분노들이 완전히 없어집니다. 아라한에서는 색계애착 등 남아 있는 모든 번뇌들이 완전히 없어집니다. 이렇게 위빳사나 도 구성요소와 성스러운 도 구성요소들이 번뇌들을 부분적으로나tadaṅga, 근절해서나samuccheda 사라지게 하고 없어지게 할 수 있는 것을 염두에 두고 부처님께서는 "upasamāya saṁvattati번뇌의 적정을 위한 것이기도 하다; 번뇌를 없애기 위한 것이기도 하다"라고 설하신 것입니다.

특별한 지혜로 아는 모습

그리고 "abhiññāya saṁvattati특별한 지혜로 인도한다; 특별한 지혜로 알게 한다"라고 설하셨습니다. 이 구절도 "cakkhukaraṇī(지혜의 눈을 생겨나게 하고), ñāṇakaraṇī(아는 지혜를 생겨나게 하고)"와 의미는 동일합니다. 하지만 결과와 이익이 특별하기 때문에 다시 설하신 것입니다. '네 가지 진리라는 바른 법들을 특별한 위빳사나 지혜와 성스

136 '관찰한 대상에 대해서는, 관찰하지 않았다면 생겨날 기회가 있는 대상잠재번뇌를 제거한다'라는 뜻이다.

러운 도의 지혜로 알게 하는 것이다'라는 뜻입니다. 이전, 그 이전에 닦았던 위빳사나 도 구성요소 법들의 지지를 받아서 나중, 더 나중에 생겨나는 위빳사나 지혜가 네 가지 진리라는 바른 법들을 계속 알아 나갑니다. 이것은 관찰한 취착무더기라는 괴로움의 진리만 아는 것입니다. 이것을 '구분관통pariññābhisamaya'이라고 합니다.

그 괴로움의 진리인 물질·정신법들을 무상이라고 알고, 괴로움이라고 알고, 무아라고 압니다. 그렇게 계속해서 알 때마다 물질·정신법들에 대해 애착하고 좋아할 만한 갈애, 즉 생겨남samudaya의 진리가 생겨날 기회를 더 이상 갖지 못한 채 사라져 버립니다. 그것을 '제거관통pahānābhisamaya'이라고 합니다. '제거를 통해 생겨남이라는 갈애를 아는 것'이라는 뜻입니다. 즉 '제거하는 것, 사라지게 하는 것, 바로 그것이 아는 것이다'라는 의미입니다. 대상으로 해서 아는 것이 아닙니다.

물질·정신법들을 계속해서 알 때마다 잘못 알게 될 무명도 사라지고, 무명이 사라지면 형성과 의식 등 괴로움들도 사라져 버립니다. 그렇게 부분적으로 괴로움이 사라지는 것이 부분소멸의 진리tadaṅganirodhasaccā입니다. 계속해서 관찰할 때마다 실현하는 작용이 저절로 성취되는 것으로 그 부분소멸에 도달합니다. 부분소멸을 위빳사나로 실현하는 것입니다. 대상으로 하는 것이 아닙니다. 작용이 성취되는 것일 뿐입니다. 이것을 '실현관통sacchikiriyābhisamaya'이라고 합니다.

관찰할 때마다 바른 견해를 선두로 하는 위빳사나 도 구성요소들이 계속해서 생겨납니다. 이것을 '수행관통bhāvanābhisamaya'이라고 합니다. 자신의 상속에 생겨나게 하는 것으로 위빳사나 도의 진리를 아는 것을 말합니다. 관찰할 때는 대상으로 해서 아는 것이 아닙니다. 하지만 자신의 상속에 생겨나는 법들이기 때문에 돌이켜 숙고해 보면 분명하게 알 수는 있습니다.

이와 같이 괴로움의 진리인 물질·정신을 관찰해서 아는 것만으로 나머지 세 가지 진리도 알 수 있는 만큼 알기 때문에 '특별한 위빳사나로 네 가지 진리를 안다'라고 말할 수 있습니다. 중도실천은 그렇게 특별한 지혜로 알기 위한 실천이기도 하다는 뜻입니다.

그리고 '특별한 성스러운 지혜로 알기 위한 실천이기도 하다'라고 했습니다. 위빳사나 도 구성요소들이 무르익고 성숙되어 완전히 구족됐을 때 열반을 직접 대상으로 하여 성스러운 도 구성요소들이 생겨납니다. 그때는 성스러운 도의 지혜로 네 가지 진리를 알기에 적당한 만큼 알게 됩니다.[137] 그래서 "abhiññāya saṁvattati 특별한 지혜를 위한 것이기도 하고; 특별한 지혜로 알게 하는 것이기도 하고"라고 말씀하셨습니다.

꿰뚫어서 아는 모습

그리고 "sambodhāya saṁvattati꿰뚫는 앎으로 인도한다; 꿰뚫어서 알게 한다"라고 말씀하셨습니다. 특별한 지혜abhiññā와 꿰뚫는 지혜sambodhā는 법체로는 분리해서 설명할 내용이 없습니다. 명칭 정도만 다르다고 할 수 있습니다. 다른 점이 있다면 특별한 지혜abhiññā가 이전에 생겨나 본 적이 없던 특별한 위빳사나 지혜와 특별한 성스러운 도의 지혜를 뜻한다면, '꿰뚫는 지혜sambodha'는 표현 그대로 이전에 알지 못했고 보지 못하던 것들을 꿰뚫어서 알고 보는 것을 말합니다. 비유하자면, 크고 두꺼운 장막에 가로막혀 건너편 물건을 보지 못하다가 장

137 본서 p.374 참조.

막을 걷어내면 그것들을 잘 볼 수 있습니다. 혹은, 벽으로 막혀 있어서 볼 수 없던 것을 창문을 내면 볼 수 있습니다. 마찬가지로 볼 때마다, 들을 때마다, 닿을 때마다, 알 때마다 무명이 계속해서 잘못 알고서 진리를 덮어 버립니다. 그래서 네 가지 진리를 알지 못합니다. 그러다가 관찰하고 새겨 팔정도를 닦으면 이전에 알지 못하던 진리법들을 위빳사나 지혜로 알게 됩니다. 성스러운 도의 지혜로도 알게 됩니다. 이것은 무명이라는 장벽을 뚫고 아는 것과 같습니다. 그래서 '꿰뚫어서 안다'라고 말하는 것입니다. "그렇게 알지 못하도록 감추어져 있는 네 가지 진리를 꿰뚫어서 알게 한다"라는 뜻입니다.

이렇게 '특별한 지혜abhiññā'라는 특별한 앎, '꿰뚫는 지혜sambodha'라는 심오하게 꿰뚫는 앎은 감각쾌락의 실천과 자기학대의 실천으로는 생겨나게 할 수 없다는 사실이 매우 분명합니다.

열반을 실현하는 모습

중도실천인 이 도 구성요소 여덟 가지, 즉 팔정도는 "nibbānāya saṁvattati열반으로 인도한다; 열반을 실현하게 한다; 모든 고통이 사라지게 한다"라고 설하셨습니다. 아라한도의 지혜로 네 가지 진리를 꿰뚫어 알면 아라한과로 열반을 실현하는 작용도 저절로 성취됩니다.

하지만[138] 열반은 윤전의 괴로움에서 벗어나기 위해 실천하는 수행자에게는 제일 높고 거룩한, 최종 목표인 최고의 법이기 때문에 바로 이어서 따로 드러내어 언급하셨습니다. 조금 더 자세하게 설명하자면 이 팔정도 법을 실천하고 닦아 특별한 성스러운 도의 지혜로 네 가지

138 '꿰뚫어서 알면 열반을 실현하는 작용도 저절로 성취되기 때문에 따로 언급할 필요가 없지만'이라는 뜻이다.

진리를 꿰뚫어 알게 되면 최종적으로 아라한과로 열반을 직접 알고 봅니다. 열반에 도달합니다. 그렇게 되면 제일 마지막인 완전열반의 죽음[139] 다음에 새로운 생이 완전히 없어집니다. 이처럼 팔정도의 실천은 열반을 실현해 모든 고통이 완전히 사라지게도 합니다.

그래서 중도실천으로 얻을 수 있는 이익과 결과들을 "정도걸어 깨달아 열반이르러"라고[140] 게송으로 표현했습니다. 이 게송에서 "깨달아"라는 구절을 통해[141] 'cakkhukaraṇī, ñāṇakaraṇī'라는 구절에 따라 지혜의 눈과 앎이 생겨나는 모습을 직접 밝혔습니다. 이렇게 생겨난 지혜와 앎에는 번뇌가 없어지는 것, 특별하게 아는 것, 꿰뚫어서 아는 것도 포함됩니다. 이렇게 번뇌가 없어지는 것, 특별하게 아는 것, 꿰뚫어서 아는 것을 게송에서 "깨달아"라고 간략하게 표현했습니다. 이 게송도 앞의 게송들과 연결해 보아야 의미가 분명할 것입니다. 이전의 여러 게송과 연결해서 독송해 봅시다.

감각쾌락 수용을 떠나삼가야
수용않고 자학을 역시삼가야
양극사도 제거해 중도바른길
정도걸어 깨달아 열반이르러

이상으로 'majjhimapaṭipadā'라는 중도실천으로 얻을 수 있는 이익과 결과들에 관한 설명을 마칩니다. 이것은 윤전의 괴로움에서 벗어나

139 아라한들이 마지막에 목숨이 다하는 것을 '완전열반'이라고 한다.

140 '팔정도'라고 '길'로 비유했기 때문에 실천하는 것도 '걸어'라고 걷는 것에 비유했다.

141 저본의 표현은 '지혜로 앎을 얻어'라고 직역할 수 있지만 글자 수와 의미를 고려해 '깨달아'라고만 표현했다.

기를 바라는 이들이라면 진실로 바랄 만한 이익의 전부라 할 수 있습니다. 이보다 더 원할 만한 이익은 없습니다. 이제 알아야 할 것은 '그렇다면 그러한 중도실천이란 어떠한 법들인가?'라는 정도입니다. 부처님께서는 이에 대한 해답을 드러내기 위해 먼저 다음과 같이 질문하셨습니다.

4-1 Katamā ca sā, bhikkhave, majjhimā paṭipadā tathāgatena abhisambuddhā cakkhukaraṇī ñāṇakaraṇī upasamāya abhiññāya sambodhāya nibbānāya saṁvattati? (S.iii.369/S56:11)

대역

Bhikkhave비구들이여, tathāgatena abhisambuddhā여래가 꿰뚫어 알았다고 말한; 그대들의 스승인 나 여래가 알았다고 말한 cakkhukaraṇī ñāṇakaraṇī눈과 지혜를 생겨나게 한다고 말한, upasamāya abhiññāya sambodhāya nibbānāya saṁvattati번뇌를 없애고 특별한 지혜로 알게 하고 꿰뚫어서 알게 하고 모든 고통이 사라지게 한다고 말한 sā majjhimā paṭipadā그 중도실천이란 katamā ca무엇인가?

이것은 대답하기 위해 드러낸 질문입니다. 요즘 말로 하자면 "그 중도실천이란 무엇인가?"로 충분할 것입니다. 하지만 부처님 당시에 사용하던 어법으로는 관련된 여러 덕목까지 모두 설명한 뒤 질문하곤 했습니다. 지금 사람들의 견해로는 '글자가 너무 많아 글이 길어지는 것 아닌가'라고 생각할 수 있습니다. 하지만 그렇게 다 갖추어 보여주면서 질문하는 것이 더욱 완벽하다고 말해야 할 것입니다. 그 질문에 대해 다음과 같이 대답하셨습니다.

4-2 Ayameva ariyo aṭṭhaṅgiko maggo, seyyathidaṁ - sammādiṭṭhi sammāsaṅkappo sammāvācā sammākammanto sammāājīvo sammāvāyāmo sammāsati sammāsamādhi. (S.iii.369/S56:11)

대역

Aṭṭhaṅgiko여덟 가지 구성요소가 있는 ayameva ariyo maggo바로 이 성스러운[142] 도이니, seyyathidaṁ그 성스러운 도가 무엇인가 하면, sammādiṭṭhi바른 견해, sammāsaṅkappo바른 생각, sammāvācā바른 말, sammākammanto바른 행위, sammāājīvo바른 생계, sammāvāyāmo바른 노력, sammāsati바른 새김, sammāsamādhi 바른 삼매이다.

먼저 "aṭṭhaṅgiko여덟 가지 구성요소가 있는 ayameva ariyo maggo바로 이 성스러운 도이다"라고 설하셨습니다. 'majjhimā paṭipadā'라는 중도실천이란 성스러운 도일 뿐, 그 외에 다른 길은 없다고 부처님께서 바로 앞에 있는 물건을 손으로 가리켜 보여 주듯이, 손으로 잡아서 보여 주듯이 대답하신 것입니다. 이것에 특히 주의해야 합니다. 부처님께는 성스러운 도라는 팔정도가 매우 분명하기 때문에

142 ㉾ 「마하사띠빳타나숫따Mahāsatipaṭṭhānasutta 대념처경」 '진리의 장', 도의 진리에 대한 주석에서는 '성스러운ariya'이라는 단어를 '각각의 도가 제거한 번뇌와 멀다'라고, 혹은 '성스러운 상태를 행한다'라고 설명해 놓았다(DA.ii.390). 「마하빠리닙바나숫따Mahāparinibbānasutta 대반열반경」의 주석에서는 '허물이 없다'라고 설명해 놓았다 (DA.ii.127). 「마하시하나다숫따Mahāsīhanādasutta 사자후 긴 경」의 주석에서는 '부수번뇌upakkilesa가 없어 매우 깨끗하다'라고 설명해 놓았다(DA.i.295). 「상기띠숫따Saṅgītisutta 합송경」의 주석에서는 '전체적으로 깨끗하다parisuddhāya'라고 설명해 놓았다(DA.iii.212). 『우다나 주석서』에서는 '청정하다visuddho, 거룩하다uttamo'라고 설명해 놓았다(UdA.93). 따라서 'ariya'라는 단어를 따로 해석하고자 한다면 'ariya번뇌로부터 멀리 떨어진; 성스러운 상태를 행하는; 허물이 없는; 깨끗한; 거룩한'이라고 번역해야 한다. 그중 '허물이 없는; 깨끗한; 거룩한'이라는 이러한 의미들이 기본이 되는 의미다.

그렇게 보여 주신 것입니다. 지금 사람들도 자신의 근처에 분명하게 있는 물건을 다른 이가 무엇인가 물으면 '무엇이다'라고 대답합니다. 근처에 분명하게 있는 이에 대해서 물으면 '누구다'라고 대답합니다. 마찬가지로 부처님께는 성스러운 도가 매우 분명하기 때문에 '바로 팔정도다'라고 대답하신 것입니다. 우리 수행자들에게도 위빳사나 도가 분명합니다. 그래서 위빳사나 도에 대해 다른 이들이 물으면 '이렇게 새겨 알고 있는 것입니다'라고 대답할 수 있습니다. 하지만 성스러운 도에 포함된 법체들이 무엇인지 물으면 아직 분명하지 않습니다. 그래서 그 법체들을 다음과 같이 이어서 설하셨습니다.

성스러운 도 구성요소 여덟 가지

"seyyathidaṁ 성스러운 도란

① sammādiṭṭhi 바른 견해

② sammāsaṅkappo 바른 생각

③ sammāvācā 바른 말

④ sammākammanto 바른 행위

⑤ sammāājīvo 바른 생계

⑥ sammāvāyāmo 바른 노력

⑦ sammāsati 바른 새김

⑧ sammāsamādhi 바른 삼매이다."

이것이 'majjhimapaṭipadā'라는 중도실천에 포함된 팔정도 법들입니다. 이 정도면 '중도실천이란 무엇인가'라는 질문에 대한 답으로 충분합니다. 하지만 부처님께서는 다음과 같이 이어서 말씀하십니다.

4-3 Ayaṁ kho sā, bhikkhave, majjhimā paṭipadā tathāgatena abhisambuddhā cakkhukaraṇī ñāṇakaraṇī upasamāya abhiññāya sambodhāya nibbānāya saṁvattati. (S.iii.369/S56:11)

대역

Bhikkhave비구들이여, tathāgatena abhisambuddhā여래가 꿰뚫어 알았다고 말한; 그대들의 스승인 나 여래가 알았다고 말한 cakkhukaraṇī ñāṇakaraṇī눈과 지혜를 생겨나게 한다고 말한, upasamāya abhiññāya sambodhāya nibbānāya saṁvattati번뇌를 없애고 특별한 지혜로 알게 하고 꿰뚫어서 알게 하고 모든 고통이 사라지게 한다고 말한 sā majjhimā paṭipadā그 중도실천이란 ayaṁ kho바로 이것이다; 이러한 여덟 가지 구성요소를 가진 도, 팔정도이다.

'majjhimapaṭipadā'라는 중도실천, 팔정도의 법체를 보인 것은 이 정도로 하고, 다음 장에서 팔정도의 자세한 의미와 생겨나게 하는 모습에 대해 설명하겠습니다.

이 「담마짝까숫따」의 가르침을 정성스럽게 경청한 청법선업 의도의 공덕으로 지금 법문을 듣는 선남자, 선여인, 대중들 모두가 중도라는 팔정도, 그 거룩한 부처님의 가르침을 잘 닦고 노력해서 모든 고통이 사라진 열반이라는 거룩한 법에 빠르게 도달하기를.

사두, 사두, 사두.

『담마짝까 법문』 제2장이 끝났다.

제3장

1962년 음력 9월 보름

(1962. 10. 13)

오늘은 1962년 음력 9월 해제달의 보름입니다. 스님들에게는 음력 6월 결제달 하현의 초하루에 시작해서 오늘로써 3개월의 안거가 성만되는 해제날이기도 합니다. 이 3개월 중에는 부처님께서 허락하신 특별한 이유가 아니면 밤을 새우는 여행을 하지 못합니다. 특별한 이유가 있으면 7일 안으로는 갈 수 있습니다. 오늘 밤이 지나고, 해가 떠오르면 3개월의 안거가 끝납니다. 그러고 나면 해제철이 시작됩니다. 그때부터 스님들은 가고 싶은 곳으로 갈 수 있습니다. 다른 곳에서 밤을 보낼 수 있습니다.

자자에 대해

내일이면 스님들은 가고 싶은 곳에 갈 수 있습니다. 이렇게 각자 상황에 따라 떠나는 스님들이 있기 때문에 바로 전날인 오늘, 서로 청하고 고백하는 '자자pavāraṇā'를 행합니다. 자자自恣란 대중스님들이 모두 모인 자리에서 안거 기간에 자신의 잘못이나 허물을 보았거나 들었거나 의심이 있으면 말해 달라고 청하고 고백하는 일입니다. 자자를 하는 것은 자신의 허물을 다른 사람만 알고 스스로는 모를 수 있기 때문입니다. 만약 허물이 있으면 다른 스님들이 말하고 지적해서 그 허물에 대해 참회하는 것으로 출죄出罪하도록 하기 위해서입니다. 이러한 출죄를 통해 계를 청정히 해서 계 청정sīla visuddhi을 갖추도록, 그리고 계 청정을 바탕으로 열심히 수행하여 마음 청정citta visuddhi과 견해 청정diṭṭhi visuddhi 등을 구족하도록 하기 위해서입니다.[143]

이것은 부처님 교법의 청정을 위한, 선정이나 도와 과라는 특별한

143 칠청정에 관해서는 부록 2를 참조하라.

법을 얻기 위한 매우 훌륭한 절차입니다. 그래서 해제달의 보름날에 승가 5명이 있으면 승가에 청하고, 5명이 없으면 서로 청하도록 부처님께서 계목으로 정해 놓으셨습니다. 믿음이 좋은 스님들은 매우 중시하는 계목입니다. 자자를 할 때는 마음과 의도를 강하게 하고, 다른 이가 자신의 허물에 대해 말하면 기쁘게 자신의 허물을 고치고 출죄해야 합니다.

축제나 대중회의에 갈 사람의 얼굴에 검은 자국이 있다고 합시다. 가까운 이가 얼굴에 검은 자국이 있다는 사실을 말해 주면 기쁘게 받아들이고 지워야 합니다. 그리고 말해 준 이에게 고마워해야 합니다. 사실을 말해 줄 이가 없어 검은 자국을 묻힌 채 사람들 앞에 가게 되면 창피를 당할 수 있기 때문입니다. 마찬가지로 스스로는 알지 못하는 허물을 다른 이가 말해 주면 기쁘게 받아들이고 고마워해야 합니다. 그리고 자신의 허물을 깨끗하게 출죄해야 합니다. 이것은 부처님 교법의 청정을 위해 매우 적당하고 거룩한 실천이자 의무입니다. 자자를 단순히 이무로만 생각하지 말고 깨끗하고 진지한 의도로 청한다면, 그렇게 청하는 동안에도 더 강한 선업들이 생겨납니다. 이렇듯 자자는 다른 이에게 말해 줄 것이 있을 때는 감추지 않고 말해 주려는 마음으로, 다른 이가 자신의 허물을 말하더라도 기쁘게 받아들이고서 계가 청정하도록 고치고 출죄하려는 마음으로 실천하도록 부처님께서 제정하신 실천이자 의무입니다.

오늘 우리 승단에 청한 자자의 자리에는 50명의 스님이 참여해서 약 한 시간 반 정도 진행했습니다.

팔정도 상설

앞서 하현의 8일에 했던 『담마짝까 법문』에서는 중도실천이라는 팔정도의 목차 정도만 소개했습니다. 오늘은 팔정도에 대해 자세하게 설명하겠습니다. 우선 팔정도의 목차를 나타낸 빠알리어와 그 의미를 독송합시다.

① 삼마딧티sammādiṭṭhi 바른 견해
② 삼마상깝뽀sammāsaṅkappo 바른 생각
③ 삼마와짜sammāvācā 바른 말
④ 삼마깜만또sammākammanto 바른 행위
⑤ 삼마아지오sammāājīvo 바른 생계
⑥ 삼마와야모sammāvāyāmo 바른 노력
⑦ 삼마사띠sammāsati 바른 새김
⑧ 삼마사마디sammāsamādhi 바른 삼매

이 팔정도를 "바른견해 바른생각 | 바른말몸 바른생계 | 바른노력 새김삼매 | 팔정도 도의진리네"라고 게송으로 표현해 보았습니다. 같이 독송합시다.

바른견해 바른생각 바른말몸 바른생계
바른노력 새김삼매 팔정도 도의진리네

팔정도를 요약하자면 계와 삼매와 통찰지라는 세 가지입니다. 바른 말, 바른 행위, 바른 생계의 세 가지 도 구성요소는 계 도 구성요소입니다. 이 세 가지 도 구성요소를 갖추도록 노력하면 계가 구족됩니다. 바른 노력, 바른 새김, 바른 삼매라는 세 가지 도 구성요소는 삼매 도 구성요소입니다. 이 세 가지 도 구성요소를 갖추도록 노력하면 삼매가 구족됩니다. 바른 견해, 바른 생각이라는 두 가지 도 구성요소는 통찰지 도 구성요소입니다. 이 통찰지 도 구성요소를 갖추도록 노력하면 위빳사나 통찰지와 도 통찰지, 과 통찰지라는 세간·출세간의 통찰지가 구족됩니다.

그래서 계와 삼매와 통찰지 도 구성요소들을 실천하는 차례에 따라 팔정도를 각각 설명해 나가겠습니다.[144]

바른 말 도 구성요소

4-2[1] Katamā ca, bhikkhave, sammāvācā? Musāvādā veramaṇī[145] pisuṇāya vācāya veramaṇī pharusāya vācāya veramaṇī samphappalāpā veramaṇī, ayaṁ vuccati, bhikkhave, sammāvācā.[146] (D.ii.249/D22)

대 역

Bhikkhave비구들이여, sammāvācā바른 말이란 《'micchā'란 잘못된[147] 것이다. 그 'micchā'와 반대되는 것이기 때문에 'sammā'를 '바른'이라고 해석했다.》 katamā ca무엇인가? musāvādā거짓말을

144 도 구성요소들 각각에 대한 자세한 설명은 「담마짝까숫따」 원본에는 나오지 않는다. 저본에서 「마하사띠빳타나숫따」 등 여러 경전을 인용했다.

145 veramaṇi (BDe.).

146 저본에 대역만 있어 빠알리어 원문을 역자가 첨가했다.

147 보통은 '삿된'으로 번역한다.

veramaṇī삼가는 것, pisuṇāya vācāya이간하는 말을 veramaṇī삼가는 것, pharusāya vācāya거친 말을 veramaṇī삼가는 것, samphappalāpā쓸데 없는 말을; 이익 없는 말을 veramaṇī삼가는 것이 atthi 있는데, bhikkhave비구들이여, ayaṁ이것을; 거짓말 등을 삼가는 것을 sammāvācā바른 말이라고 vuccati말한다.

이것은 바른 말을 자세하게 설명한 부처님의 말씀입니다. 여기에서 'veramaṇī'라는 삼가는 것만을 '바른 말sammāvācā'이라고 보여 놓으셨습니다. 그래서 거짓말, 이간하는 말, 욕하거나 거친 말, 이익이 없는 말을 할 상황이 됐을 때 그러한 말들을 하지 않고 삼가는 것, 그것을 바른 말이라고 한다고 기억해야 합니다. 법체로는 바른 말 절제sammāvācā viratī 마음부수입니다.

하지만 그렇게 거짓말 등을 삼가면 진실된 말, 화합하게 하는 말, 부드러운 말, 이익이 있는 말이라는 이러한 바른 말들도 하는 것이 됩니다. 여기에서 중요한 점은 다음과 같습니다. 거짓말을 삼가면 계 선업이 생겨납니다. 오계나 팔계, 십계를 수지하고 실천하는 이들의 경우 "musāvādā veramaṇi sikkhāpadaṁ samādiyāmi(거짓말을 절제하는 수련항목을 수지합니다[148])"라고 수지하는 것으로 이간하는 말, 거친 말, 쓸데없는 말이라는 말의 악행 세 가지도 삼가는 것이 됩니다.

또한 볼 때마다 들을 때마다 맡을 때마다 먹어서 알 때마다[149] 닿을

148 게송처럼 "거짓말을 삼가는 계목수지 합니다"라고 한글로 수지하기도 한다. 『가르침을 배우다』, p.137 참조.

149 먹을 때는 보는 것, 맡는 것, 맛을 보아 아는 것, 닿는 것 등이 복합되어 있어 저본에 특별히 '먹어 알 때마다'라고 표현한 것이다.

때마다 생각해서 알 때마다[150] 생겨나는 모든 물질·정신 대상들을 관찰하여 무상·고·무아의 성품일 뿐이라고 사실대로 알고 있으면 그렇게 바르게 알아지는 대상과 관련하여 삿된 말을 할 번뇌들조차 더 이상 생겨날 기회가 없습니다. 이것은 위빳사나로 잠재번뇌 수준부터 삿된 말을 부분제거를 통해 제거하는 것입니다.[151]

그 위빳사나 지혜가 성숙되고 구족하게 됐을 때 성스러운 도의 지혜로 열반을 실현하게 됩니다. 그때는 '성스러운 도 바른 말 절제'로 삿된 말을 남김없이 제거합니다. 그래서 『위숫디막가』에서 "수다원도가 거짓말을 제거한다. 아나함도가 이간하는 말과 거친 말을 제거한다. 하지만 여기에서 의도cetanā만을 말이라고 한다. 아라한도가 쓸데없는 말을 제거한다"라고 설명해 놓았습니다(Vis.ii.325). 《사악처에 태어나게 하는 거친 말, 이간하는 말, 쓸데없는 말은 수다원도에서 이미 제거됐다라고 알아야 합니다.》 따라서 이 바른 말 도 구성요소를 성스러운 도 네 단계까지 구족되게 노력해야 합니다. 지금까지 설명한 삿된 말 네 가지와 바른 말 네 가지를 게송으로 다음과 같이 표현했습니다. 같이 독송합시다.

망양악기 네가지 삿된 말이고
삿된말을 삼감이 바른 말이네[152]

150 '생각해서 알 때마다'도 저본의 표현을 그대로 따랐다.

151 위빳사나 관찰을 하지 않으면 그 대상과 관련해 생겨날 잠재번뇌, 그 잠재번뇌에서 비롯한 삿된 말의 한 부분이 위빳사나 관찰을 통해 생겨나지 않는 것을 '위빳사나로 부분제거를 통해 삿된 말을 제거한다'라고 표현했다.

152 '망'은 거짓말妄語, '양'은 이간하는 말兩舌, '악'은 거친 말惡口, '기'는 쓸데없는 말綺語을 뜻한다.

바른 행위 도 구성요소

4-2[2] Katamo ca, bhikkhave, sammākammanto? Pāṇātipātā veramaṇī adinnādānā veramaṇī kāmesumicchācārā veramaṇī, ayaṁ vuccati, bhikkhave, sammākammanto.[153] (D.ii.249/D22)

대역

Bhikkhave비구들이여, sammākammanto바른 행위란 katamo ca무엇인가? pāṇātipātā생명을 죽이는 것을 veramaṇī삼가는 것, adinnādānā도둑질하는 것을 veramaṇī삼가는 것, kāmesumicchācārā소유하지 않은 감각욕망 대상을 범하는 것이라는 삿된 음행을 veramaṇī삼가는 것이 atthi있는데, ayaṁ이것을; 살생 등을 삼가는 것을 sammākammanto바른 행위라고 vuccati말한다.

이것은 바른 행위 도 구성요소를 자세하게 설명한 부처님의 말씀입니다. 여기에서도 'veramaṇī', 즉 삼가는 것만을 바른 행위라고 설명하셨습니다. 그래서 죽이거나 훔치거나 삿된 음행을 범할 기회가 생겼을 때 그러한 행위를 하지 않고 삼가는 것만을 바른 행위라고 기억해야 합니다. 예를 들어, 자신을 물고 있는 모기를 죽이지 않고 털어서 날려 보내면 그것이 살생을 삼가는 바른 행위입니다. 이렇게 도둑질과 삿된 음행을 삼가는 것도 이해할 수 있을 것입니다.

하지만 삿된 음행에 대해서는 이해하기 어려운 점이 있습니다. 조금 설명하자면, 남성의 경우 범하면 안 될 여인들이 있습니다. 부모가 보

153 저본에 대역만 있어 빠알리어 원문을 역자가 첨가했다.

호하는 여인, 오빠나 남동생이 보호하는 여인, 언니나 여동생이 보호하는 여인, 친척이 보호하는 여인, 가문이 보호하는 여인, 동료 수행자가 보호하는 여인, 약혼자가 있는 여인, 남편이 있는 여인 등 모두 20가지입니다. 어떤 남성이 이러한 여인을 범하면 그 행위는 삿된 음행에 해당됩니다. 남편이 있는 여인이나 약혼자가 있는 여인이 다른 남성을 범하면 그 행위도 삿된 음행에 해당됩니다. 이러한 악행을 삼가는 것이 바른 행위입니다.[154] 삿된 행위 세 가지와 바른 행위 세 가지도 게송으로 다음과 같이 표현했습니다. 같이 독송합시다.

살도사음 세가지 삿된행위고
삿된행위 삼감이 바른행위네[155]

이 바른 행위 도 요소를 계를 수지해 실천하는 것으로 닦아야 합니다. 위빳사나를 생겨나게 하는 것으로도 닦아야 합니다. 성스러운 도를 네 단계까지 생겨나게 하는 것으로도 바른 행위를 구족하게 해야 합니다.

바른 생계 도 구성요소

의식주를 위해, 살아가기 위해 행하는 몸의 악행 세 가지와 말의 악행 네 가지를 삿된 생계라고 합니다. 그 삿된 생계를 삼가는 것이 바른 생계입니다.

154 『가르침을 배우다』, pp.152~155 참조.
155 '살殺'은 살생, '도盜'는 도둑질, '사음邪淫'은 삿된 음행을 뜻한다.

4-2[3] Katamo ca, bhikkhave, sammāājīvo? Idha, bhikkhave, ariyasāvako micchāājīvaṁ pahāya sammāājīvena jīvitaṁ kappeti, ayaṁ vuccati, bhikkhave, sammāājīvo.[156] (D.ii.249/D22)

대역

Bhikkhave비구들이여, sammāājīvo바른 생계란 katamo ca무엇인가? bhikkhave비구들이여, idha이 가르침에서 ariyasāvako성스러운 제자들은; 부처님의 제자들은 micchāājīvaṁ삿된 《여법하지 않게 재산을 구하는》 생계를 pahāya버리고 sammāājīvena바른 《여법하게 재산을 구하는》 jīvitaṁ생계를 kappeti행한다. bhikkhave비구들이여, ayaṁ이것을; 이렇게 여법하게 살아가는 것을 sammāājīvo바른 생계라고 vuccati말한다.

'삿된 생계를 버리고 바른 생계로 살아간다'에서 '삿된 생계'란 여법하지 않은 방법으로 재산을 구하고 자신을 부양하는 것입니다. 즉 살생이나 도둑질 등의 악행으로 재산을 구하는 것이 삿된 생계라는 의미입니다. 생계와 관련되지 않은 몸의 악행 세 가지와 말의 악행 네 가지는 삿된 행위나 삿된 말이라고만 부릅니다. 삿된 생계라고는 하지 않습니다. 생계나 경제적 이유 때문에 행하고 말하는 몸의 악행과 말의 악행만을 삿된 생계라고 합니다.

예를 들어 화가 나서 모기나 파리, 벼룩, 뱀 지네 등을 죽이는 것, 원수를 죽이는 것 등의 행위는 삿된 행위라고만 말합니다. 삿된 생계라고 말하지 않습니다. 사업이나 장사를 위해, 스스로 요리해서 먹기 위해

156 저본에 대역만 있어 빠알리어 원문을 역자가 첨가했다.

닭, 돼지, 염소, 생선 등을 죽이는 것은 삿된 생계입니다. 다른 사람의 물건을 훔치는 일도 생계나 경제적 이유 때문인 경우가 많습니다. 그러한 목적으로 훔치는 삿된 생계도 많을 것입니다. 원한을 가진 사람의 재산을 훔치는 것, 도벽이 있어서 훔치는 정도는 삿된 행위에 포함됩니다. 삿된 음행은 생계와 관련이 없는 경우가 많습니다. 하지만 대가를 받고 여인이나 남성을 범하면서 재산을 구하면 이것은 삿된 생계입니다.

거짓말의 경우 생계와 관련되지 않은 이유로 하는 거짓말은 삿된 말일 뿐입니다. 시장에서든 법정에서든 생계와 관련돼 거짓말을 하면 삿된 생계입니다. 마찬가지로 생계와 관련되지 않은 이유로 이간하는 말을 했다면 그것은 삿된 말일 뿐입니다. 하지만 생계 때문에 이간하는 말을 했다면 그것은 삿된 생계입니다. 요즘은 경쟁자에 대한 믿음이 무너지도록 선전하는 것도 대부분 생계와 관련돼 있기 때문에 삿된 생계에 포함되는 경우가 많을 것입니다. 생계 때문에 거친 말을 하는 경우는 매우 적을 것입니다. 쓸데없는 말의 경우, 수설이나 극본을 쓰는 일, 연극이나 영화를 제작하는 일 등 삿된 생계에 해당하는 것이 많은 듯합니다.

삿된 생계들은 '살생과 도둑질과 거짓말 등을 삼가야 한다'라는 참사람들의 실천법에서 벗어난 행위들입니다. 그러한 의미를 게송으로 기억하도록 "여법않게 품구해 삿된생계고"라고[157] 표현했습니다. 같이 독송합시다.

여법않게 품구해 삿된생계고

157 여법하지 않게 필수품을 구하는 것이 삿된 생계이다.

오계를 지키는 이들이라면 오계 준수를 통해 지금 말한 삿된 생계 일곱 가지 모두도 저절로 삼가게 됩니다. 생계 제8계ājīvaṭṭhamakasīla를[158] 수지하는 이는 삿된 생계를 삼가기 위해 따로 수지하기 때문에 매우 분명합니다. 그 삿된 생계를 삼가고서 참사람들의 실천법에서 벗어나지 않도록 여법하게 필수품을 구하는 것이 바른 생계입니다. 이 내용을 "여법하게 품구해 바른생계네"라고 게송으로 표현했습니다. 같이 독송합시다.

여법하게 품구해 바른생계네

하지만 바른 생계 도 구성요소라고 하더라도 바른 말, 바른 행위처럼 절제viratī 마음부수일 뿐입니다. 그래서 삿된 생계를 삼가는 것만을 '바른 생계 도 구성요소'라고 기억해야 합니다. 바른 생계 도 구성요소는 계를 수지해 실천하는 것을 통해서도 닦아야 합니다. 위빳사나 관찰을 통해서도, 그리고 성스러운 도 구성요소 절제를 갖출 때까지 닦아야 합니다.[159] 지금까지 설명한 바른 말, 바른 행위, 바른 생계 이 세 가지가 계 도 구성요소들입니다. 이제 삼매 도 구성요소들을 설명하겠습니다.

바른 노력 도 구성요소

4-2[4] Katamo ca, bhikkhave, sammāvāyāmo? Idha, bhikkhave, bhikkhu anuppannānaṁ pāpakānaṁ akusalānaṁ dham-

158 생계ājīva가 여덟 번째aṭṭhamaka인 계sīla라는 뜻이다. 『가르침을 배우다』, pp.176~190 참조.

159 ㉯㉭ 바른 생계에 관한 자세한 내용은 『*Sallekhasutta tayato*(살레카숫따 법문)』 제2권, 65쪽 이후를 참조하라. ㉮ 『가르침을 배우다』, pp.187~190 참조.

mānaṁ anuppādāya chandaṁ janeti vāyamati vīriyaṁ ārabhati cittaṁ paggaṇhāti padahati; uppannānaṁ pāpakānaṁ akusalānaṁ dhammānaṁ pahānāya chandaṁ janeti vāyamati vīriyaṁ ārabhati cittaṁ paggaṇhāti padahati; anuppannānaṁ kusalānaṁ dhammānaṁ uppādāya chandaṁ janeti vāyamati vīriyaṁ ārabhati cittaṁ paggaṇhāti padahati; uppannānaṁ kusalānaṁ dhammānaṁ ṭhitiyā asammosāya bhiyyobhāvāya vepullāya bhāvanāya pāripūriyā chandaṁ janeti vāyamati vīriyaṁ ārabhati cittaṁ paggaṇhāti padahati. Ayaṁ vuccati, bhikkhave, sammāvāyāmo.[160] (D.ii.249/D22)

대역

Bhikkhave비구들이여, sammāvāyāmo바른 노력이란 katamā ca 무엇인가? bhikkhave비구들이여, idha이 가르침에서, bhikkhu 비구가 anuppannānaṁ아직 일어나지 않은 pāpakānaṁ저열한[161] akusalānaṁ dhammānaṁ불선법은 anuppādāya일어나지 않도록 chandaṁ의욕을 janeti일으키고 vāyamati노력하고 vīriyaṁ ārabhati정진을 쏟고 cittaṁ paggaṇhāti마음을 다잡고 padahati매진한다. uppannānaṁ이미 일어난 pāpakānaṁ저열한 akusalānaṁ dhammānaṁ불선법을 pahānāya버리기 위해 chandaṁ의욕을 janeti일으키고 vāyamati노력하고 vīriyaṁ ārabhati정진을 쏟고 cittaṁ paggaṇhāti마음을 다잡고 padahati매진한다. anuppannānaṁ

160 저본에 대역만 있어 빠알리어 원문을 역자가 첨가했다.

161 저본에 '저열한'으로 번역됐다. 보통 '악한'으로 번역한다.

아직 일어나지 않은 kusalānaṁ dhammānaṁ선법은 uppādāya일어나도록 chandaṁ의욕을 janeti일으키고 vāyamati노력하고 vīriyaṁ ārabhati정진을 쏟고 cittaṁ paggaṇhāti마음을 다잡고 padahati매진한다. uppannānaṁ이미 일어난 kusalānaṁ dhammānaṁ선법을 ṭhitiyā지속시키고 asammosāya사라지지 않게 하고; 잊어버리지 않게 하고 bhiyyobhāvāya증장시키고 vepullāya충만하게 하고 bhāvanāya pāripūriyā닦는 것을 구족하기 위해; (선법을) 생겨 늘어나게 하는 것인 수행을 구족하기 위해 chandaṁ의욕을 janeti일으키고 vāyamati노력하고 vīriyaṁ ārabhati정진을 쏟고 cittaṁ paggaṇhāti마음을 다잡고 padahati매진한다. bhikkhave비구들이여, ayaṁ이것을; 네 가지로 노력하는 이것을 sammāvāyāmo바른 노력이라고 vuccati말한다.

이것은 바른 노력을 자세하게 설명하신 부처님의 말씀입니다. 말하고자 하는 바는 다음과 같습니다.

자신에게 아직 일어나지 않은 불선법은 일어나지 않도록 노력해야 합니다. 다른 이들이 죽이는 것, 훔치는 것, 거짓말을 하는 것 등을 보거나 접하거나 들어 알게 되면, 자신에게는 그러한 불선법들이 생겨나지 않도록 노력해야 합니다. 비유하자면 다른 이들이 장티푸스 등 전염병에 걸린 것을 보거나 들어 알게 되면 자신에게는 그러한 병이 생기지 않도록 노력하고 주의하는 것과 같습니다.

자신에게 일어났던 불선법들은 제거하도록 노력해야 합니다. '일어났던 불선법'에는 두 종류가 있습니다. 진짜 일어났던 살생·도둑질·거짓말 등 범하는vītikkama 불선법과 감각욕망 사유 등 마음속에 드러나서 얽어매는 드러난pariyuṭṭhāna 불선법이 한 종류이고, 실제로는 일어나지 않았어도 조건이 형성되면 언제든지 일어날 수 있기 때문에 '일어나고 있다. 존재하고 있다'라고 말할 수 있는 잠재된anusaya 불선법이 한 종류, 이렇게 두 종류입니다. 이 두 종류 중 범하는 불선법은 계로 제거해야 합니다. 계를 정성스럽게 단속하고 보호하고 있으면 몸과 말로 범하는 불선법이 제거됩니다. 감각욕망 사유 등 마음속에서 일어나는 드러난 불선법은 사마타나 위빳사나 수행을 통해 지속적으로 닦아나가는 것으로 제거해야 합니다. 잠재된 불선법은 위빳사나 관찰을 통해 부분제거로 제거해야 하고, 성스러운 도의 지혜가 생겨날 때는 그 잠재된 불선법을 뿌리까지 끊어낼 수 있습니다. 이렇게 뿌리까지 제거할 수 있도록 위빳사나 관찰로도 제거해야 합니다. 이것은 매우 심오한 내용입니다. 진실로 정확하게 관찰하고 노력해 본 이들이라야 잘 이해할 것입니다.

아직 일어나지 않은 선법은 일어나도록, 생겨나도록 노력해야 합니다. 보시 선업이든, 계 선업이든, 사마타 수행 선업이든, 위빳사나 수행 선업이든, 어떠한 선업을 막론하고 가능하면 아직 일어난 적이 없는 그러한 선업이 자신에게 생겨나도록 노력해야 합니다. 일부는 "보시 등의 선업을 행하면 윤회가 길어진다. 선업은 무명 때문에 생겨나는 형성이다. 따라서 '형성을 조건으로 의식이 생겨난다saṅkhārapaccayā viññāṇaṁ'라는 연기의 가르침에 따라 선업 형성이 새로운 생의 의식이라는 과보를 생겨나게 한다. 따라서 선업도 제거해야 한다"라는 등으로 부처님께서 바라시는 바와 반대로 잘못된 내용을 설합니다.

사실 선업을 제거하면 불선업만 생겨납니다. 오히려 그것이 윤회를 길게 할 뿐만 아니라 사악처에 태어나게 하는 원인이 됩니다. '윤회가 길다'라는 것은 무명과 갈애 등 번뇌들 때문입니다. 선업이 그러한 번뇌들을 제거할 수 있습니다. 그렇게 제거할 수 있도록 선법들을 생겨나게 하는 것입니다. 보통의 선업도 선처 생에 이르게 하여 그 선처 생에서 참사람들의 법을 듣는 것, 법을 실천하는 것을 통해 성자의 지위에 이르게 함으로써 사악처의 고통, 윤회윤전의 고통에서 벗어나게 할 수 있습니다. 이것은 개구리 천신Maṇḍūkadevaputta 일화에서 분명합니다. 그 천신은 이전 생에 개구리였을 때 부처님께서 설하시는 법문을 들었습니다. 의미는 이해하지 못했지만 단지 존경하는 마음 정도로 들은 선업으로 천신의 생에 이르렀습니다. 그 천신의 생에서 부처님께 법문을 들으러 와서 수다원이 됐다고 합니다.[162] 따라서 아직 일어나지 않은 선법이라면 그 무엇이든 일어나도록 노력해야 합니다. 특히 성스러운 도 구성요소라는 선업이 생겨나도록 위빳사나 선업을 일으켜야 합니다. 이렇게 일으키도록 노력하면 노력할 때마다 바른 노력 도 구성요소가 생겨나고 늘어납니다.

자신에게 일어났던 선업이 유지되고 확고하도록, 구족되도록 노력해야 합니다. 이것은 이미 분명합니다.

볼 때마다 들을 때마다 닿을 때마다 알 때마다 관찰하고 있는 위빳사나 수행자들이라면 아직 일어나지 않은 불선법은 일어날 기회를 주지 않도록, 일어나지 못하도록 노력하는 것이라고도 할 수 있습니다. 이미 일어난 불선법을 제거하도록 노력하는 것이라고도 할 수 있습니다. 아직 일어나지 않은 위의 여러 위빳사나 선법들, 성스러운 도 선법들이 일어나도록 노력하는 것이라고도 할 수 있습니다. 이미 일어난 위빳사나 선

162 Vv.72; 『가르침을 배우다』, p.424 참조.

법을 유지하고 확고히 하고 증장시키고 구족하도록 노력하는 것이라고도 할 수 있습니다. 따라서 관찰할 때마다 바른 정근 네 가지라는 바른 노력 도 구성요소를 닦고 있다고 할 수 있습니다. 그 네 가지 바른 정근을 기억하도록 게송으로 다음과 같이 표현했습니다. 같이 독송합시다.

생기잖은 불선법 안생기게 노력해
이미생긴 불선법 제거하려 노력해
생기잖은 선법을 생기도록 노력해
이미생긴 선법을 확고토록 노력해

이 네 가지를 바른 정근sammappadhāna 네 가지라고 합니다. 바른 정근 네 가지라는 이 바른 노력 도 구성요소는 보시·지계·수행이라는 선업행위를 할 때마다 적절하게 포함돼 있습니다. 특히 윤회윤전의 고통에서 벗어나려는 목적으로 행하는 선업들에 포함돼 있습니다. 위빳사나 선업에 포함돼 있다는 사실은 특별히 언급할 필요가 없습니다. 이 내용을 "선법관련 노력해 바른노력넷"이라고 게송으로 표현했습니다. 같이 독송합시다.

선법관련 노력해 바른노력넷

바른 새김 도 구성요소

4-2[5] Katamā ca, bhikkhave, sammāsati? Idha, bhikkhave, bhikkhu kāye kāyānupassī viharati ātāpī sampajāno satimā vineyya loke abhijjhādomanassaṁ; vedanāsu vedanānupassī viharati ātāpī sampajāno satimā vineyya loke abhijjhādomanassaṁ; citte cittānupassī viharati ātāpī sampajāno satimā vineyya loke abhijjhādomanassaṁ; dhammesu dhammānupassī viharati ātāpī sampajāno satimā vineyya loke abhijjhādomanassaṁ. Ayaṁ vuccati, bhikkhave, sammāsati.[163] (D.ii.249/D22)

대 역

Bhikkhave비구들이여, sammāsati바른 새김이란 katamā ca무엇인가? bhikkhave비구들이여, idha bhikkhu이 가르침에서 비구는; 수행하는 이들은 ātāpī열심히 노력하고; 번뇌라는 끈적임과 마음의 때를 뜨겁게 말려버려 없애버리는 정근이라는 정진이 있으면서; 매우 열심히 노력하면서 satimā새김도 갖추면서; 새김도 있으면서 sampajāno바르게 알아; 바르고 다양하게 알면서 kāye몸에 대해; 항상하지 않고 괴로움이고 주재할 수도 없는 물질 무더기에 대해 kāyānupassī몸이라고 거듭 관찰하여; 항상하지 않고 괴로움이고 주재할 수 없다는 물질 무더기일 뿐이라고 관찰해서 loke세상에 대해; 관찰 대상인 물질 무더기라는 세상에 대해; 다섯 취착무더기라는 세상에 대해 abhijjhādomanassaṁ탐애와 근심을; 관찰하지 않으면 생겨날 수 있는 탐애와 근심을; 관찰하지 않으면 생겨날 수 있는 탐욕과 성냄을 vineyya제거하면서; 생겨날 기회를 얻지 못하도록 부분제거와 억압제거를 통해 제거하고 없애면서 viharati지낸다. ātāpī열심히 노력하고; 번뇌라는 끈적임과 마음의 때를 뜨겁게 말려버려 없애버리는 정근이라는 정진이 있으면서; 매우 열심히 노

163 저본에 대역만 있어 빠알리어 원문을 역자가 첨가했다.

력하면서 satimā새김도 갖추면서; 새김도 있으면서 sampajāno바르게 알아; 바르고 다양하게 알면서 vedanāsu느낌에 대해; 항상하지 않고 괴로움이고 주재할 수도 없는 단지 느끼는 것일 뿐인 느낌에 대해 vedanānupassī느낌이라고 거듭 관찰하여 … citte마음에 대해; 항상하지 않고 괴로움이고 주재할 수도 없는, 단지 아는 것일 뿐인 마음에 대해 cittānupassī마음이라고 거듭 관찰해서; 항상하지 않고 괴로움이고 주재할 수 없는, 단지 아는 것일 뿐이라고 관찰해서 … ātāpī열심히 노력하고; 번뇌라는 끈적임과 마음의 때를 뜨겁게 말려버려 없애버리는 정근이라는 정진이 있으면서; 매우 열심히 노력하면서 satimā새김도 갖추면서; 새김도 있으면서 sampajāno바르게 알아; 바르고 다양하게 알면서 dhammesu법에 대해; 항상하지 않고 괴로움이고 주재할 수도 없는, 자아도 아닌 성품법에 대해 dhammānupassī법이라고 거듭 관찰해서; 항상하지 않고 괴로움이고 주재할 수 없는, 자아도 아닌 진실루 성품법일 뿐이라고 관찰하여 loke세상에 대해; 관찰 대상인 성품법 무더기라는 세상에 대해; 다섯 취착무더기라는 세상에 대해 abhijjhādomanassaṁ탐애와 근심을; 관찰하지 않으면 생겨날 수 있는 탐애와 근심을; 관찰하지 않으면 생겨날 수 있는 탐욕과 성냄을 vineyya제거하면서; 생겨날 기회를 얻지 못하도록 부분제거와 억압제거를 통해 제거하고 없애면서 viharati지낸다. bhikkhave비구들이여, ayaṁ이것을; 이러한 네 가지 새김을 sammāsati바른 새김이라고 vuccati말한다.[164]

164 원본 설법할 때는 한 부분씩 끊어서 설했다.

팔정도를 자세하게 설하셨는가

위의 내용은 바른 새김 도 구성요소를 자세하게 설명한 부처님의 설법입니다. 지금 설하고 있는 「담마짝까숫따」 가르침에는 팔정도를 제목 정도만 언급하셨습니다. 이 「담마짝까숫따」를 제일 처음 부처님께서 설하실 때 특별한 법을 알고 볼 꼰단냐Koṇḍañña 존자와 함께 여러 범천과 천신들이 '바른 새김sammāsati'이라는 단어를 듣는 것만으로 '바른 새김이란 몸과 느낌과 마음과 법을 바르게 새겨 아는 새김확립 네 가지를 말한다'라고 알고 이해했을지, '몸의 여러 현상을 비롯해서 느낌과 마음과 성품법들이 생겨날 때마다 계속해서 그것들을 따라 새기는 것을 바른 새김이라고 한다. 그 몸의 현상 등을 따라 새기는 것을 닦아야 한다'라고 알고 이해했을지, 한번 생각해 볼 문제입니다. 그렇게 알지 못하고 이해하지 못했다면 그 바른 새김을 닦을 수 없었을 것이고 바른 새김을 닦지 않으면 성스러운 도와 과라는 특별한 법을 얻을 수 없었을 것입니다.

따라서 "그 당시 꼰단냐 존자와 여러 범천과 천신은 최초 설법을 듣고 깨달음을 얻을 특별한 바라밀이 있는 이들이기 때문에 '바른 새김'이라는 단어를 듣는 정도로 '몸의 현상 등이 생겨날 때마다 거듭 따라서 그것을 관찰하고 새겨 바른 새김 도 구성요소를 닦아야 한다'라는 내용을 알고 이해해서 그대로 닦았다. 그래서 특별한 법을 얻었을 것이다"라고 생각할 수 있습니다. 혹은 "그 당시에도 많은 사람이 이해할 수 있도록 팔정도에 대해 자세하게 설명하셨고, 새김확립 네 가지를 닦는 모습도 많은 이가 이해할 수 있도록 설명하셨다. 하지만 그러한 자세한 설명은 다른 경들에 따로 있기 때문에 제1차 결집에서 「담마짝까숫따」를 결집할 때 팔정도에 대해서는 이 대목이나 뒤에 나오는 도의 진리

중 제목 정도로만 간략하게 포함시켰을 것이다"라고도 생각할 수 있습니다. "그렇게 간략하게 요약하여 결집한 다른 경들도 있는가?"라고 질문한다면 "있다"라고 대답할 수 있습니다. 『맛지마 니까야(근본50경)』의 「사띠빳타나숫따」를 예로 들 수 있습니다. 원래 이 경은 「마하사띠빳타나숫따」를 요약해서 첫 부분 정도만 결집한 것입니다. 하지만 제6차 결집 때는 뒷부분도 첨가해서 결집했습니다. 그 뒷부분에 대한 주석은 「사띠빳타나숫따」 주석에는 없습니다. 이 외에도 다른 여러 니까야에서 긴 경들을 『쿳다까 니까야』에 요약해서 결집해 놓은 경들도 있습니다. 그래서 여기에서도 자세하게 설명한 것을 제1차 결집부터 요약해서 간략하게 결집했다고 말할 수 있습니다.

그렇게 말한다면 '팔정도의 제목 정도만으로 자세한 의미를 어떻게 알 수 있겠는가?'라고 따질 필요도 없어집니다. 요즘으로 말하자면 지금 본승이 독송하여 설한 새김확립 네 가지에 관한 것도 알고, 그렇게 간략한 서문에 대해 자세하게 설명해 놓은 「마하사띠빳타나숫따」도 접해서 읽고, 그 경의 주석서 해석본도 접하고 있으면서 "바른 새김 도 구성요소를 어떻게 닦아야 하는가"라고 확실하게 이해하고 있는 이가 매우 드뭅니다. 따라서 그 당시에도 많은 이가 이해하도록 부처님께서 자세하게 설하셨다고 본승은 생각합니다.

여기에서 "바른 새김 도 구성요소라는 것은 새김확립 네 가지다"라고 확실하게 기억해 두어야 합니다. 바른 새김 도 구성요소를 새김확립 네 가지라고 했기 때문에 "바른 새김 도 구성요소를 어떻게 닦아야 하는가?"라고 한다면 방금 독송하여 설명한 빠알리어 성전 구절을 통해 어느 정도 분명해졌습니다. 그 경전 구절은 「마하사띠빳타나숫따」 서문의 요약 정도입니다. 잘 이해가 되지 않는다면 「마하사띠빳타나숫따」

본문에 자세하게 설명돼 있으니 살펴보면 됩니다.[165] 그렇게 본문을 살펴보면 몸 거듭관찰에 따라서는 들숨날숨도 관찰해야 합니다. 그렇지 않으면 머리카락과 몸털 등 32가지 신체부분들도 관찰해야 합니다. 그 두 가지는 사마타 몰입선정을 얻게 할 수 있는 수행주제라고 주석서에서 말했습니다. 나머지 새김확립 19가지는 근접삼매 수행주제라고 말했습니다. '근접삼매 수행주제'란 근접삼매 정도만 얻게 할 수 있는 위빳사나 수행주제라는 뜻입니다.

위빳사나 새김을 생겨나게 하려면

따라서 위빳사나 바른 새김 도 구성요소를 생겨나게 하려면 그 나머지 19가지 수행주제 중에서 원하는 것을 관찰하기만 하면 됩니다. 자세의 장 앞부분에서 "gacchanto vā gacchāmīti pajānāti(갈 때는 '간다'라고 안다)"라고 설하신 대로 가고 있을 때는 가는 물질을 관찰해야 하고, 서 있거나 앉아 있거나 누워 있을 때는 서 있는 물질, 앉아 있는 물질, 누워 있는 물질을 관찰해야 합니다. 뒷부분에서 "yathā yathā vā pana(어떠어떠한 모습으로)"라고 설하신 대로[166] 앉아 있을 때 등에 몸의 다른 여러 동작이 분명하면 그것들도 관찰해야 합니다. 여기에서 "gacchanto vā gacchāmīti(갈 때는 '간다'라고)"라는 등으로 현재를 관찰하도록 설해 놓으신 점에 특히 주의해야 합니다. 아비담마 문헌에서 보여 놓은 물질들을 외워 생각해서 관찰하는 것만으로는 몸 거듭관찰 새김확립이 생겨나지 않는다는 점도 확실하게 기억해 두어야 합니다.

165 마하시 사야도 지음, 비구 일창 담마간다 옮김, 『마하사띠빳타나숫따 대역』을 참조하라.
166 『마하사띠빳타나숫따 대역』 pp.96~97 참조.

또한 바른 앎의 장에 설하신 대로 가는 것, 돌아오는 것, 바로 보는 것, 옆으로 보는 것, 굽히는 것, 펴는 것 등 다른 여러 몸의 동작도 관찰해야 합니다.

위빳사나 찰나삼매

요소 마음기울임dhātumanasikāra의 장에 따라 분명하게 드러나는 네 가지 요소도 관찰해야 합니다. 그렇게 관찰하여 장애가 사라졌을 때 근접삼매upacāra samādhi가 생겨난다는 것을 『위숫디막가』에서 분명하게 설명해 놓았다는 점에도 특히 주의해야 합니다. 그것은 어떠한 몰입삼매appanā samādhi의 근처에 생겨나는 것이 아니기 때문에 진짜 근접삼매는 아니라는 사실, 진짜 근접삼매와 장애가 사라진 모습이나 마음이 집중된 모습으로 서로 같기 때문에 동질비유sadisūpacā로 근접삼매라고 부른다는 사실을 『위숫디막가 마하띠까』에 설명해 놓았습니다(Pm. i.436). 그것을 위빳사나로 말하자면 '위빳사나 찰나삼매vipassanā khaṇika samādhi'라고 부릅니다. 그래서 본승은 위빳사나 찰나삼매라고도 설명하고 있습니다. 이 내용을 일부가 잘 이해하지 못하고서 "찰나삼매로는 위빳사나가 생겨날 수 없다. 만약 생겨난다면 강원 학인들에게도 위빳사나 지혜가 생겨날 수도 있을 것이다"라는 등으로 허물을 보이면서 말하고 있습니다. 강원 학인들의 삼매가 장애가 사라질 정도로 힘이 있으면, 또한 「마하사띠빳타나숫따」의 가르침에 따라 생겨나고 있는 물질·정신을 관찰하고 있는 것이라면 위빳사나 지혜가 생겨날 수 있을 것이라고 본승이 받아들일 수 있습니다. 하지만 외워 놓은 법체의 성품을 독송하고 숙고하는 정도의 삼매로는 장애가 사라지지 않는다는 사실, 생겨나고 있는 물질·정신을 관찰하는 것도 아니라는 사실이 분명합니다. 그래서 그렇게 허물을 보이면서 말하고 있는 이들은 진짜 위빳사나 수행을 이해하지 못하고 있기 때문이라고밖에 생각할 수 없습니다. 『위숫디막가』에 위빳사나 찰나삼매를 'khaṇikacittekaggatā 찰나의 마음하나됨'이라고 설명해 놓았습니다(Vis.i.281). 그것에 대해서 복주서에는 'khaṇikamattaṭhitikosamādhi 찰나 정도만 머무는 삼매'라는 등으로 설명해 놓았습니다(Pm.i.342).[167] 그 주석서와 복주서를 근거로 본승이 그 근접삼매와 동질의 삼매sadisūpacā upacāra samādhi를 '위빳사나 찰나삼매vipassanā khaṇika samādhi'라고 확실한 명칭으로 설명하고 있는 것입니다. 그 사실을 잘 이해한다면 앞의 반론이 해결될 것입니다.

지금 말한 대로 자세의 장, 바른 앎의 장, 요소 마음기울임의 장에 따라 생겨나고 있는 물질 무더기를 관찰하고 있으면 위빳사나 찰나삼매라고 부를 수 있는 근접삼매도 생겨납니다. 그 삼매와 함께 한 무더기로 위빳사나 바른 견해라고 부르는 위빳사나 지혜도 생겨납니다. 그것은 몸 거듭관찰 새김확립이라고 하는 바른 새김 도 구성요소와 바른 삼매 도 구성요소, 바른 견해 도 구성요소입니다. 그 구절에서 "요소 마음기울임의 장에 따라 관찰하여 근접삼매가 생겨난다"라고 하는 것은 『위숫디막가』에서 사대분별catudhātuvavatthāna이라는 명칭으로 보여 놓은 수행주제이기 때문에 전혀 의심할 여지가 없습니다. 또한 자세의 장, 바른 앎의 장에 따라 관찰하여 근접삼매가 생겨난다는 것도 「마하사띠빳타나숫따」의 주석에 '그러한 관찰은 근접삼매 수행주제다'라는 사실을 분명하게 설명해 놓았기 때문에 전혀 의심할 여지가 없습니다.

또한 느낌의 장 등에 따라서 생겨나는 느낌과 마음과 성품법들을 관

167 『위빳사나 수행방법론』 제1권, pp.171~174 참조.

찰하면서도 근접삼매와 위빳사나 지혜들이 생겨날 수 있습니다. 따라서 『위숫디막가』 견해청정의 장 앞부분에 위빳사나만으로 관찰하기 시작하는 수행자에게는 네 가지 요소를 관찰하는 모습을 설명한 후, 요소 18가지를 관찰하는 모습, 감각장소 12가지를 관찰하는 모습, 무더기 5가지로 관찰하는 모습, 물질·정신 2가지로 관찰하는 모습도 보여 놓았습니다. 그것은 「마하사띠빳타나숫따」 등 부처님의 가르침과 일치하게 설명한 것입니다.

지금 말한 내용을 통해 부처님께서 설하신 경전의 가르침과도 일치하게 바른 새김 도 구성요소가 생겨나도록 닦는 모습을 이해할 수 있을 것입니다. 그렇게 이해한다면, 생겨나고 있는 몸·느낌·마음·법들을 관찰하지 않고 문헌에서 설명해 놓은 것을 외워서 숙고하고 반조하면서 관찰하고 있는 것으로는 진짜 바른 새김 도 구성요소가 생겨날 수 없다는 사실도 결정할 수 있을 것입니다. 진짜 바른 새김 도 구성요소가 생겨나지 않으면 진짜 위빳사나 바른 견해 도 구성요소도 생겨나지 않는다는 것은 분명합니다. 이것을 더욱 확실하도록 「마하사띠빳타나숫따」 주석의 한 구절을 인용해 보겠습니다.

현재법을 관찰해야 진짜 통찰지가 생겨난다

Yasmā pana kāyavedanācittadhammesu kañci dhammaṁ anāmasitvā bhāvanā nāma natthi, tasmā tepi imināva maggena sokaparideve samatikkantāti veditabbā. (DA.ii.339)

대역

Pana그러나 kāyavedanācittadhammesu《진짜 생겨나고 있는 현재인》 몸과 느낌과 마음과 법들 가운데서 kañci dhammaṁ어느 것도

anāmasitvā명상하지 않고서는; 관찰하지 않고서는 bhāvanā nāma 수행이라는 것은; 위빳사나 통찰지와 성스러운 도 통찰지를 생겨나게 하는 수행이라는 것은 yasmā natthi있을 수 없기 때문에 tasmā 그러므로 tepi그들도; 《법문을 들으면서 성스러운 도와 과라는 특별한 법을 얻은》 산따띠Santati 장관과 빠따짜라Paṭācārā 장로니들도 imināva maggena바로 이 도를 통해서; 바로 이 새김확립 네 가지라는 실천을 통해서 sokaparideve samatikkantāti슬픔과 비탄을 극복했다고 veditabbā알아야 한다.

새김확립이 포함되지 않으면 통찰지가 생겨나지 않는다

이 주석서의 구절은 매우 명백합니다. 법문을 들으면서 성스러운 도와 과라는 특별한 법을 얻었다고 하는 것도 바로 이 새김확립을 통해서만 생겨나는 몸 물질이든, 느낌이든, 마음이든, 성품법이든 어느 한 가지를 관찰하여 알았기 때문입니다. 단지 듣는 것만으로 그렇게 되지는 않습니다. 그것은 새김확립의 대상, 즉 관찰 대상인 몸·느낌·마음·법이라는 이 네 가지 중 어느 한 가지도 관찰하지 않으면 위빳사나 통찰지도 생겨나는 일이 없고, 성스러운 도 통찰지도 생겨나는 일이 없기 때문입니다.

그래서 몸에서 실제로 생겨나고 있는 물질·정신을 관찰하지 않고 외워서 법체를 헤아리며 숙고하는 것만으로는 위빳사나 지혜와 성스러운 도의 지혜라는 진짜 바른 견해 도 구성요소가 생겨나지 않는다는 것은 매우 분명합니다.

여기에서 'sammāsati'를 '바르게 새기는 것, 바른 새김'이라고 했어도 새기는 것만으로는 수행이 성취되지 않습니다. 새겨서 사실대로 바르게 알아야 성취됩니다. 그래서 방금 독송하며 설명했던 「마하사띠빳타나숫따』의 서문 구절 중에 'sampajāno satimā(새김을 갖추고 바르게 알아)'라고도[168] 설해져 있습니다. 자세한 상설에서는 'pajānāti 다양하게 안다'라고도 설해져 있습니다. 'samudayadhammānupassī(생성법을 관찰하면서)'라는 등으로 생겨남과 사라짐, 또는 생겨나게 하는 원인과 사라지게 하는 원인을 관찰하고 보는 것도 설해져 있습니다. 이 내용을 게송으로 "몸의현상 생길때 바로알아야‖ 행복고통 무덤덤 생겨알아야‖ 마음현상 생길때 바로알아야‖ 성품법이 드러나 구분알아야"라고 표현했습니다. 같이 독송합시다.

몸의현상 생길때 바로알아야
행복고통 무덤덤 생겨알아야
마음현상 생길때 바로알아야
성품법이 드러나 구분알아야

《두 번째 구절에서 '행복고통 무덤덤'이란 행복한 느낌, 괴로운 느낌, 무덤덤한 느낌이 생겨날 때 관찰해서 알아야 한다는 말입니다.》

바른 새김 도 구성요소가 중요해서 많은 이가 이해하도록 조금 자세히 설명했습니다. 이제 바른 삼매 도 구성요소를 설명하겠습니다. 바른 삼매 도 구성요소 부분도 부처님께서 설하신 것을 다 말하면 법문이 너무 길어질 것입니다. 견문이 적은 이들은 이해하지 못할 수도 있습니다. 그래서 적당한 정도만 소개하겠습니다.

168 빠알리어 순서로는 'sampajāna바르게 알고 satimā새기면서'라고 번역할 수 있으나『마하사띠빳타나숫따 대역』, p.55 등에 따라 '새김을 갖추면서 바르게 알아'라고 번역했다.

바른 삼매 도 구성요소

성전과 의미

4-2[6] Katamo ca, bhikkhave, sammāsamādhi? Idha, bhikkhave, bhikkhu vivicceva kāmehi vivicca akusalehi dhammehi savitakkaṁ savicāraṁ vivekajaṁ pītisukhaṁ paṭhamaṁ jhānaṁ upasampajja viharati. …[169] Ayaṁ vuccati, bhikkhave, sammāsamādhi.[170] (D.ii.250/D22)

대역

Bikkhave비구들이여, sammāsamādhi바른 삼매란 katamā ca무엇인가? bhikkhave비구들이여, idha bhikkhu이 가르침에서 비구는 kāmehi감각욕망에서; 대상 감각욕망과 번뇌 감각욕망이라는 감각욕망에서 vivicca eva완전히 떠나서; 완전히 떠난 《'~초선정을'과 연결하라.》 akusalehi dhammehi불선법에서 vivicca eva완전히 떠나서; 완전히 떠난, savitakkaṁ사유가 있는, savicāraṁ고찰이 있는, vivekajaṁ pītisukhaṁ장애로부터 떠남에서 생겨난 희열과 행복이 있는 paṭhamaṁ jhānaṁ초선정에 upasampajja viharati도달하여 지낸다. … bhikkhave비구들이여, ayaṁ이것을; 이러한 네 가지 선정을 sammāsamādhi바른 삼매라고 vuccati말한다.[171]

'선정jhāna'이란 다른 대상으로 마음이 달아나지 않고 자신의 대상에

169 생략된 부분은 『마하사띠빳타나숫따 대역』 pp.255~256 참조.
170 저본에 대역만 있어 빠알리어 원문을 역자가 첨가했다.
171 뒷부분은 역자가 첨가했다.

만 집중해서 몰입되어 고요하게 유지되고 있는 성품입니다. 그 선정은 경전 방법에 따라 네 종류가 있습니다. ① 대상이 드러나도록 생각하는 사유vitakka, 드러난 대상을 거듭 고찰하고 숙고하는 고찰vicāra, 기뻐하는 희열pīti, 마음의 행복함인 행복sukha, 집중하여 고요하게 유지되는 하나됨ekaggatā이라는 삼매, 이러한 다섯 가지 선정 구성요소 무더기를 '초선정'이라고 말합니다. ② 사유와 고찰 없이 희열, 행복, 하나됨이라는 세 가지 선정 구성요소 무더기를 '제2선정'이라고 말합니다. ③ 희열이 포함되지 않고 행복, 하나됨이라는 두 가지 선정 구성요소 무더기를 '제3선정'이라고 말합니다. ④ 행복이 포함되지 않고 평온과 하나됨이라는 두 가지 선정구성요소 무더기를 '제4선정'이라고 말합니다.

네 가지 선정에는 색계 선정과 무색계 선정이라는 세간 선정도 있고, 성스러운 도의 마음과 결합한 출세간 선정도 있습니다. 세간과 출세간 선정 두 가지 중에서 출세간 선정 삼매는 진짜 성스러운 바른 삼매 도 구성요소이고, 세간 선정 삼매는 위빳사나의 기본이 되는 것이면 삼매 도 구성요소에 포함됩니다.

선정을 얻지 못하면 위빳사나 관찰을 해선 안 된다는 주장

이러한 설명을 연유로 "선정 삼매를 얻어야 마음청정이[172] 구족돼 위빳사나를 관찰할 수 있다. 선정 삼매를 얻지 못하면 마음청정이 구족되지 않기 때문에 위빳사나를 관찰할 수 없다"라고 말하는 이들도 있습니다. 이것은 한 쪽으로 치우친 견해입니다. 선정의 근처에 생겨나는 근

172 마음청정 등 칠청정은 부록 2를 참조하라.

접삼매 정도를 얻으면 장애 번뇌들이 사라지기 때문에 근접삼매로 마음청정을 구족해서 이를 바탕으로 위빳사나 관찰을 해도 좋다는 사실, 이를 통해 아라한과까지 도달할 수 있다는 사실, 그렇게 도달한 이들도 많다는 사실을 『위숫디막가』 등에 분명하게 설명해 놓았습니다.[173] 부처님께서 설하신 여러 경에서도 "근접삼매 정도만 얻을 수 있는 자세의 장에 따른 관찰방법 등으로 아라한과에까지 이를 수 있다"라고 분명하게 설해 놓으셨습니다.[174] 『앙굿따라 니까야』 「아눗사띠타나숫따」에도[175] "evamidhekacce sattā visujjhanti(이와 같이 여기서 일부 중생은 청정하게 된다)"라고 아라한까지 될 수 있다는 사실을 설명해 놓았습니다(A.ii.275).[176] 「마하사띠빳타나숫따」 바른 앎의 장에 대한 주석에도 부처님과 승가의 덕목을 대상으로 희열이 생겨나면, 그 희열을 '사라진다, 소멸한다'라고 명상하여 아라한과에 이를 수 있다는 사실을 확실하게 보여 놓았습니다.

또한 부처님께서 설하신 법을 들으면서 몇 십만, 몇 백만, 몇 천만의 많은 이가 도와 과의 법을 얻었다고 할 때 그들 모두가 선정을 얻은 이들이었다고 할 수는 없을 것입니다. 대부분 선정을 얻지 못한 이들일 가능성이 많습니다. 그러한 이들에게 마음청정이 생겨난 모습을 "kallacitte muducitte vinīvaraṇacitte udaggacitte pasannacitte 받아들일 준비가 된 마음, 부드러운 마음, 장애가 없는 마음, 고무된 마음, 깨끗한 마음이 있다"라고 보인 뒤 그때 부처님께서 'sāmukkaṁsikā', 직접

173 『위빳사나 백문백답』, pp.111~114 참조.
174 D.ii.232.
175 A6:25; 「Anussatiṭhānasutta 거듭새김장소 경」.
176 『앙굿따라 니까야』 제4권, pp.103~106 참조.

드러내어 설명할 네 가지 진리 설법을 설하셨고, 그 설법을 통해 그들이 특별한 법을 얻었다는 사실을 분명하게 보여 놓았습니다.[177]

따라서 바른 삼매를 선정 네 가지로 분석해서 설명하는 것은 최상ukkaṭṭha 방법으로[178] 설하신 것이라고 파악한 뒤, 하등omaka 방법으로는 다른 성전이나 주석서에서 설명한 근접삼매도 마음청정을 구족하게 하는 바른 삼매 도 구성요소에 해당된다고만 파악해야 합니다. 그 근접삼매도 장애들을 사라지게 하는 것으로는 초선정과 같습니다. 사유, 고찰, 희열, 행복, 하나됨이라는 다섯 가지 선정 구성요소가 있는 것으로도 같습니다. 따라서 진짜 근접삼매와 유사 근접삼매 두 가지 모두 초선정 안에 하등 방법으로 부처님께서 포함시켜 설하셨다고 파악해야 합니다.

세 종류의 삼매

선정이라는 것은 대상에 집중하고 밀착해서 관조하는 성품입니다. 들숨날숨 등 사마타 표상 대상에 집중해서 관조하는 것이 사마타 선정이고, 물질·정신의 고유특성이나 무상·고·무아의 특성을 관찰해서 아는 것이 위빳사나 선정입니다. 이것을 요약해서 "집중해서 밀착해 관조해선정ǀ 위빳사나 사마타 두종류선정ǀ 고요함뿐 관조해 사마타선정ǀ 삼특상을 관알아 위빳사나정ǀ 찰나근접 몰입의 세종류삼매"라고 게송으로 표현했습니다. 같이 독송합시다.

---

177 D.ii.35.

178 제일 높은 단계의 법을 언급하면 그보다 낮은 단계의 법은 저절로 포함된다고 의미를 알아야 하는 방법.

집중해서 밀착해 관조해선정
위빳사나 사마타 두종류선정
고요함뿐 관조해 사마타선정
삼특상을 관알아 위빳사나정
찰나근접 몰입의 세종류삼매

마지막 게송에서 세 종류 삼매 중 '찰나'라고 언급한 찰나삼매란 사마타 수행주제 대상을 관조할 때 처음 근접삼매에 도달하기 전 어느 정도 마음이 고요한 삼매와 위빳사나 삼매를 말합니다. 이 두 가지 중에서도 위빳사나 삼매는 장애 번뇌들을 사라지게 하고 고요하게 하는 것으로는 근접삼매와 특성이 같기 때문에 근접삼매라고도 부릅니다. 그 위빳사나 찰나삼매가 매우 힘이 좋아졌을 때 몰입삼매처럼 마음이 지극히 고요하도록 잘 둘 수 있다는 사실은 새김확립 수행자들에게 직접 경험을 통해서 이미 분명합니다. 그래서 『위숫디막가 마하띠까』에 "찰나의 마음 하나됨khaṇikacittekaggatā이라는 것은 생겨나는 순간, 그 찰나 정도에만 머무는《위빳사나》삼매이다. 맞다. 그 위빳사나 찰나삼매는 관찰하여 알아지는 물질·정신 대상에 대해 끊임없이 한 종류의 집중된 모습으로 계속 이어져 생겨나면서 반대되는 번뇌들이 뒤덮을 수 없게 되어 마치 몰입선정에 도달해 있는 것처럼 마음을 동요하지 않도록 둘 수 있다"라고 설명해 놓았습니다(Pm.i.342).[179]

따라서 도와 과에 이르고자 위빳사나 수행을 하는 수행자는 할 수 있다면 네 가지 선정 중에서 어느 하나든, 두 가지, 세 가지, 네 가지

179 『위빳사나 수행방법론』 제1권, p.173 참조.

모두든 얻도록 노력해야 합니다. 얻은 뒤에 또한 선정에 능숙하도록 노력해야 합니다. 선정을 얻도록 노력할 수 없다면 선정의 근처에 생겨나는 근접삼매를 얻도록 노력해야 합니다. 네 가지 근본물질 등 물질·정신을 시작으로 위빳사나 관찰하는 수행자라면 근접삼매처럼 장애들을 고요하게 하는 위빳사나 찰나삼매를 구족해야 합니다. 그 찰나삼매가 잘 구족됐을 때 관찰하여 새길 때마다 계속해서 물질·정신 두 가지를 구별하여 아는 정신·물질 구별의 지혜를 시작으로 위빳사나 지혜들이 차례대로 생겨날 것입니다. 따라서 그 위빳사나 찰나삼매와 근접삼매도 바른 삼매 도 구성요소라고 기억해야 합니다.

삼매 도 구성요소에 관한 설명은 이것으로 마치고, 이제 통찰지 도 구성요소를 설명하겠습니다.

바른 견해 도 구성요소

성전과 의미

4-2[7] Katamā ca, bhikkhave, sammādiṭṭhi? Yaṁ kho, bhikkhave, dukkhe ñāṇaṁ, dukkhasamudaye ñāṇaṁ, dukkhanirodhe ñāṇaṁ, dukkhanirodhagāminiyā paṭipadāya ñāṇaṁ, ayaṁ vuccati, bhikkhave, sammādiṭṭhi.[180] (D.ii.250/D22)

대역

Bhikkhave비구들이여, sammādiṭṭhi바른 견해란 katamā ca무엇인가? bhikkhave비구들이여, dukkhe괴로움에 대해; 괴로움이라는

180 저본에 대역만 있어 빠알리어 원문을 역자가 첨가했다.

진리에 대해 yaṁ kho ñāṇaṁ아는 어떤 지혜, dukkhasamudaye괴로움의 생겨남에 대해; 괴로움의 생겨남이라는 진리에 대해; 생겨남의 진리에 대해; 괴로움을 생겨나게 하는 원인법에 대해[181] yaṁ kho ñāṇaṁ아는 어떤 지혜, dukkhanirodhe괴로움의 소멸에 대해; 괴로움의 소멸이라는 진리에 대해; 소멸의 진리에 대해; 괴로움이 소멸된 곳이자 소멸된 성품에 대해 yaṁ kho ñāṇaṁ아는 어떤 지혜, dukkhanirodhagāminiyā paṭipadāya괴로움의 소멸로 인도하는 실천에 대해; 괴로움의 소멸에 이르게 하는 도라는 진리에 대해; 도의 진리에 대해; 괴로움이 소멸된 곳이자 소멸된 성품에 도달하여 알고 보는 실천과 길에 대해 yaṁ kho ñāṇaṁ아는 어떤 지혜가 atthi 있는데, bhikkhave비구들이여, ayaṁ이것을; 이렇게 아는 지혜를 sammādiṭṭhi바른 견해라고 vuccati말한다.

이것은 바른 견해를 자세하게 설명한 부처님의 말씀입니다. 요약하자면 네 가지 진리를 사실대로 아는 것이 바른 견해 도 구성요소라는 뜻입니다. 그 바른 견해 도 구성요소는 어떻게 닦아야 하는가 하면, 앞서 언급한 바른 새김과 바른 삼매 도 구성요소를 닦는 모습에서 설명한 대로 닦으면 됩니다. 하지만 더욱 분명하게 알고 이해할 수 있도록 자세하게 다시 설명하겠습니다. 이 바른 견해를 자세하게 나누면 ① 업자산 정견kammassakatā sammādiṭṭhi, ② 선정 정견jhāna sammādiṭṭhi, ③ 위빳사나 정견vipassanā sammādiṭṭhi, ④ 도 정견magga sammādiṭṭhi, ⑤ 과 정견phala sammādiṭṭhi으로 다섯 종류가 있습니다(AA.i.369; AA.ii.63). 이

181 저본에 '생겨나게 하는 원인법'이라는 의미가 보충돼 있어 그대로 번역했다.

중 선정 정견을 빼고 ⑥ 반조 정견paccavekkhaṇā sammādiṭṭhi을 넣어 설명한 곳도 있습니다(MA.iii.95). 그 여섯 가지를 다 모은 곳도 있습니다(AA.iii.45). 이 여섯 가지 바른 견해를 독송해 봅시다.

① 깜맛사까따 삼마딧티kammassakatā sammādiṭṭhi 업 자산 정견
② 자나 삼마딧티jhāna sammādiṭṭhi 선정 정견
③ 위빳사나 삼마딧티vipassanā sammādiṭṭhi 위빳사나 정견
④ 막가 삼마딧티magga sammādiṭṭhi 도 정견
⑤ 팔라 삼마딧티phala sammādiṭṭhi 과 정견
⑥ 빳짜웩카나 삼마딧티paccavekkhaṇā sammādiṭṭhi 반조 정견

이 여섯 가지 중에서 '과 정견'이라는 것은 네 가지 과와 결합한 지혜입니다. 이것은 네 가지 도의 결과일 뿐입니다. 성스러운 도 네 가지를 얻으면 과의 지혜 네 가지도 저절로 얻게 됩니다. 과의 지혜를 얻기 위해 특별히 노력해야 할 것은 없습니다. 또한 '반조 정견'이라는 것도 도와 과를 얻어 돌이켜 반조하면서 저절로 생겨나는 것입니다. 그 지혜를 위해서도 특별히 노력해야 할 필요가 없습니다. 앞의 정견 네 가지만 얻도록 노력해야 할 필요가 있습니다. 그래서 그 네 가지만 이해하도록 설명하겠습니다.

업 자산 정견

그 네 가지 중에서 업 자산 정견이란 업과 업의 결과가 있다고 믿고서 알고 보고 이해하는 견해입니다. 여기서 '업kamma'이란 행위를 말합니다. 업은 좋은 결과나 나쁜 결과를 얻게 합니다. 예를 들어 올바르지

않은 행위를 한 이는 안 좋은 결과나 나쁜 결과를 겪게 됩니다. 법률을 어긴 이들은 형벌이나 처벌이라는 나쁜 결과를 받아야 합니다. 훌륭하지 않은 행위를 하면 비난을 받을 수 있습니다. 다른 이를 비난하면 그 사람에게서 반대로 비난을 받게 됩니다. 눈을 흘기면 상대방으로부터 흘기는 눈길을 다시 받게 됩니다. 웃는 얼굴로 보면 상대방도 웃는 얼굴로 자신을 볼 것입니다. 부드럽게 말을 하면 상대방도 부드럽게 다시 말을 할 것입니다. 어릴 때 착하게 지내면서 학문을 잘 배웠다면 나이가 들었을 때 어느 정도 번영하고 행복할 것입니다. 번창할 일을 행하면 재산이 많아지고 부유해질 것입니다. 도박 등을 행하면 재산이 무너질 것입니다. 이러한 것들이 현재 직접 경험해서 볼 수 있는 선행과 악행의 좋은 결과와 나쁜 결과입니다.

윤회하는 동안의 여러 생에서도 마찬가지로 선행과 악행인 업이 좋은 결과와 나쁜 결과를 줄 수 있습니다. 과거 여러 생에서 악행을 행했던 이들은 지금 생에서 악행의 결과를 겪어야 합니다. 수명이 짧고 병이 많고 용모가 추하고 재산이 적고 따르는 이가 적은 등의 나쁜 결과들을 겪어야 합니다. 지금 생에서 살생하고 괴롭히고 훔치고 약탈하고 거짓말하는 등의 악행을 행한 이들은 다음 여러 생에서 저열한 탄생지와 저열한 생에 이르러 악행의 결과를 겪어야 할 것입니다.

과거 여러 생에서 선행을 행한 이들은 지금 생에서 좋은 결과를 얻습니다. 수명이 길고 병이 없고 용모가 훌륭하고 재산이 많고 따르는 대중이 많은 등 좋은 결과를 얻어 행복합니다. 지금 생에서 살생하고 괴롭히고 훔치고 약탈하고 거짓말하는 등의 악행을 삼가고 보시하고 보호하고 도움을 주는 등의 선행과 선업을 행하는 이들은 다음 여러 생에서 거룩하고 좋은 생에 이르러 좋은 결과들을 행복하게 누릴 수 있습니다.

선업과 불선업의 좋은 결과와 나쁜 결과는 진실로 있습니다. 그렇게 있는 대로 믿고서 사실대로 알고 보고 견지하는 것이 업 자산 정견kammassakatā sammādiṭṭhi입니다. 'kamma 업만이' + 'saka 자신의 진정한 재산인' + 'tā 상태를' + 'sammā 바르게' + 'diṭṭhi 알고 봄' = 'kammassakatā sammādiṭṭhi 업만이 자기 재산인 상태를 바르게 알고 보는 견해' = '업 자산 정견'입니다.[182] 하지만 이렇게 알고 보는 것은 위빳사나 지혜처럼 직접 경험하여 꿰뚫어 알고 보는 것은 아닙니다. 'saddhāmūlikā 믿음을 뿌리로 한다'라는 말에 따라[183] 부모님이나 스승님의 말, 문헌의 구절 등 적절한 근거를 비교해서 믿고 바르게 알고 보고 이해하는 견해입니다. 그것은 10가지 선행善行 중에 포함되기 때문에 '선행 정견'이라고도 부릅니다.

업과 업의 결과가 있음에도 불구하고 없다고 잘못 생각하고 아는 견해를 사견micchādiṭṭhi이라고 합니다. 그것은 악행 10가지 중에 포함되기 때문에 '악행 사견'이라고도 합니다. 그 악행 사견에 관한 자세한 설명을 알고 싶으면 『*Sallekhasutta tayato*(살레카숫따 법문)』[184] 제2권을 찾아보십시오.[185] 여기서는 게송 정도만 소개하겠습니다. 같이 독송합시다.

업과업보 없다라는 그른견해 악행사견
업과업보 있다라는 바른견해 선행정견

182 『가르침을 배우다』, pp.428~431 참조.

183 DA.i.206.

184 M8; 「Sallekhasutta 지워 없앰 경」.

185 『가르침을 배우다』, p.220 참조.

선행 정견이라고도 부르는 업 자산 정견은 모든 선업의 기초이자 뿌리입니다. 이 정견이 있어야 불선업도 삼가고 보시와 지계 등 일반 선업도 행할 수 있습니다. 더 나아가 사마타와 위빳사나라는 수행 선업도 닦을 수 있습니다. 그래서 이 정견과 계를 삼매와 통찰지라는 선업의 처음 부분이라고 다음과 같이 설하셨습니다.

Tasmātiha tvaṁ, bhikkhu, ādimeva visodhehi kusalesu dhammesu. Ko cādi kusalānaṁ dhammānaṁ? Sīlañca suvisuddhaṁ, diṭṭhi ca ujukā. Yato kho te, bhikkhu, sīlañca suvisuddhaṁ bhavissati diṭṭhi ca ujukā, tato tvaṁ, bhikkhu, sīlaṁ nissāya sīle patiṭṭhāya cattāro satipaṭṭhāne tividhena bhāveyyāsi.[186]

(S.iii.124/S47:3)

대역

Bhikkhu비구여, tasmā그러므로; '혼자서 수행하고자 하니 간략하게 설해 주십시오'라고 그대가 청했기 때문에 tvaṁ그대는 kusalesu dhammesu선법들 중에서; 선법들에서 ādimeva처음을 확실히 visodhehi청정하게 하라. kusalānaṁ dhammānaṁ선법들의; 삼매와 통찰지라는 선법들의 ādi처음이란 ko ca무엇인가? suvisuddhaṁ아주 청정한 sīlañca계와; 계목단속 계와 ujukā올곧은 diṭṭhi ca견해; '업과 업의 결과가 있다'라고 믿는 정견이다. bhikkhu비구여, yato kho실로 어느 때, te그대의 sīlañca계도; 계목단속 계도 suvisuddhaṁ아주 청정하고 diṭṭhi ca견해도; 업 자산 정견도 ujukā올곧

186 저본에 대역만 있어 빠알리어 원문을 역자가 첨가했다.

게 bhavissati됐을 때, bhikkhu비구여, tato그때 tvaṁ그대는 sīlaṁ nissāya계를 의지해; 계목단속 계를 의지해 sīle patiṭṭhāya계에 기반을 두고; 계목단속 계에 기반을 두고 cattāro satipaṭṭhāne tividhena네 가지 새김확립들을 세 종류로; 내부에 대해 관찰하는 것과 외부에 대해 관찰하는 것과 내부와 외부에 대해 관찰하는 것이라는 세 종류로 bhāveyyāsi수행하라.

이러한 부처님의 말씀에 따라 업 자산 정견과 계 도 구성요소가 수행 선업을 닦기 전에 이미 갖추어야 할 기본이자 처음 부분이라는 사실이 매우 분명합니다. 또한 위빳사나 수행을 위해서는 마음청정과 관련된 선정삼매와 근접삼매도 기본이 되는 부분이라는 사실이 분명합니다. 성스러운 도ariyamagga가 생겨나려면 앞부분 도pubbabhāgamagga라는 위빳사나 도 구성요소들을 닦아야 한다는 것도 분명합니다. 그래서 ① 근본mūla 도 구성요소, ② 앞부분pubbabhāga 위빳사나 도 구성요소, ③ 성스러운ariya 도 구성요소, 이렇게 세 단계로 나누어 놓았습니다. 이 내용을 "물라뿝바 아리야 삼단도요소ǀ 도요소를 닦으면 열반이르러"라고 게송으로 표현했습니다. 같이 독송합시다.

물라뿝바 아리야 삼단도요소
도요소를 닦으면 열반이르러

닦아야 할 삼단 도 요소

불교에 입문한 참사람들이라면 선업을 행할 때마다 열반의 행복을 빠르게 얻고자 기원합니다. '빠르게 실현하기를'이라고 서원하곤 합니다. 하지만 단지 서원하는 것만으로는 지금 즉시 얻을 수 없습니다. 그 선업이 보내주는 어느 한 선처의 생에 도달해서야 얻을 수 있습니다. 그것도 팔정도를 실천해야 가능합니다. 그러니, 그때까지 미루지 말고 바로 지금 생에서 열반을 얻도록 노력해야 마땅합니다. 어떻게 노력해야 할까요?

성스러운 도라는 도 구성요소 여덟 가지가 생겨나도록 노력해야 합니다. 하지만 성스러운 도 구성요소를 처음부터 생겨나게 할 수는 없습니다. 앞부분 도라는 위빳사나 도 구성요소들이 생겨나도록 먼저 노력해야 합니다. 노력할 때는 기본을 갖추어야 합니다. 그래서 근본이자 뿌리이자 바탕이 되는 도 구성요소들을 갖추도록 제일 먼저 노력해야 합니다. 근본 도 구성요소란 앞서 말한 업 자산 정견 도 구성요소와 계 도 구성요소 세 가지와 삼매 도 구성요소의 세 가지입니다.

근본 도 구성요소

• 업 자산 정견과 계

불자들이라면 대부분 업 자산 정견은 이미 갖춘 경우가 많습니다. 계 도 구성요소들은 재가자의 경우라면 미리 구족하지 못했더라도 수행하기 전 계를 수지하면 갖추어집니다. 출가자라면 수행하기 전 범계에 의심이 있으면 격리처벌parivāsa과 분리처벌mānatta을[187] 통해 청정하게 해야 합니다. 여법하지 않은 물건이 있으면 그 물건들을 버리고 고백하는 것으로 청정하게 해야 합니다.

187 승단잔류죄saṅghādisesa를 저지른 자가 동료 비구들에게 알리지 않고 하루 이상 숨겼을 때, 숨긴 날짜 만큼 승원 내부의 별도 장소에서 보호관찰대상자로 살게 하는 처벌이 격리처벌이다. 격리처벌을 마쳤거나 승단잔류죄를 저지른 자가 다른 동료 비구들에게 감추지 않고 알렸을 때 6일 동안 보호관찰대상자로 살게 하는 처벌이 분리처벌이다. 전재성 역주, 『빅쿠비방가-율장비구계』, pp.32~33 참조.

• 삼매

•• 찰나삼매를 바탕으로 위빳사나를 관찰하는 모습

그러고서 어느 하나의 선정이든, 두 가지, 세 가지, 네 가지 모두든 할 수 있는 만큼 선정을 갖추도록 노력해야 합니다. 혹은 선정에 인접한 근접삼매라도 얻도록 노력해야 합니다. 사마타 선정을 따로 수행할 수 없으면 《장애가 사라지게 할 정도로는 근접삼매와 같은》 위빳사나 찰나삼매가 생겨나도록 근본물질 네 가지 등에 집중해서 관찰해야 합니다. 이것은 삼매를 따로 특별히 마련하는 것이 아닙니다. 물질·정신의 바른 성품을 알도록 집중해서 관찰하고 있으면 위빳사나 삼매가 저절로 생겨나는 것입니다. 하지만 많은 대상을 따라서 관찰하거나 혹은 분명하지 않은 대상을 따라서 관찰하고 있으면 삼매가 생겨나는 것이 더딥니다. 분명한 대상, 그것도 많지 않은 대상 정도만 거듭 관찰해야 삼매가 쉽게 생겨납니다.

그래서 본승은 배에서 분명하게 드러나는 팽팽함, 밀어냄, 움직임 등 바람 요소를 시작으로 관찰하도록 지도하고 있습니다. 관찰하는 모습은 다음과 같습니다. 배가 부풀 때는 〈부푼다〉라고 관찰해야 합니다. 꺼질 때는 〈꺼진다〉라고 관찰해야 합니다. 부풂과 꺼짐, 이 두 가지를 시작으로 관찰하도록 지도하고 있습니다. 하지만 그 두 가지도 아직 충분하지 않습니다. 〈부푼다, 꺼진다〉라고 관찰하고 있다가 생각이 일어나면 그 생각도 관찰해야 합니다. 그 뒤 부풂과 꺼짐을 다시 관찰합니다. 몸에 참기 어려운 어떤 괴로운 느낌이 분명하게 드러나면 그것도 관찰해야 합니다. 그렇게 관찰해서 괴로운 느낌이 사라지든지, 사라지지 않더라도 어느 정도 오랫동안 관찰했다면 부풂과 꺼짐으로 다시 돌아와 집중해서 관찰합니다. 손이나 다리를 구부리는 것, 펴는 것, 움직이고 자세를 바꾸는 것이 생겨나면 그 몸의 움직임들도 관찰해야 합니다. 그 뒤 부풂과 꺼짐으로 다시 돌아와 관찰합니다. 특별한 봄, 들음 등이 분명하게 드러나면 그것도 〈본다, 본다; 들린다, 들린다〉라는 등으로 관찰해야 합니다. 그렇게 두 번, 세 번, 네다섯 번 관찰하고 나서 다시 부풂과 꺼짐으로 돌아와 집중해서 관찰합니다.

이러한 방법으로 집중해서 관찰하면 마음의 집중됨인 특별한 삼매가 생겨나는 것을 경험할 것입니다. 그때 거듭 관찰할 때마다 관찰해서 알아지는 물질이 따로, 관찰해서 아는 정신이 따로 구분되어 분명할 것입니다. 이것은 마음의 집중됨인 삼매를 의지해서 물질과 정신을 구별하여 아는 특별한 위빳사나 지혜가 생겨난 것입니다. 이렇게 특별한 앎과 지혜가 생겨나는 모습을 염두에 두고 "cakkhukaraṇī(눈을 생겨나게 한다)"라는 구절을 시작으로 "ñāṇakaraṇī(지혜를 생겨나게 한다)"라는 등을 설하셨습니다. "pubbenāparaṁ visesaṁ sañjānanti 이전보다 나중에 더욱 특별하게 알게 된다"라고도 부처님 당시 비구니 스님 등이 보고했던 것입니다.

•• 선정을 얻은 이들이 위빳사나를 관찰하는 모습

••• 출정 후 분명한 법들을 관찰하는 모습

앞에서 말한 대로 선정을 얻도록 노력할 수 있으면 그 선정삼매와 결합한 지혜가 선정 정견jhānasammādiṭṭhi입니다. 하지만 그 선정 정견은 위빳사나에서는 그리 분명하지 않습니다. 선정삼매만이 마음청정으로나 바탕이 되는 선정으로나 분명합니다. 도움도 많이 줍니다. 도움을 주는 모습은 다음과 같습니다. 자신이 얻은 선정을 기본으로 하여 선정에 입정한 뒤 그 선정에서 출정했을 때, 선정에 입정해 있을 때 포함된 사유, 고찰, 희열, 행복, 하나됨, 접촉, 의도, 마음기울임, 마음 등의 정신법들을 시작으로 관찰해야 합니다. 그렇게 관찰하면 즉시 분명하게 알 수 있습니다. 선정의 의지처인 물질을 관찰해도 분명합니다. 각각의 찰나에 각각 생겨나서는 즉시 사라져 버리는 것도 분명합니다. '사라져 버리기 때문에 항상하지 않다. 괴로움일 뿐이다. 무아인 성품 법들일 뿐이다'라고도 쉽게 알 수 있습니다. 그래서 선정에 입정했다가, (출정해서) 선정에 입정했을 때의 정신법과 물질법들을 관찰했다가, 이렇게 거듭거듭 관찰하면서 위빳사나 도 구성요소들이 성숙되고 무르익어서 머지않아 성스러운 도로 열반을 직접 실현할 수 있습니다. 그렇게 되는 모습을 『앙굿따라 니까야』「자나숫따」[188] 등에 다음과 같이 설하셨습니다.

Idha, bhikkhave, bhikkhu vivicceva kāmehi … paṭhamaṁ jhānaṁ upasampajja viharati. So yadeva tattha hoti rūpagataṁ vedanāgataṁ saññāgataṁ saṅkhāragataṁ viññāṇagataṁ, te dhamme aniccato dukkhato … anattato samanupassati. So … tattha ṭhito āsavānaṁ khayaṁ pāpuṇāti.[189] (A.iii.220/A9:36)

대 역

Bhikkhave비구들이여, idha이 교법에서 bhikkhu비구는 paṭhamaṁ jhānaṁ upasampajja viharati초선정에 입정해 머문다. so그 비구는 yadeva tattha hoti rūpagataṁ vedanāgataṁ saññāgataṁ

188 A9:36; 「Jhānasutta 선정경」.

189 저본에 대역만 있어 빠알리어 원문을 역자가 첨가했다.

saṅkhāragataṁ viññāṇagataṁ te dhamme그 선정에 입정했을 때 있는 물질들을, 느낌들을, 인식들을, 형성들을, 의식들을 aniccato dukkhato … anattato무상하다고 괴로움이라고 … 무아라고 samanupassati관찰한다; 선정에서 출정했을 때 관찰한다. so그는; 그렇게 관찰하는 비구는 tattha ṭhito거기에 머물면서; 그 선정이 생겨날 때 물질·정신을 관찰하는 위빳사나에 머물면서 āsavānaṁ khayaṁ pāpuṇāti누출다함에 도달한다; 번뇌가 다한 아라한과에 이른다.

이것은 선정을 얻은 이들이 선정에 입정한 뒤 자신의 상속에 실제로 생멸해 가는 선정 마음과 마음부수라는 정신법, 그리고 물질법들을 위빳사나로 관찰해서 성스러운 도에 이르는 모습입니다. 여기에서 위빳사나로 관찰하는 모습을 아주 잘 주의해서 숙고해 보아야 합니다. 들어서 아는 지혜로 외워서 숙고한 것입니까? 실제로 생멸하는 물질·정신을 관찰한 것입니까? 외워서 숙고한 것이 아닙니다. 선정을 얻은 이의 상속에 실제로 생멸하고 있는 진짜 물질과 정신을 그것들이 생멸하는 대로 관찰해서 보고 안 것입니다. 선정을 얻은 이가 선정에 입정하고 나서 선정에서 출정했을 때 바로 이어서 실제로 생멸해 가는 선정 마음부수 등을 관찰해야 하듯이, 선정을 얻지 못한 이들도 자신에게 실제로 생멸해 가는 그대로 관찰해야 한다는 사실이 분명하지 않습니까? 분명합니다. 그러니 선정을 얻지 못한 이들이 위빳사나 관찰을 하고자 할 때, 외워서 숙고하는 것만으로 관찰하면 진짜 위빳사나 지혜가 생겨나지 않습니다. 자신의 상속에 실제로 생멸해 가는, 바로 앞 순간에 닿아서 아는 것, 생각해서 아는 것, 들은 것, 본 것, 먹어 아는 것 등을 그것들이 생멸하는 대로 관찰해서 알 수 있어야 진짜 위빳사나 지혜가 생겨

난다는 사실을 확실하게 기억해 두어야 합니다.[190]

••• 혼합된 형성을 관찰하는 모습

선정에 입정하고 나서 관찰하는 모습의 또 다른 한 가지 방법은 자신이 얻은 선정에 입정한 뒤 그 선정에서 출정했을 때 그 선정의 마음, 마음부수, 물질 중에 분명한 것을 관찰한 뒤 닿음, 생각함, 들음, 봄 등 물질·정신이 드러나는 그대로 따라서 관찰하는 것입니다. 이렇게 분명하게 드러나는 것을 따라서 관찰하는 것을 '혼합된 형성pakiṇṇakasaṅkhāra을 관찰한다'라고 말합니다. 이렇게 관찰하는 모습은 선정을 얻지 못한 순수 위빳사나 행자suddhavipassanāyānika의 관찰 모습과 같습니다. 다른 점은 선정을 기본으로 하여 관찰하는 것, 선정삼매의 좋은 바탕이 있기 때문에 드러나는 정신을 쉽게 알 수 있는 것, 이러한 두 가지 정도만 다릅니다. 그렇게 드러나는 대로 따라서 관찰하다가 몸과 마음이 피곤할 때 선정에 다시 입정할 수 있습니다. 피곤이 풀리면 드러나는 물질·정신을 따라서 다시 관찰하면 됩니다. 이러한 모습과 방법으로 선정을 바탕으로 하여 드러나는 것들을 관찰하면서 위빳사나 지혜가 성숙됐을 때 성스러운 도의 지혜로 열반을 실현하게 됩니다. 이렇게 관찰하는 모습은 『맛지마 니까야(근본50경)』「드웨다위딱까숫따」[191]의 주석에 다음과 같이 설명돼 있습니다.

Ettāvatā bodhisattassa samāpattiṁ nissāya vipassanāpaṭṭhapanakālo kathito. Yassa hi samādhipi taruṇo, vipassanāpi. Tassa vipas-

190 『위빳사나 수행방법론』 제1권, pp.333~334 참조.

191 M19; 「Dvedhāvitakkasutta 두 가지 사유 경」.

sanaṁ paṭṭhapetvā aticiraṁ nisinnassa kāyo kilamati, anto aggi viya uṭṭhahati, kacchehi sedā muccanti, matthakato usumavaṭṭi viya uṭṭhahati, cittaṁ haññati vihaññati vipphandati. So puna samāpattiṁ samāpajjitvā taṁ paridametvā mudukaṁ katvā samassāsetvā puna vipassanaṁ paṭṭhapeti. Tassa puna aticiraṁ nisinnassa tatheva hoti. So puna samāpattiṁ samāpajjitvā tatheva karoti. Vipassanāya hi bahūpakārā samāpatti.[192] (MA.i.318)

대역

Ettāvatā이 정도로; 이 정도의 구절을 통해 bodhisattassa보살이 samāpattiṁ nissāya증득을 의지해; 선정증득을 의지해 vipassanāpaṭṭhapanakālo위빳사나를 생겨나게 했던 시기를 kathito설명했다. hi맞다. yassa어떤 수행자에게는 samādhipi taruṇo vipassanāpi삼매도 유약하고 위빳사나도 유약하다; 위빳사나 삼매도 아직 유약하고 위빳사나 지혜도 아직 유약하다. tassa그러한 수행자가 vipassanaṁ paṭṭhapetvā aticiraṁ nisinnassa위빳사나 관찰을 행하면서 매우 오랫동안 앉아있으면 kāyo kilamati몸이 피곤하게 된다. anto aggi viya uṭṭhahati몸 안에 불이 난 것처럼 《온몸이 매우 뜨겁게》[193] 된다. kacchehi sedā muccanti겨드랑이 사이에서 땀이 흐른다. 《온몸에서 땀이 흐를 수도 있다.》 matthakato usumavaṭṭi viya uṭṭhahati머리 위에서 연기가 뭉게뭉게 피어오르는 것처럼 된다. cittaṁ haññati vihaññati vipphandati마음을 붙잡을 수

192 저본에 대역만 있어 빠알리어 원문을 역자가 첨가했다.

193 『위빳사나 수행방법론』 제1권, pp.122~123에서 보충했다.

없을 정도로 매우 피곤하고 동요하게 된다. so그때 수행자는 puna samāpattiṁ samāpajjitvā다시 증득에 입정해 taṁ그것을; 그러한 몸과 마음의 피곤함을 paridametvā풀고 mudukaṁ katvā부드럽게 해서 samassāsetvā누그러뜨린 다음; 편안하게 하고 고요하게 한 다음 puna vipassanaṁ paṭṭhapeti다시 위빳사나를 확립한다; 다시 위빳사나 관찰을 행한다. puna aticiraṁ nisinnassa그러다가 다시 오랫동안 관찰하며 앉아있는 tassa그 수행자에게 tatheva hoti바로 그와 같이 생겨난다; 같은 방법으로 몸과 마음이 피곤하게 된다. so그때 그 수행자는 puna samāpattiṁ samāpajjitvā다시 증득에 입정해 tatheva karoti같은 방법으로 다시 행한다. hi맞다; 이렇게 행하는 것이 맞다. samāpatti증득은; 몰입삼매라는 증득은 vipassanāya위빳사나에 bahūpakārā많은 도움을 준다.

이것은 선정을 기본으로 하여 입정한 뒤 그 선정을 시작으로 드러나는 혼합된 형성법들을 따라서 관찰하는 모습입니다. 선정이 없는 이들의 경우는 닿음, 생각함, 들음, 봄 등 드러나는 혼합된 형성들만을 끊임없이 따라서 관찰하고 있어야 합니다. 그렇게 드러나는 것들을 끊임없이 따라서 관찰하다 피곤해지면 선정이 없기 때문에 선정에 입정할 수 없습니다. 처음에 익숙하게 실천해 놓은 부풂과 꺼짐 등 관찰하던 원래 대상으로 돌아와서 관찰해야 합니다.[194] 기본 대상으로 돌아와 관찰하면 마음과 몸의 피곤함이 사라지게 됩니다. 그러면 드러나는 혼합된 형성들을 끊임없이 따라서 관찰해야 합니다. 이렇게 관찰하는 것으

194 피곤함을 먼저 관찰한 뒤 원래 대상인 부풂과 꺼짐 등으로 돌아와야 한다는 뜻이다.

로 위빳사나 삼매와 지혜가 무르익어 구족됐을 때 몸과 마음의 피곤함이 없이 밤낮으로 드러나는 것들을 끊임없이 따라서 관찰할 수 있게 됩니다. 그때는 대상도 마치 저절로 드러나는 것처럼 지혜에 드러나게 되고, 관찰해서 아는 새김과 지혜도 특별히 애쓰지 않아도 저절로 새길 수 있게 되어 사실대로 계속해서 알게 됩니다. 무상·고·무아의 성품들도 저절로 드러납니다. 이렇게 계속 알아 나가다가 특별히 매우 빠르고 예리한 앎들이 생겨났을 때, 알아지는 대상도, 계속해서 알아 나가던 성품도 끊어져서 소멸한 성품에 도달합니다. 이것이 성스러운 도로 열반에 도달하고 들어가는 것입니다. 그래서 앞에서 소개했듯이 "물라뽑바 아리야 삼단도요소 | 도요소를 닦으면 열반이르러"라고 게송으로 표현한 것입니다. 다시 한번 독송합시다.

물라뽑바 아리야 삼단도요소
도요소를 닦으면 열반이르러

위빳사나 도 구성요소가 처음 생겨나는 모습

도 구성요소 삼단계 중, 업 자산 정견과 계 도 구성요소라는 근본 도 구성요소 두 가지는 수행을 하기 전에 이미 갖추어졌다는 사실은 앞에서 언급했습니다. 사마타 삼매를 기본으로 해서 위빳사나 관찰을 하는 사마타 행자라면 근접삼매거나 몰입삼매, 그 두 가지 근본 도 구성요소도 위빳사나 관찰을 하기 전에 갖추도록 노력해야 합니다. 위빳사나만으로 시작해 수행하는 순수 위빳사나 행자라면 그 기본이 되는 삼매 도 구성요소는, 위빳사나 관찰 대상인 근본물질 네 가지 등을 관찰하다가 관찰되는 대상에 계속해서 밀착해 머물고 집중되는 것으로 갖추어집니다. 그때는 마음이 다른 어떤 대상으로 더 이상 달아나지 않습니다. 위빳사나 관찰을 하는 마음만 깨끗합니다. 마음청정이 생겨난 것입니다. 그때를 시작으로 관찰할 때마다 계속해서 위빳사나 도 구성요소들이 생겨납니다.

• 위빳사나 삼매 도 구성요소가 생겨나는 모습

생겨나는 모습은 다음과 같습니다. 〈부푼다, 꺼진다; 앉음, 닿음; 생각함, 망상함; 안다; 뜨거움; 아픔; 본다, 들린다〉라는[195] 등으로 계속해서 새길 때마다 그렇게 관찰하도록 애쓰고 힘을 실어주는 것이 바른 노력 도 구성요소입니다. 새기는 것이 바른 새김 도 구성요소입니다. 《몸의 움직임을 새기는 것이 몸 거듭관찰 새김확립이고 느낌과 마음과 법 성품을 새기는 것이 각각 느낌 거듭관찰, 마음 거듭관찰, 법 거듭관찰 새김확립입니다.》 관찰하는 대상에만 계속해서 밀착해 머무는 성품이 바른 삼매 도 구성요소입니다. 《위빳사나 찰나삼매 도 구성요소입니다.》 그 바른 노력, 바른 새김, 바른 삼매가 삼매 도 구성요소 세 가지입니다.

• 위빳사나 통찰지 도 구성요소가 생겨나는 모습

관찰하는 대상을 사실대로 계속해서 아는 것이 바른 견해 도 구성요소입니다. 마음청정이 생겨나기 시작했을 때 새겨 알아지는 물질대상과 새겨 아는 마음·정신을[196] 사실대로 구분해서 압니다. 이렇게 앎이 분명해졌을 때 견해청정diṭṭhi visuddhi이 생겨납니다. 그 뒤에 계속 관찰

195 원래 미얀마어로는 모두 동사나 형용사의 기본형으로 명칭을 붙인다. 그래서 〈부풀다, 꺼지다〉 혹은 〈부푼다, 꺼진다〉 등으로 번역해야 하지만 한국어로는 실제 수행할 때 어색한 점이 있어 많은 수행자들이 사용하는 명칭을 위주로 혼합해서 번역했다.

196 대상이 물질인 경우, 물질은 새김과 앎의 대상이기 때문에 '알아지는'이라고 표현했다. 직접 새겨 아는 성품은 마음, 혹은 정신법이다.

해 나가면 원인과 결과를 구분해서 알게 됩니다. '굽히려는 마음이 있어서 굽힌다. 펴려는 마음이 있어서 편다. 움직이려는 마음이 있어서 움직인다. 눈이 있어서 본다. 보이는 대상이 있어서 본다. 귀가 있어서 듣는다. 소리가 있어서 듣는다. 업이 좋아서 행복하다'라는 등으로 원인과 결과만 있음을 사실대로 계속해서 알게 됩니다. 그 뒤에 다시 계속해서 관찰할 때마다 처음 생겨나는 것도 알게 됩니다. 마지막에 사라져버리는 것도 알게 됩니다. 그래서 관찰되는 대상이든, 관찰해서 아는 마음이든 '항상하지 않다'라고도 사실대로 압니다. '순간도 끊임없이 생멸하고 있기 때문에 두려워할 만한 것일 뿐이다. 좋아할 만한 것이 없는 괴로움일 뿐이다. 자신의 마음대로 되지 않기 때문에 무아다. 지배할 수 없는 성품법들일 뿐이다'라고도 사실대로 압니다. 이렇게 알 때마다 계속해서 알고 보는 성품이 바른 견해 도 구성요소들입니다.

그렇게 아는 모습을 염두에 두고 부처님께서 "dukkhe ñāṇaṁ", 즉 괴로움의 진리를 사실대로 아는 앎과 지혜를 바른 견해 도 구성요소라고 설하셨던 것입니다. 이렇게 관찰할 때마다 괴로움의 진리를 생겨남과 사라짐, 무상·고·무아의 특성을 통해 사실대로 알고 있으면 나머지 세 가지 진리도 알고 보는 작용이 저절로 성취됩니다. 이 부분은 나중에 도의 진리 부분에서 자세히 설명하겠습니다.[197] 그렇게 사실대로 알고 볼 수 있도록 물질·정신 성품의 생겨남과 사라짐, 무상·고·무아의 양상으로 마음을 기울여주는 것이 바른 생각 도 구성요소입니다. 그 바른 견해와 바른 생각이라는 두 가지 도 구성요소가 통찰지 도 구성요소들입니다.

197 본서 pp.372~373 참조.

방금 설명했던 삼매 도 구성요소 세 가지와 통찰지 도 구성요소 두 가지를 합하면 도 구성요소 다섯 가지가 됩니다. 이 다섯 가지를 작용자 도 구성요소kāraka maggaṅga라고 합니다. 관찰할 때마다 계속해서 관찰해 아는 작용이 성취되도록 이 다섯 가지가 함께 일하고 있습니다. 그래서 그들을 '작용자 도 구성요소'라고 주석서에서 명칭을 붙여 놓았습니다. '실제로 일을 하는 도 구성요소'라는 뜻입니다. 또한 바른 말, 바른 행위, 바른 생계라는 계 도 구성요소는 위빳사나 관찰을 하기 전 이미 앞에서 갖추어져 있습니다. 관찰할 때도 그 계가 무너지지 않습니다. 더욱 청정합니다. 따라서 그 계 도 구성요소까지 포함하면 관찰할 때마다 계속해서 위빳사나 도 구성요소 여덟 가지라는 앞부분 도 구성요소 법들을 닦고 있는 것이라고 말할 수 있습니다.

도 구성요소 일곱 가지에 대한 설명이 끝났습니다. 이제 바른 생각이라는 도 구성요소 하나만 남았습니다.

바른 생각 도 구성요소

4-2[8] Katamo ca, bhikkhave, sammāsaṅkappo? Nekkhammasaṅkappo abyāpādasaṅkappo avihiṁsāsaṅkappo, ayaṁ vuccati bhikkhave, sammāsaṅkappo.[198] (D.ii.250/D22)

대 역

Bhikkhave비구들이여, sammāsaṅkappo바른 생각이란 katamā ca 무엇인가? nekkhammasaṅkappo출리 생각; 감각욕망에서 벗어나

198 저본에 대역만 있어 빠알리어 원문을 역자가 첨가했다.

려는 출리 생각, abyāpādasaṅkappo분노없음 생각; 행복하게 하려는 생각, avihiṁsāsaṅkappo해침없음 생각; 연민하고 보호하려는 생각이 atthi있는데, bhikkhave비구들이여, ayaṁ이것을; 바르게 생각하는 이 세 가지를 sammāsaṅkappo바른 생각이라고 vuccati말한다.

이것이 바른 생각에 대한 부처님의 자세한 설명입니다. 선업과 선행을 하려고 출가하려는 생각, 법문을 들으려는 생각, 수행하려는 생각 등 선업과 관련해 생각하는 모든 것이 출리 생각nekkhamma saṅkappa에 포함됩니다. 《자세한 설명은 『*Sallekhasutta tayato*(살레카숫따 법문)』 제2권을 참조하십시오.》[199]

Pabbajjā paṭhamaṁ jhānaṁ, nibbānañca vipassanā;
Sabbepi kusalā dhammā, nekkhammanti pavuccare. (ItA.331)

해 석

출가와 초선, 열반과 위빳사나
모든 선한 법들도 출리라고 부른다

이 게송에 따라 위빳사나 관찰을 할 때마다 계속해서 출리 생각이라는 바른 생각 도 구성요소가 포함된다는 사실이 분명합니다. 다른 이가 죽지 않기를, 행복하기를 바라는 것이 분노없음 생각abyāpāda saṅkappa입니다. 특히 자애 수행을 닦을 때 이 분노없음 생각이 생겨납니다. 연

199 『위빳사나 수행방법론』 제1권, pp.181~187도 참조하라.

민하고 고려하는 생각이 해침없음 생각avihiṁsā saṅkappa입니다. 연민 수행을 닦을 때 특히 이 해침없음 생각이 생겨납니다. 위빳사나 관찰을 할 때도 관찰하는 대상과 관련해 죽이고 파괴하려는 생각이나 괴롭히려는 생각이 생겨날 기회가 없기 때문에 관찰할 때마다 계속해서 바른 생각에 해당하는 이 두 가지도 포함된다고 보아야 합니다. 하지만 위빳사나 관찰에 포함되는 생각은 일부러 생각하는 그러한 종류가 아닙니다. 물질과 정신의 성품, 생겨남과 사라짐의 성품, 무상·고·무아의 성품을 사실대로 바르게 알도록 향하고 이끌 듯이 마음을 기울여 주는 성품입니다. 바로 그것을 바른 생각이라고 말합니다.

지금까지 설명한 것은 근본 도 구성요소라는 조건도 갖추고, 앞부분 도 구성요소라는 위빳사나 도 구성요소 여덟 가지도 갖추어서 그 위빳사나 도 구성요소를 닦아서 그것이 성숙되고 구족됐을 때 성스러운 도 구성요소로 바뀌어 열반을 실현한다는 내용입니다. 그래서 위빳사나를 '앞부분 도pubbabhāgamagga'라고[200] 말합니다. 그렇다면 성스러운 도는 '최종목표인 도'라고 말할 수 있습니다. 이 위빳사나 도와 성스러운 도는 앞부분과 최종적인 것이라는 차이가 있을 뿐입니다. 생겨나는 것으로는 계속 이어져 생겨납니다. 따라서 제일 마지막 목표인 성스러운 도를 얻고자 한다면, 앞부분 도인 위빳사나 도를 닦아야 합니다. 그러면 마지막에 성스러운 도가 저절로 생겨날 것입니다. 개울을 뛰어넘으려면 멀리서 힘차게 달려온 뒤 뛰어넘어야 합니다. 뛰어넘은 뒤에는 전혀 신경 쓸 필요가 없습니다. 저절로 반대편 둑에 도달하게 됩니다. 위

200 저본에 'maggaṅga'로 언급된 것은 '도 구성요소'라 번역했고, 'magga'라고 언급된 것은 '도'라고만 번역했다. '도'는 전체를 언급하는 단어라면 '도 구성요소'는 각각의 구성요소를 언급하는 단어이다.

빳사나 도를 닦는 것은 힘차게 달려온 뒤 뛰어넘는 것과 같습니다. 뛰어넘은 뒤에 신경 쓰지 않고서 반대편에 저절로 도착하는 것은 위빳사나의 힘 때문에 성스러운 도가 생겨나는 것과 같습니다. 이러한 의미를 앞에서 여러 번 소개했듯이 "물라뿝바 아리야 삼단도요소 | 도요소를 닦으면 열반이르러"라고 게송으로 표현한 것입니다. 이 게송을 다시 한 번 독송합시다.

물라뿝바 아리야 삼단도요소
도요소를 닦으면 열반이르러

이 「담마짝까숫따」의 가르침을 정성스럽게 경청한 청법선업 의도의 공덕으로 지금 법문을 듣는 선남자, 선여인, 대중들 모두가 중도라는 팔정도, 그 거룩한 부처님의 가르침을 잘 닦고 노력해서 모든 고통이 사라진 열반이라는 거룩한 법에 빠르게 도달하기를.

사두, 사두, 사두.

『담마짝까 법문』 제3장이 끝났다.

제4장

1962년 음력 9월 하현의 8일

(1962. 10. 21)

앞서 제3장까지는 「담마짝까숫따」 중 두 가지 극단을 의지하면 안 된다는 내용, 그 두 가지 극단의 법체, 그 두 가지 극단을 제거해 부처님께서는 중도실천majjhimapaṭipadā이라는 팔정도의 실천길을 깨달았다는 내용, 그 중도실천으로 지혜의 눈, 앎과 지혜가 생겨나 번뇌도 사라지게 할 뿐만 아니라 네 가지 진리를 특별한 지혜로 꿰뚫어 알고서 열반도 실현할 수 있다는 내용, 그 팔정도에 대한 자세한 설명과 닦는 모습 등을 설명했습니다. 이제 중도실천이라는 팔정도의 실천길을 통해 부처님께서 알게 되신 네 가지 진리에 대해 말씀드리겠습니다. 먼저 괴로움의 진리에 대해 설명하겠습니다.

사성제

괴로움의 진리

성전 검증

「담마짝까숫따」에 나오는 괴로움의 진리

5 Idaṁ kho pana, bhikkhave, dukkhaṁ ariyasaccaṁ - jātipi dukkhā, jarāpi dukkhā, byādhipi dukkho, maraṇampi dukkhaṁ, appiyehi sampayogo dukkho, piyehi vippayogo dukkho, yampicchaṁ na labhati tampi dukkhaṁ - saṅkhittena pañcupādānakkhandhā[201] dukkhā. (S.iii.369/S56:11)

201 pañcupādānakkhandhāpi (De.).

지금 소개한 성전 구절은 현존하는 「담마짝까숫따」에서 괴로움의 진리를 법체와 함께 설명한 것입니다(Vin.iii.14; S.iii.369). 이 구절 중에서 'byādhipi dukkho 질병도 괴로움이다'라는 구절이 포함된 것이 다른 여러 경에서 설한 괴로움의 진리와 다른 점입니다. 그리고 다른 여러 성전에는 'maraṇampi dukkhaṁ(죽음도 괴로움이다)'이라는 구절 바로 다음에 'sokaparidevadukkhadomanassupāyāsāpi dukkhā(슬픔·비탄·고통·근심·절망도 괴로움이다)'라는 구절이 첨가돼 있습니다(D.ii.243; M.iii.292; Vbh.104 등). 하지만 현재 「담마짝까숫따」에는 이 구절이 없습니다.

성전 검증

이와 같이 성전들 사이에 차이가 나는 것에 대해 율장 복주서인 『사랏타디빠니 띠까』에서는 다음과 같이 언급했습니다. 먼저 "'byādhipi dukkho'라는 이 구절은 논장 『위방가』 「괴로움의 진리」에 대한 자세한 분석에 나오지 않는다. 그렇기 때문에 『위숫디막가』에서도 괴로움의 진리를 자세하게 설할 때 그 구절을 드러내어 설명하지 않았다. 「담마짝까숫따」에서만 존재하는 구절이다. 그래서 그 「담마짝까숫따」에서만 이 구절을 포함시켜 설하고 다른 경들에서는 설하지 않은 이유를 검증해 보아야 한다"라고 언급하고서 'maraṇampi dukkhaṁ'에 대해 해설할 때도 "이 구절 다음에 'sokaparidevadukkhadomanassupāyāsāpi dukkhā'라는 구절이 『위방가』 「괴로움의 진리」에 대한 자세한 분석에 있다. 「담마짝까숫따」에는 이 구절이 없다. 이렇게 없는 이유도 검증해 보아야 한다"라고 설명해 놓았습니다.[202]

202 SdṬ.iii.173.

그 복주서의 스승도 경전마다 차이가 나는 것이 마음에 들지 않았던 모양입니다. 하지만 다른 경들에도 없고 주석서에도 설명하지 않은 'byādhipi dukkho'라는 구절이 왜 첨가됐는지 그 이유를 복주서의 스승은 따로 밝혀 놓지 않았습니다. 복주서의 스승은 단지 "검증해야 한다. 숙고해 보아야 한다. 이유를 찾아보아야 한다"라고 당부만 했습니다. 그래서 본승은 그 이유를 조사하고 숙고해 보고 찾아보았습니다. 그러고는 판본의 내용이 서로 다른 이유를 다음과 같이 이해했습니다.

부처님께서 괴로움의 진리에 해당되는 법체를 드러내어 설하실 때마다 항상 한 종류로 일관되게 정의하셨을 것입니다. 하지만 율장을 수지한 존자들은 경장이나 논장에 익숙하지 않아서 율장 대품의 담마짝까 가르침을 수지할 때 경장과 논장과 다르게 'byādhipi dukkho'라는 구절은 첨가하고 'sokaparidevadukkhadomanassupāyāsāpi dukkhā'라는 구절은 생략해서 수지했기 때문에 경장이나 논장의 구절과 같지 않고 판본이 달라졌을 것이라고 이해했습니다.

이러한 이해의 근거는 괴로움의 진리에 대한 개요 부분을 자세하게 설명한 여러 경장 주석서와 논장 주석서 등에 'byādhipi dukkho'라는 구절은 설명되지 않았다는 점, 'sokaparidevadukkhadomanassupāyāsāpi dukkhā'라는 구절은 그 여러 주석서에 설명돼 있다는 점, 그러한 여러 주석서나 그 주석서에 대한 복주서에 그렇게 판본이 다르다는 사실에 대한 언급이 없다는 점입니다.

『사랏타디빠니 띠까』를 저술한 사리뿟따Sāriputta 존자는[203] A.D.

203 전재성, 『빠알리-한글 사전』, p.44를 참조해서 '사리뿟따 존자'라고 밝혔다.

1153~1186, 스리랑카 빠락까마바후Parakkamabāhu 왕의 통치 기간에 활동했던 장로입니다.[204] 1962년 현재로부터 약 700~800년 전입니다. 주석서를 정리한 붓다고사Buddhaghosa 장로부터 담마빨라Dhammapāla 장로에 이르기까지, 여러 주석서와 복주서의 저자들은 약 1,300~1,600년 전에 활동했습니다. 그런데 『상윳따 니까야(대품, 진리 상윳따)』에 포함된 이 「담마짝까숫따」를 주석했던 과거 여러 주석서 스승이나 복주서 스승은 이러한 성전의 상이점을 언급하지 않았습니다. 그때만 해도 율장의 담마짝까 가르침에 나오는 괴로움의 진리에 대한 원문이, 다른 경이나 논장에 나오는 괴로움의 진리에 대한 원문과 다르지 않았기 때문이었을 것입니다. 하지만 그로부터 500년 정도 지난 뒤 『사랏타디빠니 띠까』를 저술한 사리뿟따 장로가 활동할 때는 성전들 사이에 차이점이 있었기 때문에 사리뿟따 장로가 차이점에 대해 검증하도록 말했을 것이라고 본승은 판단합니다.

만약 부처님께서 처음 설하실 때부터 괴로움의 진리를 보이는 다른 구절과 같지 않게 설하셨을 것이라고 가정한다면, 처음 부처님이 되고 난 뒤 한 종류로 설하셨고, 나중에는 다시 다르게 설하셨다고 생각해야 하는데, 그것은 적당하지 않습니다. 일체지를 가지신 부처님께서는 하나로 일치하게 설하시는 분입니다. 나중에 대대로 전승하던 이들의 새김과 통찰지가 충분하지 못해서 차이가 생긴 것이라고 생각해야 타당합니다. 지금도 여러 경전, 주석서, 복주서 판본에는 나라마다 다른 구절들이 많습니다. 이것은 원래부터 차이가 난 것이 아닙니다. 시간이 지나면서 달라진 것이 분명합니다.

204 전재성, 『빠알리-한글 사전』, pp.43~44 참조.

이렇게 여러 내용을 검증하고 숙고한 결과, 본승이 확신하는 바는 다음과 같습니다. "괴로움의 진리에 대한 상설은 다른 원전들에[205] 서술된 내용이 정확하다. 율장 대품이나 『상윳따 니까야』의 「담마짝까숫따」에 서술된 내용은, 원래 괴로움의 진리를 보인 원문에서 'byādipi dukkho'라는 구절이 첨가돼 있고 'sokaparidevadukkhadomanassupāyāsāpi dukkhā' 라는 구절은 빠져 있다"라고 결정해야 합니다. 질병은 슬픔·비탄·고통·근심·절망 중 '육체적 고통'에 포함되지만 슬픔·비탄·고통·근심·절망이 모두 질병 안에 포함될 수 없기 때문입니다. 그래서 'byādhipi dukkho' 라는 구절은 포함시키지 않고 'sokaparidevadukkhadomanassupāyāsāpi dukkhā'라는 구절을 포함시켜 괴로움의 진리 법체를 보인 원문이야말로 완전하고 적합하여 부처님께서 원래 설하신 원문이라고 본승은 확신합니다. 이렇게 검증해서 설명하는 것도 그렇게 본승이 확신한 대로 설하기 위해서입니다. 이제 그 괴로움의 진리 법체를 보인 정확한 구절이라고 확신하는 성전 내용을 완전하게 독송해 보겠습니다.

괴로움의 진리 법체를 보인 정확한 성전

5 Idaṁ kho pana, bhikkhave, dukkhaṁ ariyasaccaṁ - Jātipi dukkhā, jarāpi dukkhā, maraṇampi dukkhaṁ, sokaparideva-dukkhadomanassupāyāsāpi dukkhā, appiyehi sampayogopi dukkho, piyehi vippayogopi dukkho, yampicchaṁ na labhati tampi dukkhaṁ - saṅkhittena pañcupādānakkhandhā dukkhā.

(S.iii.369; D.ii.243 등에서 보충)

205 앞에서 언급한 『디가 니까야』, 『맛지마 니까야』, 『위방가』 등.

대역

Bhikkhave비구들이여, idaṁ kho pana지금부터 설명할 이 법문이 dukkhaṁ괴로움이라는 ariyasaccaṁ성스러운 진리이다; 성자들이 알 수 있는 진짜 괴로움이다. jātipi태어남도; 새로운 생에 태어남도 dukkhā괴로움이다. jarāpi늙음도 dukkhā괴로움이다. maraṇampi죽음도 dukkhaṁ괴로움이다. sokaparidevadukkhadomanassupāyāsāpi슬픔·비탄·고통·근심·절망도 dukkhā괴로움이다. appiyehi sampayogopi싫어하는 것과 함께하는 것도; 싫어하는 사람·중생이나 형성 대상들과 만나야 하는 것도 dukkho괴로움이다. piyehi vippayogopi좋아하는 것과 함께하지 못하는 것도; 좋아하는 사람·중생이나 형성 대상들과 헤어지는 것도 dukkho괴로움이다. yampi=yenapi어떤 것을 통해; 어떤 원하고 갈망함을 통해 icchaṁ원하더라도; 원하고 갈망하더라도 na labhati얻지 못한다. tampi그것도; 그렇게 원하고 갈망하는 갈애도 dukkhaṁ괴로움이다(DA.ii.388)[206];; icchaṁ원하더라도; 원하고 갈망하더라도 yampi na labhati얻지 못한다. tampi그것도; 그렇게 원하고 갈망하더라도 원하는 것을 얻지 못하는 것도 dukkhaṁ괴로움이다(VbhMṬ.68). saṅkhittena간단히 말해서 pañcupādānakkhandhā다섯 취착무더기가; 취착의 대상인 무더기가; '나'라거나 '나의 것'이라거나 '항상하다'라거나 '행복하다'라거나 '자아'라고 집착할 수 있는 물질·정신 무더기가 dukkhā괴로움이다.[207]

206 『마하사띠빳타나 대역』 pp.232~233 참조.

207 "pañcupādānakkhandā"라는 단어에 'pi ~도'라는 단어가 포함되면 안 되는 이유는 『마하사띠빳타나 대역』 pp.233~234 참조.

성스러운 진리 네 가지

세상에는 이른바 '종교, 가르침'이라고 하는 것들이 여러 종류가 있습니다. 그리고 그 각각의 종교나 가르침에서 설해 놓은 진리라는 것도 여러 종류가 있습니다. 하지만 그렇게 설해 놓은 견해들은 설하는 이들이 직접 경험해서 안 것이 아닙니다. 듣는 이들이 직접 경험해서 아는 것도 아닙니다. 생각하는 지혜로 숙고하고 추론해서 설한 것이고, 따라서 믿는 것들일 뿐입니다. 불교에서 볼 때 그러한 외부의 여러 견해는 「브라흐마잘라숫따」에서[208] 부처님께서 설해 놓으신 사견 62가지에 포함되는 것들일 뿐입니다.

부처님의 가르침은 그렇게 숙고하고 생각해서 설해진 가르침이 아닙니다. 부처님께서는 당신의 지혜로 직접 경험해 본 진리법만을 설하십니다. 그래서 '중도실천majjhimapaṭipadā'이라는 팔정도의 바른길을 통한 실천으로 "abhiññāya 특별한 지혜로 알게 하는", "sambodhāya 꿰뚫는 지혜로 알게 하는"이라고 보이신 그대로, 스스로 특별한 지혜로 꿰뚫어 알게 된 성스러운 진리ariyasaccā, 네 가지 진리법의 법체를 드러내어 설하신 것입니다. 네 가지 진리의 법체란 다음과 같습니다.

① dukkhasacca 괴로움의 진리
② samudayasacca 생겨남의 진리;
괴로움을 생겨나게 하는 원인이라는 진리
③ nirodhasacca 소멸의 진리;
괴로움이 소멸된 상태이자 진정한 행복이라는 진리

208 D1; 「Brahmajālasutta 범망경」.

④ maggasacca 도의 진리;

괴로움의 소멸로 인도하는 실천길이라는 진리

이 네 가지 진리 법체를 다음과 같이 요약해 보았습니다. 같이 독송합시다.

둑-카-삿짜 고성제 괴로움진리
사무다야삿짜 집성제 생겨남진리
니로-다삿짜 멸성제 소멸의진리
막-가-삿짜 도성제 실천도진리

이 네 가지 진리를 아는 것이 제일 중요합니다. 괴로움의 진리를 알아야 괴로움을 피할 수 있기 때문입니다. 하지만 괴로움의 원인도 알아야 그 원인을 제거해서 괴로움을 피할 수 있습니다. 괴로움이 소멸된 진리도 먼저 알아야 괴로움이 소멸된 진짜 성품에 도달할 수 있습니다. 하지만 그렇게 도달하기 위해 실천하는 방법도 먼저 알아야 그 소멸된 성품에 도달할 수 있습니다. 그래서 이 네 가지 진리를 아는 것이야말로 제일 중요한 핵심입니다.

부처님께서는 알아야 할 핵심 진리 네 가지를 아셨기 때문에 법체를 통해 그 네 가지 진리를 차례대로 드러내어 설하신 것입니다.

괴로움의 진리

그중 먼저 설명하신 것이 괴로움의 진리입니다. 괴로움의 진리란 무엇입니까? ① 새로운 생에 태어남, ② 늙음, ③ 죽음, ④ 슬픔, ⑤ 비탄, ⑥ 몸의 괴로움인 고통, ⑦ 마음의 괴로움인 근심, ⑧ 절망, ⑨ 싫어하는 것과 만남, ⑩ 좋아하는 것과 헤어짐, ⑪ 원하는 것을 얻지 못함, ⑫ 요약하자면, 다섯 취착무더기, 이러한 법들입니다. 이 내용을 "jātipi dukkhā"라는 등으로 드러낸 성전 구절은 앞서 독송했습니다. 이 내용을 누구나 쉽게 수지해서 기억하도록 본승이 게송으로 다음과 같이 표현했습니다. 같이 독송합시다.

생노사와 슬픔과 비탄고통과
마음근심 극심한 절망괴로움
원증회고 애별리 괴로움진리
구부득고 괴로움 줄여말하면
집착하는 오취온 괴로움진리

괴로움의 진리 법체

(1) 태어남이라는 괴로움

• 태어나는 순간의 괴로움

'jāti 새로운 생에 태어남'이란 이전 생에서 마지막 물질·정신들이 소멸해서 죽은 뒤 바로 다음에 업에 따라 새로운 생에 물질·정신이 제일 먼저 생겨나는 것입니다. 그렇게 생겨나는 것은 이전 생과 연결이 끊어지지 않고 이어져 생겨나기 때문에 '재생연결paṭisandhi 한다'라고도 말합니다. 사실은 새로운 물질·정신이 생겨나는 성품일 뿐입니다. 이때 어머니 뱃속에서 생겨나면 입태 재생연결gabbhaseyyāka paṭisandhi이라고 하는데, 이 중에도 알 속에서 생겨나면 난생aṇḍaja이라고 하고, 태어날 때까지 모태에만 머무는 재생연결은 태생jalābuja이라고 합니다. 입태 재생연결은 부모의 정액과 피sukkhasoṇita를 의지해서 수태한다고 불교 문헌에서는 말합니다. 의사들은 아버지의 정자와 어머니의 난자가 만나서 생겨난다고 합니다. 그 두 가지를 절충해서 말하자면, 아버지의 정액과 어머니의 피가 만나서 합쳐진 물질 무더기에서 사악처 탄생지라면 불선업 때문에, 인간 탄생지라면 선업 때문에 과보인 새로운 물질·정신들이 생겨나는 것을 'jāti 새로운 생에 태어남'이라고 기억해야 합니다. 습생 saṁsedaja 재생연결이란 습지 등을 의지해서 새로운 물질·정신이 생겨나는 것입니다. 그것은 일부 벌레 등이 태어나는 모습입니다. 사람들이 보통의 눈으로 볼 수 없는 천신이나 귀신, 아귀, 지옥 중생들은 아는 마음·정신과 함께 물질이 완전히 갖추어져서 동시에 분명하게 생겨납니다. 그렇게 태어나는 것을 화생opapātika 재생연결이라고 합니다.

엄밀하게는 그 네 가지 재생연결 중 어느 한 가지로 첫 번째 생겨나는 '생성upāda'을 'jāti 새로운 생에 태어남'이라고 말합니다. '생성' 순간을 통해 제일 먼저 생겨나는 성품에는 몸의 고통이나 마음의 고통이라고 할 만한 것이 아직 없습니다. 하지만 처음으로 생겨났기 때문에 그 생 전체 괴로움과 관련된 몸의 고통이나 마음의 고통을 겪어야 합니다. 그래서 제일 먼저 태어나는 것을 괴로움이라고 말한 것입니다. 비유하자면, 해결되지 않은 일로 보증을 서면서 서명을 하면 서명할 때는 아직 괴로움을 겪지 않더라도 나중에 언젠가는 괴로움을 겪을 것이 분명하기 때문에 매우 두려워할 만한 괴로움이라고 간주하는 것과 마찬가지입니다. 이러한 의미를 분명하게 이해하도록 괴로움 일곱 가지를 나누어 설명해 보겠습니다.

•• 괴로움 일곱 가지

① dukkhadukkha 고통 괴로움

② vipariṇāmadukkha 변화 괴로움

③ saṅkhāradukkha 형성 괴로움

④ paṭicchannadukkha 감춰진 괴로움

⑤ appaṭicchannadukkha 드러난 괴로움

⑥ pariyāyadukkha 간접적 괴로움

⑦ nippariyāyadukkha 직접적 괴로움

① 고통 괴로움

몸에서 생겨나는 아픔과 통증 등 참기 힘든 몸의 고통이 한 종류, 마음에서 생겨나는 걱정과 슬픔과 불편함과 미안함 등 참기 힘든 정신적 고통이 한 종류, 이러한 몸과 마음의 괴로움을 고통 괴로움dukkha-dukkha이라고 합니다. 성품도 참기 힘든 괴로움이고 명칭도 괴로움입니다. 그래서 '고통 괴로움'이라고 말합니다. 괴로운 성품이 있는, 진실로 괴로움일 뿐인 몸의 고통과 마음의 고통은 모든 사람이 두려워합니다. 이 내용을 게송으로 표현했습니다. 같이 독송합시다.

몸과마음 고통이 고통괴로움

② 변화 괴로움

좋은 감촉과 닿은 뒤 몸으로 행복한 '몸의 행복kāyikasukha'이 한 종류, 즐거워할 만한 것을 대상으로 해서 마음으로 기쁘고 행복한 '마음의 행복cetasikasukha'이 한 종류, 이러한 두 종류의 행복은 사람마다 좋아합니다. 중생마다 좋아합니다. 그 두 가지 행복을 얻기 위해 밤낮으로 쉬지 않고 구합니다. 목숨을 버리면서까지 구합니다. 그러다 원하는 것을 얻으면 매우 기뻐합니다. 하지만 그렇게 기쁘고 행복해하다가 그 대상이나 물건이 사라져버리면 매우 괴로워합니다. 차곡차곡 모아둔 금은 등의 재산이나 필수품들을 어떤 이유로 갑자기 잃어버리거나, 사랑하던 가족 또는 친척이 죽어버리면 어쩌지 못하고 매우 괴로워합니다. 때에 따라선 정신병까지 생기기도 합니다. 갑자기 죽을 수도 있습니다. 그러한 몸의 행복과 마음의 행복을 변화 괴로움vipariṇāmadukkha 이라고 합니다. 그 행복이 있는 동안에는 좋지만 그것들이 변하고 사라졌을 때는 참을 수 없을 만큼 몸과 마음을 괴롭게 하는 고통이라는 뜻입니다. 이 내용도 아래의 게송으로 표현했습니다. 같이 독송합시다.

변화하는 행복이 변화괴로움

③ 형성 괴로움

자주 보고 듣고 닿고 생각하던, 좋지도 않고 나쁘지도 않은 그저 그런 대상이나 물건과 만났을 때는 좋지 않은 괴로움도 아니고 좋은 행복도 아닌, 좋지도 않고 나쁘지도 않게 무덤덤하게 대합니다. 그렇게 좋지도 않고 나쁘지도 않은 중간의 성품을 평온한 느낌upekkhāvedanā이라고 부릅니다. 평온은 그 자체로는 괴로움이라고 말할 수 없습니다. 행복이라고도 말할 수 없습니다. 하지만 그 평온은 항상한 것도 아닙니다. 항상하지 않기 때문에 그 중간이 상태대로 생겨나게 하려면 관련된 여러 조건으로 끊임없이 형성시켜 주어야 합니다. 형성시켜 주어야 하기 때문에 부담스러운 것, 바로 그것이 괴로움인 것입니다. 그래서 좋지도 않고 나쁘지도 않은 중간의 느낌인 평온한 느낌을 형성 괴로움saṅkhāradukkha이라고 말합니다. 또한 느낌 외에 다른 세간의 물질·정신법들도 항상 끊임없이 형성시켜 주어야 하기 때문에 형성 괴로움이라고 말합니다. 그대로 유지되도록 끊임없이 형성시켜 주어야 하기 때문에 부담이 커서 피곤하게 하는 괴로움이라는 뜻입니다. 이 내용도 게송으로 표현했습니다. 같이 독송합시다.

무덤덤함 세명색 형성괴로움[209]

209 '세명색'에서 '세'는 세간의, '명색'은 정신·물질 무더기를 말한다.

행복한 느낌도 계속 유지되도록 항상 끊임없이 애쓰고 형성시켜 주어야 합니다. 그래서 행복한 느낌도 형성 괴로움에 포함시킬 수 있습니다. 하지만 '변화 괴로움'이라고 따로 이름을 부여했기 때문에 행복한 느낌은 주석서의 스승들이 형성 괴로움에 포함시켜 보이지 않았습니다. 하지만 행복한 느낌을 위해 형성시켜 주어야 하기 때문에 부담되는 것이 매우 분명하기에 형성 괴로움에 포함시켜도 적당합니다.

지금 말한 세 가지 괴로움을 알고 기억하는 것이 매우 중요합니다. 이 세 가지 괴로움을 잘 이해해 두면 괴로움의 진리에 관한 것을 쉽게 이해할 수 있습니다.

④ 감춰진 괴로움

귀의 통증, 치통, 두통, 복통, 원함과 애착이 괴롭혀 마음을 졸이는 것, 화가 나서 마음이 뜨거운 것, 실망함, 걱정함 등 몸과 마음 안에 생겨나는 참기 힘든 괴로움은 겪고 있는 이들만 분명히 압니다. 다른 이들은 잘 모릅니다. 고통을 겪고 있는 이가 말해 주어야 알 수 있습니다. 그러한 괴로움은 덮여 있는 것처럼 감추어져 있기 때문에 감춰진 괴로움paṭicchannadukkha이라고 말합니다. 뚜렷하지 않은 괴로움이기 때문에 분명하지 않은 괴로움apākaṭadukkha이라고도 합니다.

⑤ 드러난 괴로움

칼에 베이거나 창에 찔리거나 총에 맞거나 해서 생겨난 상처 때문에 겪는 고통은 감춰짐이 없이 분명하게 드러나기 때문에 드러난 괴로움appaṭicchannadukkha이라고 합니다. 분명한 괴로움pākaṭadukkha이라고도 합니다.

⑥ 간접적 괴로움

몸의 괴로움과 마음의 괴로움을 생겨나게 하는 모든 물질·정신 성품법은 그 자신은 괴로운 것이 아니더라도 괴로움의 원인과 토대이기 때문에 간접적 괴로움pariyāyadukkha입니다. 생겨날 결과인 괴로움과 연결시켜 보면 두려워할 만한 괴로움이라는 뜻입니다. 비유하자면 앞에서 말한 대로 나중에는 자신이 대신 물어주고 갚아주어야 할, 처벌을 받아야 할 일에 보증을 서고 서명하는 것처럼 두려워할 만한 괴로움입니다.

⑦ 직접적 괴로움

'고통 괴로움'이라는 몸의 고통과 마음의 고통은 직접적 괴로움nippariyāyadukkha이라고 합니다. 어떠한 방법이나 방편으로 설명할 필요가 없어 직접적인 괴로움이라는 뜻입니다.

이러한 일곱 종류의 괴로움 중 새로운 생에 태어남jāti은 '간접적인 괴로움'이기 때문에 괴로움이라고 설하셨습니다. 불선업 때문에 지옥에 태어나면 몇 십만 년, 몇 백만 년 동안 지옥 불에 타거나 지옥 옥졸들에게 여러 가지로 괴롭힘을 당합니다. 이러한 지옥의 모든 괴로움은 지옥에 태어났기 때문입니다. 불선업 때문에 아귀 탄생지에 태어나면 굶주림, 목마름, 불에 태워짐 등 여러 고통을 몇 십만, 몇 백만 년 동안 겪어야 합니다. 이러한 고통은 아귀 생에 태어났기 때문입니다. 물소, 소, 코끼리, 말, 개, 돼지, 닭, 새, 염소, 양, 여러 벌레가 겪는 괴로움도 그 축생의 생에 태어났기 때문입니다. 인간 세상에서 의식주가 충분하지 않아 평생 괴로움을 겪어야 하는 것도 인간으로 태어났기 때문입니다. 부유한 사람들이라도 건강을 잃고 병 때문에 겪는 몸의 괴로움과 마음의 괴로움, 원하는 것을 충족하지 못해서 겪는 괴로움, 자기보다 잘난 사람이나 원수로 인해 겪는 괴로움, 늙어야 하는 괴로움 등 이 모든 괴로움도 인간으로 태어났기 때문입니다. 그렇게 한 생 전체와 관련된 모든 괴로움의 근본 원인이자 토대이기 때문에 그 각각의 생에 태어남을 괴로움이라고 말하는 것입니다.

• 모태 속에서의 괴로움

모태에 재생연결하는 경우라면 어머니의 위장과 대소장의 중간에 있는 자궁에, 부모의 정액과 피라고 하는 찌꺼기를 자기 몸으로 의지해서 태어나야 합니다. 매우 혐오스러운 일입니다. 지금 다시 그곳으로 들어가 지내야 한다면 혐오스럽지 않겠습니까? 그렇게 갓 자궁에 이르렀을 때 그것이 사람의 자궁인지, 소의 자궁인지, 개의 자궁인지 알 수 없습니다.

이삼십 년 전 법사 사야도 한 분이 '법의 탈것, 에메랄드 탈것'이라는 게송을 지어 설한 적이 있습니다. 그 게송에서 궁전 안에 있는 여러 가지 에메랄드 탈것, 요람을 묘사한 뒤 '나이도 많이 들었는데 어느 요람에 가까운가'라는 구절로 마무리했습니다. 게송을 아주 잘 지은 듯합니다. 나이가 들어 마지막 날에는 죽어야 합니다. 죽고 나서도 갈애가 아직 다하지 않은 이라면 새로운 생에 태어나야 합니다. 만약 사람 세상에 다시 태어난다면 여러 가지 요람을 타야 할 것입니다. 선업을 구족한 이라면 '에메랄드 탈것'이라는 제일 좋은 요람을 탈 수 있을 것입니다. 선업이 적은 이라면 가난한 이들이 사용하는 제일 나쁜 요람을 탈 것입니다. 이렇게 좋은 요람을 탈 수 있도록 선업공덕을 쌓아야 한다고 권장하는 가르침입니다. 지금도 본승이 여러분께 이 내용을 소개하는 이유는 이곳에서 죽은 뒤 어느 뱃속으로 들어갈지 생각해 보도록, 그렇게 생각해 보고 나서 새김과 경각심을 가지도록, 새김과 경각심을 가진 뒤 어떠한 재생연결도 이르지 않기 위해 노력하도록, 그 정도는 할 수 없더라도 저열한 재생연결에는 이르지 않기 위해 노력하도록 하기 위해서입니다. 지금까지 설명했던 것은 모태에 이른 뒤부터 새로운 생에 태어남 때문에 혐오스럽고 두려워할 만한 괴로움과 만나야 하는 모습이었습니다.

모태에서 9개월 정도 지내야 하는 동안에도 고통을 겪어야 합니다. 어머니가 갑자기 일어나거나 앉는 등의 동작을 하면 태아는 마치 술에 취해 심하게 비틀거리는 술꾼의 손에 잡혀 있는 새끼 양처럼 매우 괴롭다고 합니다. 뱀을 부리는 사람의 손에 잡혀 있는 새끼 뱀처럼 괴롭다고도 합니다. 요즘 시대에 체력 단련을 하는 여인의 자궁에 입태한 태아들은 더욱 괴로울 것입니다. 또한 어머니가 차갑거나 뜨겁거나 매운 음식을 먹고 마시면 태아는 더 차갑고 뜨겁고 매워 괴로움을 겪는다고 합니다.

• 출태할 때 괴로움

그뿐만이 아닙니다. 해산할 때 산모들은 거의 죽기 직전만큼 괴롭다고 합니다. 산모와 마찬가지로 출태出胎하는 태아들도 죽을 만큼 괴로울 것입니다. 또한 갓 태어난 아이의 매우 부드러운 몸을 거친 손이나 옷으로 잡거나 닦을 때면 상처 부위에 새로 돋은 부드러운 살에 거친 것이 닿듯 매우 아프고 쓰리다고 합니다. 지금 언급한 괴로움들은 재생연결을 한 뒤부터 갓 태어날 때까지 겪어야 하는 것들입니다.

• **평생의 괴로움**

아직 움직이지 못하고 이동하지 못하고 앉지 못하고 일어나지 못하는 갓난아이 동안에는 자기 몸을 스스로 가눌 수 없어서 뻐근하거나 뜨겁거나 차갑거나 가렵거나 아프거나 하는 등의 참기 힘든 고통을 겪어야 할 때도 많을 것입니다. 그리고 성장해서는 의식주를 위해 돈을 구하는 것, 다른 이들에게 괴롭힘을 당하는 것, 병에 걸려 괴로움을 겪는 것 등으로 인해 생겨나는 몸의 괴로움과 마음의 괴로움이 헤아릴 수 없을 정도로 많을 것입니다. 그 모든 괴로움은 새로운 생에 태어났기 때문에 만나고 겪어야 하는 것입니다. 그 한 평생과 관련된 모든 괴로움의 원래 원인이기 때문에 새로운 생에 태어남jāti을 괴로움이라고 부처님께서는 설하신 것입니다. 그것은 잘 숙고해 보면 진실로 옳습니다. 나중에 곤경에 처할 보증서에 서명하는 것이 진실로 두려워할 만한 것인 것처럼 진짜 두려워할 만한 것입니다. 두려워할 만한 것이기 때문에 괴로움이라고 합니다. 여기에서 간략하게 기억해야 하는 것은 '새로운 생마다 계속해서 경험하고 겪어야 할 모든 몸의 괴로움과 마음의 괴로움은 새로운 생에 태어남을 시작으로 생겨나는 것처럼, 새로운 생에 태어남이 없으면 그 모든 괴로움이 사라질 것이고, 그래서 새로운 생에 태어나는 그 성품조차도 부처님께서 괴로움이라고 설하신 것이다'라는 사실입니다. 그 의미를 간략하게 알 수 있도록 게송으로 다음과 같이 표현했습니다. 같이 독송합시다.

생애마다 겪어야 고통괴로움
생없으면 그고통 전혀없다네
그러므로 태어남 괴로움이네

(2) 늙음이라는 괴로움

'늙음jarā'이란 머리카락이 희어지는 것, 치아가 빠지는 것, 피부가 주름지는 것, 허리가 굽는 것, 귀가 잘 들리지 않는 것, 눈이 침침해지는 것 등으로 분명하게 경험할 수 있는, 새로운 생에 포함된 물질·정신 무더기가 노쇠해 가는 성품입니다. 하지만 마음이나 정신이 노쇠해 가는 모습은 분명하지 않습니다. 매우 늙었을 때 기억을 잘하지 못하는 것, 다시 어린 아기처럼 되는 것 정도만 가까운 이들이 알 수 있습니다. 몸이 노쇠해 가는 것은 매우 분명합니다. 하지만 그것도 나이가 어느 정도 들었을 때라야 분명합니다. 젊고 어릴 때는 '늙음'이라는 것이 그리 분명하지 않습니다. 10년 전의 물질과 10년 후의 물질은 같지 않습니다. 바뀌어 버립니다. 20세 이후, 30세 이후에도 그 이전, 그 이전의 이전과 같지 않고 바뀌어 버립니다. 그렇게 이전, 이전과 같지 않고 바뀌는 것도 늙는 성품입니다. 하지만 여기에서 머리카락이 세는 것 등으로 분명한 늙음만 늙음이라고 말합니다.

그 늙음도 물질·정신의 '머무는 찰나'의 여러 단계일 뿐이기 때문에 그것 자체만으로는 참기 어려운 고통이 아닙니다. 하지만 늙음 때문에 몸의 크고 작은 신체부분의 힘이 떨어집니다. 눈이 침침해지고, 귀가 잘 들리지 않고, 코와 혀도 기능을 잃어갑니다. 온몸의 힘도 약해집니다. 용모도 무너집니다. 부드럽고 연함이 사라져버립니다. 기억과 지혜도 둔해집니다. 젊은이들에게서 '노인네'라는 등으로 경멸과 멸시를 당하기도 합니다. 사람 취급을 받지 못하기까지 합니다. 그렇게 여러 결점으로 인해 몸과 마음의 괴로움을 겪어야 합니다. 그러한 몸의 고통과 마음의 고통의 본래 원인이기 때문에 늙음은 진정 두려워할 만한 괴로움이라고 부처님께서 설하셨습니다. 누구나 늙음을 두려워합니다.

늙지 않으려고 늘 이리저리 방법을 구하고 찾습니다. 하지만 결국에는 머리카락이 세고 치아가 빠지는 등 보기 흉한 늙음의 성품에 이르고야 맙니다. 그래서 '늙음은 두려워할 만한 것이기 때문에 괴로움이다'라는 사실은 더 이상의 설명이 필요 없을 듯합니다.

(3) 죽음이라는 괴로움

'죽음maraṇa'이란 어느 한 생에서 어떤 업 때문에, 재생연결을 시작으로 끊임없이 생겨나고 있는 목숨jīvita이라고 부르는 물질적 생명과 정신적 생명이 끊어지는 성품입니다. 그것을 염두에 두고 "sabbe bhayanti maccuno 모든 중생은 죽음을 두려워한다"라고 부처님께서 설하신 것입니다. 태어남을 근본원인으로 하는 죽음, 어떤 이가 죽도록 행위를 가하는 죽음, 저절로 죽는 죽음, 수명이 다하여 죽는 죽음, 선업이 다하여 죽는 죽음 등도 이 물질·정신 생명이 끊어지는 것의 다른 명칭들일 뿐입니다. 이 죽음이라는 것도 물질·정신 생명이 끊어지는 성품일 뿐이기 때문에 참기 힘든 괴로움은 아닙니다. 하지만 죽으면 현재 무더기들과 함께 사랑하는 이들, 대중들, 친척들, 사용하는 물건들, 이러한 것들을 모두 버리고 가야 합니다. 현재 세상을 버리고 가야 한다는 생각 때문에 모든 중생은 죽음을 매우 두려워합니다. '죽고 나면 어떠한 생에 이를 것인가'라고 생각 때문에도 두려워합니다. 그렇게 두려워하기 때문에, 매우 두려워할 만한 것이기 때문에 "dukkhaṁ bhayaṭṭhena 두려워할 만한 것이어서 괴로움이라고 한다"라는 구절에 일치하게 죽음maraṇa을 괴로움이라고 부처님께서 설하신 것입니다.

주석서에서는 다음과 같이 설명했습니다. 악행·불선업이 있는 이들에게는 죽음에 즈음해서, 그들이 행한 불선업이나 또는 그 업을 행할 때의 표상, 또는 태어나야 할 악처 탄생지들의 표상들이 드러나 그것을 보아야 하기 때문에 마음의 괴로움이 생겨납니다. 선업이 있는 이들도 사랑하는 이나 물건과 헤어져야 하는 것을 숙고해서 마음의 괴로움이 생겨납니다. 대부분의 중생은 죽음에 즈음해서 병으로 인한 아픈 느낌을 매우 심하게 겪어야 합니다. 참을 수 없을 정도로 심한 몸의 고통이 생겨납니다. 그러한 몸의 고통과 마음의 고통은 죽음을 연유로 해서 생겨나는 것입니다. 이렇게 두려워할 만한 것인 몸의 고통과 마음의 고통의 원인이기 때문에 죽음을 괴로움이라고 부처님께서 설하셨다고 주석서에서 설명해 놓았습니다.[210]

(4) 슬픔이라는 괴로움

'슬픔soka'이란 친척의 상실ñati byasana 등을 연유로 생겨나는 애통함을 말합니다. ① 도둑이나 강도, 도적, 병의 위험, 불의 위험, 물의 위험, 바람의 위험 등으로 친척들이 죽는 것을 '친척의 상실ñati byasana'이라고 합니다. ② 왕의 위험, 도둑의 위험, 불의 위험 등으로 인해 재산이 무너지는 것을 '재산의 상실bhoga byasana'이라고 합니다. ③ 긴 수명과 건강을 무너뜨리는 병에 걸려 괴로워하는 것을 '질병으로 인한 상실roga byasana'이라고 합니다. ④ 계가 무너지는 것을 '계의 상실sīla byasana'이라고 합니다. ⑤ 바른 견해를 가진 이가 잘못된 견해를 따라가는 것을 '견해의 상실diṭṭhi byasana'이라고 합니다. 특히 아내나 자식, 형이나 동생, 누이 등이 죽거나 재산을 크게 잃거나 하는 것을 연유로 슬픔이 생겨납니다.

210 Vis.ii.133; "악업 등의 표상을 계속 보는 악인에게 | 기호품과 헤어짐을 못 견디는 선인에게 | 죽어가며 괴로움이 공히 맘에 생겨나네"라고 마음의 고통이 분명히 제시됐으나 『청정도론』 제2권, pp.552에는 "죽어가며 괴로움이 공히 맘에 생겨나네"에 해당하는 부분이 보이지 않는다.

이 슬픔은 법체로는 마음의 고통인 근심domanassa이라는 느낌이기 때문에 고통 괴로움dukkhadukkha이라는 진짜 괴로움입니다. 또한 슬픔 때문에 심장이 뜨거워져서 여러 병에 걸릴 수 있습니다. 짧은 기간에 늙어버리기도 합니다. 죽음에도 이를 수 있습니다. 이렇게 몸의 다른 여러 가지 고통의 원인이기 때문에도 두려워할 만한 것입니다. 그래서 슬픔을 괴로움이라고 부처님께서 설하셨습니다.

사람들은 누구나 슬픔을 두려워합니다. 그래서 슬픔을 멀리하는 방법, 슬픔을 극복하는 방법 등 여러 책을 저술하기도 합니다. 하지만 슬픔을 극복하는 진짜 방법은 새김확립뿐입니다. 새김확립을 완벽하게 실천하면 산따띠Santati 장관이나 빠따짜라Paṭācārā 장로니처럼 모든 슬픔을 극복해서 그 슬픔이 사라져 버립니다.[211] 지금도 남편이 죽거나 재산이 무너지거나 하여 마음의 슬픔에 이른 이들이 수행센터에 와서 새김확립 법을 노력하는데, 매일 매일 슬픔이 줄어들고 결국 슬픔이 완전히 사라져 버립니다.

(5) 비탄이라는 괴로움

'비탄parideva'이라는 것은 친척의 상실 등을 연유로 울부짖는 소리 물질일 뿐입니다. 죽은 이나 무너져버린 재산의 좋았던 점을 부르짖으며 비탄합니다. 무너뜨리게 한 위험의 허물을 드러내어 울부짖기도 합니다. 법체로는 울부짖음이라는 소리물질일 뿐이기 때문에 괴로움의 성품이 아닙니다. 하지만 그렇게 울고 탄식하기 때문에 몸의 피곤함이라는 괴로움을 겪어야 합니다. 그래서 비탄도 부처님께서 괴로움이라고 설하

211 『마하사띠빳타나숫따 대역』, pp.42~49 참조.

셨습니다. 세간적으로도 비탄은 좋지 않은 것이라고 알고 있습니다. 그렇게 좋지 않은 것을 'dukkha', 즉 괴로움이라고 부르는 것입니다.

(6) 고통이라는 괴로움

몸의 뻐근함, 뜨거움, 아픔, 피곤함, 가려움 등 참기 힘든 모든 육체적 괴로움을 '고통dukkha'이라고 합니다. 몸의 괴로움인 이 고통은 고통괴로움dukkhadukkha이라는 진짜 괴로움입니다. 개개인이 그것을 괴로움이라고 알고 있으며, 매우 두려워합니다. 개, 돼지, 닭 등의 축생들조차 때리려는 시늉, 던지려는 시늉을 보면 몸의 고통이 생길까 피하려고 도망칩니다. 그래서 몸의 고통을 괴로움이라고 한다는 것은 자세하게 설명할 필요도 없습니다.

특히 알아야 할 것은 병듦byādhi도 이 몸의 고통에 포함된다는 사실,[212] 그리고 몸의 고통이 생겨나면 대부분 마음의 고통도 생겨난다는 사실입니다. 그렇게 마음의 고통이 생겨나는 것이 원인이기 때문에도 이 몸의 고통은 'dukkha', 즉 좋지 않은 법, 두려워할 만한 괴로움법이라고 불리는 것입니다.

새김확립 방법에 따라 그 몸의 고통, 괴로운 느낌을 관찰하고 있으면 단지 몸의 고통만 생겨나지 그것에 이어서 마음의 고통은 생겨나지 않습니다. 그렇게 몸의 고통만 생겨나고 마음의 고통이 생겨나지 않도록 관찰하고 있는 것을 부처님께서 칭송하셨습니다.[213] 몸의 고통을 관찰하지 못해서 마음의 고통이 다시 생겨나는 것을 "처음 찔려서 박힌

212 '병듦'이 원문에서 생략돼야 하는 이유를 밝힌 앞의 내용을 참조.

213 S22:1 등.

가시를 빼내려고 다른 가시로 찔렀고, 그 두 번째 찌른 가시도 박혀서 살 속에 남아 있다면, 처음 가시 때문에도 아프고 두 번째 가시 때문에도 아프기 때문에 두 가지 아픔을 겪는다"라고[214] 부처님께서 나무라셨습니다. 매우 주의해야 할 사항입니다.

(7) 근심이라는 괴로움

마음의 불편함, 걱정함, 비참함, 슬픔, 두려움 등 마음의 모든 괴로움을 '근심domanassa'이라고 합니다. 이것도 고통 괴로움dukkhadukkha이라는 진짜 괴로움입니다. 사람마다, 중생마다 근심을 괴로움이라고 알고 있습니다. 매우 두려워합니다. 그래서 근심이 고통이라는 것도 자세하게 설명할 필요가 없습니다. 이 근심은 마음을 피곤하게 하고 몸도 괴롭힙니다. 근심이 심하면 잠도 잘 자지 못하고 먹지도 못해 여러 종류의 병에도 걸릴 수 있습니다. 죽을 수도 있습니다. 매우 두려운 괴로움입니다. 그러한 정신적 근심은 아나함이나 아라한에게는 없습니다. 수행자의 경우라면, 조건이 형성돼 생겨났을 때 극복할 정도로 관찰할 수 있으면 새김확립 방법에 따라 관찰하는 중에 사라지기도 합니다. 혹은 완전히 사라지지 않더라도 많이 완화할 수 있습니다.

(8) 절망이라는 괴로움

'절망upāyāsa'이란 친척의 상실 등과 맞닥뜨린 이에게, 심한 마음의 괴로움 때문에 생겨나는 성냄dosa일 뿐입니다. 절망이 생겨나면 거듭 걱정하기 때문에 마음과 몸이 피곤해집니다. 여기서 더 심해지면 몸과 마음

214 S36:6.

의 괴로움을 생겨나게도 합니다. 그래서 절망, 마음의 심한 걱정을 괴로움이라고 부처님께서 설하셨습니다. 이 절망도 모든 이가 두려워할 만한 괴로움으로 생각합니다. 절망이 생겨나는 것을 매우 두려워합니다.

슬픔과 비탄과 절망의 차이점을 주석서에서는 염료나 기름을 가열할 때 작은 불로 냄비 속에서만 끓고 있는 것은 슬픔과 같고, 강한 불로 끓여 냄비 밖으로 넘치는 것은 비탄과 같고, 더 이상 넘치지 못해 냄비 안에서 말라 없어질 때까지 끓고 있는 것이 절망과 같다고 설명합니다[215].

(9) 싫어하는 것과 함께함이라는 괴로움

'appiyasampayoga'란 좋아하지 않는 사람이나 형성 대상들과 만나야 하는 것입니다. 싫어하는 사람이나 원하지 않는 대상들과 만나는 것은 그 자체로 참기 힘든 고통스러운 느낌은 아닙니다. 하지만 만나고 싶지 않은 사람이나 중생, 원하지 않는 대상들과 만나면 즉시 마음의 괴로움과 몸의 괴로움이 생겨나게 됩니다. 그렇게 마음의 괴로움과 몸의 괴로움의 원인·토대이기 때문에 싫어하는 사람이나 원하지 않는 대상과 만나야 하는 것을 'dukkha', 두려워할 만한 괴로움이라고 부처님께서 설하셨습니다. 이 '싫어하는 것들과 함께해야 하는 것'도 세상 사람들은 좋지 않은 것으로만 생각합니다. '싫어하는 사람과 태어나는 생마다 만나지 않기를, 원하지 않는 대상과 만나지 않기를'이라고 하면서 기도까지 하는 이들도 있습니다. 하지만 좋고 나쁜 두 가지 모두가 있는 세상에서는 시간이나 기회에 따라서 두 가지 모두 만나야 합니다. 기도한 대

215 Vis.ii.135; 『청정도론』 제2권, p.556 참조.

로 모두 성취되지는 않습니다. 많고 적은 차이가 있을 뿐입니다.

중요한 것은 원하지 않는 대상과 만났을 때 적절하게 마음을 기울이고 숙고해야 한다는 점입니다. 제일 좋은 것은 새김확립 방법에 따라 단지 볼 뿐, 들을 뿐 등에만 멈출 수 있도록 끊임없이 새기고 관찰해야 합니다. 몸으로 원하지 않는 대상과 만나거나 닿았을 때 마음의 괴로움에까지 이르지 않도록 〈닿음; 앎; 아픔〉 등으로 끊임없이 새길 수 있도록 노력하는 것이 제일 중요합니다.

(10) 좋아하는 것과 헤어짐이라는 괴로움

'piyavippayoga'란 좋아하는 개인이나 원하는 형성 대상들과 헤어지는 것입니다. 그렇게 헤어지는 것 자체는 고통스러운 느낌이 아닙니다. 하지만 사랑하는 아내나 자식 등과 살아서 헤어지든 죽어서 헤어지면, 또는 좋아하는 대상인 물건들과 떨어지면 즉시 마음의 괴로움이 생겨납니다. 슬픔, 비탄, 절망도 생겨납니다. 마음의 불편함인 근심도 매우 강하게 생겨납니다. 이렇게 마음의 여러 가지 괴로움이 생겨나는 것의 원인·토대이기 때문에 좋아하는 개인이나 원하는 대상과 헤어지는 것을 'dukkha', 두려워할 만한 괴로움이라고 부처님께서 설하셨습니다.

세상에서도 이렇게 좋아하는 대상과 헤어지는 것을 좋지 않은 것으로, 괴로운 것으로 알고 있습니다. 일부는 자기가 사랑하는 이와 '태어나는 생마다 함께 지내기를'이라고 기도까지 합니다. 선업이 충분하면 그렇게 기도한 대로 구족할 수도 있습니다. 멘다까Meṇḍaka 장자와 부인, 아들, 며느리, 하인, 이 다섯 명은 어느 생에서 벽지불에게 공양을 올린 뒤 방금 말한 대로 '태어나는 생마다 함께하기를'이라고 기도하고 서원했습니다. 그렇게 서원한 대로 부처님 당시에 그 다섯 명은 다시 함께 모여 지냈습니다.[216] 하지만 족쇄의 힘을 강하게 하는 이러한 서원은 윤회윤전에서 벗어나기를 바라는 이들에게는 그리 적합하지 않습니다.

(11) 원하는 것을 얻지 못함이라는 괴로움

'원하는데도 얻지 못하는 것, 혹은 얻지 못하는 것을 원하는 것icchitālābha'이란[217] 팔정도법을 실천하지 않고 닦지 않으면서 태어남과 늙음과 병듦과 죽음이 사라지기를 원하는 것, 슬픔 등이 사라지기를 원하는

216 법구경 게송 252 일화; 『법구경 이야기』 제3권, pp.136~142 참조.

217 저본에서 마하시 사야도의 『*Visuddhimagga Myanmarpyan*(위숫디막가 미얀마어 번역)』 진리의 장을 참조하라고 주석이 되어 있다. 뒤에 p.262에도 언급돼 있다. 여기서는 그 내용을 번역해서 소개한다. 『위숫디막가 마하띠까』에서는 "icchita원하는 것을; 자신이 원하는 어떠한 것을 alābha얻지 못하는 것이 icchitālābha원하는 것을 얻지 못하는 것이다. 맞다. 그래서 원하지만 얻지 못하는 것이다"라고 말했다. 이 『위숫디막가 마하띠까』에 따르면 "icchaṁ원함을; 원하는 것을 yaṁ na labhati얻지 못하는 어떤 것, 그 얻지 못하는 것도 괴로움이다"라고 번역할 수 있다. 하지만 『위방가 근본복주서』에는 "'yaṁ'이라는 단어가 'icchaṁ'이라는 단어를 고려한 것이라면 얻지 못함에 의해 특별히 수식되는 원함을 말한다"라고 설명했다. 이 『위방가 근본복주서』의 설명에 따라 "yampi icchaṁ어떤 원함도 na labhati얻지 못한다; 원하는 대로 되지 않는다. tampi그것도; 얻을 수 없는 그 원함도; 얻을 수 없는 것을 원하는 그 원함도 dukkhaṁ괴로움이다"라고 번역해야 한다. 이 의미에 따라 '얻을 수 없는 것을 원하는 바로 그것이 괴로움이다'라고 번역할 수 있다. 그 밖에 『위방가 근본복주서』에서 'yaṁ'이라는 단어가 'na labhati'라는 구절을 고려한 것이라면 'icchaṁ원하지만 yampi na labhati어떤 얻지 못함, tampi그것도; 원하지만 그 얻지 못함도 dukkhaṁ괴로움이다'라고 번역해서 원함에 의해 특별히 수식되는 얻지 못함을 괴로움이라 한다고 말할 수 있다는 내용도 설명했다. 그렇다면 그 얻지 못함을 괴로움이라고 해석한 내용을 주석서에서는 왜 설명하지 않았는가? 이것에 대한 대답도 『위방가 근본복주서』에 "그 '얻지 못함'에는 실재성품으로 법체가 없기 때문에 특성 등으로 설명할 수 없다. 그래서 그 얻지 못함을 괴로움이라고 설명하지 않고 특성 등으로 나타낼 수 있는 원함icchā만을 괴로움이라고 설명한 것이다"라고 설명돼 있다. 「사띠빳타나숫따」의 주석에는 "'yampicchaṁ'이라는 단어는 어떤 원하는 성품으로 얻을 수 없는 대상을 원하지만 얻지 못한다. 그렇게 얻을 수 없는 대상을 원하는 그것도 괴로움이다"라고 얻을 수 없는 것을 원하는 바로 그 갈애가 괴로움이라고 설명해 놓았다. 여기에 대해서 "갈애는 생겨남의 진리인데 왜 괴로움이라고 하는가?"라고 반문할 여지가 있다. 지금 생겨나는 모든 물질·정신은 이전 생에 행했던 바로 그 갈애만이 근본 원인이기 때문에 갈애도 괴로움에 포함된다. 그래서 얻을 수 없는 것을 원하는 바로 그 갈애가 괴로움이라고 기억해야 한다. 주석서에서 '정등각자' 덕목을 해석할 때 연기의 각각 구성요소에 대해 네 가지 진리방법으로 분석해서 아는 모습을 설명해 놓았는데, 그 설명 중 "vedanā paccayā taṇhā"를 분석할 때 "갈애가 괴로움의 진리, 느낌이 생겨남의 진리"라고 분석했다. 그렇게 분석하는 모습도 특히 주의해서 기억해야 한다. 마하시 사야도*Mahāsi Sayadaw*, 『*Visuddhimagga Myanmarpyan*(위숫디막가 미얀마어 번역)』 제3권, pp.407~408 참조.

것은 그렇게 원하는 대로 얻을 수 없기 때문에 마음의 피곤함과 괴로움을 생겨나게 합니다. 그래서 그렇게 원하는 것을 'dukkha', 두려워할 만한 괴로움이라고 부처님께서 설하셨습니다. 여기에서 태어남 등이 사라진 열반을 원하는 것만 해당되는 것이 아닙니다. 단지 기도하는 것만으로 얻을 수 없는 세간의 재산과 번영을 바라는 것도 이 원하는 것을 얻지 못하는 괴로움에 포함돼야 합니다.

(12) 다섯 취착무더기라는 괴로움

• 다섯 취착무더기

태어남의 괴로움에서 원하는 것을 얻지 못하는 괴로움까지 모두 11가지 괴로움은 다섯 취착무더기upādānakkhandha가 있어서, 다섯 취착무더기를 의지해서 생겨납니다. 그래서 요약하자면 괴로움의 진리는 다섯 취착무더기일 뿐입니다.

'취착무더기upādānakkhandha'란 집착하고 거머쥐는 취착upādāna의 대상인 물질·정신 무더기들을 말합니다. '취착의 대상'이라고 했기 때문에 취착이 집착하고 거머쥘 수 있는 물질과 정신입니다. 그것들은 ① 물질 취착무더기rūpupādānakkhandha, ② 느낌 취착무더기vedanupādānakkhandha, ③ 인식 취착무더기saññupādānakkhandha, ④ 형성 취착무더기saṅkhārupādānakkhandha, ⑤ 의식 취착무더기viññāṇupādānakkhandha라는 다섯 무더기입니다. 중생들은 바로 이 다섯 취착무더기를 어떤 실체로 생각하고 지냅니다.

물질 무더기인 몸도 '나다. 나의 몸이다. 항상하다'라는 등으로 집착합니다. 그래서 물질 무더기, 몸 무더기를 '취착무더기'라고 말하는 것입니다. 아는 마음과 마음부수, 이러한 정신법들도 '나다. 나의 마음이다. 내가 생각한다. 이 마음은 항상하다'라는 등으로 집착합니다. 그래서 마음과 마음부수라는 정신법들도 취착무더기라고 말합니다. 이것은 물질·정신 무더기를 모아서 집착하는 모습입니다.

• 여섯 문에서의 취착무더기

•• 볼 때 다섯 취착무더기

자세하게 나누어서 설명하면 볼 때마다 이 다섯 취착무더기가 분명합니다. 마찬가지로 들을 때도, 맡을 때도, 먹어 알 때도, 닿아 알 때도, 생각해서 알 때도 그때마다 이 다섯 취착무더기가 분명합니다. 어떻게 분명합니까? 볼 때 깨끗한 눈도 분명합니다. 보이는 형색도 분명합니다. 보아 아는 것도 분명합니다. 이렇게 보아 아는 것 중에 보아서 좋고 나쁜 것도 포함됩니다. 보이는 형색을 인식하는 것도 포함됩니다. 보아 아는 작용이 형성되도록 의도하고 마음 기울이는 것도 포함됩니다. 단지 보아 아는 성품도 포함됩니다.

위빳사나 관찰을 하지 않는 이들, 또는 관찰하더라도 생멸이나 무상·고·무아를 아직 알지 못하는 이들은 그렇게 볼 때 분명한 눈이나 형색 등을 '나'라거나 '나의 것' 등으로 집착합니다. 집착하는 모습은 다음과 같습니다. '깨끗한 눈이 나다. 내 눈이다. 항상 유지되고 있다'라고 눈 물질에 집착합니다. 자신의 손 등을 볼 때 '내 몸을 내가 본다. 내 손이다. 항상 유지되고 있다'라는 등으로 집착합니다. 다른 이를 볼 때도 영혼이 있는 어떤 개인이나 중생, 항상 존재하는 것 등으로 집착합니다. 그렇게 집착하기 때문에 눈과 형색 물질을 물질 취착무더기라고 말합니다.

보아서 좋고 나쁜 것이라고 앞에서 말했지만 좋지도 않고 나쁘지도 않은 중간의 평온한 느낌도 있습니다. 여기선 좋은 것과 나쁜 것 두 가지만 설명하겠습니다. 중간의 평온한 느낌의 경우, 선업의 결과와 관련된 것은 좋은 느낌에 포함시키고 불선업의 결과와 관련된 것은 나쁜 느낌에 포함시키면 됩니다. 그렇게 보아서 좋은 것과 나쁜 것을 '나'라고도 집착합니다. '나의 느낌'이라고도 집착합니다. 항상 유지되고 있는 것으로도 집착합니다. '내가 좋다. 내가 괴롭다'라고도 집착합니다. 그렇게 집착할 수 있기 때문에 보아서 좋고 나쁜 느낌을 느낌 취착무더기라고 합니다.

보이는 형색을 인식하는 것도 '내가 인식한다. 나는 잊지 않는다'라는 등으로 집착합니다. 그렇게 집착할 수 있기 때문에 보아서 인식하는 것을 인식 취착무더기라고 합니다.

보도록 애쓰는 것이란 의도cetanā를 말합니다. 문헌의 표현으로는 '격려한다. 자극한다. 북돋는다'라고 말합니다. 애쓰는 성품으로 분명합니다. 마음을 기울이는 것이란 말 그대로 마음기울임manasikāra입니다. 그 밖에 접촉 등도 있습니다. 하지만 특별히 분명한 의도와 마음기울임만 드러내어 설명해 보겠습니다. 그렇게 의도하는 것과 마음 기울이는 것도 '나'라거나 '항상하다'라는 등으로 집착합니다. 그렇게 집착할 수 있기 때문에 보도록 의도하고 마음 기울이는 것을 형성 취착무더기라고 말합니다. '형성saṅkhāra'이라는 것은 형성시켜 주는 성품입니다. 볼 때 보는 작용이 성취되도록 형성시켜 주는 성품을 말합니다.

단지 보아서 아는 성품이란 마음·의식입니다. 그 마음·의식도 '내가 본다. 내가 안다. 보는 것은 나다. 항상하다'라는 등으로 집착합니다. 그렇게 집착할 수 있기 때문에 보아서 아는 마음·의식을 의식 취착무더기라고 말합니다. 이 내용을 게송으로 다음과 같이 표현했습니다. 같이 독송합시다.

보는순간 눈형색 물질 취착무더기
보아좋고 나쁜것 느낌 취착무더기
보아형색 인식해 인식 취착무더기
보려고해 기울여 형성 취착무더기[218]
단지보아 아는것 의식 취착무더기

볼 때마다 계속해서 〈본다, 본다〉라고 즉시 따라서 관찰하는 것은 지금 말한 다섯 취착무더기, 물질·정신들을 사실대로 알아서 단지 보는 것 정도에서 멈추도록, '나다. 나의 것이다. 항상하다. 행복하다. 좋다'라는 등으로 집착하지 않기 위해서입니다. 그 목적도 분명하게 기억하도록 게송으로 다음과 같이 표현했습니다. 같이 독송합시다.

위빳사나 지혜란 무엇관찰 생겨나
집착하는 오취온 바로관찰 생겨나
무엇때문 어느때 그오취온 관찰해
집착않게 생길때 바로취온 관찰해
정신물질 생길때 관찰못해 집착해
항상한것 좋은것 나라생각 집착해
정신물질 생길때 관찰집착 사라져
무상과고 성품만 분명지혜 드러나[219]
집착없이 팔정도 함께열반 이르러
위빳사나 수행법 게송항상 명심해

218 보는 작용이 성취되도록 보려고 의도하고 마음 기울이는 것.
219 '무상과고 성품만'은 '무상하다고, 괴로움이라고, 성품일 뿐인 무아라고만'이라는 뜻이다.

•• 들을 때 다섯 취착무더기

들을 때 깨끗한 귀도 분명합니다. 들리는 소리도 분명합니다. 들어 아는 것도 분명합니다. 들어서 아는 것에 들어서 좋고 나쁜 것도 포함됩니다. 들리는 대상을 인식하는 것도 포함됩니다. 들어 아는 작용이 성취되도록 의도하고 마음 기울이는 것도 포함됩니다. 단지 들어 아는 것도 포함됩니다.

들을 때 관찰하지 못해 사실대로 알지 못하는 이들은 들을 때 분명한 것들을 '나다. 나의 것이다'라는 등으로 집착합니다. 그렇게 집착할 수 있기 때문에 귀와 소리 물질을 물질 취착무더기라고 말합니다. 들어서 좋고 나쁜 것을 느낌 취착무더기라고 합니다. 들리는 소리를 인식하는 것을 인식 취착무더기라고 합니다. 듣도록 의도하고 마음 기울이는 것을 형성 취착무더기라고 합니다. 단지 들어서 아는 성품을 의식 취착무더기라고 합니다. 이 내용도 게송으로 다음과 같이 표현했습니다. 같이 독송합시다.

> 듣는순간 귀소리 물질 취착무더기
> 들어좋고 나쁜것 느낌 취착무더기
> 들어소리 인식해 인식 취착무더기
> 들으려해 기울여 형성 취착무더기[220]
> 단지들어 아는것 의식 취착무더기

들을 때마다 계속해서 〈듣는다, 듣는다〉라고[221] 즉시 따라서 관찰하

220 듣는 작용이 성취되도록 들으려고 의도하고 마음 기울이는 것.

221 실제로 수행할 때는 의도적으로 듣는 경우보다 저절로 큰소리가 들리는 경우가 많기 때문에 〈들린다, 들린다〉, 혹은 〈들음, 들음〉 등으로 관찰한다.

는 것은 지금 말한 다섯 취착무더기, 물질·정신들을 사실대로 알아서 단지 듣는 것 정도에서 멈추도록, '나다. 나의 것이다. 항상하다. 행복하다. 좋다'라는 등으로 집착하지 않기 위해서입니다.

•• 맡을 때 다섯 취착무더기

냄새를 맡을 때 깨끗한 코 물질도 분명합니다. 냄새도 분명합니다. 맡아서 아는 것도 분명합니다. 냄새를 맡아서 아는 것에 맡아서 좋고 나쁜 것도 포함됩니다. 냄새를 인식하는 것도 포함됩니다. 맡아서 아는 작용이 성취되도록 의도하고 마음 기울이는 것도 포함됩니다. 단지 냄새를 맡아서 아는 것도 포함됩니다.

냄새를 맡을 때 관찰하지 못해 사실대로 알지 못하는 이들은 그 냄새를 맡을 때 분명한 것들을 '나다. 나의 것이다'라는 등으로 집착합니다. 그렇게 집착할 수 있기 때문에 코와 냄새, 맡아서 아는 것들을 취착무더기라고 말합니다. 이 내용도 게송으로 다음과 같이 표현했습니다. 같이 독송합시다.

맡는순간 코냄새 물질 취착무더기
맡아좋고 나쁜것 느낌 취착무더기
맡은냄새 인식해 인식 취착무더기
맡으려해 기울여 형성 취착무더기[222]
단지맡아 아는것 의식 취착무더기

222 맡는 작용이 성취되도록 맡으려고 의도하고 마음 기울이는 것.

맡을 때마다 계속해서 〈맡는다, 맡는다〉라고 즉시 따라서 관찰하는 것은 지금 말한 다섯 취착무더기, 물질·정신들을 사실대로 알아서 단지 맡는 것 정도에서 멈추도록, '나다. 나의 것이다. 항상하다. 행복하다. 좋다'라는 등으로 집착하지 않기 위해서입니다.

•• 먹을 때 다섯 취착무더기

음식을 먹고서 맛을 알 때 깨끗한 혀도 분명합니다. 맛도 분명합니다. 맛을 아는 것도 분명합니다. 그 맛을 아는 것에 먹어서 좋고 나쁜 것도 포함됩니다. 맛을 인식하는 것도 포함됩니다. 맛을 아는 작용이 성취되도록 의도하고 마음 기울이는 것도 포함됩니다. 단지 맛보아서 아는 것도 포함됩니다.

먹어서 알 때 관찰하지 못해 사실대로 알지 못하는 이들은 그 맛을 알 때 분명한 것들을 '나다. 나의 것이다'라는 등으로 집착합니다. 그렇게 집착할 수 있기 때문에 혀와 맛, 먹어서 아는 것들을 취착무더기라고 말합니다. 이 내용도 게송으로 다음과 같이 표현했습니다. 같이 독송합시다.

먹는순간 혀와맛 물질 취착무더기
먹어좋고 나쁜것 느낌 취착무더기
먹은맛을 인식해 인식 취착무더기
먹으려해 기울여 형성 취착무더기[223]
단지먹어 아는것 의식 취착무더기

223 먹어서 아는 작용이 성취되도록 먹으려고 의도하고 마음 기울이는 것.

음식을 먹고 마실 때 밥덩이를 만드는 것, 집는 것, 입에 넣는 것, 씹는 것, 이렇게 몸의 동작들을 관찰하는 것은 닿아서 아는 것과 관련됩니다. 씹는 동안 혀에서 맛을 계속 알아 가는 것이 먹어서 아는 것과 관련됩니다.

그래서 그렇게 먹어서 알 때마다 계속해서 〈먹는다; 안다〉라고 즉시 따라서 관찰하는 것은 지금 말한 다섯 취착무더기, 물질·정신들을 사실대로 알아서 단지 먹어서 아는 것 정도에서 멈추도록, '나다. 나의 것이다. 항상하다. 행복하다. 좋다'라는 등으로 집착하지 않기 위해서입니다.

•• 닿을 때 다섯 취착무더기

닿아서 아는 것은 매우 광범위하게 퍼져 있습니다. 온몸에 피와 살이 있는 곳마다 감촉 물질이 생겨날 수 있는 몸 감성물질이라는 것이 있습니다. 내부에 있는 피와 살, 힘줄과 뼈 등에든, 외부에 있는 피부에든, 바늘 끝 정도만큼도 비어있지 않습니다. 모든 곳마다 퍼져 있습니다. 그곳마다 닿아서 아는 것이 생겨날 수 있습니다. 닿아서 아는 것이 생겨날 때 감촉 물질을 붙잡아 가질 수 있는 몸 감성물질도 분명합니다. 닿아서 아는 장소로 분명한 것이지 모습이나 형체로 분명한 것이 아닙니다. 귀 물질, 코 물질, 혀 물질들이 분명하다는 것도 이 방법으로 분명한 것입니다. 들어서 아는 곳, 냄새 맡아 아는 곳, 맛을 아는 곳, 이렇게 장소로 분명한 것입니다.

닿아서 알아지는 감촉은 땅pathavī 감촉, 불tejo 감촉, 바람vāyo 감촉의 세 종류입니다. 거칠고 단단하고 부드럽고 무른 것으로 감촉되는 것이 땅 감촉입니다. 뜨겁고 따뜻하고 차가운 것으로 감촉되는 것이 불 감촉입니다. 뻣뻣하고 팽팽하고 움직이는 것으로 감촉되는 것이 바람 감촉입니다. 그 감촉들은 자신의 몸속 물질이 서로서로 부딪칠 때도 경험할 수 있고, 외부의 옷이나 잠자리, 땅, 물, 바람, 불 등과 접촉해서 경험할 수도 있습니다. 또한 그 감촉을 닿아서 아는 것도 분명합니다. 닿아서 아는 것에는 닿아서 좋고 나쁜 것도 포함됩니다. 닿아서 아는 것을 인식하는 것도 포함됩니다. 닿아서 아는 작용이 성취되도록 의도하고 마음 기울이는 것도 포함됩니다. 단지 닿아서 아는 성품도 포함됩니다. 닿아서 알 때 좋고 나쁜 것에 대한 느낌이 특히 분명합니다. 몸의 괴로움이라는 것은 나쁜 감촉과 닿아서 생겨나는 괴로운 느낌입니다.

닿아서 알 때 관찰할 수 없어 사실대로 알지 못하면 닿아서 알 때 분명한 것들을 '나다. 나의 것이다'라는 등으로 집착합니다. 그렇게 집착할 수 있기 때문에 몸 감성물질과 닿아서 알아지는 감촉, 닿아서 아는 것들을 취착무더기라고 말합니다. 이 내용도 게송으로 다음과 같이 표현했습니다. 같이 독송합시다.

닿는순간 몸감촉 물질 취착무더기
닿아좋고 나쁜것 느낌 취착무더기
닿은감촉 인식해 인식 취착무더기
닿으려해 기울여 형성 취착무더기[224]
단지닿아 아는것 의식 취착무더기

224 닿아서 아는 작용이 성취되도록 닿으려고 의도하고 마음 기울이는 것.

〈간다; 선다; 앉는다; 눕는다; 굽힌다; 편다; 움직인다; 부푼다; 꺼진다〉라는 등으로 몸의 동작들을 관찰하고 새기는 것은 닿아서 아는 것과 관련된 취착무더기들을 알도록 관찰하고 있는 것입니다. 〈간다〉라는 등으로 동작을 관찰할 때 특히 분명한, 뻣뻣하고 밀고 움직이는 바람 요소를 '대상을 알지 못하는 물질 성품'으로 사실대로 알 수 있습니다. 관찰하여 아는 성품은 '대상을 아는 정신 성품'으로 사실대로 알 수 있습니다. 관찰할 때마다 관찰해서 알아지는 물질과 관찰해서 아는 정신이라는 물질·정신 두 가지를 스스로의 지혜로 구분해서 안 뒤, '가려는 마음이 있어서 가는 물질이 생겨난다'라는 등으로 원인과 결과도 구분하여 알게 됩니다. 그렇게 알고서 알아지는 물질·정신이든, 아는 마음이든 새로 거듭 생겨나서는 계속해서 사라져 버리는 것을 관찰할 때마다 분명하게 경험하기 때문에 '무상한 것들이다. 괴롭고 좋지 않은 것들이다. 자기 성품대로 생멸하고 있는 성품법들인 무아인 것들이다'라고 분명하게 알게 됩니다. 이렇게 알기 때문에 감, 섬, 앉음 등과 관련하여 '나, 나의 것' 등으로 더 이상 집착하지 않습니다. 이것은 다음과 같은『마하사띠빳타나숫따』의 가르침과 일치하게 집착이 사라진 모습입니다.

Na ca kiñci loke upādiyati.[225] (D.ii.231/D22)

대역

Loke세상에 대해; 몸이라는 세상에 대해; 오온이라는 세상에 대해 kiñci어떠한 것도 na ca upādiyati집착하지 않는다.

225 저본에 대역만 있어 빠알리어 원문을 역자가 첨가했다.

그렇게 집착이 사라지도록 몸·느낌·마음·법이라는 새김확립 대상을 관찰하고 있어야 합니다.

저림, 뜨거움, 아픔, 통증, 가려움 등의 괴로운 느낌들은 이 닿아 아는 곳에서 분명합니다. 그 괴로운 느낌들을 관찰하지 못해 사실대로 알지 못하면 '내가 저리다. 내가 뜨겁다. 내가 아프다. 내가 괴롭다'라는 등으로 집착하는 취착이 생겨납니다. 그렇게 생겨날 가능성이 있는 취착upādāna이 생겨나지 않도록 괴로운 느낌들을 사실대로 알도록 관찰하고 있어야 합니다. 그렇게 괴로운 느낌들을 집중해서 끊임없이 관찰하고 있으면 저림, 뜨거움, 아픔들이 몸에서 하나 다음에 하나, 새로 거듭 도달하듯이 분명합니다. 참기 힘든 괴로운 느낌들이 각각의 순간에 저절로 생멸하고 있어서 무상한 성품일 뿐이라는 것을 스스로의 지혜로 알게 됩니다. 그래서 '나, 나의 것, 항상한 것' 등으로 더 이상 집착하지 않습니다. 집착이 사라집니다. 그렇게 집착이 사라지도록 관찰해야 합니다.

•• 생각할 때 다섯 취착무더기

생각해서 아는 것도 매우 광범위합니다. 매우 많이 생겨납니다. 깨어 있을 때라면 항상, 거의 끊임없이 생겨납니다. 근처에 좋아할 만한 것이 전혀 없어도 영혼이 있는 자아라고 생각하고 집착합니다. 그래서 생각하여 아는 것을 관찰하는 것이 매우 중요합니다.

'생각하여 아는 것'이라는 것도 나누어 분석해 보면 다섯 취착무더기일 뿐입니다. 생각하여 알 때, 즐거워하면서 생각하는 것도 있습니다. 즐겁지 않은 마음으로 생각하기도 합니다. 좋지도 않고 나쁘지도 않은 중간 정도로 무덤덤하게 생각하기도 합니다. 그중, 기쁘고 즐거운 것이 즐거움somanassa이라는 행복한 느낌sukhavedanā입니다. 즐겁지 않은 것이 근심domanassa이라는 괴로운 느낌dukkhavedanā입니다. 즐겁지도 않고 괴롭지도 않은 무덤덤한 것이 평온한 느낌upekkhāvedanā입니다. 그 세 가지 느낌이 생겨날 때 그것을 관찰하지 못하면 '내가 행복하다. 내가 좋다. 내가 괴롭다. 내가 좋지 않다. 나에게 좋지도 않고 나쁘지도 않다'라는 등으로 집착합니다. 그렇게 집착할 수 있기 때문에 그 세 가지 느낌을 느낌 취착무더기라고 말합니다.

또한 생각이 도달한 그 각각의 대상을 인식하는 인식도 분명합니다. 특히 말할 것들을 숙고할 때, 돈을 계산할 때 이 인식하는 것이 더욱 분명합니다. 인식하는 것도 '내가 인식한다. 인식하는 지혜가 좋다'라는 등으로 집착합니다. 그래서 그 인식을 인식 취착무더기라고 합니다.

또한 그렇게 생각해서 알 때, 대상과 분명하게 접촉하는 접촉phassa도 분명합니다. 대상 쪽으로 향해서 기울여주는 사유vitakka도 분명합니다. 마음을 향하고 기울여 주는 마음기울임manasikāra도 분명합니다. '이렇게 되기를. 저렇게 되기를'이라고 격려하는 의도cetanā도 분명합니다. 그 의도가 격려하는 모습은, 실제로는 실현 가능성이 적은 일을 밤에 숙고할 때 매우 분명하기도 합니다. '가라. 말하라'라는 등으로 마음속에서 자극하고 있는 모습으로 매우 분명합니다. 불선 마음으로 생각하고 있을 때는 탐욕lobha, 성냄dosa 등도 분명합니다. 선 마음으로 생각하고 있을 때는 탐욕없음alobha, 성냄없음adosa, 믿음saddhā, 새김sati 등도 분명합니다. 지금 말하고 있는 접촉, 의도, 마음기울임 등의 성품들은 생각과 사유가 거듭거듭 생겨나도록 자극하기도 하고, 말하도록 자극하기도 하고, 가고 서고 앉고 눕고 굽히고 펴는 등의 몸의 동작들을 행하도록 자극하기도 합니다. 그 몸의 행위, 말의 행위, 마음의 행위들이 생겨나도록 자극하는 것이 형성saṅkhāra입니다. 그러한 형성들은 어떠한 개인이나 중생과 같은 것처럼 생각됩니다. 그래서 그 형성들을 '나'라고 생각하고 집착합니다. '내가 생각한다. 내가 말한다. 내가 간다. 내가 움직인다'라는 등으로 집착하는 것은 그 형성들을 집착하는 것입니다. 그러한 집착을 '행위자 자아kāraka atta 집착'이라고 말합니다. 그래서 접촉, 의도, 마음기울임 등 그 형성들을 형성 취착무더기라고 말합니다.

또한 생각하고 있을 때 단지 생각하여 아는 정도인 마음·의식도 분명합니다. 미얀마 사람들은 대부분 생각하여 알고 있는 마음, 마음부수, 정신법들을 '마음'이라고 분명하게 알고 있습니다. 그러나 그렇게 단지 생각하여 아는 마음도 자아라고, 나라고 집착하는 경우가 매우 많습니다. 그렇게 집착할 수 있기 때문에 그 마음·의식을 의식 취착무더기라고 말합니다.

또한 생각할 때 생각하여 아는 것의 토대가 되는 물질도 분명합니다. 그래서 견문이 적은 이들은 '물질이나 몸이 생각하고 있다'라고까지 생각하여 집착하기도 합니다. 그렇게 집착할 수 있기 때문에 그 생각하여 아는 것의 토대 물질을 물질 취착무더기라고 말합니다.

생각하여 아는 대상은 물질도 있고 정신도 있고 개념paññatti도 있습니다. 그러한 것들도 집착합니다. 그래서 생각의 대상 중 물질 대상은 물질 취착무더기라고 하고, 정신 대상은 정신 취착무더기 네 가지 중에 포함시켜야 합니다. 개념은 그 개념이 머무는 물질·정신이 있으면 그 물질·정신과 관련된 취착무더기에 포함시키면 됩니다. 어떻게 포함시키는가 하면, 앞에서 언급한 'yampicchaṁ na labhati tampi dukkhaṁ'이라는 구절을 '원하는 것을 얻지 못하는 것, 그것도 괴로움이다'라고 번역했습니다. 하지만 '얻지 못하는 것'이란 물질·정신 법체가 없습니다. 단지 개념일 뿐입니다. 그래서 그 구절에 대한 주석서에서 '얻을 수 없는 것을 원하는 갈애를 괴로움이라고 설명했다'라고 『근본복주서』에서 설명했습니다. 그렇게 알아야 합니다.[226]

생각하여 알 때 분명한 다섯 취착무더기에 대한 설명이 끝났습니다. 간단하게 기억하도록 마찬가지로 게송으로 다음과 같이 표현했습니다. 같이 독송합시다.

아는순간 앎토대 물질 취착무더기
알아좋고 나쁜것 느낌 취착무더기
아는대상 인식해 인식 취착무더기
신구의로 형성해 형성 취착무더기[227]
단지아는 성품이 의식 취착무더기

생각하여 앎이라는 그 생각과 숙고를 그것이 생겨날 때마다 계속해서 관찰하고, 관찰하여 사실대로 아는 것이 매우 중요합니다. 그렇게 관찰하지 못해 사실대로 알지 못하면 그 생각을 '나다. 나의 것이다. 항상하다. 행복하다. 좋다'라는 등으로 집착하는 취착이 생겨날 것입니다. 지금 사람들에게는 그러한 집착이 '끊임없다'라고 말할 수 있을 정도로 생겨나고 있습니다. 집착하는 취착upādāna이 생겨나면 'upādāna paccayā bhavo(취착을 조건으로 존재가 생겨난다)'라는 연기 가르침에 따라 새로운 생에 태어나게 하는 업들이 계속해서 생겨나고, 그 업에 따라 새로운 생에 계속 태어나게 될 것입니다. 그러면 그 태어난 생

226 본서 p.249 참조.
227 알고 말하고 행동하는 것이 성취되도록 애쓰고 의도하고 마음을 기울이는 것.

에서 늙어야 하고 병들어야 하고 죽어야 합니다. 슬픔, 비탄, 고통, 근심, 절망이라는 괴로움들도 겪어야 합니다.

생각하여 아는 것이 생겨날 때마다 계속해서 새기고 관찰하여 무상·고·무아로 사실대로 계속 알아 나가면 생각하여 아는 것과 관련한 취착upādāna이 생겨나지 않습니다. 취착이 생겨나지 않으면 업 존재가 생겨나지 않습니다. 업 존재가 생겨나지 않으면 새로운 생에 태어나지 않습니다. 새로운 생에 태어나지 않으면 늙음, 병듦, 죽음, 걱정, 슬픔 등의 괴로움들이 모두 사라져 버립니다. 그렇게 모든 괴로움이 사라져 버리는 것은, 관찰하여 알게 된 생각 하나, 하나와 관련하여 부분적으로tadaṅga 사라지는 것입니다. 그렇게 관찰할 때마다 계속해서 부분적으로 사라지다가 성스러운 도가 생겨날 때는 뿌리까지 끊어져 남김없이 사라지게 됩니다. 그래서 〈부푼다, 꺼진다; 앉음, 닿음〉 등으로 관찰하고 있다가 생각이나 망상이 생겨나면 그 생각이나 망상도 〈생각함; 망상함; 계획함〉 등으로 관찰해야 합니다.

지금까지 볼 때, 들을 때, 냄새 맡을 때, 먹어서 알 때, 닿아서 알 때, 생각하여 알 때, 이러한 여섯 순간에 분명한 것들이 다섯 취착무더기일 뿐이라는 사실을 분명하게 드러나도록 자세하게 나누어 설명했습니다. 관찰하지 못하는 보통 사람들에게는 볼 때 보아서 아는 자신도 어떤 실체로 분명합니다. 보이는 외부 대상도 여자나 남자라는 어떤 실체, 혹은 물건으로 분명합니다. 들을 때 등도 마찬가지입니다. 사실은 그러한 어떤 실체나 형체라는 것은 있지 않습니다. 다섯 취착 무더기일 뿐입니다. 그렇지만 볼 때, 들을 때 등 여섯 순간과 전혀 무관한 것도 아닙니다. 그 여섯 순간에만 분명하게 드러납니다. 그렇게 분명하게 드러나는 것들도 다섯 취착무더기일 뿐입니다.

• 취착무더기가 있어 괴롭다

새로운 생에 태어나 겪는 괴로움, 즉 늙음, 죽음, 걱정, 비탄 등 두려워할 만한 여러 고통은 바로 이 취착무더기들이 있기 때문에 생겨납니다. 취착무더기들이 있는 동안은 태어남, 늙음, 죽음 등 두려워할 만한 괴로움이 있기 마련입니다. 따라서 그 취착무더기들도 매우 두려워할 만한 괴로움입니다. 요약해서 말하자면 물질이 있어서 물질을 의지하여 몸의 고통과 마음의 고통들이 생겨나는 것입니다. 아는 정신이 있어서 정신을 의지하여 몸의 고통과 마음의 고통들이 생겨나는 것입니다. 따라서 취착무더기라고 하는 물질·정신법들은 매우 두려워할 만한 괴로움일 뿐입니다.

몸과 마음에 생겨나는 참기 힘든 몸의 고통과 마음의 고통이라는 괴로운 느낌들은 고통 괴로움dukkhadukkha이라는 진짜 괴로움이기 때문에 두려워할 만한 것입니다. 실제로 많은 이들이 두려워하기도 합니다. 그래서 고통스러운 느낌이라는 취착 무더기는 진짜 괴로움인 괴로움의 진리dukkhasacca입니다.

몸과 마음에 생겨나는 몸의 행복함과 마음의 행복함이라는 행복한 느낌sukhavedanā은 그것이 생겨나는 동안이나 있는 동안은 몸도 마음도 편안해서 좋지만, 그것들이 없을 때는 편안하지 못해 괴롭게 하는 변화 괴로움vipariṇāmadukkha이기 때문에 두려워할 만한 것입니다. 그래서 행복한 느낌이라는 취착무더기도 성자들의 시각으로는 아름다운 형색을 보이면서 미치게 하는 야차녀처럼 매우 두려워할 만한 진짜 괴로움인 괴로움의 진리입니다. 그 행복함은 항상하지 않기 때문에 계속 유지되도록, 계속 있도록 끊임없이 애쓰고 형성시켜 주어야 합니다. 그렇게 끊임없이 형성시켜 주어야 하기 때문에도 두려워할 만한 진짜 괴로움인 괴로움의 진리입니다.

나머지 평온한 느낌upekkhāvedanā과 인식, 형성, 의식, 물질이라는 취착무더기들은 한순간도 쉬지 않고 끊임없이 생멸하고 있어 항상하지 않기 때문에도 성자들의 시각으로는 두려워할 만한 것입니다. 마치 쓰러져가는 건물 안에 있으면 매우 두려운 것처럼, 언제든 상관없이 죽을 수 있기 때문에 그 항상하지 않은 취착무더기들을 어떤 실체가 있는 것처럼 여기며 지내는 것은 매우 두려운 일입니다. 또한 항상하지 않기 때문에 계속 그대로 머물도록 애쓰고 끊임없이 형성시켜 주어야 합니다. 그렇게 끊임없이 형성시켜 주어야 하는 형성 괴로움saṅkhāradukkha이기 때문에도 두려워할 만한 것입니다. 그래서 성자들의 시각으로는 행복함과 괴로움의 느낌을 제외한[228] 나머지 취착무더기들도 두려워할 만한 진짜 괴로움인 괴로움의 진리입니다.

이렇게 다섯 취착무더기 모두가 성자들의 시각으로는 매우 두려워할 만한 진짜 괴로움들일 뿐이기 때문에 부처님께서 다음과 같이 말씀하시면서 괴로움의 진리에 해당되는 법체를 마무리하셨습니다.

Saṅkhittena pañcupādānakkhandhā dukkhā.[229] (S.iii.369/S56:11)

대역

Saṅkhittena간단히 말해서 pañcupādānakkhandhā다섯 취착무더기가; 취착의 대상인 무더기가; '나'라거나 '나의 것'이라거나 '항상하

228 괴로운 느낌은 고통 괴로움이기 때문에 괴로움의 진리이고, 행복한 느낌은 변하고 사라져 버리기 때문에 괴로움의 진리다. 이 둘을 제외한 나머지 법들은 계속 형성시켜 주어야 하기 때문에 괴로움의 진리다.

229 저본에 대역만 있어 빠알리어 원문을 역자가 첨가했다.

다'라거나 '행복하다'라거나 '자아'라고 집착할 수 있는 물질·정신 무더기가 dukkhā괴로움이다; 두려워할 만한 괴로움이다.

• **취착과 취착무더기**

이제 취착upādāna과 취착무더기upādānakkhandha를 구별하여 설명하겠습니다. 취착upādāna이란 집착하는 것입니다. 그 취착에는 ① 감각욕망취착kāmupādāna, ② 사견취착diṭṭhupādāna, ③ 행실의례취착sīlabbatupādāna, ④ 자아교리취착attavādupādāna의 네 가지가 있습니다. 원하고 좋아하고 즐겨서 집착하는 것을 감각욕망취착kāmupādāna이라고 합니다. 갈애로 집착하는 것입니다. '자아'라거나 '나'라고 집착하는 것이 자아교리취착attavādupādāna입니다. 자아사견attadiṭṭhi이나 존재더미사견sakkāyadiṭṭhi과 동일합니다. 네 가지 진리를 알게 하는 실천도 아니고, 팔정도를 생겨나게 하는 실천도 아닌 어떠한 실천만으로 윤회의 괴로움에서 벗어날 수 있다고, 늙지 않고 병들지 않고 죽지 않고 항상 행복할 수 있다고 믿고 집착하는 것을 행실의례취착sīlabbatupādāna이라고 합니다. 잘못된 실천을 바른 실천이라고 믿고 집착하는 사견의 한 종류입니다. '업과 업의 결과는 없다. 다음 생은 없다. 부처님이나 아라한이 없다'라고 생각하고 집착하는 것이 사견취착diṭṭhupādāna입니다. 자아사견과 행실의례취착사견을 제외한 나머지 사견 모두가 이 사견취착에 해당합니다. 그 네 가지 취착 중에서 감각욕망취착은 좋아하고 즐기는 갈애입니다. 나머지 세 가지 취착은 잘못된 견해인 사견입니다. 그래서 이 내용을 게송으로 "사견갈애 집착이 취착두가지"라고[230] 표현했습니

230 잘못 생각하거나 즐겨서 집착하는 것이 두 가지 취착이다.

다. 같이 독송합시다.

사견갈애 집착이 취착두가지

잘못 생각해서 집착하는 사견취착이 하나, 좋아하고 즐기고 애착해서 집착하는 갈애취착이 하나, 이렇게 두 종류가 있다는 뜻입니다. 그 두 종류의 취착으로 집착할 수 있는 물질 무더기, 정신 무더기들을 취착무더기upādānakkhandha라고 합니다. 그것도 게송으로 "나나의것 집착해 취착무더기"라고 표현했습니다. 같이 독송합시다.

나나의것 집착해 취착무더기

'나'라고 집착하는 것은 자아사견집착입니다. 자아사견집착이 생겨나면 나머지 사견집착 두 가지도 생겨날 수 있습니다. 좋아하고 즐기고 애착해서 집착하면 자기의 것이 아닌데도 자기의 것처럼 거머쥐고서 집착합니다. 그래서 성전에서 갈애가 생겨나는 것을 'etaṁ mama 이것은 나의 것이다'라고 좋아하여 거머쥐는 모습으로 보여 놓았습니다. 이 게송에서도 그 성전의 방법에 따라 '나의 것'으로 즐겨서 거머쥐어 집착하는 모습을 보여 놓은 것입니다. 그렇게 자아라거나 나라고 잘못 생각해서든, 나의 것으로 즐겨서 붙잡아서든, 집착할 수 있는 물질·정신 무더기 법들을 취착무더기upādānakkhandha라고 말합니다. 그렇게 갈애와 사견으로 집착할 수 없는 정신법 무더기는 그냥 무더기khandha라고만 말해야 합니다. 취착무더기upādānakkhandha라고 말해서는 안 됩니다. 단지 무더기에만 해당되는 것은 네 가지 도와 네 가지 과에 포함된 느낌, 인식, 형성, 의식이라는 법들입니다. 그 출세간의 느낌, 인식, 형성, 의식들은 그냥 느낌 무더기, 인식 무더기, 형성 무더기, 의식 무더기라고만 말해야 합니다. 지금 여기서 취착으로 집착할 수 있는 취착무더기란 무엇인가 하면, 앞에서 거듭 말했던 세간의 물질, 느낌, 인식, 형성, 의식이라는 물질·정신 무더기법들입니다. 그것을 게송으로 "다섯취착 무더기 색수상행식"라고 표현했습니다. 같이 독송합시다.

다섯취착 무더기 색수상행식

이 다섯 가지는 앞에서 거듭 설명했기 때문에 분명할 것입니다. 그 세간의 물질·정신, 다섯 취착무더기라는 것은 선정을 얻지 못한 이들의 경우라면 볼 때마다, 들을 때마다, 냄새 맡을 때마다, 먹어서 알 때마다, 닿아서 알 때마다, 생각하여 알 때마다 여섯 문에서 분명하게 드러나고 있는 물질법과 욕계 마음, 마음부수들입니다. 선정을 얻은 이들의 경우라면 마음의 문에 드러나는 선정jhāna이라는 색계·무색계 법들도 포함됩니다. 그 다섯 취착무더기는 위빳사나로 관찰할 수 있는 괴로움의 진리법들입니다. 「담마짝까숫따」의 뒷부분에 부처님께서 'pariññeyya', 즉 위빳사나 지혜와 도의 지혜로 분명하게 구분해서 알아야 할 법들로 설하셨습니다. 제3장의 바른 견해 도 구성요소에 대한 해설에서[231] 'dukkhe ñāṇaṁ 괴로움의 진리에 대해 아는 지혜'를 바른 견해 도 구성요소라고 말한다고 설명했습니다. 그것은 이 다섯 취착무더기라고 하는 괴로움의 진리를 관찰하여 아는 지혜를 말한 것입니다.

따라서 볼 때마다, 들을 때마다, 냄새 맡을 때마다, 먹어서 알 때마다, 닿아서 알 때마다, 생각하여 알 때마다 여섯 문에서 분명하게 드러나는 그 모든《눈과 형색, 귀와 소리 등의》물질 취착무더기,《보아

231 본서 pp.201~202 참조.

서 앎, 들어서 앎 등의》 정신 취착무더기들을 관찰하고 새겨 생겨남과 사라짐, 무상·고·무아의 성품들을 사실대로 알아 '다섯 취착무더기, 물질·정신법들이야말로 진짜 괴로움, 괴로움의 진리dukkhasacca구나'라고 스스로의 지혜로 알아야 한다는 점도 확실하게 기억해 두어야 합니다. 새김확립 방법에 따라 드러나는 모든 것을 관찰하고 새겨 방금 말한 대로 사실대로 알고 있는 이들은 매우 기뻐할 만합니다. "'saṅkhittena pañcupādānakkhandhā dukkhā(간단히 말해서 다섯 취착무더기가 괴로움이다)'라고 부처님께서 설하신 대로 나는 알게 됐구나"라고 숙고하고서 매우 기뻐할 만합니다. 그렇게 기뻐하고서 지혜가 더욱 더 구족되고 향상되도록 노력해야 합니다. 이제 괴로움의 진리 12가지 법체 게송을 같이 한 번 더 독송합시다.

생노사와 슬픔과 비탄고통과
마음근심 극심한 절망괴로움
원증회고 애별리 괴로움진리
구부득고 괴로움 줄여말하면
집착하는 오취온 괴로움진리

간략하게 다시 설명하자면, ①'생生', 새로운 생에 태어나는 것도 괴로움입니다. ②'노老', 늙음도 괴로움입니다. ③'사死', 죽음도 괴로움입니다. ④'슬픔'도 괴로움입니다. ⑤'비탄'도 괴로움입니다. ⑥몸으로 참기 힘든 괴로운 느낌인 '고통'도 괴로움입니다. ⑦'마음근심', 마음의 괴로움인 근심도 괴로움입니다. ⑧'극심한 절망괴로움', 마음으로 도저히 참을 수 없을 정도로 매우 심하게 절망하는 것도 괴로움입니다. 이것이 첫 두 게송의 의미입니다.

이어서 ⑨ '원증회고怨憎會苦', 싫어하는 사람이나 싫어하는 형성, 원하지 않는 대상과 만나야 하는 것도 괴로움입니다. ⑩ '애별리'는 '애별리고愛別離苦', 좋아하는 사람이나 좋아하는 형성, 원하는 대상과 살아서든 죽어서든 헤어져야 하는 것도 괴로움입니다. 이것이 세 번째 게송의 의미입니다.

네 번째 게송에서 ⑪ '구부득고求不得苦', 팔정도를 실천하지 않고 닦지 않고서 늙지 않고 병들지 않고 죽지 않고 모든 고통이 사라지기를 바라고 원하고 있으면 그 원하는 대로 얻을 수 없습니다. 그렇게 얻을 수 없는 것을 원하는 것은 원하는 것이 성취되지 않기 때문에 괴로움일 뿐입니다. 그래서 괴로움입니다. 세간적으로 얻을 수 없는 것들을 바라는 것도 괴로움입니다. '구부득고'까지 열한 가지를 요약해서 나타낸 것을 마지막 게송으로 ⑫ '집착하는 오취온 괴로움진리', 즉 '나'라거나 '나의 것'으로 집착할 수 있는 다섯 취착무더기가 괴로움의 진리라는 뜻입니다. 괴로움의 진리에 대한 설명이 끝났습니다.

이 「담마짝까숫따」의 가르침을 정성스럽게 경청한 청법선업 의도의 공덕으로 지금 법문을 듣는 선남자, 선여인, 대중들 모두가 구분하여 알아야 하는 다섯 취착무더기, 괴로움의 진리법들을 관찰하여 알아 중도라는 팔정도, 그 거룩한 부처님의 가르침을 잘 닦고 노력해서 모든 고통이 사라진 열반이라는 거룩한 법에 빠르게 도달하기를.

사두, 사두, 사두.

『담마짝까 법문』 제4장이 끝났다.

제5장

1962년 음력 9월 그믐

(1962. 10. 27)

지난 음력 9월 하현의 8일, 네 번째 설법에서 네 가지 진리 중 괴로움의 진리에 해당하는 법체에 대해 설명했습니다. 오늘은 생겨남의 진리에 해당하는 법체에 대해 설명하겠습니다. 먼저 네 가지 진리 목차부터 독송해 봅시다.

둑 - 카 - 삿짜 고성제 괴로움진리
사무다야삿짜 집성제 생겨남진리
니로 - 다삿짜 멸성제 소멸의진리
막 - 가 - 삿짜 도성제 실천도진리

제4장에서 설한 대로 부처님께서는 중도실천majjhimapaṭipadā이라는 팔정도의 실천으로 당신 스스로 꿰뚫어 아신 괴로움의 진리에 해당하는 법체를 설명하신 뒤에 생겨남의 진리에 해당하는 법체도 이어서 다음과 같이 설하셨습니다.

생겨남의 진리

생겨남의 진리 개요

6 Idaṁ kho pana, bhikkhave, dukkhasamudayo[232] ariyasaccaṁ

232 dukkhasamudayo (Te.), dukkhasamudayaṁ (Be.).
㉯ 다른 여러 본에서는 'dukkhasamudayaṁ'이라고 중성명사로 돼 있다. 이것은 "'dukkhasamudayo; dukkhanirodho'라고 원래 성대로 돼야 하지만 'dukkhasamudayaṁ; dukkhanirodhaṁ'이라고 중성 명사로 성 변환을 취했다"라고 설명한 『빠띠삼비다막가 주석서』의 설명과 일치한다(PtsA.i.58). 하지만 『위숫디막가 마하띠까』에서는 "('uppādo bhayaṁ'이라는) 두 구절의 문법적 위치가 같다는 점이 있으나 'dukkhasamudayo ariyasaccaṁ'이라는 구절처럼 'uppādo bhayaṁ(일어남은 두려움이다)'이라고 성 분리를 취해야 한다"라고 앞의 남성명사와 뒤의 중성 명사가 성이 서로 다를 수 있다고 설명했다(Pm.ii.449). 그 복주서의 견해는 도의 진리에서 설할 "dukkhanirodhagāminī paṭipadā ariyasaccaṁ"이라는 구절과 일치하기 때문에 더욱 근거가 있는 설명이다. 또한 과거 여러 주석서에서도 여기에서 중성 명사로 변환시켜 놓았다고 설명한 곳이 없다. 태국 본도 'dukkhasamudayo'라고 원래 남성명사로 된 구절로 싣고 있기 때문에 법문을 할 때 그것에 따라 독송했다. ㉰『마하사띠빳타나숫따 대역』, p.240; 『위빳사나 수행방법론』 제2권, p.508 주451을 참조하라.

- yāyaṁ taṇhā ponobhavikā[233] nandīrāgasahagatā[234] tatratatrābhinandinī, seyyathidaṁ[235] - kāmataṇhā, bhavataṇhā, vibhavataṇhā. (S.iii.370/S56:11)

대역

Bhikkhave비구들이여, idaṁ kho pana지금부터 설명할 이 법문이 dukkhasamudayo괴로움의 생겨남이라는 ariyasaccaṁ성스러운 진리이다; 성자들이 알 수 있는 진리법이다; yā ayaṁ taṇhā어떤 이 갈애는; 갈망함인 그 갈애는 ponobhavikā다시 태어나게 하고, nandīrāgasahagatā즐김과 애착이 함께 하며; 즐기고 애착하는 성품이기도 하고, tatratatra여기저기서; 각각의 자기존재나 각각의 대상들을 만날 때마다, 접할 때마다 그것들에서 abhinandinī항상 좋아하고 즐긴다. seyyathidaṁ예를 들면; 이 갈애에 어떠한 것들이 있는가 하면 kāmataṇhā감각욕망갈애; 감각대상에 대해 갈망하고 즐기는 갈애, bhavataṇhā존재갈애; 항상 존재한다고 생각하면서 갈망하는 갈애, vibhavataṇhā비존재갈애; 죽으면 더 이상 존재하지 않는다고 생각하면서 갈망하는 갈애, idaṁ이것이다; 이 세 가지 갈애가 괴로움의 생겨남, 즉 괴로움이 생겨나는 것의 원인인 생겨남의 진리이다.

---

233 ponobhavikā (Se.); ponobbhavikā (Be.). ㉥'puna'라는 단어는 산스크리트에서 'punar'라고 'r'로 끝난다. 그 단어를 'bhava'와 결합할 때 그 'r' 때문에 'punabbhava'라고 복자음 'bbh'가 된다. 하지만 'punar'에서 'ar'가 'o'로 변화했다고 생각해 'puno'에서 'pono'라고 바뀌었다고 단어를 분석하면 복자음이 될 필요가 없다. 그래서 'ponobhavikā'라고 복자음이 없는 스리랑카 본이 더욱 근거가 있기 때문에 법문을 할 때 그것에 따라 독송했다.

234 nandirāgasahagatā (Se. Te.).

235 seyyathīdaṁ (Se. Te. Ke.).

괴로움을 생겨나게 하는 원인인 '괴로움 생겨남의 성스러운 진리 dukkhasamudaya ariyasacca'란 방금 설명한 대로 새로운 생에 태어남을 시작으로 하고 취착무더기를 끝으로 하는 괴로움의 진리를 생겨나게 하고 늘어나게 하는 법들입니다. 괴로움이 없고자 한다면 그 괴로움의 진리를 생겨나게 하는 법을 아는 것이 매우 중요합니다. 병을 사라지게 하고 싶으면 그 병을 생겨나게 하는 원인을 알고서 제거해야 하는 것과 마찬가지입니다. 그렇게 매우 중요한, 괴로움을 늘어나게 하는 원인인 생겨남의 진리도 부처님께서 아시고 제거하셨다는 뜻입니다. 그 생겨남의 진리가 바로 갈애taṇhā입니다. 갈애란 갈망하는 성품입니다. '밥을 갈망한다(배고프다)', '물을 갈망한다(목마르다)'라는 표현처럼[236] 갈애는 대상을 갈망하는 성품입니다.

대상을 갈망하는 갈애는 'ponobhavikā', 다시 새로운 생에 태어나게도 합니다. 갈애가 아직 사라지지 않는 기간 내내 새로운 생에 거듭거듭 태어나고 태어나야 합니다. 그렇게 새로운 생에 태어나게 하는 모습은 나중에 설명하겠습니다.[237] 또한 그 갈애는 'nandīrāgasahagatā', 즐기고 계속 즐겨서 애착하기도 합니다. 좋다고 생각되는 대상이나 물건을 갈애는 좋아합니다. 마치 기름이나 염료가 닿는 곳마다 묻어서 스미는 것처럼 좋아하는 대상에 들러붙습니다. 또한 그 갈애는 'tatratatrābhinandinī', 도달하고 도달한 곳을 즐깁니다. 지겨워하는 일이 없습니다. 좋다고 생각되는 대상에서 계속해서 얻는 것을 좋아하고 즐깁니다.

236 미얀마어로 '배고프다'는 '밥을(터민) 갈망한다(사데)', '목마르다'는 '물을(예이) 갈망한다(사데)'라고 표현한다.

237 본서 pp.287~322 참조.

인간 세상만을 숙고해 본다면 하류층의 여건은 상류층 사람들로서는 좋아할 만한 것이 아닙니다. 즐길 만한 것이 아닙니다. 하지만 조건이 여의치 않아 그 처지에 이르게 되면 그 도달한 생에서 즐깁니다. 사람으로서 축생의 생을 살펴보면 즐길 것이라고는 전혀 없습니다. 매우 혐오스럽고 두려운 것으로만 생각됩니다. 뱀의 몸속에, 벌레의 몸속에 들어가 있다고 할 것 같으면 매우 혐오스럽고 두려워할 만합니다. 하지만 업에 따라 그러한 종류의 생에 이르게 되면 자기 몸이라 생각하고 좋아하며 즐깁니다. 이것은 갈애라는 것이 이르는 생, 도달한 대상을 좋아하고 즐기는 성품이 있어서입니다. 그래서 부처님께서 그 갈애를 'tatratatrābhinandinī', 각각의 생, 각각의 대상들을 좋아하고 즐기는 것이라고 설하신 것입니다. 이 내용은 짬뻬야 Campeyya 용왕의 일화, 우빠리Upari 왕비의 일화를 통해 분명하게 알 수 있습니다.

갈애의 성품

여기저기서 즐긴다

- **짬뻬야 용왕의 일화**

보살은 어느 한 생에서 짬빠Campā 강 근처에 사는 가난한 사람이었습니다. 그때 짬뻬야 용왕의 영화를 서원해 보시와 지계 등의 선업을 행했고, 그 생에서 죽었을 때 짬뻬야 용왕의 왕좌에 몸의 여러 부분을 갖추어 화생으로 재생하는 용왕이 됐습니다. 사실 용이라는 것은 뱀일 뿐입니다. 사람이 뱀이 된다는 것은 두렵고 혐오스러운 일입니다. 보살이 용으로 태어났을 때 처음에는 자기 몸을 보고서 혐오스러워했습니다. '내가 행했던 보시와 지계 등의 선업들은 욕계 천상 여섯 세상 중 어느 곳이든 태어나게 할 수 있었는데도 용왕의 영화를 기대해 뱀이라는 축생으로 태어나고 말았다. 뱀이라는 축생으로 살아가느니 차라리 죽는 것이 나으리라'라고 죽으려는 생각까지 했습니다.

그러던 중에 수마나Sumanā라는 용녀가 다른 용녀들에게 새 왕을 환대하라는 신호를 보냈습니다. 용녀들은 모두 아름다운 천녀의 모습으로 변신하고 여러 악기를 연주하고 노래하고 춤을 추면서 접대했습니다. 그렇게 천녀들의 모습으로 연주하고 노래하고 춤추는 용녀들을 보고서 보살 짬뻬야 용왕은 자신의 용궁을 마치 제석천왕의 궁전처럼 생각하고 즐기게 됐습니다. 용왕도 천신처럼 변신하고서 그 용녀들과 같이 즐기게 됐다고 합니다.[238]

하지만 보살은 쉽게 새김sati을 회복합니다. 얼마 지나지 않아 보살은 '용의 생에서 벗어나 사람의 생에 이르기를. 사람의 생에 이르러 보시와 지계 등의 바라밀 선업을 구족하게 실천할 수 있기를'이라고 서원하고서 인간 세상으로 와서 숲에서 포살을 준수했습니다.

짬뻬야 용왕의 일화에서 말하고자 하는 바는 다음과 같습니다. 사람의 시각으로 보면 용왕의 몸은 매우 두려운 것이고 혐오스러운 것입니다. 처음 용이 됐을 때 보살도 용으로서의 생을 혐오했습니다. 하지만 접대하는 용녀들을 보자 마치 천신의 생으로 태어난 것처럼 그렇게 태어난 생에서 즐기게 됐다는 사실입니다. 이렇게 태어난 생에서 즐기게 되는 것도 다른 것 때문이 아닙니다. '각각의 생에서, 각각의 대상에서 즐긴다'라는 갈애 때문입니다.

238 용들이 다른 축생들과 공유하지 않는 고통 다섯 가지에 대해서는 우 소다나 사야도 법문, 비구 일창 담마간다 옮김, 『어려운 것 네 가지』, p.273 참조.

그리고 보살은 가난한 이의 생에서 짬뻬야 용왕의 영화를 좋아하고 원했습니다. 그렇게 좋아하고 원했던 갈애 때문에 짬뻬야 용왕으로 태어난 것입니다. 이것은 'ponobhavikā 다시 새로운 생을 생겨나게 한다'는 말과 일치합니다.

• 우빠리 왕비 일화

우빠리Upari 왕비는 까시Kāsi국, 빠딸리Pāṭali 성, 앗사까Assaka 왕의 제1왕비였습니다. 옛날 왕들은 자기 나라에서 제일가는 미녀를 골라 왕비에 앉혔습니다. 그래서 왕비라면 미녀들이 대부분입니다. 이 우빠리 왕비는 특히 더 아름다웠다고 합니다. 앗사까 왕은 아름다운 우빠리 왕비를 매우 사랑했습니다.

하지만 우빠리 왕비는 가장 아름답고 젊은 나이에 하늘나라로 가고 말았습니다. "하늘나라로 갔다"라는 말은 미얀마어로 왕이나 왕비가 죽는 것을 말합니다. 스님들의 경우에는 "입적하셨다"라고 합니다. 교양 있는 말입니다. 죽은 이는 자기 업에 따라 다른 생에 태어나기 마련입니다. 우빠리 왕비는 미얀마어 표현에 따라 "하늘나라로 갔다"라고 말했지만 사실은 하늘나라에 태어난 것이 아니었습니다. 소똥구리로 태어났습니다.

그토록 사랑하던 왕비가 죽자 앗사까 왕에게 슬픔과 비탄의 불이 심하게 타올랐습니다. 우빠리 왕비의 시신을 투명한 유리통에 넣고 그 안에 기름을 채워 자신의 침상 아래에 두었습니다. 밥도 먹지 않은 채 슬피 울고 통곡하며 침상 위에 누워만 있었습니다. 부모나 친척, 지혜로운 대신들이 '형성들의 성품, 무상한 성품'들을 아무리 말해도 정신을 차리지 못한 채 지냈습니다. 유리상자 속에 기름을 채워 놓았다고 했으니, 그 안에 있는 시신은 아마 현대에 여러 약물 처리를 한 것처럼 손상되지 않고 그대로 유지됐을 것입니다. 그래서 왕비가 유리상자 안에서 마치 누워 잠을 자고 있는 것처럼 보였을 것입니다. 왕은 그 시신을 한 번 보고 다시 울고 통곡하고, 슬픔과 비탄의 불에 태워지면서 7일이 지났습니다.

그때 보살은 히말라야 산에서 선정과 신통을 얻은 선인이었습니다. 세상을 신통으로 살펴보다 앗사까 왕이 매우 심하게 고통스러워하는 것을 알고, 또한 자신을 제외한 다른 누구도 그 왕을 구해줄 수 없다는 것도 알고 신통으로 앗사까 왕의 정원에 날아갔습니다.

그때 빠딸리 성의 한 젊은 바라문이 보살 선인 앞에 왔습니다. 선인은 그 젊은이에게 앗사까 왕에 대해 물었습니다. 젊은이는 앗사까 왕에게 슬픔과 비탄의 불이 크게 타오르고 있다면서 설법을 해서 왕을 구해달라고 청했습니다. 그러자 선인은 "나는 앗사까 왕을 모르오. 왕이 나에게 와서 물으면 그 왕비가 태어난 생을 설명해 줄 수는 있소"라고 말했습니다. 젊은이는 앗사까 왕에게 가서 "왕이시여, 정원에 눈과 귀가 열린, 천안통을 가진 선인이 한 분 오셨습니다. 우빠리 왕비가 태어난 생도 안다고 합니다. 보여 줄 수도 있다고 합니다. 그 선인에게 가시는 것이 좋을 듯합니다"라고 말했습니다.

우빠리 왕비가 어느 생에 태어났는지 보여 줄 수 있다는 말을 듣고 앗사까 왕은 매우 기뻐하며 정원으로 마차를 타고 출발했습니다. 선인이 있는 곳에 도착해서 공손하게 예경을 올린 뒤 "선인이시여, 우빠리 왕비가 태어난 생을 안다는 것이 사실입니까?"라고 물었습니다. 선인은 사실이라고 대답했습니다. "어디에 태어났습니까?"라고 왕이 물었고, 선인은 다음과 같이 대답했습니다.

"왕이여, 그대의 왕비 우빠리는 용모만 좋아하고 애착하며 자만에 취해 지냈습니다. 용모를 아름답게 하기 위해서 이리저리 고치고 치장하기만 했습니다. 보시나 지계 등의 선업과 선행들은 잊고 방일하게 지냈습니다. 그렇게 방일하여 자만에 도취됐기 때문에 우빠리 왕비는 죽은 뒤 저열한 생에 태어났습니다. 바로 이 정원에 있는 소똥구리로 태어났습니다"라고 사실대로 분명하게 드러내어 설명했습니다.

재산이든, 친척이든, 지혜든, 지위든, 용모든 다른 이들보다 뛰어나면 그것을 연유로 자만하게 됩니다. 자만하여 선업을 행하는 데 방일합니다. 다른 이를 공경하고 존경할 줄도 모르게 됩니다. 이렇게 자만이 큰 이는 저열한 생에 이른다는 사실을 「쭐라깜마위방가숫따」에서[239] 부처님께서 설하셨습니다. 이 내용을 "자만하면 저열해 겸손거룩해"라고[240] 본승이 게송으로 표현했습니다. 같이 독송합시다.

자만하면 저열해 겸손거룩해

자만이 커서 공경해야 할 이를 공경하지 않으면 저열한 가문에 태어나기 마련입니다. 자만을 낮추고 공경할 만한 이들을 공경하면 거룩한 가문에 태어납니다. 우빠리 왕비는 용모가 매우 아름다웠고 신분도 제1왕비로 매우 높아서 자만에 도취돼 공경할 만한 이를 공경하지 않은 불선업 때문에 저열한 소똥구리 생에 이르렀다고 생각할 수 있습니다.

우빠리 왕비가 소똥구리로 태어났다는 사실을 들은 왕은 "nāhaṁ saddahāmi 저는 믿지 못하겠습니다"라고 말하며 그 말을 부인했습니다.

239 M135; 「Cūḷakammavibhaṅgasutta 업 분석 짧은 경」.

240 경의 문구에 따르자면 '불경不敬하면 저열해 공경고귀해'라고 표현할 수 있다.

"그렇다면 소똥구리 암컷을 보여주겠습니다. 대화도 하게 해 드리겠습니다."

"예, 좋습니다. 보여 주십시오. 대화도 하게 해 주십시오."

그러자 선인은 소똥구리 암수 두 마리가 앗사까 왕 앞에 나타나도록 신통으로 결의했고, 그 결의대로 소똥구리 암수 두 마리가 왕의 앞에 나타났습니다. 그때 선인이 다음과 같이 말했습니다.

Ayaṁ te, mahārāja, uparidevī, taṁ jahitvā gomayapāṇakassa pacchato pacchato gacchati, passatha naṁ.[241] (JA.iii.143)

대 역

Mahārāja왕이여, ayaṁ뒤에 따라가는 이 암컷이 te그대의 uparidevī우빠리 왕비요. taṁ jahitva그대를 버리고서 gomayapāṇakassa 소똥구리의 pacchato pacchato뒤를 계속해서 gacchati따라가고 있습니다. naṁ저 우빠리 왕비가 다시 태어난 소똥구리 암컷을 passa 확실히 보시오.

그러자 앗사까 왕이 "존자여, 매우 품행 바르게 지냈던 우빠리 왕비가 이렇게 소똥구리 암컷으로 태어났다는 것을 저는 믿을 수 없습니다"라고 말했습니다.

맞습니다. 업과 업이 결과를 주는 모습을 확실히 믿지 못하는 이, 조건과 결과가 결합되는 모습인 연기를 이해하지 못하는 이, 이러한 이들이라면 사람이 이렇게 벌레로 태어난다는 것을 믿기 어려울 것입니다.

241 저본에 대역만 있어 빠알리어 원문을 역자가 첨가했다.

현대에 부처님의 가르침이 매우 분명하게 존재하는 시기조차도 '사람이 죽어서 사람보다 저열한 생이 될 수는 없다'라고 믿는 이들이 여전히 있습니다. 부처님의 가르침을 들을 수 없던 때라면 믿지 않는 것을 허물이라고 할 수 없을 것입니다.

하지만 부처님께서 설해 놓으신 가르침에 따라 말하자면, 성자가 되기 전에는 인간의 생에서도 사악처로 갈 수 있습니다. 천신의 생, 천왕의 생에서도 사악처에 태어날 수 있습니다. 불선업으로 인해 죽을 때 마음을 잘못 기울인 것에 따라 악처의 중생들 속에 태어날 수 있습니다. 선업으로 인해 죽을 때 마음을 올바르게 기울이면 아무리 저열한 생에서라도 사람의 생, 천인의 생인 고귀한 생에 태어날 수 있습니다. 띳사Tissa 라는 비구가 죽을 때 가사에 집착해서 죽은 뒤 그 가사 속의 이로 태어난 것,[242] 개구리가 부처님의 가르침을 듣고 있다가 죽어서 도리천 천상에 천신으로 태어났다는 것 등이 그 예입니다.[243] 하지만 앗사까 대왕은 이러한 법문을 들어 본 적이 없었기 때문에 왕비가 소똥구리 암컷으로 태어난 것을 믿지 못하고 거부한 것입니다.

그러자 선인은 "그러면 이 소똥구리 암컷으로 하여금 말을 하게 하겠습니다"라고 했습니다. "말하게 해 주십시오"라고 왕은 대답했습니다.

그때 수행자는 자신이 하는 말을 소똥구리 암컷이 이해할 수 있도록, 소똥구리 암컷이 말하는 것도 왕과 다른 대중이 듣고 이해할 수 있도록 신통의 힘으로 결의한 뒤 물었습니다.

"여보시오, 소똥구리 암컷이여, 그대는 과거 생에 누구였소?"

242 Dhp.240; 『법구경 이야기』 제3권, pp.116~118 참조.
243 본서 p.184 참조.

소똥구리 암컷이 대답했습니다.

"앗사까 대왕의 제1왕비인 우빠리 왕비였습니다, 존자여."

선인이 다시 물었습니다.

"어떻소, 소똥구리 암컷이여. 그대는 지금 앗사까 대왕을 더 사랑하오, 아니면 소똥구리 수컷을 더 사랑하오?"

소똥구리 암컷이 대답했습니다.

"존자여, 앗사까 대왕으로 말하자면 과거 생에 저의 남편이었습니다. 그때는 이 정원에서 저와 대왕과 함께 둘이서 형색, 소리, 냄새, 맛, 감촉이라고 부르는 다섯 감각욕망 대상들을 즐기며 지냈습니다. 그렇지만 지금은 새로운 생에 태어났기 때문에 앗사까 대왕은 저와 아무런 관련이 없습니다."

주석서에는 이 말 다음에 아래에 언급한 내용도 말했다고 설명해 놓았습니다. 그 말을 원래대로 빠알리어와 대역으로 독송해 보겠습니다.

Ahañhi idāni assakarājānaṁ māretvā tassa galalohitena mayhaṁ sāmikassa gomayapāṇakassa pāde makkheyyaṁ.[244]

(JA.iii.143)

대 역

Ahaṁ저는 idāni지금 assakarājānaṁ māretvā앗사까 왕을 죽여서 tassa galalohitena그의 목에서 흐르는 피로 mayhaṁ sāmikassa 지금의 제 남편인 gomayapāṇakassa소똥구리의 pāde발에 makkheyyaṁ발라주고 싶습니다, 존자여.

244 저본에 대역만 있어 빠알리어 원문을 역자가 첨가했다.

이렇게까지 잔인하게 말했다고 설명해 놓았습니다. '이것은 너무 무례한 것 아닌가'라고 생각할 수도 있습니다. 하지만 자신의 현재 남편 앞이니 그 소똥구리 남편의 마음에 들도록 말한 것일 수 있습니다. 또한 중생들은 이전의 생, 새로운 생 이렇게 나눠지는 것은 놔두고서라도 한 생 안에서조차 서로 마음이 맞지 않아 이혼하고 새로 결혼했을 때, 전 남편이나 전 부인에 대한 동정이란 없이 새로운 배우자만 중시하는 것을 고려해 보면 주석서의 설명도 일리가 있습니다. 『자따까』 성전에는 그 소똥구리 암컷이 다음과 같이 말했다고 합니다.

Ayamassakarājena, deso vicarito mayā:
Anukāmāya kāmena, piyena patinā saha. (J.i.55/J207)

대역

Bhante존자여, ayaṁ deso이곳은; 이 정원에서 anukāmāya앗사까 대왕을 사랑했던 mayā제가 kāmena저를 사랑했던 piyena patinā그 때의 제 남편이었던 assakarājena saha앗사까 대왕과 함께 vicarito 자주 놀러와서 즐기곤 했습니다.[245]

Navena sukhadukkhena, porāṇaṁ apidhīyati:
Tasmā assakaraññāva, kīṭo piyataro mama. (J.i.55/J207)

대역

Navena새로운 sukhadukkhena행복과 고통이 porāṇaṁ이전의 생을; 이전의 행복과 고통을 apidhīyati덮어버렸습니다, 존자여.

245 이곳은 대왕을 사랑했던 제가 | 그때 저의 남편이었던 ||
저를 사랑했던 앗사까 대왕과 | 자주 노닐며 즐기던 곳입니다 ||

tasmā그래서; 그 새로운 행복과 고통이 이전의 행복과 고통을 덮어 버려서 kīṭoeva현재의 남편인 소똥구리만을 assakaraññā앗사까 왕보다 mama저는 piyataro더욱 사랑합니다, 존자여[246]

여기서도 성전에서는 'piyataro 더욱 사랑합니다'라고만 말한 것에 대해 주석서에서는 'sataguṇena sahassaguṇena 백배, 천배나 더욱 사랑합니다'라고 그 사랑하는 정도까지 구체적인 숫자와 함께 설명해 놓았습니다.

이렇게 소똥구리 암컷이 대담하게, 잔인하게, 무례하게 말하는 것을 들은 앗사까 대왕은 마음이 좋지 않았습니다. '나는 당신을 너무 사랑해서 시체도 버리지 않고 지냈는데, 당신은 나를 마치 모르는 사람처럼 대하는구나'라고 생각하고는 우빠리 왕비에 대해 크게 실망했습니다. 그래서 그 자리에서 "여봐라, 그 시체를 갖다 버려라"라고 명령하고는 몸을 깨끗이 씻은 후 왕궁으로 돌아갔습니다. 그리고 다른 여인을 제1왕비로 간택하고는 나라를 법답게 통치했습니다. 보살 선인은 왕에게 훈계하고 나서 히말라야 산으로 돌아갔다고 합니다.

이 일화에서 말하고자 하는 바는 이렇습니다. 우빠리 왕비가 사람의 생이었을 때는 그 사람의 생만을 좋아하고 애착하며 지냈습니다. 소똥구리로 태어날 것이라고는 생각조차 하지 않았습니다. 하지만 자신이 행한 업의 힘에 의해 소똥구리로 태어났을 때는 그 생, 그 무더기를 좋아하고 애착했습니다. 소똥구리 남편의 몸 무더기를 앗사까 대왕의 몸보다 백배 이상 매우 중요하게 여겼습니다. 좋아하고 사랑했습니다. 그

246 하지만 새로운 행복과 고통이 | 이전의 생을 덮어버렸습니다 ||
그러니 앗사까 대왕이시여 | 저는 지금의 남편, 더욱 사랑합니다 ||

렇게 매우 저열한 소똥구리 벌레의 생에서조차 매우 즐기고 있다는 것은 도달한 곳, 얻은 것을 좋아하고 애착하는 갈애 때문입니다. 그래서 부처님께서는 'tatratatrābhinandinī 각각 도달한 생, 얻는 대상에서 좋아하고 즐긴다'라고 설하신 것입니다.

개로 태어나면 개의 생을 즐깁니다. 돼지로 태어나면 돼지의 생을 즐깁니다. 닭으로 태어나면 닭의 생을 즐깁니다. 벌레로 태어나면 그렇게 태어난 곳에서 즐깁니다. 사람의 한생에서조차 일부는 매우 부자인 집안의 자식으로 태어나서 여러 이유로 가난하게 되는 사람도 있습니다. 그런 사람들도 그가 도달한 생의 상황에서 즐깁니다. 일부 사람들은 부모들이 다시 불러도 부자의 삶으로 돌아가지 않습니다. 자기 삶을 자기가 즐기는 것입니다. 이것은 '도달한 생, 얻는 대상에서 즐긴다'라는 바로 이 갈애 때문입니다. 이제 앞에서 설명하지 않았던 'ponobhavikā 다시 새로운 생을 생겨나게 한다'라는 것에 관해 자세하게 설명하겠습니다.

다시 새로운 생을 생겨나게 한다

갈애는 좋아하고 들러붙는 성품이어서 도달한 생에서 자신의 생을 좋아하고 애착해서 즐깁니다. 얻게 된 대상들도 좋아하고 애착해서 즐깁니다. 이렇게 좋아하며 즐기기 때문에 자신의 생, 자신의 몸을 계속해서 그대로 존재하게 하고 싶어 합니다. 그대로 유지되게 하려 합니다. 좋은 것이라고 생각되는 대상도 그대로 존재하게 하려 합니다. 그대로 유지되게 하려 노력하고 애써 행합니다. 이렇게 노력하고 행하기 때문에 새로운 생을 생겨나게 할 수 있는 불선업과 선업이 각각 적절하게 생겨납니다.

그래서 죽음에 즈음해서 어느 한 업이든, 그 업을 행했을 때의 여러 상황이 대상으로 나타나는 업 표상이든, 그 업 때문에 태어날 생의 여러 상황이 대상으로 나타나는 거취 표상이든 어느 한 가지가 드러납니다. 그렇게 드러나는 업이나 업 표상이나 거취 표상이라는 대상을 갈애가 있기 때문에 마음에서 집착합니다. 없애려 해도 없앨 수 없습니다. 저녁에 산 그림자가 대지에 퍼져 덮어 버리듯이 그 업이나 업 표상이나 거취 표상이라는 대상이 마음을 덮어 버리면서 드러납니다. 그렇게 드러나는 대상을 업형성 의식abhisaṅkhāraviññāṇa이라는 죽음 인근maraṇāsanna 속행 마음이[247] 마치 잡아 두는 것처럼 집착해서 대상으로 하고 있습니다.[248] 그때, 제일 마지막 죽음 순간의 물질·정신 무더기가 소멸하는 것과 동시에 그 업이나 업 표상이나 거취 표상만을 집착하고 대상으로 하여 새로운 탄생지, 새로운 생에, 의지하는 물질과 함께 재생연결 마음이 생겨납니다. 마음이 생겨날 때 그것과 함께 여러 마음부수 정신법들도 생겨납니다. 그 재생연결 마음 이후에도

247 대림스님·각묵스님 옮김, 『아비담마 길라잡이』 1, pp.526~533 참조.

248 ㉯ 『앙굿따라 니까야(세 가지 모음)』 「바와숫따Bhavasutta 존재경」에서 "kammaṁ khettaṁ, viññāṇaṁ bījaṁ, taṇhā sineho(업은 밭, 의식은 종자, 갈애는 수분이다)"(A.i.224)라고 설하신 대로 새로운 생에 재생연결 의식이 생겨나는 데 있어 선업과 불선업은 씨앗이 자라는 밭과 같다. 업형성 의식은 재생연결 의식을 생겨나게 하는 종자와 같다. 도달한 생과 얻은 대상에 대해 좋아하고 즐기는 갈애는 젖게 하는 물 요소와 같다. 그중, 업형성 의식, 즉 새로운 생을 행하는 의식이라는 것은 의도인 업과 함께 생겨나는 마음·의식이라고 주석서에서 설명해 놓았다. 원래 업이 생겨날 때 그 업과 함께 생겨나는 것처럼, 나중, 그 나중에도 의도와 함께만 생겨나기 때문에 그러한 나중, 그 나중의 마음도 업형성 의식이라고만 불러야 한다. 특히 죽음에 인근해서 업이나 업 표상이나 거취 표상을 집착해서 대상으로 하여 생겨나는 죽음 인근 속행 마음을 '업형성 의식'이라고 불러야 한다. 무엇 때문인가? 그 죽음 인근 속행 마음에서 재생연결 의식이 생겨나기 때문이다. 그 밖에, 종자는 젖게 하는 요소인 물 요소와 닿아야만 새싹을 틔울 수 있듯이, (업형성) 의식이라는 종자도 그것과 함께 생겨나든, 이전에 근처에서 생겨나게 하든, 갈애가 자신의 여세를 얻게 해서 부추기기 때문에 업이나 업 표상이나 거취 표상 대상을 집요하게 대상으로 하는 것을 통해 그 대상을 의지하여, 대상으로 하여 재생연결 의식을 생겨나게 할 수 있다.

업의 힘이 있는 만큼 존재요인bhavaṅga[249] 마음들이 평생 끊임없이 생겨납니다.

그렇게 새로운 생에 태어나는 것은 업과 갈애라는 두 가지 원인 때문입니다. 하지만 갈애 없이 업만으로는 새로운 생을 생겨나게 할 수 없습니다.[250] 그래서 새로운 생에 태어나게 하는 데 있어 갈애가 근본 원인입니다. 그렇게 근본 원인으로서 새로운 생을 생겨나게 하기 때문에 'ponobhavikā 새로운 생을 생겨나게 한다'라고 설하신 것입니다.

다음 생이 있다는 사실은 부처님께서 처음 법을 설하실 때부터 말씀하셨습니다. 그렇게 분명하게 있음에도 "현재 한 생만 부처님께서 설하셨다, 다음 생은 설하지 않으셨다"라고 주장하는 이들이 일부 있습니다. 그것은 부처님의 설법을 단멸론ucchedavāda과 결부시키려는 목적으로 말하는 것인지 모르겠습니다. 완전히 제멋대로 주장하는 말입니다. 사실은 팔정도를 닦지 않거나, 닦더라도 완벽하게 닦지 않아서 갈애가 다하지 않으면 이 갈애 때문에 새로운 생에 거듭 태어나게 됩니다.

팔정도를 닦아 완벽하게 성취하여 아라한 도와 과에 이르러 갈애가 사라지면 새로운 생에 더 이상 태어나지 않습니다. 다음 생이 없습니

249 재생연결 직후나 깊은 잠에 빠졌을 때, 혹은 인식과정 사이에 존재가 계속 지속되게 하는 요인으로서 작용하는 마음의 역할을 말한다. 『아비담마 길라잡이』 1, pp.329~332 참조.

250 ㉯ 아라한들에게는 과거 선업이 완전열반에 들기 전에 좋은 결과를 준다. 시왈리Sīvali 존자가 많은 공양을 받은 것, 바꿀라Bākula 존자가 건강한 것 등처럼 좋은 과보를 말한다. 과거의 불선업도 나쁜 결과를 준다. 로사까띳사Losakatissa 존자가 공양을 많이 얻지 못한 것, 마하목갈라나Mahāmoggalana 존자가 도적들에게 맞아서 그 때문에 입적한 것 등처럼 나쁜 과보를 말한다. 그래도 그러한 과거 업들은 재생연결의 과보는 더 이상 줄 수 없다. 무엇 때문인가? 갈애가 없어 그 갈애의 부추김을 받지 못해 죽음 즈음에 업형성 의식이 없기 때문이다. 그래서 갈애를 'ponobhavikā 다시 새로운 생을 생겨나게 하는 것'이라고 설하신 것이다.

다. 그래서 부처님께서 아라한이 된 후 'ayamantimā jāti, natthi dāni punabbhavo 이 생이 마지막 생이다, 이제 다시 태어나는 생은 더 이상 없다'라고 반조의 지혜로 숙고하는 내용이 있습니다. 이 「담마짝까 숫따」에서도 제일 마지막에 그렇게 숙고하는 모습이 포함돼 있습니다.[251] 그렇게 숙고하는 모습을 통해서도 갈애가 아직 다하지 않으면 다시 새로운 생에 거듭 태어난다고 하는 사실이 분명합니다.

이제 갈애 때문에 새로운 생에 거듭 태어나는 모습을 여러 일화를 통해 설명하겠습니다. 근거가 되는 일화를 예로 들자면 몇백 개 이상 많습니다. 그 많은 일화 중에 성전과 주석서에 나오는 일화 세 가지와 현대의 일화 대여섯 개 정도를 소개하겠습니다.

• 범천에서 '번쩍번쩍' 우리에서 '꿀꿀'

한때 부처님께서 라자가하 성으로 탁발을 나가셨습니다. 그때 암퇘지 한 마리를 보시고 미소를 지으셨습니다. 부처님께서 미소를 지으시자 치아에서 백색 광명이 뿜어져 나왔습니다. 아난다 존자는 광명을 보고 부처님께서 미소를 지으셨다는 사실을 알고 "무엇 때문에 미소를 지으셨습니까?"라고 물었습니다.

"아난다여, 저기 보거라. 암퇘지가 보이느냐?"

"예, 부처님."

"저 암퇘지는 과거 까꾸산다Kakusandha 부처님 당시, 사람의 생에서 여인으로 태어났다가 죽어서 공양간 근처의 암탉으로 태어났다. 그 암탉은 독수리에 물려 죽었다. 하지만 이전에 수행하는 한 비구의

251 본서 pp.436~439 참조.

수행주제 독송 법음을 듣고서 선업을 일으켰고, 그 선업의 힘으로 사람의 생에, 그것도 왕의 가문에 웁바리Ubbarī라는 공주로 태어났다. 그 공주는 나중에 유행자 정사에서 유행녀가 되어 지내다가 화장실에서 구더기를 보고 '벌레가 버글거리는 인식puḷavakasaññā', 혹은 '흰색 인식odātasaññā'을 생겨나게 하여 초선정을 얻었다. 그 뒤 유행녀 생에서 죽어 초선정 범천 탄생지에 범천으로 태어났다. 범천의 생에서 죽어서는 사람 세상에 장자의 딸로 태어났다. 그리고 그 장자 딸의 생에서 죽었을 때 이 암퇘지로 태어났다. 이러한 사실을 보고 미소를 지었던 것이다."

그 사실을 들은 아난다 존자와 다른 비구들에게 경각심이 크게 생겨났다고 합니다. 그때 부처님께서 탁발하고 계시던 바로 그 길에 서서 여섯 법구를 설하셨습니다. 그중 첫 번째 법구를 소개하겠습니다.

Yathāpi mūle anupaddove daḷhe,
Chinnopi rukho punareva rūhati;
Evaṁpi taṇhāusaye anuhate,
Nibbattati dukkhamidaṁ punappunaṁ. (Dhp. 338)

대 역

Mūle그 뿌리가 anupaddove daḷhe위험이 없이 튼튼하면 chinnopi 그 위의 부분에 가지를 베어내도 rukho나무는 punareva rūhati yathāpi다시 새싹이 나서 자라나듯이, evaṁpi이와 마찬가지로 taṇhāusaye anuhate갈애 잠재번뇌를 뿌리 뽑지 못하면; 자신의 상속에 생겨나는 갈애 잠재번뇌를 성스러운 도로 완전히 뿌리 뽑지 못하면 idaṁ dukkhaṁ이러한 괴로움은; 새로운 생에 태어남 등의 이

러한 괴로움은 punappunaṁ다시 거듭 nibbattati생겨난다.[252]

이 게송을 통해 말하고자 하는 바는 다음과 같습니다. 웁바리 공주의 생에서 유행녀로 출가했고 수행해서 초선정을 얻었습니다. 하지만 그 초선정은 망상의 모습으로 생겨나는 감각욕망애착kāmarāga이라는 드러난 갈애pariyuṭṭhāna taṇhā만을 억압제거vikkhambhana로 없앨 수 있습니다. 잠시 어느 정도 멀어지게 하는 정도입니다. 그래서 그 초선정을 얻은 생에서는, 범천의 생으로 지내는 동안에는 감각욕망애착 갈애가 생겨나지 않았습니다. 하지만 성스러운 도로 뿌리까지 제거한 것은 아니기 때문에 사람의 생에서 장자의 딸로 태어났을 때 감각욕망갈애가 그대로 다시 생겨났습니다. 존재갈애는 선정을 얻은 생에서도 그대로 생겨났습니다. 그렇게 잠재된 갈애의 뿌리를 다 제거하지 않았기 때문에 범천이 된 다음에 사람의 생, 다시 돼지의 생으로도 이르게 된 것입니다. 갈애가 아직 제거되지 않은 한, 그 기간 내내 이러한 모습과 방법으로 업에 따라 여러 생에 거듭 태어나야 한다는 것을 말하고자 한 것입니다.

여기에서 범천이 된 다음 다시 암퇘지가 된 것을 연유로 큰스님들께서 "범천에서 번쩍번쩍, 우리에서 꿀꿀"이라고 게송으로 표현했습니다. 하지만 범천의 생에서 죽은 뒤에 바로 암퇘지로 태어나지는 않았습니다. 선정을 얻은 생에서는 선정의 근처에 생겨나는 근접삼매 선업의 힘으로 사람의 생이나 욕계천상의 생에만 태어날 수 있습니다. 지금 말하고 있는 암퇘지도 사람 세상의 장자 딸의 생에서 다시 암퇘지로 태어

252 뿌리가 안 상하고 튼튼하다면ı 나무를 베어내도 다시 자라나듯ıı
미세한 갈애를 뿌리 뽑지 않으면ı 괴로움은 거듭거듭 자라난다네ıı

난 것입니다. 이것도 장자 딸의 생에서 자만에 도취돼 공경할 만한 이를 공경하지 않은 불선업 때문일 여지가 있습니다.

그 암퇘지는 그 생에서 죽었을 때 수완나부미Suvaṇṇabhūmi라는 곳에 공주로 태어났습니다. 수완나부미는 미얀마의 따통 지방이라고 많이들 이야기합니다. 일부 학자들은 불기 1500년 즈음, 데와빨라Devapāla 왕이 새겨 놓은 청동비문을 근거로 인도네시아 수마트라 섬이 수완나부미라고 주장하기도 합니다.

이렇게 수완나부미의 공주의 생에서 죽어 인도 바라나시Barāṇasī 성에 한 여인으로 태어났습니다. 그 생에서 죽어 와나와시Vanavāsī국에 여인으로 태어났습니다. 와나와시라는 곳은 인도 봄베이의 남동쪽에 있습니다. 그 생에서 죽어 숩빠라까Suppāraka 항구 근처 말장수의 딸로 태어났습니다. 숩빠라까 항구는 봄베이의 북쪽, 바다 둑 근처에 있습니다. 그 생에서 죽어 까위라Kāvīra 항구 근처 선주의 딸로 태어났습니다. 까위라 항구는 인도 남동쪽 끝에 있습니다. 이전에 다밀라Damiḷa라고 불리던 타밀 사람들이 거주하던 해안지방입니다. 그 생에서 죽어 지금 스리랑카 아누라다Anurādha 성의 정부 관료 집안에 태어났습니다. 그 생에서 죽어 아누라다 성의 남쪽 복깐따Bhokkanta라는 마을에 수마나Sumanā라는 장자의 딸로 태어났습니다. 이름은 아버지의 이름과 동일하게 수마나라고 불렸습니다. 나중에 아버지가 그 마을을 떠나 디가와삐Dīghavāpī 지역의 마하무니Mahāmuni 마을에 가서 지냈습니다. 그 마을에서 지내던 딸 수마나는 둣타가마니Duṭṭhagāmaṇi 왕의 대신이었던 라꾼다까 아띰바라Lakuṇḍaka Atimbara라는 이가 어떤 일 때문에 그 마을에 왔을 때 수마나를 보고서 애정이 생겨 성대하게 결혼식을 올린 뒤 자신이 지내던 마하뿐나Mahāpuṇṇa 마을로 데려갔습니다.

수마나가 그 마을에서 지내고 있을 때, 남쪽 끝 정사에서 머물던 마하아누룻다Mahāanuruddhā 장로가 그 마을에 탁발을 오셨고, 수마나의 집에 공양을 얻으려고 서 있다가 수마나를 보고 뒤에 있던 스님에게 이렇게 말했다고 합니다.

Āvuso, sūkarapotikā nāma lakuṇḍakaatimbaramahāmattassa bhariyabhāvaṁ pattā, aho acchariyaṁ.[253] (DhpA.ii.334)

대역

Āvuso도반들이여, sūkarapotikā암퇘지가; 부처님 당시의 암퇘지가 lakuṇḍaka atimbara mahāmattassa라꾼다까 아띰바라 대신의 bhariyabhāvaṁ부인의 생에 pattā nāma이르렀다고 하니 aho acchariyaṁ참으로 경이로운 일이오.

그 말을 들은 수마나는 이전의 생을 돌이켜 기억할 수 있는 숙명지jātissara ñāṇa가 생겨났다고 합니다. 그 지혜를 통해 자신이 태어났던 과거 생들을 돌이켜 숙고해 보았고, 그러자 윤회를 두려워하고 혐오하는 경각심의 지혜도 생겨났습니다. 그래서 자신의 남편에게 허락을 얻어 비구니 정사로 가서 출가했습니다. 출가한 뒤 띳사마하위하라Tissamahāvihāra 정사에서 「사띠빳타나숫따」 법문을 듣고서 그 방법에 따라 관찰하여 수다원 도와 과를 얻었습니다. 그 뒤 둣타가마니 왕이 즉위했을 때 자신의 고향인 복깐따 마을로 돌아왔고, 깔라마하위하라Kallamahāvihāra 정사에서 「아시위소빠마숫따」를[254] 듣고 아라한이 됐다

253 저본에 대역만 있어 빠알리어 원문을 역자가 첨가했다.

254 S35:238; 「Āsīvisopamasutta 독사 비유경」

고 합니다. 그 수마나 장로니의 생을 다음과 같이 게송으로 표현했습니다.

사람암탉 공주범천 부잣집딸 암퇘지로
수완나와 바라나시 와나와시 숩빠라까
까위라에 스리랑카 아누라다 복깐따로
수마나의 십삼생을 이와같이 기억하라

이 수마나 장로니가 이전에 태어난 것을 자세히 살펴보면 경각심을 생겨나게 할 만합니다. 까꾸산다 부처님 당시 사람의 생에서 아들과 딸, 주위 사람들, 가지고 있던 재산들, 자신까지 모두 버리고서 죽어야 했습니다. 자식들과 주위 사람들은 울면서 그대로 남아야 했습니다. 그녀는 죽은 뒤 암탉으로 태어났습니다. 사람이 다시 닭으로 태어난다는 것은 매우 두려운 일입니다. 그 암탉의 생에서도 새끼나 무리들이 있었을 것입니다. 하지만 독수리에 잡혀 찔리고 먹히면서 머리가 잘려 참혹한 죽음을 맞이했습니다. 그 뒤 수행주제 독송소리를 들은 선업으로 공주로 태어난 것은 기뻐해야 할 일입니다. 비록 수행주제에 관해서는 전혀 이해하지 못했지만 존경하는 마음으로 들었기 때문에 선업이 돼서 그 선업 덕분에 사람의 생에 다시 이르러 공주까지 됐다고 하니, 법문 듣는 것은 매우 의지할 만한 것입니다. 공주의 생에서 선정을 얻어 다음 생에 범천이 된 것도 좋아할 만한 일입니다. 범천의 생에서 죽어 사람의 생, 부호의 가문에 태어났습니다. 이것도 좋아할 만한 일입니다. 하지만 그 생에서 죽을 때, 그 생에서의 아들, 딸, 대중들, 재산, 물건들과 헤어지고 싶지 않았지만 죽은 뒤에 헤어지게 된 것은 슬퍼할 일입니다. 죽은 뒤에 암퇘지가 된 것은 더욱 슬퍼할 일입니다. 범천에서 사람으로, 사람에서 돼지로 태어났다고 하니 매우 두려운 일이 아닐 수 없습니다. 경각심을 일으킬 만합니다. 다른 이들도 성스러운 도를 얻기 전에는 이처럼 저열한 생에 이를 수 있습니다. 그러니 경각심을 일으켜 법을 정성스럽게 닦도록 부처님께서 이 암돼지에 관한 것을 설하신 것입니다.

그 암돼지의 생에서 어떻게 죽었는가는 설명되지 않았습니다. 하지만 지금 시대처럼 주인이 죽여서 죽었을 수도 있습니다. 그 암돼지의 생에서도 새끼나 무리들이 있었을 것입니다. 그러다가 죽어서 그들과 헤어지게 됐을 때 관련된 모든 것이 마음의 괴로움을 생기게 할 것들이었을 것입니다. 그 뒤 수완나부미에서 아누라다 성까지 여섯 장소에서 사람으로만 태어났다고 하니 그나마 다행이라고 할 수 있습니다. 하지만 그 여섯 장소에서 죽을 때마다 자신은 물론 관련된 이들도 모두 슬퍼하고 걱정하고 근심하고 통곡했을 것입니다. 마지막 수마나 장로니의 생에 이르러 아라한이 된 것이 제일 기뻐할 일입니다.

그렇게 계속해서 태어났을 때, 이전의 생에서 거듭 죽어 새로운 생에 거듭 태어난 것은 무엇 때문인가 하면, 괴로움을 생겨나게 하는 생겨남의 진리, 즉 갈애 때문이었습니다. 다른 이들도 갈애가 아직 사라지지 않으면 이와 마찬가지로 죽고 죽어서 거듭 새로운 생에 태어날 것입니다. 그래서 그 생겨남의 진리라는 갈애가 소멸되도록 팔정도의 실천을 많이 닦는 것이 매우 중요합니다. 수마나 장로니의 경우는 「사띠빳타나숫따」 법문을 듣고 그 새김확립 방법에 따라 관찰하여 수다원이 됐습니다. 그 뒤 「아시위소빠마숫따」를 듣고 다시 마음 기울여 아라한과에 이르러 아라한이 됐습니다. 생겨남이라고 하는 갈애가 사라져 버렸습니다. 그래서 다시 새로운 생에 더 이상 태어나는 일이 없습니다.

완전열반에 들어 적멸하기만 합니다.

그 수마나 장로니는 수명 형성이 다했을 때 완전열반에 들 것이라는 사실을 함께 지내던 이들에게 말했습니다. 그때 다른 여러 비구와 비구니가 그녀에 관한 것을 물었을 때 "스님들, 저는 까꾸산다 부처님 당시에 한 여인으로 태어났습니다. 그 생에서 죽어 암탉이 됐습니다. 그 암탉의 생에서 독수리에 잡혀 죽어 머리가 잘렸습니다. 죽은 뒤 사람의 생에 공주로 태어났습니다"라는 등으로 복깐따 마을의 제일 마지막 생까지 자신에 관한 사실을 비구니 승단에 이야기한 뒤 다음과 같이 말했습니다.

Evaṁ samavisame terasa attabhāve patvā "idāni ukkaṇṭhitvā pabbajitvā arahattaṁ pattā, sabbepi appamādena sampādetha.[255]

(DhpA.ii.335)

대역

Evaṁ지금 말한 바와 같이 samavisame고르고 고르지 않은; 좋고 나쁜 여러 가지 terasa attabhāve13생에 patvā이른 뒤 idāni이제; 제일 마지막에 ukkaṇṭitvā윤회에 염증을 느껴 pabbajitvā출가하여 arahattaṁ아라한과에 pattā이르렀습니다. sabbepi여러분들 모두도 appamādena방일하지 않는 새김으로 sampādetha계·삼매·통찰지를 구족하도록 노력하십시오.

255 저본에 대역만 있어 빠알리어 원문을 역자가 첨가했다.

이렇게 말하면서 사부대중에게 경각심을 생겨나게 한 뒤 완전열반에 들었다고 합니다. 지금 소개했던 암퇘지 일화는『담마빠다 주석서』에 전체 일화가 소개돼 있습니다(DhpA.ii.332-5).[256]

• 사마나 천신

생겨남의 진리라는 갈애를 제거할 수 있는 수행을 하더라도 그것을 뿌리까지 제거할 수 있는 성스러운 도의 지혜를 얻기 전에는 그 갈애는 거듭 새로운 생을 생겨나게 할 수 있습니다. 그것을 사마나Samaṇa 천신 일화를 통해 알 수 있습니다.

부처님 당시, 한 젊은이가 부처님 가르침에 믿음이 강하게 생겨 출가했습니다. 5안거까지 스승에게서 크고 작은 소임을 다하면서 '두 가지 계본dvematikā'이라는 비구·비구니 계목들을 익히고 수지했습니다. 크고 작은 갈마를 행하는 절차도 잘 이해하고 익혔습니다. 그렇게 배우고 나서 마음에 드는 수행주제를 가지고 숲속의 한 절에 들어가 지냈습니다. 그는 수행에 끊임없이 마음을 기울였습니다.

그는 매우 열심히 노력했습니다. 부처님께서 오른쪽으로 누워서 잠을 자도록 허락하신 자정 전후에도 그는 눕지 않았습니다. 그렇게 밤낮으로 끊임없이 노력했습니다. 그러다 영양분이 모자라 '칼바람satthakavātā'이라는, 칼과 같은 바람이 대동맥을 끊었습니다. 그렇게 그 비구는 경행하면서 수행하다가 입적했다고 합니다. 이러한 경우를 두고 "사문의 의무를 행하다가 입적했다"라고 말한다고 주석서에서 설명했습니다.

256『법구경 이야기』제3권, pp.310~315.

Yo hi koci bhikkhu caṅkame caṅkamamāno vā ālambanatthambhaṁ nissāya ṭhito vā caṅkamakoṭiyaṁ cīvaraṁ sīse ṭhapetvā nisinno vā nipanno vā parisamajjhe alaṅkatadhammāsane dhammaṁ desento vā kālaṁ karoti, sabbo so dhurasmiṁ kālaṁ karoti nāma.[257] (SA.i.81)

대역

Yo hi koci bhikkhu어떤 비구가 caṅkame caṅkamamāno (vā)경행대에서 경행하다가, 또는 ālambanatthambhaṁ nissayā ṭhito (vā)벽을 의지하여 서 있다가, 또는 caṅkamakoṭiyaṁ경행대의 끝에 cīvaraṁ sīse ṭhapetvā가사를 머리에 올려놓고 nisinno vā앉아 있다가, 또는 nipanno vā누워 있다가, (또는 parisamajjhe대중들 가운데 alaṅkatadhammāsane장엄된 법좌에서 dhammaṁ법을 desento vā설하다가)[258]. kālaṁ karoti입적한다면 so그 비구를 dhurasmiṁ yeva kālaṁ karoti nāma'의무를 행하면서 입적했다'라고 말한다.

위의 비구는 경행을 하다가 입적했다고 말했습니다. 새김확립 가르침에 따르자면 자세와 관련된 물질·정신을 위빳사나 관찰하다가 입적했다고 말할 수 있습니다. 이렇게 매우 열심히 위빳사나를 수행했지만 'upanissayamandatāya', 성스러운 도의 지혜에 이르기에 바탕이

257 저본에 대역만 있어 빠알리어 원문을 역자가 첨가했다.

258 괄호 안은 역자가 보충해서 대역했다. Bhaddanta Jāgara Mahāthera, 『*Saṁyutta Nikāya Sagāthāvagga Aṭṭhakathā Nissaya*(상윳따 니까야 사가타상윳따 주석서 대역)』, 제1권, p.247 참조.

되는 바라밀 선업의 힘이 약했기 때문에 아라한도에 도달하지 못한 채 입적해야 했습니다. 아라한도에 이르지 못하면 갈애가 완전히 제거된 것이 아닙니다. 수다원도에조차 도달하지 못한 것을 나중에 알 수 있습니다. 그래서 'ponobhavikā', 다시 새로운 생을 생겨나게 하는 갈애 때문에 새로운 생에 태어나야 했습니다. 어디에 태어났는가 하면, 수행 선업의 힘으로 도리천 천상에, 그를 위해 미리 준비된 천궁의 문 바로 안에 들어와 있는 것처럼, 잠에서 갓 깨어난 듯이 천신의 완전한 모습과 장식과 함께 휙 하고 화생으로 새로운 생에 태어났습니다.

그때 천궁 안에서 천궁의 주인을 기다리고 있던 천 명의 천녀가 "오, 천궁의 주인님이 오셨다. 즐겁게 해 드리자"라고 기뻐하면서 악기를 연주하며 둘러싸서 환영했습니다. 하지만 천신은 자신이 죽은 사실을 몰랐습니다. 여전히 사문이라고 생각했습니다. 그래서 천녀들을 봤을 때 '여인들이 승원을 구경하러 왔구나'라고 생각하고서 윗옷으로 왼쪽 어깨를 덮어서 두르고 눈꺼풀을 아래로 내리고서 감관을 단속하며 있었다고 합니다.

그 상황을 본 천녀들은 '우리의 주인님이 사문의 생에서 온 천자시구나'라고 눈치채고서 "주인 천신님, 여기는 천상입니다. 사문의 법을 실천할 때가 아닙니다. 천상의 영화를 누릴 때입니다"라고 말했습니다. 하지만 천신은 감관을 흩트리지 않고 그대로 유지하고 있었습니다. 그러자 천녀들이 "이 천신은 천상에 태어난 줄조차 모릅니다. 알도록 즐겁게 해 줍시다"라며 악기를 연주하면서 노래를 불렀습니다. 그래도 천자는 '숲속 승원에 와서 젊은 여인들이 마음대로 행동하는구나'라고 생각하고서 더욱 감관을 단속하며 있었습니다.

그러자 천녀들이 천신 앞에 몸 전체를 볼 수 있는 큰 거울을 세웠습니다. 그제야 천신은 자신의 모습을 보고 사문의 생에서 죽어 천상에 태어난 사실을 알게 됐습니다. 그러자 사마나 천신의 마음은 매우 불편해졌습니다. '내가 사문의 법을 실천한 것은 이렇게 천상에 태어나고자 한 것이 아니었다. 제일 거룩한 재산인 아라한과를 얻고자 한 것이었다. 우승배를 얻고자 시합을 했는데 무 한 다발만 얻은 꼴이구나'라는 등으로 숙고하고서 마음이 불편해졌습니다. 그렇게 마음이 불편해져서 '이 천상의 영화라는 것은 차라리 얻기 쉽다. 부처님께서 출현하신 때를 얻기란 매우 어렵다. 부처님의 가르침을 듣고 성스러운 도와 과를 얻는 것이 제일 중요하다. 천상의 영화에 도취돼 잊어버리고 지낸다면 부처님과 만나지 못한 것이 될 수도 있다'라고 숙고하고서 자신의 천궁에조차 들어가지 않고 'asambhinnena sīlena', 사문의 생에서 지켰던 계가 무너지기 전에 부처님께 급히 갔습니다. 주위를 둘러싼 천녀들도 함께 따라 갔습니다. 주인 천신이 없어질까 두려웠는지도 모르겠습니다. 부처님께 가서 사마나 천신은 다음과 같이 질문했습니다.

Accharāgaṇasaṅghuṭṭhaṁ, pisācagaṇasevitaṁ;
Vananataṁ mohanaṁ nāma, kathaṁ yātrā bhavissati. (S.i.30/S1:46)

대역

Bhante부처님, accharāgaṇasaṅghuṭṭhaṁ많은 천녀가 노래하며 시끄러운, pisācagaṇasevitaṁ마녀들의 영역인, mohanaṁ nāma천신들이 법을 잊어버리고 미혹하게 하기 때문에 미혹의 정원이라고 부르는 taṁ vanaṁ이 난다나 정원을 kathaṁ어떻게 하면 yātrā넘어서 벗어날 수 bhavissati있겠습니까?[259]

이 천신은 천녀들을 '마녀pisāca'라고 불렀습니다. 난다나Nandana 정원도 '미혹의 정원'이라고 깎아내렸습니다. 위빳사나 법을 매우 열심히 수행해서 감각욕망을 혐오하기 때문에 이렇게 깎아내리면서 말한 것입니다. "어떻게 벗어날 수 있습니까"라는 질문은 주석서에서 "arahattassa me padaṭṭhānabhūtaṁ vipassanaṁ acikkhatha 아라한과의 가까운 원인이 되는 위빳사나를 저에게 설해 주십시오"라는 뜻이라고 설명했습니다. 그러자 부처님께서는 그 천신의 상황을 잘 아시고는 팔정도 위빳사나 법을 세 게송으로 설하셨습니다.

(1) Ujuko nāma so maggo, abhayā nāma sā disā.
Ratho akūjano nāma, dhammacakkehi saṁyuto. (S.i.30/S1:46)

대 역

Devaputta천신이여; 벗어나고자 하여 질문한 오, 천신이여. ujuko nāma직선로란; 빨리 벗어나기 위한 곧게 뻗은 길이란 so maggo 그 길이다; 비구의 생에서 그대가 갔던 팔정도 위빳사나 길이다. abhayā nāma위험 없는 곳이란 sā disā그곳이다; 비구의 생에서 그대가 염원했던 열반이다. ratho akūjano nāma소리가 나지 않는 마차란; 다른 이들이 듣지 못하도록 알지 못하도록 조용하게 달려가기 위해 소리가 나지 않는 마차란 dhammacakkehi saṁyuto법의 바퀴가 달려 있는 것이다; 마음의 노력과 몸의 노력이라는 법의 바퀴를

259 요정들이 무리지어 노래하며 시끄러운। 마녀들의 무리들이 의지하며 머무는॥
미혹의 정원이라 불리는 그 정원을। 어떻게 하면 벗어날 수 있겠습니까?॥

장착한 위빳사나 도 구성요소 마차이다.[260]

이해하기 쉽게 보충해서 번역한 것입니다. 빠알리어 문법 그대로 번역한다면 '곧게 뻗음이라는 것은 그 길이다'라는 정도가 될 것입니다. 그렇게 번역하면 이해하기 쉽지 않습니다. 하지만 그 천신은 수행하던 승원에서 바로 나와서 질문하고 있는 것처럼 생각됐기 때문에 그에게는 매우 분명했습니다.

부처님께서는 계 등이 아직 갖추어지지 않은 이에게 수행주제를 주실 때는 "sīlaṁ tāva sodhehi 계를 먼저 청정하게 하라", "samādhiṁ bhāvehi 삼매를 닦아라", "kammassakatā paññaṁ ujuṁ karohi 업 자산 정견을 올곧게 하라"라고 기본이 되는 실천을 먼저 설하셨습니다. 수행을 하고 있는 이들에게는 아라한도의 가까운 원인인 위빳사나만 설하셨습니다. 이 천신은 'kārako abhinnasīlo 수행하고 있는 이, 계가 무너지지 않은 이'였습니다. 아라한도, 하나만 부족했습니다. 앞부분 위빳사나pubbabhāgavipassanā 도라는 것은 이미 실천한 이였습니다. 그래서 위빳사나만 설명하면 됐기 때문에 이 게송을 설하셨다고 주석서에 설명돼 있습니다.

이 주석서의 설명 중 사문의 생에서 천신의 생으로 이르렀어도 계가 무너지지 않았다는 사실에 특히 주의를 기울여야 합니다. 그것은 살생이나 도둑질이나 음행 등을 범하지 않았기 때문에 계가 아직 무너지지 않았다는 뜻입니다. 따라서 일부러 계를 따로 수지하지 않았어도 하지 말아야 할 것이나 말하지 말아야 할 것을 하지 않고 말하지

260 직선로가 바로 그 팔정도의 길 | 위험 없는 곳이 바로 그곳 ||
소리가 나지 않는 조용한 마차에는 | 법의 바퀴가 달려 있다네 ||

않았다면 계가 무너지지 않는다는 사실에도 특히 주의를 기울여 기억해 두어야 합니다. 또 하나, 이 게송을 통해 위빳사나를 설명했다는 사실도 기억해 두어야 합니다. 그 위빳사나 길이란 본승이 대역한 대로 "난다나 정원과 함께 천상의 천녀들로부터 벗어나도록 빠르게 벗어나는 데 제일 곧게 뻗은 길, 제일 좋은 길은 그대가 사문의 생에서부터 관찰하고 새겨 닦아 왔던 바로 그 위빳사나 도라는 길이다"라는 뜻입니다.

그리고 어느 곳에 이르러야 위험이 없어지는가에 대해 이어서 "abhayā nāma위험 없는 곳이란 sā disā그곳이다; 비구의 생에서 그대가 염원했던 열반이다"라고 설하셨습니다. 그 열반에 이르도록 가야한다는 뜻입니다.

또한 어떠한 마차를 타고 가야 하는가에 대해 "ratho akūjano nāma 소리가 나지 않는 마차란; 다른 이들이 듣지 못하도록, 알지 못하도록 조용하게 달려가기 위해 소리가 나지 않는 마차란 dhammacakkehi saṁyuto법의 바퀴가 달려 있는 것이다; 마음의 노력과 몸의 노력이라는 법의 바퀴를 장착한 위빳사나 도 구성요소 마차이다"라고 설하셨습니다.

몸의 여러 현상과 마음의 여러 현상을 모두 관찰하고 새기도록 노력하고 애쓰는 노력vīriya을 마음의 노력cetasikavīriya이라고 합니다. 가면서 서면서 앉으면서 관찰하고 있을 때, 그러한 자세가 원래 그대로 잘 유지되도록 애쓰는 노력을 몸의 노력kāyikavīriya이라고 합니다. 누워서 관찰하고 있을 때는 몸의 노력이 필요 없습니다. 마음의 노력 하나만 있으면 충분합니다. 여기에서 '몸의 노력과 마음의 노력이라고 하는 정진법 바퀴 두 가지를 장착한 것'이란 경행을 하면서, 서 있으면서, 앉아 있으면서 관찰하는 위빳사나 도 구성요소를 말합니다. 그래서 그 몸의 노력과 마음의 노력이라는 정진의 두 바퀴를 완벽하게 장착한 위빳사나 도 구성요소라는 매우 훌륭한 법을 타고 가도록 가끔씩은 경행하면서 관찰해야 합니다. '경행하면서'라고 하면 "gacchanto vā gacchāmīti pajānāti(갈 때는 '간다'라고 안다)"라는 새김확립의 가르침에 따라 〈간다, 든다; 간다, 놓는다〉라는 등으로 끊임없이 관찰하며 노력하면 됩니다.

그렇게 노력하다가 삼매의 힘이 생겨나게 됐을 때 지탱하고 움직이는 물질과 새겨 아는 정신이라는 이 정신·물질 두 가지를 관찰할 때마다, 관찰할 때마다 구분하여 알게 됩니다. 그 다음 삼매가 단계적으로 향상되어 힘이 매우 좋아졌을 때에는 '가려는 마음 때문에 가는 물질이 생겨난다. 알아지는 대상이 있기 때문에 앎이 생겨난다'라는 등으로 원인과 결과도 구별하여 알게 됩니다. 그 다음에는 가려고 하는 마음이나 가는 물질이나 관찰하여 아는 마음·정신이나 그 순간마다 생겨나서는 사라져 가는 것을 마치 손으로 잡아서 보는 것처럼 분명하게 알게 됩니다. 그렇게 생겨나서는 사라져 가기 때문에 '항상하지 않다'라고도 분명하게 알게 됩니다. 순간도 끊임없이 생멸하고 있기 때문에 '매우 두려운 것, 괴로운 것이다'라는 것도 분명하게 알게 됩니다. 자신의 바람대로 되지 않고 그 성품대로 생멸하고 있기 때문에 '마음대로 할 수 없는 무아의 성품법일 뿐이다'라고도 분명하게 압니다. 그리고 가끔씩은 서서, 가끔씩은 앉아서 관찰해야 합니다.

여기에서 '소리가 나지 않는 마차'라는 것은 당시의 마차와 비교해서 설하신 단어입니다. 어떤 마차는 원래는 소리가 나지 않지만 사람이 많이 타거나 짐을 많이 실으면 소리가 납니다. 지금 이 도 구성요소 마차는 아무리 많이 타더라도 소리가 전혀 나지 않습니다. 가끔씩은 부처님의 가르침을 들으면서 위빳사나 도 구성요소가 앞에 가는 성스러운 도 구성요소 마차를 타고 열반에 이른 이가 8만4천 명 등이라도 전혀 소리가 나지 않습니다. 그래서 'akūjano 소리가 나지 않는' 마차라고 칭송하신 것입니다. 이 구절을 통해 천녀들이 알지 못하도록 조용하게 달려가고자 하는 소원도 있다는 사실을 알게 합니다. 이어서 두 번째 게송을 설하셨습니다.

(2) Hirī tassa apālambo, satyassa parivāraṇaṁ.
Dhammāhaṁ sārathiṁ brūmi, sammādiṭṭhipurejavaṁ.

(S.i.30/S1:46)

대 역

Hirī도덕적 부끄러움과; 도덕적 부끄러움과 도덕적 두려움이 tassa 그것의; 그 도 구성요소 마차의 apālambo등받이고, sati새김이 assa 그것의; 그 도 구성요소 마차의 parivāraṇaṁ보호덮개이다. sammādiṭṭhipurejavaṁ정견이 앞서는; 위빳사나 정견이 앞서는 dhammaṁ법을; 성스러운 도 정견을 sārathiṁ마부라고 ahaṁ나는 brūmi 말한다.[261]

먼저 "hirī도덕적 부끄러움과; 도덕적 부끄러움과 도덕적 두려움이 tassa그것의; 그 도 구성요소 마차의 apālambo등받이고"라고 설하셨습니다. 마차 뒤에 등받이가 없으면 뒤로 넘어질 수 있습니다. 등받이

261 도덕적 부끄러움 그의 등받이ㅣ 새김이 그 마차의 보호덮개ㅣㅣ
바른 견해가 앞장을 서는ㅣ 법이 마부라고 나는 말한다네ㅣㅣ

가 있으면 뒤로 넘어지지 않습니다. 이 도 구성요소 마차에도 도덕적 부끄러움hirī과 도덕적 두려움ottappa이라는 매우 좋은 등받이가 있습니다. 얼마나 좋은가 하면, 위빳사나 관찰을 하는 수행자들의 경우에는 관찰하고 새기지 못한 대상에 대해 불선한 생각이 생겨날까 혐오하고 거리낍니다. 목욕해서 몸이 깨끗해졌을 때 다시 더러운 것이나 오물이 묻을까 혐오하거나 거리끼는 것과 마찬가지입니다. 이렇게 불선한 생각이 생겨나는 것을 혐오하고 거리끼는 것, 생겨나지 않기를 바라는 것이 '도덕적 부끄러움'입니다. 또한 불선한 생각을 하게 되면 불선한 행위가 생겨나 그것이 나쁜 결과를 주어 윤회에서 벗어날 수 없게 될까도 두려워합니다. 이것을 '도덕적 두려움'이라고 합니다. 불선업과 그 불선업의 과보를 두려워하는 것입니다. 부끄러워하고 두려워하기 때문에 물질·정신이 생겨날 때마다 놓쳐버리지 않도록 정성스럽게 관찰하고 새겨야 합니다. 이렇게 관찰하고 새기기 때문에 위빳사나 도 구성요소들이 찰나마다 끊임없이 생겨나는 것입니다. 이것이 등받이 때문에 뒤로 넘어지지 않고 그대로 잘 유지되는 성품입니다. 그래서 도덕적 부끄러움과 도덕적 두려움을 위빳사나 도 구성요소 마차의 등받이라고 설하셨습니다.

이어서 "sati새김이 assa그것의; 그 도 구성요소 마차의 parivāraṇaṁ보호덮개이다"라고 설하셨습니다. 마차가 보호덮개로 잘 싸여 있다면 돌멩이나 막대 등의 위험으로부터 안전한 것과 마찬가지로, 물질·정신이 생겨날 때마다 방일하지 않고 새기고 관찰하면 불선법이라는 위험이 들어올 수 없습니다. 안전합니다. 그래서 몸 거듭관찰 kāyānupassanā 새김확립 등의 새김확립 네 가지를 도 구성요소 마차의 보호덮개라고 설하신 것입니다.

또한 "sammādiṭṭhipurejavaṁ정견이 앞서는; 위빳사나 정견이 앞서는 dhammaṁ법을; 성스러운 도 정견을 sārathiṁ마부라고 ahaṁ나는 brūmi말한다"라고 설하셨습니다. 업 자산 정견kammassakatāsammādiṭṭhi, 선정 정견jhānasammādiṭṭhi, 위빳사나 정견vipassanāsammādiṭṭhi, 도 정견maggasammādiṭṭhi, 과 정견phalasammādiṭṭhi, 반조 정견paccavekkhaṇāssammadiṭṭhi이라는 여섯 가지 정견 중에,[262] 과 정견은 도의 결과법일 뿐입니다. 반조 정견은 도와 과를 얻은 후에 생겨나는 반조의 지혜일 뿐입니다. 그 과 정견과 반조 정견은 따로 닦아야 하는 것이 아닙니다. 업 자산 정견은 수행을 하기 전에 이미 갖춘 정견입니다. 선정 정견이라는 것도 위빳사나의 바탕인 마음청정과 관련된 정견입니다. 따라서 성스러운 도 정견이 생겨나도록 제일 가까운 원인으로서 닦아야 할 통찰지는 위빳사나 정견입니다. 그 위빳사나 통찰지가 구족됐을 때 성스러운 도 통찰지라는 도 정견이 저절로 생겨납니다. 비유하자면, 경호대가 길을 정리한 뒤 왕이 행차하는 것과 같습니다. 그래서 '성스러운 도 정견이 뒤를 따르고 위빳사나 정견이 앞에 간다'라고 말했습니다. 위빳사나 관찰을 할 때는 위빳사나 지혜가 선두에 서서 나머지 도 구성요소들을 생겨나게 합니다. 성스러운 도의 순간에는 도의 지혜가 선두에 서서 다른 도 구성요소들을 생겨나게 합니다. 그래서 위빳사나 정견과 성스러운 도 정견을 마부라고 설하신 것입니다.

이어서 제일 마지막 게송을 다음과 같이 설하셨습니다.

---

262 본서 p.203 참조.

(3) Yassa etādisaṁ yānaṁ, itthiyā purisassa vā.

Sa ve etena yānena, nibbānasseva santike. (S.i.30/S1:46)

대 역

Yassa itthiyā vā어떤 여성에게든, yassa purisassa vā어떤 남성에게든, etādisaṁ yānaṁ이러한 마차가; 이러한 도 구성요소 여덟 가지 마차가 atthi있는데 sa그는; 그 여성이나 남성은 etena yānena이 마차로; 이 팔정도 마차로 ve확실히 nibbānasseva santike열반에 도달한다.[263]

이 마지막 게송은 '도 구성요소 여덟 가지, 즉 팔정도 마차가 있는 이는 남자든 여자든 가리지 않고 열반에 확실히 이른다'라는 뜻입니다. 그러니 열반에 이르고자 하면 위빳사나 도 구성요소를 기본으로 해 성스러운 도 구성요소를 생겨나게 해야 한다는 사실이 매우 분명합니다.

바깥세상에는 다양한 교통수단이 있고, 그것을 타야만 원하는 곳에 갈 수 있습니다. 교통수단을 실제로 이용하지 않고, 단지 알고만 있는 것으로는 원하는 곳에 갈 수 없습니다. 마찬가지로 물질·정신법들을 단지 개수로 나누어 아는 것만으로, 도 구성요소 법들을 단지 개수로 나누어 아는 것만으로는 열반에 도달할 수 없습니다. 실제로 생멸하고 있는 물질·정신을 관찰하여 알면서 위빳사나 도 구성요소라고 하는 탈것을 '닦아서'[264] 자기 것으로 만들어 두어야 팔정도라는 마차를 타고

263 어떤 여성이든 남성에게든 | 이러한 마차가 모두 있나니 ||
그들은 이러한 마차를 타고 | 바로 그 열반에 가까이 가네 ||

264 팔정도를 '생겨나게 하고 늘어나게 하는 것'이 팔정도를 '닦는 것'이고, 그것을 '팔정도라는 탈것을 타고 가는 것'이라고 비유했다.

열반에 이른다는 것을 확실하게 기억해야 합니다. 이 게송을 잘 기억하도록 다음과 같이 표현했습니다. 같이 독송합시다.

곧은길은 팔정도 위험없는 열반에
두정진이 바퀴니 무음마차 팔정도
참괴둘이 등받이 덮개차양 사띠네
관혜앞선 도혜를 마부라고 말하네
이런마차 타는이 남자이든 여자든
팔도마차 조용히 타고열반 이르네

이 세 가지 게송을 설한 뒤 사성제도 설하셨다고 합니다. 그 사성제를 아는 모습은 도의 진리에서 다시 설하겠습니다. 사마나 천신은 그 법을 들으면서 이전 생에서 마음에 새겼던 법을 다시 돌이켜 마음을 기울였습니다. 이전 사문의 생에서는 열심히 마음을 기울여 노력했어도 특별한 법을 얻지 못했지만 지금 천신의 생에서는 천신의 물질이 매우 깨끗하기 때문에 위빳사나 지혜가 차례대로 빠르게 향상돼 수다원 도와 과로 열반을 실현하여 수다원이 됐다고 합니다(SA.i.80~83).

이 사마나 천신의 일화에서 말하고자 하는 바는, 위빳사나 수행을 열심히 노력하더라도 갈애를 제거할 수 있는 성스러운 도의 지혜를 아직 얻지 못했기 때문에 죽은 뒤 바로 다음에 생겨남의 진리라는 갈애가 천상의 생에 태어나게 했다는 사실입니다. 또한 이 일화에서 팔정도를 닦는 모습과 천신의 생에 이르러 쉽게 특별한 법을 얻는 모습에 특별히 주의해야 합니다.

또한 사람이든 물건이든 애착하고 집착하면 그 사람이나 물건 근처에 이 갈애가 새로운 생에 태어나게 한다는 것도 기억해야 합니다. 그 두 가지 중, 물건을 애착하고 갈망해서 그 물건 근처에 새로운 생으로 태어나는 모습은 가사에 애착해서 죽은 띳사 비구가 그 가사에 사는 이로 태어난 사실을 통해 알 수 있습니다.[265] 이 일화는 많이들 알 것입니다. 이제 아내를 사랑해서 뱀과 개와 소로 태어난 일화를 설명하겠습니다.

• 아내를 사랑해서 뱀과 개와 소로 태어나다

스리랑카 한 마을에[266] 한 남자가 형수와 불륜을 저질렀습니다. 그 여인도 남편보다 시동생을 더 사랑해서 남편이자 정부情夫의 형을 살해하도록 시동생을 부추겼습니다. 시동생은 "당신, 그런 말 하지 마시오"라고 반대했습니다. 하지만 형수가 세 번이나 거듭 말하자 "어떻게 해야 기회를 얻을 수 있을까요?"라고 물었습니다. 그러자 형수가 계획을 짰습니다.

"저기 어목魚木 근처 나루터에서 도끼를 가지고 기다리세요. 그곳으로 남편을 보내겠습니다."

시동생은 형수의 말대로 나무 아래에 숨어 기다렸습니다.

남편이 숲에서 일하고 집으로 돌아왔을 때 그 부인은 남편의 머리를 정성스럽게 빗어주면서 "머리가 너무 더러워요. 저 어목 근처 나루터

265 본서 p.283 참조.

266 ㉼ '스리랑카 한 마을에'라는 내용은 이 일화가 일어난 장소를 밝히기 위해서 첨가했다. 사실 이 일화는 다른 주석서에는 없고 『앙굿따라 니까야 주석서』에만 있다(AA.ii.189). 다른 주석서들에는 없는 다른 일화들도 이 『앙굿따라 니까야』에서 설명해 놓았는데, 그 일화들은 스리랑카 남부에서 일어난 일화들이다. 그래서 이 일화도 스리랑카에서 일어난 일일 것이라고 생각해서 이렇게 시작했다. 서양의 빠알리 학자들은 『앙굿따라 니까야 주석서』에서 스리랑카 남부지역의 일화들을 볼 수 있기 때문에 이 주석서의 원본을 스리랑카 남부에서 얻은 것이라고 생각한다.

에 가서 머리를 감고 오세요"라고 말했습니다. 남편은 '아내가 나를 매우 정성스럽게 보살피는구나'라고 생각하고는 그 나루터로 갔습니다. 그리고 그가 머리를 감으려고 고개를 숙이는 순간 동생이 나무 사이에서 나와 도끼로 내리쳤고, 그는 즉시 죽어버렸습니다.

죽은 뒤 자신의 아내를 애착하는 갈애 때문에 그 집에서 담마니dhammanī라는 야자수 뱀으로 태어났습니다. 《스리랑카에서는 '남편 뱀'으로 부른다고 합니다.》 그 뱀은 전생의 아내에 대한 애착이 남아 있었기 때문에 자주 지붕에서 아내의 몸 위로 떨어지곤 했습니다. 그녀는 그 뱀을 전남편이라 생각하고서 다시 죽였습니다. 뱀의 생에 죽어서도 아내에 대한 사랑이 없어지지 않은 그는 다시 그 집의 개로 태어났습니다. 그 개는 사랑하는 마음의 속행으로[267] 그녀 뒤를 졸졸 따라다녔습니다. 그녀에게서 떨어지지 않았습니다. 숲에 갈 때도 따라갔습니다. 그래서 사람들이 "오, 개 사냥꾼이 나오셨소. 어디에 가는지 모르겠소"라고 놀리면서 말했다고 합니다. 그래서 그녀는 그 개도 죽였습니다.

개의 생에서도 사랑이 사라지지 않아 그는 그 집의 소로 다시 태어났습니다. 그 소도 그녀 뒤를 졸졸 따라다녔습니다. 그렇게 따라다니는 것을 보고서 사람들이 "오, 소치기가 나오셨소. 소를 어디에 가서 먹일지 모르겠소"라고 놀리면서 말했습니다. 그래서 그녀는 소도 죽였습니다. 그런데도 아내에 대한 그의 사랑은 사라지지 않았습니다. 그래서 소의 생에서 죽었을 때 바로 그 여인의 자궁에 재생연결하여 사람으로 태어났습니다.

그때서야 이전의 네 생에서 그녀에 의해 죽었던 것을 기억할 수 있

267 인식과정 중에 강한 여세를 몰아 일곱 번 등으로 연속해서 생겨나는 마음의 역할 중 하나이다. 여기서는 일반적인 의미로 사용됐다. 『아비담마 길라잡이』 제1권, pp.337~338 참조.

는 숙명지jātissarañāṇa, 생을 아는 지혜가 생겨나, '이 원수 같은 여인의 뱃속에서 태어나다니'라고 숙고하고서 마음이 몹시 불편했습니다. 그래서 그 원수 같은 어머니의 손조차 닿게 하지 않습니다. "아들아, 아들아"하며 어머니가 손을 잡으려 하면 아이는 심하게 울었습니다.

그래서 그 아이를 할아버지가 돌보아야 했습니다. 말을 할 수 있을 정도의 나이가 되자 할아버지가 "얘야, 너는 네 어머니가 잡으면 왜 우느냐?"라고 물었습니다. 아이는 "이 여인은 저의 어머니가 아닙니다. 네 번의 생마다 저를 죽인 원수입니다"라고 말하고 나서 그 연유를 모두 말했습니다. 그러자 할아버지는 아이를 안고 울면서 "얘야, 우리가 여기에서 지내는 게 무슨 이익이 있겠니?"라고 말하고서 아이를 데리고 떠났습니다. 그리고 어느 절로 가서 출가했습니다. 손자와 할아버지, 두 사람 모두 그 절에서 지내면서 수행하여 아라한이 됐다고 합니다.

이 일화는 갈애 때문에 사랑하고 애착하여 거듭 거듭 태어난다는 사실을 말해줍니다. 즉 'ponobhavikā 갈애가 거듭 생을 생겨나게 한다'라는 것을 분명하게 보여줍니다. 하지만 이렇게 뱀과 개와 소로 태어나 나쁘게만 죽었던 그 존재는 사람으로 태어나서 마지막 생에 아라한이 되어 새로운 생을 생겨나게 하는 갈애가 사라져 버렸습니다. 그래서 그 뒤에 새로운 생이 생겨나지 않아 모든 괴로움이 사라져 버렸습니다. 이렇게 모든 괴로움이 사라져 버리도록 경각심saṁvega을 가지고 위빳사나 수행을 하도록 노력해야 합니다.

여러 성전과 주석서 문헌들에 나오는 일화들을 말하면 끝이 없습니다. 성전과 주석서의 예는 이 정도로 마치고 이제 현대에 일어난 일화를 설명하겠습니다.

• **법사 사야도의 일화**

본승은 몰라민 따운와인 강원에서 1930년에서 1941년까지 머물렀습니다. 당시 몰라민 시에 유명한 법사 사야도 한 분이 계셨습니다. 어느 날 변호사였던 한 신도가 죽어 회향 공양을 올렸는데, 그때 사야도께서 다음과 같이 회향 공양 축원법문을 하셨습니다.

Addhuvaṁ me jīvitaṁ, dhuvaṁ me maraṇaṁ, avassaṁ mayā maritabbameva, maraṇapariyosānaṁ me jīvitaṁ, jīvitameva aniyataṁ, maraṇaṁ niyataṁ. (DhpA.ii.111)

대 역

Me나의 jīvitaṁ목숨은 addhuvaṁ확실하지 않구나. me나의 maraṇaṁ죽음이 dhuvaṁ확실하구나. mayā나는 avassaṁ확실히 maritabbameva죽을 것이다. me나의 jīvitaṁ목숨은 maraṇapariyosānaṁ죽음으로 끝나는구나. jīvitameva목숨이야말로 aniyataṁ 정해진 것이 아니다. maraṇaṁ죽음이 niyataṁ정해진 것이다.

이렇게 죽음새김을 숙고하는 모습을 기본으로 설해 나가셨습니다. 당시 본승도 그 보시행사에 참석해 법문을 들었습니다.

그 후 7일이 지나기 전에 그 법사 스님이 입적하셨다는 소식을 들었습니다. 그래서 '입적하실 때 당신이 설했던 죽음새김을 잘 숙고하면서 입적하셨겠구나'라고 본승은 숙고했습니다. 입적하시게 된 이유가 나쁜 사람들이 칼로 죽였기 때문이라는 연유도 들어 알게 되었습니다.

그리고 3년 정도 지났을 때 메이*Myei*라는 곳에서 한 아이가 왔습니다. 몰라민에 자기 절이 있는데 그곳으로 데려가 달라고 졸라서 그 아이의 부모가 데려다 준 것이었습니다. 그 입적하신 법사 사야도의 절에 이르자 그 아이는 이전 생에 자신이 그 절을 관장하던 주지스님이었다는 사실 등을 말했습니다. 그 절과 관련된 것들을 다 말할 수 있었다고 합니다. 말하는 것도 전부 사실이었습니다. 그 근처 사야도들도 누군지 다 기억하고 있었고, 법명도 이전에 부르던 대로 불렀다고 합니다.

그 사야도와 가까운 집사kappiya 거사의 이름을 거론하자 그 아이는 "무서워, 무서워"라고 말했다고 합니다. "왜 무섭니?"라고 묻자 다른 사람들과 함께 그가 자기를 칼로 찔러 죽였다는 사실, 자신은 도망쳐서 강둑에 이르러 배를 보고서 그 배에 타고서 따라갔다는 사실, 메이*Myei* 해안가의 한 마을에 도착해서 지금 현재 부모의 집에 들어갔다는 사실을 말했습니다.

이 설명 중에 절에서 나와 강둑에 이르러 배를 본 모습, 그 배를 타고 따라가는 모습, 지금 부모 집에 들어가는 모습은 모두 죽기 직전에 드러난 거취 표상입니다. 이 일화도 갈애가 새로운 생을 생겨나게 하는 것과 관련해 기억할 만한 일화입니다.

• 40짜트 때문에 물소가 되다

미얀마가 영국 식민지였을 때, 몽유와 주의 한 도시에 고리대금을 하면서 살아가는 한 남자가 있었습니다. 그 사람은 한 농부에게 돈을 갚으라고 요구했습니다. 농부는 빚을 다 갚았다고 말했습니다. 하지만 그는 "아직 다 갚지 않았다. 빨리 갚아라"라고 거듭 말하면서 마지막에 "당신이 다 갚았는데도 갚으라고 하는 것이면 다시 갚은 40짜트를 대신해 내가 그대 집의 물소가 될 것이오"라고 저주의 맹세를 했습니다. 가난한 농부는 어쩔 수 없이 40짜트를 다시 줄 수밖에 없었습니다.

그리고 시간이 흘러 그 고리대금업자는 죽어서 바로 그 농부의 집에 물소로 태어났습니다. 가난한 농부는 그 물소는 분명 고리대금업자가 다시 태어난 것이라고 생각하고는 전에 부르던 대로 그 물소에게 "선생님, 선생님"하고 불러 보았습니다. 그러자 물소가 농부에게 다가왔습니다. 농부는 '고리대금업자가 스스로 저주하면서 맹세한 대로 내 집에 물소로 태어났구나'라고 믿고 그 사실을 온 동네에 말하고 다녔습니다. 그러자 죽은 고리대금업자의 딸이 농부가 자기 아버지의 명예를 훼손시켰다며 소송을 제기했습니다.

판사는 물소와 함께 피고와 원고, 증인들까지 모두 불러 모았습니다. 재판장에서도 농부가 물소에게 "선생님"이라고 부르자 물소가 농부 쪽으로 왔다고 합니다. 고리대금업자의 딸은 자기 아버지를 생전에 "시시"라고 불렀는데, 그 불소에게 "시시"라고 부르자 딸에게로 갔답니다. 그래서 판사는 농부의 말이 진실이라고 확신하고 원고 패소 판결을 내렸다고 합니다.

이 일화를 통해서도 사람의 생에서 물소로 태어난다는 사실을 어렵지 않게 믿을 수 있을 것입니다. 그래서 갈애가 새로운 생을 생겨나게 한다는 사실을 더욱 확실하게 기억해야 하고, 또한 잘못 저주하고 맹세하면 그 저주대로 괴로움에 처할 수 있다는 사실도 주의해야 합니다.

• 응아뇨우의 쌀 한 줌

따운드윈지 시에서 북서쪽으로 10마일 정도 떨어진 곳에 400여 가구가 들어선 차운요우라는 마을이 있습니다. 그 마을에 응아뇨우와 바사인이라는 친구 두 명이 빈랑나무 잎을[268] 파는 일을 하고 있었습니다. 어느 날 장사를 마치고 돌아오다가 쌀이 떨어진 바사인이 응아뇨우에게 쌀 한 줌을 빌려 밥을 지어 먹었습니다. 그렇게 먹고 나서 밤에 달빛 아래에서 돌아오던 길에 바사인은 그만 독사에게 물려 죽어 버렸습니다. 당시 그들의 나이는 20세를 조금 넘었고, 1908년에서 1918년 사이에 있었던 일입니다.

그렇게 죽은 뒤 바사인은 응아뇨우 집에 닭으로 태어났다고 합니다. 쌀 한 줌의 빚을 집착하며 죽었던 것 같습니다. 그 닭은 싸움닭이어서 응아뇨우가 다른 이들의 닭과 닭싸움을 시켰습니다. 그 닭은 세 번의 시합에서 세 번 다 이겼습니다. 하지만 네 번째 시합에서 상대가 나이도 많고 힘도 세서 그만 지고 말았습니다. 그러자 응아뇨우는 화가 나서 자기 닭의 두 발을 잡고서 땅에 내동댕이쳤다고 합니다. 그러고는 죽어가는 닭을 집으로 가져와서 물 항아리 근처에 집어 던졌습니다. 그때 응아뇨우의 암소가 그 닭을 핥아 주었다고 합니다.

그 닭은 죽어서 그 암소의 자궁에 재생연결했고, 암송아지로 태어났습니다. 암송아지가 나이가 들었을 때 응아뇨우의 친구들이 응아뇨우에게 4짜트를 주고 그 암송아지를 죽여서 먹었다고 합니다. 응아뇨우도 함께 죽이고 먹었다고 합니다. 그렇게 죽여 그 소고기를 자르고 있는 동안 따운드윈지 시의 한 서기관이 아내와 함께 그곳에 왔다고 합니다. 서기관의 아내는 암송아지가 불쌍해서 "내 소의 살이라면 나는 먹지 못할 텐데. 자연사한 것이라도 잔인해서 못 먹을 텐데. 나라면 땅에 묻어주었을 텐데"라고 말했다고 합니다.

268 씹는 담뱃잎으로 사용된다.

그리고 얼마 후 서기관의 아내는 아들을 출산했습니다. 그 아이는 7살까지 말을 하지 않았다고 합니다. 그러자 아버지가 "사랑하는 아들아, 말을 해 보거라. 오늘은 월급날이니 너에게 좋은 옷을 사 주마"라고 말했습니다. 그리고 그날 저녁 직장에서 돌아온 아버지가 "이 멋진 옷은 너의 것이다. 자, 이제 말을 해 보거라"라고 하자 아이는 "응아뇨우의 쌀 한 줌"이라고 말했다고 합니다.

나중에 아버지인 서기관이 "아들아, 말해 봐라. 쌀 한 줌이 아니라 쌀 한 가마니의 빚이라도 갚아 주겠다"라고 말하자 아이가 "그렇다면 쌀 한 가마니를 수레에 싣고 바로 지금 빚을 갚으러 가요"라고 말했다고 합니다. 그래서 쌀가마니를 수레에 싣고 아버지가 "어디로 몰아야 하느냐?"라고 묻자 따운드윈지 시의 북쪽이라고 아이가 말했습니다. 아이가 말한 길을 따라 수레를 몰고 갔고, 차운요우 마을에 이르자 아이는 "이 마을이에요. 마을 안으로 들어가세요. 이 길로 모세요"라고 계속해서 길을 가르쳐 주었습니다. 드디어 응아뇨우의 집에 도착하자 "이제 도착했어요. 이 집이에요"라고 아이가 말했습니다. 그 집에 들어가 "응아뇨우의 집이 맞습니까?"라고 아이의 부모가 묻자 우 뇨우가[269] 그렇다고 대답했습니다. 우 뇨우가 가까이 오자 아이가 "야, 응아뇨우, 나 기억하냐?"라고 물었습니다. 그 말을 듣자 우 뇨우가 "너의 아버지 뻘 되는 나를 응아뇨우라고 부르다니"라며 화를 냈다고 합니다. 그러자 서기관이 "우 뇨우님, 화내지 마세요. 이 아이에게 특별한 이유가 있습니다"라고 말하면서 용서를 청했습니다.

269 '우'는 미얀마에서 어른에게 붙이는 용어다.

집에 들어서자 아이가 지난 생부터 지금까지의 일을 모두 말하기 시작했습니다.

"야, 응아뇨우, 너는 나를 기억도 못하는구나! 한때 너하고 나하고 빈랑나무 잎을 지고 팔러 다녔잖아. 그때 내가 너한테 쌀 한 줌을 빌렸지. 그런데 그 빚을 갚기도 전에 독사에 물려 죽었어. 그 후 네 집에 닭으로 태어났지. 네 차례 닭싸움에 나가서 세 번은 내가 이겼지만, 마지막 네 번째에는 상대편 닭이 나보다 힘이 세서 지고 말았지. 그러자 너는 화가 나서 죽을 정도로 나를 때렸어. 죽기 직전에 암소가 와서 나를 핥아주었지. 나는 그 암소의 태에 들어가 암송아지로 다시 태어났어. 내가 조금 크자 너는 친구들과 함께 나를 도살해서 요리해 먹었지. 그때 마침 저 서기관 아버지와 어머니가 근처에 왔다가 나를 보고 연민의 말을 했지. 그래서 나는 그 암소의 생에서 지금 부모님의 아들로 태어났고, 이제 네게 쌀 한 줌을 갚으러 온 거야."

아이의 이야기는 모두 사실이었습니다. 그리자 우 뇨우는 자신이 행한 일들을 숙고해 보고 매우 슬퍼하여 통곡했다고 합니다.[270] 《이 일화는 우 뇨우가 직접 예이사쪼우 시에서 우 바뜨윈에게 1961년쯤 말한 것이라고 합니다. 1쇄본에서는 북동쪽 '차운소웅' 마을 '깐지'라고 했던 것을 따운드윈찌 시의 우 바떼인의 조사와 기억에 따라 이 2쇄본에서는 북서쪽 차운요우 마을 바사인이라고 고쳤습니다.》

이 일화를 통해서도 갈애가 사라지지 않으면 다시 새로운 생에 여러 모습으로 태어나야 한다는 사실을 분명히 알 수 있습니다.

270 마하시 아가 마하 빤디따 지음, 김한상 옮김, 『초전법륜경』, pp.321~324 참조.

• 아귀나 소로 태어나는 것은 매우 두려운 일

1949년, 만달레이 시의 페야지따익 강원에 학인 스님 한 명이 있었습니다. 법명은 우 아찐나Āciṇṇa였습니다. 체격도 건장하고 용모도 깨끗했습니다. 신심도 좋았습니다. 삼장도 열심히 외웠습니다. 우 아찐나 스님이 어느 날 발우를 씻다가 "스님들, 주의하세요. 다른 이들이 보시한 공양을 먹고서 잘 실천하면서 지내십시오. 저는 세 번의 생마다 직접 경험하여 특히 주의합니다"라는 등으로 같이 지내는 스님들에게 말했다고 합니다.

그러자 같이 지내는 한 스님이 그게 무슨 말이냐고 물었고, 우 아찐나 스님은 자신의 과거에 대해서 다음과 같이 말했습니다.

"저는 이전에 사람의 생에서 죽었을 때 여자 아귀가 됐습니다. 아귀의 생에서 먹을 것과 지낼 곳이 충분하지 않아서 여기저기 떠도느라 매우 괴로웠습니다. 그 후 그 생에서 죽어 황소가 됐습니다. 그 생에서는 같이 태어난 다른 소 한 마리와 외양간에서 함께 지냈습니다. 그러던 어느 날 같이 여물을 먹던 소의 코에서 흘러나오는 더러운 콧물을 견딜 수 없어 그 소를 들이받았습니다. 그러자 주인이 나를 때렸습니다. 주인은 '자기 영역을 확장하려고 한다. 이기려고 한다'라고 생각해서 때렸겠지요. 나는 자주자주 들이받았고, 그때마다 두들겨 맞았습니다. 그러다 그 생에서 죽어 지금 생에 이르렀습니다. 그래서 경각심을 가지고 스님이 된 것입니다."《이렇게 말할 때 그 스님은 9~10안거 정도였다고 합니다.》

이 일화를 통해서도 갈애가 있어 새로운 생에 태어난다는 사실을 알 수 있습니다. 또한 아귀나 축생으로 태어남은 매우 두려워할 만하다는 사실, 그리고 소들이 말을 하지 못해 그들이 원하는 것을 사람에게 알리지 못하고, 그래서 사람들에게 괴롭힘을 당한다는 사실에도 경각심을 가질 만합니다.

• 소와 개로 태어난 뒤 다시 사람으로

1948년, 몽유와 시의 제이 마을에 있는 한 절에서 한 반군 지도자가 스님을 "자신의 부하를 괴롭혔다"라면서 총으로 쏘아 죽였습니다. 그 스님은 다시 사람으로 태어나 또 스님이 됐습니다. 첫 번째 시험에서 그 뒤의 몇 단계까지 포함해서 단번에 합격했다고 들었습니다. 그 스님은 나중에 자신이 총에 맞아 죽을 때 소의 생에서 태어나야 했다는 사실, 그 뒤 개의 생에서 태어나야 했다는 사실, 그 뒤에야 사람의 생에 이르렀다는 사실 등을 말했다고 합니다. 나중에 들은 바로는 그 스님은 총을 가진 사람을 매우 두려워했다고 합니다.

이 일화에서 "스님의 생에서 소로 태어나야 했고 개로 태어나야 했다"라는 것은 매우 저열한 것이라고 생각할 수 있습니다. 갈애가 사라지지 않으면 그보다 더 저열한 생에도 태어날 수 있습니다. 부처님 당시 띳사 비구는 이로 태어나기까지 했습니다.[271] 따라서 갈애가 사라지지 않으면 누구나, 《사견과 의심도 아직 사라지지 않았으면》 이러한 생에 태어날 수 있다고 알고서 갈애가 사라지도록 노력하는 것이 매우 중요합니다. 최소한 사견과 의심이 사라지도록 노력해야 합니다.

• 도마뱀붙이로조차 태어난다

1961년 다이우 시 근처, 파아운웨 마을에 특별한 한 아이가 있었습니다. 그 아이는 자신이 다이우 시의 남쪽으로 2마일 떨어진 유와와인

271 본서 p.283 참조.

지 마을의 스님이었다고 말했습니다. 책을 기억하는 지혜도 매우 좋았다고 합니다. 그 아이가 살았다는 절로 데려 가자, 아이는 그 절의 물건들을 모두 기억했다고 합니다. "이것은 누가 보시한 물건이다"라는 등으로 보시자들 이름도 말했고, 아이의 말은 모두 사실이었다고 합니다. 그 아이는 자신이 스님의 생에서 입적했을 때 바로 그 절에서 도마뱀붙이로 태어났다고 말했습니다. 도마뱀붙이였을 때 절에서 야자나무로 건너다가 떨어져서 허벅지가 부러진 상처 때문에 죽어야 했고, 죽었을 때 그 절 근처에서 농사일을 하던 파아운웨 마을의 한 농부《지금의 아버지》의 수레를 타고 따라가서 그 농부의 집에 들어갔다고 말했습니다. 그렇게 수레를 타고 따라가는 것 등은 거취 표상이 드러난 것입니다.

이 일화도 갈애가 아직 사라지지 않았으면 이러한 도마뱀붙이의 생에도 태어날 수 있다는 사실에 경각심을 가져, 갈애가 사라지도록 팔정도를 닦게 하기 위해서 소개한 것입니다.

이와 같이 현재의 일화들을 근거로 설명하는 것은, 지금 시대에 "다음 생은 없다"라고 말하는 이들이 일부 있어서입니다. 또 다른 일부는 있는지 없는지 의심합니다. 문헌들이 분명하게 있음에도 불구하고 일부는 과거에 저술된 것이라면서 중요시하지 않고 믿지 않습니다. 그래서 업과 업의 결과, 그리고 다음 생을 믿는 믿음이 생겨나 확고하게 하기 위한 목적으로 설명한 것입니다. 비슷한 일화는 매우 많습니다. 하지만 이 정도면 이러한 목적을 위해서는 충분하다고 생각됩니다. 이렇게 갈애가 새로운 생을 생겨나게 하기 때문에 부처님께서 "yā ayaṁ taṇhā어떤 이 갈애는; 갈망함인 그 갈애는 ponobhavikā다시 태어나게 하고, nandīrāgasahagatā즐김과 애착이 함께 하며; 즐기고 애착하는 성품이기도 하고, tatratatra여기저기서; 각각의 자기존재나 각각의 대상들을 만날 때마다 접할 때마다 그것들에서 abhinandinī항상 좋아하고 즐긴다"라고 설하셨습니다.

그리고 갈애의 종류에 대해서도 이어서 "seyyathidaṁ예를 들면; 이 갈애에 어떠한 것들이 있는가 하면 kāmataṇhā감각욕망갈애; 감각대상에 대해 갈망하고 즐기는 갈애, bhavataṇhā존재갈애; 항상 존재한다고 생각하면서 갈망하는 갈애, vibhavataṇhā비존재갈애; 죽으면 더 이상 존재하지 않는다고 생각하면서 갈망하는 갈애, idaṁ이것이다; 이 세 가지 갈애가 괴로움의 생겨남, 즉 괴로움이 생겨나는 것의 원인인 생겨남의 진리이다"라고 법체를 드러내시며 설하셨습니다.

갈애의 종류

감각욕망갈애

그 세 가지 갈애 중에 감각욕망갈애kāmataṇhā란 좋아하고 원할 만한 대상과 물건을 좋아하고 바라는 성품입니다. 자기 상속의 대상이든, 타인 상속의 대상이든 좋아하고 원할 만한 대상을 좋아하고 바라면 그것이 감각욕망갈애입니다.

아름다운 형색 대상을 보고서 좋아하고 바라면 감각욕망갈애입니다. '형색 대상'이라고는 하지만 형색 그 자체만이 아닙니다. 형색이 의지하는 곳인 여성이나 남성의 몸 전체, 상의나 하의 등의 물건 전체를 포함해서 좋아하고 원합니다. 마찬가지로 듣기에 좋은 여러 소리 대상들, 맡기에 좋은 여러 냄새 대상들, 먹기에 좋은 여러 맛 대상들과 먹을 것이나 지낼 곳을 마련해 주는 여성이나 남성들, 닿기에 좋은 여러 감촉 대상들과 여러 가지 사용 물건들, 이러한 것들을 좋아하고 원하는 것도 감각욕망갈애입니다. 요약하자면, 좋아하고 원할 만한 것들을 좋아하고 원하는 모든 것이 감각욕망갈애입니다.

사람으로 태어나길, 천신으로 태어나길, 남자로 태어나길, 여자로 태어나길, 사람으로 태어나 감각욕망 대상들을 누리길, 천신으로 태어나 감각욕망 대상들을 누리길, 남자로 태어나거나 여자로 태어나 감각욕망 대상들을 누리길 원하고 바라는 것도 모두 감각욕망갈애입니다. 그래서 이 내용을 "욕망갈애 즐기며 갈망하는것"이라고 게송으로 표현했습니다. 같이 독송합시다.

욕망갈애 즐기며 갈망하는것

보아서든, 들어서든, 맡거나 맛보아서든, 닿아서든 좋다고 생각하면 좋아하고 즐기는 것이 생겨납니다. 그렇게 좋다고 생각하는 것은 무명avijjā입니다. 무명이란 대상의 바른 성품을 덮어버리고 잘못 알고 있는 성품입니다. 항상하지 않은 것을 항상하다고 무명이 생각합니다. 순간도 끊임없이 생멸하고 있는 괴로운 성품을 행복하다고 생각합니다. 자아나 영혼이 아닌 물질·정신 성품법일 뿐인 것을 자아라거나 영혼이라고 생각합니다. 깨끗하지 않은, 자신과 다른 사람의 몸을 깨끗하다고 생각합니다. 이러한 것은 좋다고 생각하는 것들일 뿐입니다. 이렇게 좋다고 생각해서 좋아하고 원하는 감각욕망갈애가 생겨납니다. 좋아하고 원해서 집착합니다. 집착해서 자신이 원하는 대로 성취되고 구족되도록 노력합니다. 그렇게 노력하는 것은 업과 형성saṅkhāra입니다. 그 업과 형성 때문에 새로운 생에 물질·정신이 생겨납니다. 그래서 좋아하고 원하는 것이 생겨날 때마다 새로운 생에 태어남을 받아야 하는 것이라고 말합니다.

또한 그 갈애로부터 힘을 얻기 때문에 업형성 의식abhisaṅkhāraviññāṇa이라고 부르는 죽음직전 속행마음maraṇāsannajavanacitta이, 그때 드러나는 업이나 업 표상이나 거취 표상을 마치 거머쥐는 것처럼 확고하게 대상으로 하고 있습니다. 그렇게 죽음 즈음에 확고하게 대상으로 하고 있기 때문에 죽음 마음의 바로 다음에 그 대상을 취해서 재생연결 마음이 생겨나면서 새로운 생에 태어나는 것입니다. 그래서 갈애를 "ponobhavikā 다시 태어나게 하고"라고 설하신 것입니다.

존재갈애

존재갈애bhavataṇhā는 상견sassatadiṭṭhi과 결합된 갈애라고 주석서에 설명돼 있습니다. 그 설명에서 '존재bhava'란 '생겨나고 있다. 존재하고 있다'라고 번역됩니다. 그래서 존재갈애란 '항상 있다. 항상 존재한다. 영원하다'라고 생각해서 생겨나는 좋아함이나 갈망함을 말합니다. 상견이란 '멸하지 않는 영혼이 있는 중생은 죽음이나 소멸함이 없다. 거친 물질은 무너져도 그 중생, 영혼, 자아는 무너지지 않는다. 다른 새로운 몸과 육체에 들어가 그대로 머문다. 우주가 무너져도 무너지지 않는다. 절대로 무너지지 않고 항상 존재한다'라고 생각하는 견해입니다.

불교 외부의 교리나 가르침에는 이 상견이 많습니다. 그 견해 중에는 '사람이 죽으면 하느님이 주재하여 천국에 올라가 항상 머문다. 그렇지 않으면 영원히 지옥에 떨어져 계속해서 고통을 당한다'라는 견해도 일부 있습니다. '업에 따라 이 생에서 저 생, 저 생에서 다른 생 등으로 옮겨 가면서 항상 머물고 있다'라는 견해도 일부 있습니다. '이미 결정된 태어나는 차례에 따라 옮겨가며 계속 머물고 있다'라는 견해도 일부 있습니다.

요약하자면, '영혼이나 자아가 무너지지 않고 몸에 따라 옮기면서 그대로 유지되고 있다'라는 모든 견해는 상견일 뿐입니다. 비유하자면,

나무 위의 새가 그 나무가 쓰러질 때 다른 나무로 옮겨가고, 그 두 번째 나무가 쓰러질 때 또 다른 나무로 옮겨가는 것과 마찬가지로 그렇게 영혼이나 자아가 의지하는 하나하나의 신체가 무너지면 다른 하나하나의 거친 신체로 계속 옮겨가고 옮겨간다고, 그 영혼은 절대로 사라지지 않는다고, 항상 존재한다고 생각하는 견해입니다.

그 상견과 결합한 갈애를 존재갈애라고 합니다. 존재갈애는 자아나 영혼이 항상 존재한다는 것도 좋아하고 마음에 들어 합니다. '이전 생에서 항상 존재했던 바로 내가 지금도 누리고 있다. 나중에도 누릴 것이다'라고 믿고 그러한 견해를 가져서 보이고 들리고 닿고 알게 된 대상들도 좋아하고 바랍니다. '나중에 얻을 것이다'라고 생각하고서도 좋아하고 바랍니다. 항상 존재할 자신을 위해 지금도 좋고 나중에도 좋고 행복하게 되기를 바랍니다. 좋은 생에 태어나고자 바랍니다. 다음, 그 다음의 여러 생에서 사람의 행복과 천상의 행복만 생겨나기를 바랍니다. 일부는 남자의 생으로만 태어나길 바랍니다. 일부는 여자의 생으로만 태어나기를 바랍니다. 이것은 모두 존재갈애입니다.

이 존재갈애를 통해 현재 대상들을 좋아하고 즐길 때마다, 태어난 생을 좋아하고 즐길 때마다, 태어날 생을 기대하고 바랄 때마다 새로운 생에 태어날 힘과 뒷받침을 계속 쌓아 가는 것입니다. 그렇기 때문에도 존재갈애를 "ponobhavikā 다시 태어나게 하고"라고 설하신 것입니다.

이 내용을 "존재갈애 항상해 갈망하는것"이라고 게송으로 표현했습니다. 게송에서 '항상해 갈망하는것'이란 항상 존재하는 것으로 생각하고 좋아하고 갈망하는 성품이라는 뜻입니다. 같이 독송합시다.

존재갈애 항상해 갈망하는것

비존재갈애

비존재갈애vibhavataṇhā라는 단어에서 '비존재vibhava'란 '존재가 없는 것, 존재가 끊어진 것'입니다. 그래서 '죽기 전에만 존재한다. 죽고 나면 더 이상 존재하지 않는다'라고 생각하고 견지하여 좋아하고 갈망하는 것을 비존재갈애라고 합니다. 단견ucchedadiṭṭhi과 결합된 갈애입니다. 단견이란 '중생들은 죽고 나면 더 이상 아무것도 존재하지 않는다. 완전히 사라져 끊어진다'라고 생각하는 견해입니다. 이 견해는 부처님 당시 아지따Ajita라는 외도스승이 설했습니다. 설한 모습은 다음과 같습니다.

Cātumahābhūtiko ayaṁ puriso yadā kālaṅkaroti, pathavī pathavīkāyaṁ anupeti anupagacchati, āpo āpokāyaṁ anupeti anupagacchati, tejo tejokāyaṁ anupeti anupagacchati, vāyo vāyokāyaṁ anupeti anupagacchati, ākāsaṁ indriyāni saṅkamanti. … Bāle ca paṇḍite ca kāyassa bhedā ucchijjanti vinassanti na honti paraṁ maraṇā.[272] (M.ii.182/M76)

대 역

Ayaṁ puriso이 개체는; 이 중생은 cātumahābhūtiko근본물질 네 가지인 사대의 모임일 뿐이다. yadā kālaṅkaroti죽을 때 pathavī땅 요소는; 생명 있는 현재 몸에서 땅 요소는 pathavīkāyaṁ anupeti anupagacchati무정물인 외부 땅 요소 무더기에 따라가 버린다; 포함되어 버린다. 《죽기 전에 몸에 있는 딱딱하고 거친 땅 요소들

272 저본에 대역만 있어 빠알리어 원문을 역자가 첨가했다.

은 죽고 나면 외부 무정물인 땅 요소가 되어 버린다. 생명 없는 시체 속의 땅 물질이 되어 버린다. 그 뒤 천천히 땅의 영양분인 땅 요소가 된다. 이 땅 영양분에서 다시 나무, 열매 등의 땅 요소도 되어 간다는 뜻이다.》 āpo물 요소는; 생명 있는 현재 몸에서 물 요소는 āpokāyaṁ anupeti anupagacchati생명 없는 무정물인 물 요소 무더기에 따라가 버린다; 포함되어 버린다.《생명 있는 몸속의 축축한 물 요소는 죽고 나면 생명 없는 무정물의 물 요소들이 되어 버린다는 뜻이다.》 tejo불 요소는; 생명 있는 현재 몸에서 불 요소는 tejokāyaṁ anupeti anupagacchati생명 없는 외부 불 요소 무더기에 따라가 버린다; 포함되어 버린다. vāyo바람 요소는; 생명 있는 현재 몸에서 바람 요소는 vāyokāyaṁ anupeti anupagacchati생명 없는 외부 바람 요소 무더기에 따라가 버린다; 포함되어 버린다. indriyāni기능들은; 눈, 귀, 코, 혀, 몸, 심장이라는 아는 성품이 있는 기능들은 ākāsaṁ saṅkamanti허공요소로 옮겨 가 버린다.《단견을 가진 이들은 보는 마음, 듣는 마음 등으로 알 수 있는 마음·의식이라는 것을 각각 있다고 생각하지 않는다. 눈, 귀 등의 물질이 보고 듣고 맡고 맛을 알고 닿아서 안다고 생각한다. 마나mana라는 기능은 안다고도 생각한다. 그래서 앎이 끊어지는 모습을 여섯 기능으로 설명한 것이다. 그 아는 여섯 기능도 허공 요소가 되어 버린다, 공간 속에 사라져 버린다는 뜻이다.》 … bāle ca어리석은 이들이나 paṇḍite ca지혜로운 이들이나 kāyassa bhedā몸이 무너지면 ucchijjanti완전히 끊어진다. vinassanti없어져 버린다. paraṁ maraṇā죽은 뒤에 na honti더 이상 존재하지 않는다.《'어리석은 사람이든 지혜로운 사람이든 죽은 뒤에는 전혀 아무것도 없다. 완전히 사라진다. 어리석은 사람도 불선업 때문에 새로운 생에 태어나 괴로움을 겪지 않고, 지혜로운 이들도 좋은 생에 태어나 행복을 누린다는 것이 없다. 죽은 뒤에 완전히 모두 사라져 없어져 버린다'는 뜻이다.》

지금 말한 것은 단견을 가진 아지따 외도 스승이 설하는 내용을 요약한 것입니다. 그 견해를 '아지따 자이나교'라고도 부릅니다. 그 교리는 악행을 삼가고 싶지 않는 이나 선행을 하고 싶지 않는 이들이 좋아할 것입니다 그 교리 중에서 '죽은 뒤에 더 이상 존재하지 않는다'라고 말하기 때문에 '죽기 전에는 존재한다'라고 주장하는 것도 됩니다. "죽기 전에 존재하는 것은 무엇인가?"라고 물으면 "살아 있는 중생, 자아이다"라고 대답할 것입니다. 그래서 자기들은 그 견해를 'cātum-ahābhūtiko 근본물질 네 가지인 사대의 모임일 뿐이다'라고 주장하더라도 '중생'이라는 자아 집착이 아직 존재한다고 말해야 할 것입니다. 그렇게 자아 집착이 있기 때문에 그 견해가 있는 이들은 '죽기 전에 기회가 있는 만큼 감각욕망을 누려야 한다. 다음 생을 기대하며 실천하는 것으로 시간을 낭비할 수 없다'라고도 말합니다. 이렇게 '죽고 나면 아무것도 존재하지 않는다. 완전히 사라져 버린다'라고 주장하는 견해인 단견과 결합해 생겨나는 좋아함이나 갈망함을 비존재갈애라고 합니다. 이 내용을 "비존재는 단멸해 갈망하는것"이라고 게송으로 표현했습니다. 같이 독송합시다.

비존재는 단멸해 갈망하는것

이 비존재갈애는 "아무런 실천을 하지 않아도 죽은 뒤에는 생이 끊어져 버린다"라고 말하는 것도 좋아합니다. 이 견해를 가진 이들은 좋은 행위도 하려 하지 않고 나쁜 행위도 삼가려 하지 않기 때문입니다. 이미 행한 악행들도 많이 있을 것입니다. 그러니 죽은 뒤에 새로운 생에 태어난다고 하면 자신들의 악행들이 나쁜 결과를 줄 것입니다. 그것을 그들은 원하지 않을 것입니다. 죽은 뒤에 다시는 태어나지 않고 완전히 끊어져야 마치 나무판을 다 지우고 칠해서 칠판을 만들 듯이 괴로움에서 벗어날 것입니다. 그래서 비존재갈애는 죽은 뒤에 끊어져 버리는 것을 좋아합니다.

또한 죽기 전에 잘 누려야 한다고 생각하기 때문에 죽기 전에 할 수 있는 만큼 많이 누리는 것을 매우 심하게 좋아하고 갈망합니다. 이렇게 좋아하고 갈망하며 지내기 때문에 좋다고 생각하는 모든 것을 할 수 있는 만큼 찾고 구해서 행합니다. 그렇게 할 때마다 새로운 생에 태어날 업형성들이 생겨납니다. 또한 현재 생과 관련해 즐기고 애착하는 것이 생겨날 때마다 그 갈애의 힘들이 마음상속에 따라 포함됩니다. 그래서 업형성 의식abhisaṅkhāra viññāṇa이라는 죽음 직전 속행 마음이 업이나 업 표상이나 거취 표상이라는 대상을 강하게 집착해서 대상으로 취합니다. 그렇게 강하게 대상으로 해서 거머쥐고 있는 동안 그 생에서 마지막 죽음마음으로 죽을 때, 그 업이나 업 표상이나 거취 표상을 대상으로 해서 새로운 생에 재생연결 마음이 생겨납니다. 이것은 단견을 가진 이가 새로운 생에 태어나고 싶지 않다 하더라도 새로운 생에 태어나게 하는 갈애가 있기 때문에 태어나야만 하는 것입니다. 다시 태어날 때도 단견을 가진 이들에게는 주로 불선업들이 많기 때문에 악처의 생에 태어나는 경우가 대부분입니다. 그래서 그 비존재갈애도 "ponobhavikā 다시 태어나게 하고"라고 설하신 것입니다.

지금까지 설명한 대로 감각욕망갈애, 존재갈애, 비존재갈애라는 이 세 가지 갈애는 새로운 생에 거듭 태어나 괴로움을 늘어나게 하는 원인들입니다. 그래서 마무리를 맺는 게송으로 "苦생기게 원인인 세가지갈애"라고 표현했습니다. 이 게송도 같이 독송합시다.

苦생기게 원인인 세가지갈애

지금 언급한 세 가지 갈애는 새로운 생을 생겨나게 하기 때문에 태어남jāti을 시작으로 하고 취착 무더기upādānakkhandha를 끝으로 하는 괴로움들을 생겨나게 하는 원인들입니다. 그래서 그 갈애를 생겨남의 진리samudayasacca라고 합니다. "그 갈애는 어디에서 생겨나는가"라고 한다면 그것은 『마하사띠빳타나숫따』에서 다음과 같이 설하셨습니다.

Yaṁ loke piyarūpaṁ sātarūpaṁ, etthesā taṇhā uppajjamānā uppajjati, ettha nivisamānā nivisati.[273] (D.ii.246/D22)

대역

Loke세상에서; 이 형성 세상에서 yaṁ piyarūpaṁ sātarūpaṁ어떤 좋아할 만한 성품이나 즐거워할 만한 성품이 atthi있는데, esā taṇhā 그 갈애는; 그 세 가지 갈애는 uppajjamānā생겨날 때는 ettha uppajjati그곳에서 생겨나고; 그 좋아할 만하고 즐거워할 만한 성품에서 생겨나고 nivisamānā잠재될 때는 ettha nivisati그곳에서 잠재된다; 그 좋아할 만하고 즐거워할 만한 성품에서 잠재된다.

273 저본에 대역만 있어 빠알리어 원문을 역자가 첨가했다.

『위방가 근본복주서』에서 “드러남pariyuṭṭhāna과 잠재anusaya를 통해 생겨남uppatti과 머묾nivesa을 연결해야 한다”라고 설명해 놓았습니다. 그 설명에 일치하게 위에서 ‘nivasati’를 ‘잠재된다’라고 번역했습니다.[274] 여기에서 ‘생겨난다’란 그 좋아하고 즐거워할 만한 성품을 대상으로 해서 실제로 생겨나는 것을 말합니다. 그것을 드러난 번뇌, 혹은 현전번뇌pariyuṭṭhāna kilesa라고 합니다. ‘잠재된다’란 관찰하지 않아서 무상 등으로 알지 못해 그 알지 못한 좋아할 만하고 즐길 만한 대상에 조건이 형성됐을 때 생겨날 수 있는 기회를 가지게 된 것을 말합니다. 그렇게 생겨날 가능성이 있는 번뇌를 잠재번뇌anusaya kilesa라고 합니다. 그것은 관찰하지 못한 대상에 잠재되기 때문에 대상잠재ārammaṇānusaya번뇌라고도 부릅니다. 위빳사나가 바로 그 대상잠재번뇌를 제거합니다.

그 갈애가 생겨나는 곳이자 대상이라고 한 ‘좋아할 만한 것, 즐길 만한 것’이란 무엇인가 하면, “Cakkhu loke piyarūpaṁ sātarūpaṁ, etthesā taṇhā uppajjamānā uppajjati, ettha nivisamānā nivisati (세상에서 눈은 좋아할 만하고 즐거워할 만한 것이다. 그 갈애가 생겨날 때는 그곳에서 생겨나고 그곳에서 잠재된다)”라고 설하신 대로 눈·귀·코·혀·몸·마음이라는 여섯 문, 형색·소리·냄새·맛·감촉·법성품이라는 여섯 대상, 보아서 앎 등의 여섯 의식, 보아서 닿음 등의 여섯 접촉, 보아서 느낌 등의 여섯 느낌 등으로 자세하게 설하셨습니다. 전체 내용은 『*Mahāsatipaṭṭhāna sutta pāḷi nissaya*(마하사띠빳타나숫따 대역)』

274 단어 그대로는 ‘머문다’라는 뜻이다.

을 참고하십시오.[275] 그것들은 볼 때 등에 분명한 법들을 관찰하지 않아 무상 등으로 사실대로 알지 못하면 갈애가 잠재되는 곳, 생겨나는 곳들입니다. 그래서 생겨날 때 등에 분명한 법들을 관찰하지 않아 사실대로 알지 못한 그 눈, 형색, 보아서 앎 등 좋아할 만하고 즐길 만한 성품들에 대해 잠재번뇌로 잠재되는 갈애, 현전번뇌로 마음속에 실제 생겨나는 갈애, 이 두 가지 갈애 모두가 태어남 등의 괴로움을 생겨나게 하고 늘어나게 하는 괴로움 생겨남dukkhasamudaya의 성스러운 진리라는 것을 기억해야 합니다. 생겨남의 진리에 관해서는 이 정도면 충분히 설명했습니다. 법문을 마칩시다.

이 「담마짝까숫따」의 가르침을 정성스럽게 경청한 청법선업 의도의 공덕으로 지금 법문을 듣는 선남자, 선여인, 대중들 모두가 괴로움의 생겨남의 진리라는 갈애를 부분제거와 근절제거로 제거할 수 있도록 끊임없이 관찰하고 닦아 모든 고통이 사라진 열반이라는 거룩한 법에 빠르게 도달하기를.

사두, 사두, 사두.

『담마짝까 법문』 제5장이 끝났다.

275 『마하사띠빳타나 대역』, pp.237~239.

제6장

1962년 음력 10월 보름

(1962. 11. 11)

오늘은 1962년 음력 10월의 보름날입니다. 음력 10월의 보름날은 부처님 당시에는 인도 전역에서 매우 중요시하는 특별한 날이었습니다. 이날은 달도 매우 둥급니다. 《예전에는 보름날을 한 달의 마지막 날로 여겼습니다.》 기후도 좋습니다. 《이 날은 우기가 끝나는 마지막 날입니다.》 이것은 인도 중부지역의 관습이었습니다. 미얀마도 비슷하지만 미얀마 전 지역에서 그날 우기가 끝난다고는 말할 수 없습니다. 또한 그날은 한 해가 다하는 마지막 날이기도 합니다. 그렇기 때문에 부처님 당시 인도 중부지방에서는 음력 10월 보름날이 지난 하현의 첫 날을 시작으로 새해가 시작됐다고 말할 수 있습니다. 그래서 그 당시 음력 10월 보름날에는 '산 정상 축제'라고 천상에 헌공하는 축제도 인도 중부지방에서 벌어졌습니다. 미얀마에서는 이 날 등불을 헌공하는 축제가 벌어집니다. 이것은 부처님을 대상으로 헌공하는 것입니다.

오늘 설할 법문은 「담마짝까숫따」 중에서 소멸의 진리와 도의 진리입니다. 먼저 네 가지 진리의 목차를 다시 설하겠습니다.

둑 - 카 - 삿짜 고성제 괴로움진리
사무다야삿짜 집성제 생겨남진리
니로 - 다삿짜 멸성제 소멸의진리
막 - 가 - 삿짜 도성제 실천도진리

소멸의 진리

7 Idaṁ kho pana, bhikkhave, dukkhanirodho[276] ariyasaccaṁ - yo tassāyeva taṇhāya asesavirāganirodho cāgo paṭinissaggo mutti anālayo. (S.iii.370/S56:11)

276 ㉯ 제5장에서 설명한 대로 더 근거가 있는 본을 바탕으로 설했다.

대역

Bhikkhave비구들이여, idaṁ kho pana이제 설할 법이 dukkhanirodho괴로움의 소멸인; 괴로움이 소멸된 곳인; 괴로움이 소멸한 성품인 ariyasaccaṁ성스러운 진리이다; 성자들이 알 수 있는 진리법이다. tassāyeva taṇhāya바로 그 갈애가; 갈망하는 바로 그 갈애가 yo asesavirāganirodho남김없이 빛바래어 소멸하는 것; 남김없이 사라지고 소멸하는 것, yo cāgo《바로 그 갈애를》 버리는 것, yo paṭinissaggo놓아버리는 것; 멀리 버리는 것, yā mutti벗어나는 것; 잡아 두지 않고 내버리는 것, yo anālayo들붙지 않는 것이; 집착하지 않는 것이 atthi있으니, idaṁ이 성품이 괴로움 소멸의 성스러운 진리이다.[277]

괴로움의 소멸이라는 성스러운 진리dukkhanirodha ariyasacca란 생겨남의 진리samudayasacca라는 갈애가 소멸한 성품입니다. '갈애가 소멸한다'라는 것은 위빳사나 지혜와 성스러운 도의 지혜의 힘 때문에 그 갈애가 생겨날 기회가 없이 소멸해버리는 것을 말합니다. 해가 드러나면 어둠이 사라지는 것처럼 아라한도의 지혜가 생겨날 때 좋아하고 갈망하는 갈애가 생겨날 기회가 없이 완전히 사라지고 소멸해버립니다. 그렇게 갈애가 소멸해버리면 새로운 생에 물질·정신 무더기가 생겨나지 못하고 완전히 소멸해버립니다. 그래서 좋아하고 갈망하고 원하는 갈애가 생겨나지 않고 소멸한 성품을 소멸의 진리라고 합니다. 그렇게 아라한도의 지혜로 갈애가 소멸하는 것은 남김없이 소멸하는 것입니

277 『마하사띠빳타나 대역』과 저본의 대역이 조금 다르다. 여기서는 저본을 그대로 따랐다.

다. 최상의ukkaṭṭha 소멸입니다.

하지만 'omaka', 조금 낮은 단계의 소멸도 있습니다. 무엇인가 하면, 아나함도의 지혜로 감각욕망갈애를 남김없이 소멸하는 것도 있습니다. 사다함도로 거친 감각욕망갈애가 소멸하는 것도 있습니다. 수다원도로 사악처의 생에 이르게 하는 감각욕망갈애가 소멸하는 것도 있습니다. 이것들은 갈애의 한 부분 정도만 소멸하는 것입니다. 그래서 그러한 소멸은 하등omaka 방법으로 취하는 소멸의 진리라고 말해야 합니다. 또한 위빳사나 지혜로 무상·고·무아라고 사실대로 알게 된 대상에 대해 갈애가 생겨날 기회가 없이 소멸하는 것도 있습니다. 그것은 부분소멸tadaṅganirodha이라고 합니다. 위빳사나 지혜의 한 부분으로 갈애의 한 부분만 소멸한 것이라는 뜻입니다. 위빳사나 관찰을 할 때마다 계속해서 그 부분소멸을 성취하게 하는 것으로 '열반을 실현하다'라고 말합니다.

그래서 「마하사띠빳타나숫따」에서 "그 갈애는 어디에서 소멸하는가?"라고 질문을 한 뒤 소멸의 진리에 대한 성전에서 다음과 같이 대답하셨습니다.

Yaṁ loke piyarūpaṁ sātarūpaṁ, etthesā taṇhā pahīyamānā pahīyati, ettha nirujjhamānā nirujjhati.[278] (D.ii.247/D22)

대 역

Loke세상에서; 이 형성 세상에서 yaṁ piyarūpaṁ sātarūpaṁ어떤 좋아할 만한 성품이나 즐거워할 만한 성품이 atthi있는데, esā

278 저본에 대역만 있어 빠알리어 원문을 역자가 첨가했다.

taṇhā그 갈애는 pahīyamānā제거될 때는 ettha pahīyati거기에서 제거되고; 그 좋아할 만하고 즐거워할 만한 성품에서 제거되고 nirujjhamānā소멸할 때는 ettha nirujjhati거기에서 소멸한다; 그 좋아할 만하고 즐거워할 만한 성품에서 소멸한다.

여기에서 '좋아할 만한 성품'이란 생겨남의 진리에서 설명한 대로 눈·귀·코·혀·몸·마음이라는 여섯 문, 형색·소리·냄새·맛·감촉·법성품이라는 여섯 대상, 보아서 앎 등의 여섯 의식, 보아서 닿음 등의 여섯 접촉, 보아서 느낌 등의 여섯 느낌 등입니다. 자세한 것은 『*Mahāsatipaṭṭhāna sutta pāḷi nissaya*(마하사띠빳타나숫따 대역)』을 참고하십시오.[279] 그리고 '제거된다'와 '소멸한다'라는 것도 명칭으로만 다르고 의미나 성품으로는 동일합니다. 첫 부분에 언급했던 'cāgo버리는 것', 'paṭinissaggo멀리 놓아버리는 것', 'mutti내버리는 것; 벗어나는 것'[280], 'anālayo집착하지 않는 것'이라는 것도 'nirodha소멸하는 것'과 의미로는 동일합니다. 제거하는 모습이나 소멸하는 모습은 다음과 같습니다.

위빳사나 수행자가 볼 때마다 〈본다〉라고 관찰하여 무상·고·무아의 바른 성품을 알게 되면 눈과 형색과 보아서 앎 등의 성품을 '항상하다. 행복하다. 자아다'라고 잘못 생각함이 사라집니다. 그것은 무명이 부분적으로 사라지는 것입니다. 무명이 사라지면 그 성품들에 대해 좋아하고 즐김이 생겨나지 않습니다. 그것은 부분적으로 갈애가 사라

279 『마하사띠빳타나 대역』, pp.245~247.

280 저본에는 '내버리는 것'으로 되어 있고 일반적으로는 '벗어나는 것'이라고 번역해서 둘 다 언급했다.

지는 것입니다. 갈애가 사라지면 갈애로부터 이어서 생겨날 취착무더기, 업형성들이 생겨날 수 없습니다. 업형성 때문에 생겨날 의식, 물질·정신, 감각장소, 접촉, 느낌이라는 괴로움 결과법들도 생겨날 수 없습니다. 그것은 부분적으로 갈애와 함께 괴로움이 소멸하는 모습입니다. 부분소멸tadaṅga nirodha, 혹은 부분열반tadaṅga nibbāna이라고도 말합니다. 들을 때마다, 맡을 때마다, 먹어서 알 때마다, 닿아서 알 때마다, 생각해서 알 때마다 마찬가지로 〈듣는다; 들린다〉라는 등으로 관찰하여 무상·고·무아의 바른 성품을 알게 되면 귀와 소리와 들어서 앎, 코와 냄새와 맡아서 앎 등의 성품들을 '항상하다. 행복하다. 자아다'라고 잘못 생각하는 것이 사라져 갈애와 함께 고통이 사라지는 모습, 부분소멸이나 부분열반이라고 불리는 모습도 같은 방법으로 알 수 있습니다.

이렇게 위빳사나를 통해 부분소멸에 이르러 지혜가 성숙됐을 때 수다원도의 지혜로 열반을 실현하게 됩니다. 그때는 사악처 생에 이르게 할 수 있는 감각욕망갈애를 수다원도의 지혜로 제거합니다. 그 감각욕망갈애가 사라져 버립니다. 그래서 사악처의 괴로움, 그리고 욕계 선처 세상에서 일곱 생을 넘어서 태어날 괴로움들이 완전히 소멸해 버립니다. 그것은 갈애가 소멸하여 괴로움이 소멸하는 '괴로움의 소멸dukkha-nirodha'입니다. 하지만 '수다원 도와 과는 사악처에 이르게 하는 갈애 등이 소멸한 모습을 대상으로 한다'라고는 생각하면 안 됩니다. 물질·정신 괴로움들이 완전히 소멸한, 일반적인 적정한 성품을 대상으로 한다고만 기억해야 합니다.

사다함도의 지혜로 열반을 실현했을 때는 거친 감각욕망갈애와 욕계 선처 탄생지에서 두 생 넘게 태어나야 할 괴로움들이 완전히 소멸해

버립니다. 아나함도의 지혜로 열반을 실현했을 때는 미세한 감각욕망 갈애와 색계에서 한 생 넘게, 아니면 무색계에서 한 생 넘게 태어나야 할 괴로움들이 완전히 소멸해버립니다. 이것도 갈애가 사라져서 괴로움이 사라진 '괴로움의 소멸dukkhanirodha'입니다. 이러한 도의 지혜로 열반을 실현했을 때도 물질·정신 괴로움들이 완전히 소멸한, 일반적인 적정한 성품을 대상으로 한다고만 기억해야 합니다.

아라한도의 지혜로 열반을 실현했을 때는 모든 갈애와 모든 생의 괴로움들이 완전히 소멸합니다. 이것도 갈애가 사라져서 괴로움이 사라진 '괴로움의 소멸dukkhanirodha'입니다. 이 내용을 "갈애소멸 니로다 고통사라져"라고 게송으로 표현했습니다. 같이 독송합시다.

갈애소멸 니로다 고통사라져

갈애가 소멸해야 괴로움이 진실로 소멸하고 사라진다는 뜻입니다. 갈애가 소멸하지 않고 다른 방법으로 괴로움이 소멸한다는 것, 행복하다는 것은 진정한 적정함이 아닙니다. 잠시 정도만 소멸한 것입니다. 조금 시간이 지나면 괴로움들이 다시 드러나게 됩니다. 예를 들어 다리 등을 굽힌 상태로 있다가 저릴 때 펴면 그 저린 고통이 사라집니다. 하지만 조금 시간이 지나면 편 상태로 다시 저리게 됩니다. 그와 마찬가지로 앉아 있다가 저려서 일어나 걸으면 저림이 사라집니다. 조금 시간이 지나면 서 있으면서, 걸어가면서도 다시 저리거나 뻐근합니다. 배가 고파서 적당한 음식을 먹으면 배고픈 괴로움이 사라집니다. 하지만 일정한 시간이 지나면 다시 배가 고픕니다. 병에 걸려 아플 때 적당한 약을 먹어 치료하면 병이 나아 편안해집니다. 하지만 시간이 지나면 또 다른 병에 걸려 다시 괴로워하게 됩니다.

의식주가 여의치 않아 곤란을 겪고 있다가 직당한 방법으로 일해서 재산을 구하면 의식주가 해결되고 편안해집니다. 일부는 좋은 일자리를 얻고 부자가 되어 행복해지기도 합니다. 하지만 조건이 여의치 않아 부자의 상태에서 떨어져 괴로움에 처하기도 합니다. 혹은 평생 편안하다 하더라도 죽을 때는 다시 괴로움에 처합니다. 보시나 계 등의 선업을 행해서 다음 생에도 부유하고 재산이 많은 사람으로 태어나서 행복하게 될 수 있습니다. 위력이 큰 천신으로 태어나서 행복하게 될 수도 있습니다. 하지만 그러한 선업의 힘이 다하면 괴로운 생에 다시 떨어질 수 있습니다. 긴 수명으로 행복을 누리고자 사마타 수행을 하여 색계 선정이나 무색계 선정을 얻으면 그 선정 선업 때문에 색계 범천세상이나 무색계 범천세상에 이르러 몇 대겁 동안 행복하게 지낼 수 있습니다. 하지만 그 선정 선업의 힘이 다하면 저열한 생에 떨어져 괴로움을 겪어야 합니다. 생겨남의 진리에 대한 설명에서 언급한 암퇘지가 그러한 경우입니다. 그래서 갈애가 다하지 않으면 어찌해서 괴로움이 사라지더라도 아직 확실하지 않은 것입니다. 갈애가 다해야 모든 괴로움이 완전히 다 사라집니다. 그래서 'tassāyeva taṇhāya asesavirāganirodho'라는 등으로 갈애의 다함과 소멸함, 바로 그것을 괴로움의 소멸이라는 성스러운 진리라고 부처님께서 설하신 것입니다.

그것은 연기의 방법으로는 무명 등 원인법들이 소멸하여 형성 등 결과법들이 소멸한 성품입니다. 그래서『앙굿따라 니까야』에 다음과 같이 설하셨습니다.

Katamañca bhikkhave dukkhanirodho ariyasaccaṁ? Avijjāyatveva asesavirāganirodhā saṅkhāranirodho, saṅkhāranirodhā viññāṇanirodho, viññāṇanirodhā nāmarūpanirodho, nāmarūpanirodhā saḷāyatananirodho, saḷāyatananirodhā phassanirodho, phassanirodhā vedanānirodho, vedanānirodhā taṇhānirodho, taṇhānirodhā upādānanirodho, upādānanirodhā bhavanirodho, bhavanirodhā jātinirodho, jātinirodhā jarāmaraṇaṁ sokaparidevadukkhadomanassupāyāsā nirujjhanti. Evametassa kevalassa dukkhakkhandhassa nirodho hoti. Idaṁ vuccati bhikkhu dukkhanirodho ariyasaccaṁ. (A.i.187/A3:62)

대역

Katamañca bhikkhave dukkhanirodho ariyasaccaṁ비구들이여, 괴로움의 소멸이라는 성스러운 진리란 무엇인가? avijjāyatveva asesavirāganirodhā saṅkhāranirodho생겨남의 진리에서 설한 무명, 바로 그것이 남김없이 소멸함 때문에 형성들의 소멸이 성취되고[281], saṅkhāranirodhā viññāṇanirodho형성들의 소멸 때문에 새로운 생의 과보의식의 소멸이 성취된다. viññāṇanirodhā nāmarūpanirodho의식의 소멸 때문에 정신과 물질의 소멸이 성취된다. nāmarūpanirodhā saḷāyatananirodho정신과 물질의 소멸 때문에 감각장소의 소멸이 성취된다. saḷāyatananirodhā phassanirodho감각장소의 소멸 때문에 접촉의 소멸이 성취된다. phassanirodhā vedanānirodho접촉의 소멸 때문에 느낌의 소멸이 성취된다. vedanānirodhā taṇhānirodho느낌의 소멸 때문에 갈애의 소멸이 성취된다. taṇhānirodhā upādānanirodho

281 저본에서 '성취된다, 이루어진다'라는 표현을 써서 그대로 번역했다.

갈애의 소멸 때문에 취착의 소멸이 성취된다. upādānanirodhā bhavanirodho취착의 소멸 때문에 업 존재의 소멸이 성취된다. bhavanirodhā jātinirodho업 존재의 소멸 때문에 새로운 생에 태어남의 소멸이 성취된다. jātinirodhā jarāmaraṇaṁ sokaparidevadukkhadomanassupāyāsā nirujjhanti새로운 생에 태어남의 소멸 때문에 늙음·죽음과 슬픔·비탄·고통·근심·절망이 소멸한다.[282] Evametassa kevalassa dukkhakkhandhassa이렇게 말한 대로 행복과도 연결되지 않고, 자아도 아닌, 온전히 괴로움의 무더기일 뿐의 nirodho hoti소멸이다. Idaṁ vuccati bhikkhu dukkhanirodho ariyasaccaṁ비구들이여, 지금 말한 대로 이 괴로움의 무더기일 뿐인 것의 소멸을 괴로움의 소멸이라는 성스러운 진리라고 말한다.

이 성전에서 '무명이 소멸하기 때문에 형성이 소멸된다'라는 등으로 차례 차례 설하신 것은 원인이 소멸하면 결과가 소멸하는 것을 알게 하려고 설하신 것입니다. 진실로 알게 하고자 하신 것은 무명이 소멸하는 것과 동시에 형성 등의 결과법들도 같이 소멸한다는 것을 알게 하고자 하는 것이 주 목적입니다. 이 성전 중에서 'nirodhā'나 'nirodho'라는 단어를 '소멸'로만 번역했습니다. '소멸한 곳'이라고도 번역할 수 없고, '소멸하게 하는 원인'이라고도 번역할 수 없습니다. 더욱이 '소멸한 곳'이나 '소멸하게 하는 원인'이라고 이 성전에서 말하고자 한 것도 아닙니다. 그래서 무명이나 형성이나 의식 등의 원인법들과 결

282 저본에 이 대목만 '소멸한다'라고 돼 있어 그대로 따랐다.

과법들이 다시 생겨날 수 없이 소멸한 것, 사라진 것, 끊어진 것, 바로 그것을 괴로움의 소멸이라는 성스러운 진리dukkhanirodha ariyasacca, 즉 열반이라고 한다는 사실을 확실하게 기억해 두어야 합니다. 그 원인과 결과인 물질·정신 괴로움의 소멸, 바로 그것을 '소멸한 곳'이라고도, '소멸하게 하는 원인'이라고도 비유해서 주석서에서 설한 것도 기억해 두어야 합니다. 소멸의 진리에 대해 더 알고 싶으면 『*Nibbāna shinya tayato*(열반에 관련된 법문)』을 보십시오. 이제 도의 진리를 설하겠습니다.

도의 진리

8 Idaṁ kho pana, bhikkhave, dukkhanirodhagāminī paṭipadā ariyasaccaṁ - ayameva ariyo aṭṭhaṅgiko maggo, seyyathidaṁ - sammādiṭṭhi sammāsaṅkappo sammāvācā sammākammanto sammāājīvo sammāvāyāmo sammāsati sammāsamādhi.

(S.iii.370/S56:11)

대역

Bhikkhave비구들이여, idaṁ kho pana이제 말할 이 법들이 dukkhanirodhagāminī paṭipadā ariyasaccaṁ괴로움의 소멸에 이르게 하는 실천이라는 성스러운 진리이다. 《그것이 무엇인가 하면》 aṭṭhaṅgiko여덟 가지 구성요소가 있는 ariyo성스러운 ayameva maggo이 도이니, seyyathidaṁ바로; 그 성스러운 도가 무엇인가 하면, sammādiṭṭhi바른 견해, sammāsaṅkappo바른 생각, sammāvācā바른 말, sammākammanto바른 행위, sammāājīvo바른 생계,

sammāvāyāmo바른 노력, sammāsati바른 새김, sammāsamādhi 바른 삼매이다. 《idaṁ이것이 여덟 가지 구성요소가 있는 성스러운 도이고, 바로 이것이 성스러운 도의 진리이다.》

도의 진리maggasacca는 앞에서 어느 정도 설명했습니다. 보충이 필요한 부분만 조금 더 설명하겠습니다. 팔정도 중에 바른 견해와 바른 생각은 통찰지 도 구성요소 두 가지입니다. 바른 말과 바른 행위와 바른 생계는 계 도 구성요소 세 가지입니다. 바른 노력과 바른 새김과 바른 삼매는 삼매 도 구성요소 세 가지입니다. 이 팔정도를 간략하게 기억하도록 제3장에서 게송으로 표현했습니다. 다시 독송해 봅시다.

바른견해 바른생각
바른말몸 바른생계
바른노력 새김삼매
팔정도 도의진리네

이 게송에서 '바른견해'는 sammādiṭṭhi라는 빠알리어 단어의 한글번역입니다. '바른생각'도 그대로 sammāsaṅkappa의 번역입니다. 이 두 가지가 통찰지 도 구성요소입니다.

'바른말몸 바른생계'는 바르게 말하는 것, 바르게 행위하는 것, 올바른 방법으로 필수품을 구하는 것이라는 sammāvācā, sammākammanta, sammāājīva의 번역입니다. 이 세 가지가 계 도 구성요소입니다.

'바른노력'은 sammāvāyāma의 번역입니다. '새김삼매'는 '바른 새김sammāsati'과 '바른 삼매sammāsamādhi'를 표현한 것입니다. 이 세 가지가 삼매 도 구성요소입니다. '팔정도 도의진리네'란 팔정도가 도의 진리라는 바른 실천을 뜻합니다.

팔정도 중에서 계 도 구성요소와 삼매 도 구성요소는 다시 설명할 필요가 없을 듯합니다. 하지만 통찰지 도 구성요소 두 가지 중 바른 견해에 대해서는 보충 설명이 필요할 것 같습니다. 바른 견해를 설명하기에 앞서 부처님의 말씀을 다시 독송해 보겠습니다.

바른 견해

Katamā ca, bhikkhave, sammādiṭṭhi? Yaṁ kho, bhikkhave, dukkhe ñāṇaṁ, dukkhasamudaye ñāṇaṁ, dukkhanirodhe ñāṇaṁ, dukkhanirodhagāminiyā paṭipadāya ñāṇaṁ, ayaṁ vuccati, bhikkhave, sammādiṭṭhi. (D.ii.250/D22)

대역

Bhikkhave비구들이여, sammādiṭṭhi바른 견해란 katamā ca무엇인가? bhikkhave비구들이여, dukkhe괴로움에 대해; 괴로움이라는 진리에 대해 yaṁ kho ñāṇaṁ아는 어떤 지혜, dukkhasamudaye괴로움의 생겨남에 대해; 괴로움의 생겨남이라는 진리에 대해; 생겨남의 진리에 대해; 괴로움을 생겨나게 하는 원인법에 대해[283] yaṁ kho ñāṇaṁ아는 어떤 지혜, dukkhanirodhe괴로움의 소멸에 대해; 괴로움의 소멸이라는 진리에 대해; 소멸의 진리에 대해; 괴로움이 소멸된 곳이자 소멸된 성품에 대해 yaṁ kho ñāṇaṁ아는 어떤 지혜, dukkhanirodhagāminiyā paṭipadāya괴로움의 소멸에 이르게 하는 실천에 대해; 괴로움의 소멸에 이르게 하는 도라는 진리에 대해; 도

283 저본에 '생겨나게 하는 원인법'이라는 의미가 보충돼 있어 그대로 번역했다.

의 진리에 대해; 괴로움이 소멸된 곳이자 소멸된 성품에 도달해 알고 보는 실천과 길에 대해 yaṁ kho ñāṇaṁ아는 어떤 지혜가 atthi 있는데, bhikkhave비구들이여, ayaṁ이것을; 이렇게 아는 지혜를 sammādiṭṭhi바른 견해라고 vuccati말한다.

이 성전은 바른 견해를 자세하게 설하신 부처님의 법문입니다. 요약하자면 알아야 하는 대로 바르게 사성제를 아는 것이 바른 견해라는 뜻입니다. 여기서 주석서는 다음과 같이 설명했습니다.

Dukkhe ñāṇanti ādinā catusaccakammaṭṭhānaṁ dassitaṁ. Tattha purimāni dve saccāni vaṭṭaṁ, pacchimāni vivaṭṭaṁ. Tesu bhikkhuno vaṭṭe kammaṭṭhānābhiniveso hoti, vivaṭṭe natthi abhiniveso. (DA.ii.391)

대역

Dukkhe ñāṇanti ādinā'괴로움의 진리에 대한 지혜' 등의 구절을 통해 catusaccakammaṭṭhānaṁ네 가지 진리 수행주제를 dassitaṁ보였다. tattha거기에서; 그 네 가지 진리 중에, purimāni dve saccāni 앞의 두 가지 진리는 vaṭṭaṁ윤전이고; 윤전하게 하는 진리이고 pacchimāni나머지는 vivaṭṭaṁ탈윤전이다; 윤전에서 벗어나게 하는 진리이다. tesu그중에서; 윤전 진리와 탈윤전 진리라는 그 두 가지 중에서 vaṭṭe윤전에 대해서는; 윤전하게 하는 진리 두 가지에 대해서는 bhikkhuno비구에게 kammaṭṭhānābhiniveso수행주제 천착이; 수행주제에 들어감이; 수행주제를 생각함이 hoti있다. vivaṭṭe탈윤전에 대해서는; 윤전에서 벗어나게 하는 진리 두 가지에 대해서는

abhiniveso천착이; 수행주제를 생각함이 natthi없다.[284]

'괴로움과 생겨남이라는 윤전 진리이자 세간의 진리 두 가지에 대해서만 위빳사나 관찰을 할 수 있다. 소멸과 도라는 탈윤전 진리이자 출세간 진리 두 가지에 대해서는 위빳사나 관찰을 해서는 안 된다. 관찰할 수도 없다'라는 뜻입니다. 이 사실을 확실히 기억해 두어야 합니다. "출세간 진리는 무엇 때문에 관찰해서는 안 되는가? 무엇 때문에 관찰할 수 없는가?"라는 질문에 복주서에서는 "avisayattā", 즉 "범부들이 대상으로 할 수 없는 법이기 때문이다"라고 대답했습니다. 맞습니다. 범부들은 도와 과의 법들을 전혀 대상으로 할 수 없습니다. 열반법도 종성이 생겨나기 그 전에는 전혀 대상으로 할 수 없습니다. 종성의 마음이란 위빳사나 지혜가 성숙되고 구족된 뒤 수순의 지혜 다음에 바로 생겨납니다. 종성의 마음 바로 다음에 수다원도의 마음과 과의 마음이 생겨납니다. 따라서 진짜 열반과 성스러운 도와 과를 범부들은 대상으로 할 수 없다는 것이 매우 분명합니다. 그래서 처음부터 열반을 대상으로 관찰하도록 설하고 지도하는 방법들은 모두 거짓이라고 확실하게 기억해 두어야 합니다.

여기에서 "적정 거듭새김upasamānussati으로[285] 수행해서는 안 되는가?"라고 질문할 여지가 있습니다. 삼매를 얻기 위한 사마타 수행주제로 말하자면 'virāga', 즉 애착의 사라짐 등 열반의 덕목들을 관조하고 숙고할 수는 있습니다. 하지만 이것은 삼매만 생겨나게 하기 위해 관조

284 『위빳사나 수행방법론』 제1권, pp.535~538 참조.

285 열반의 덕목을 거듭 마음속으로 새기는 수행주제이다. 『청정도론』 제2권, pp.131~134 참조.

하고 숙고하는 것입니다. 성스러운 도와 과를 즉시 얻기 위해 관찰하는 것이 아닙니다. 그렇게 관찰하더라도 열반을 알고 보는 성스러운 성자들에게만 적당합니다. 범부들에게는 적당한 수행주제가 아닙니다. 그래서 도와 과에 이르게 하는 작용을 성취하게 하는 것으로 처음부터 열반을 관찰하는 것은 진실로 잘못된 수행입니다.

Purimāni hi dve saccāni "pañcakkhandhā dukkhaṁ, taṇhā samudayo"ti evaṁ saṅkhepena ca, "katame pañcakkhandhā? Rūpakkhandho"ti ādinā nayena vitthārena ca, ācariyassa santike uggaṇhitvā vācāya punappunaṁ parivattento yogāvacaro kammaṁ karoti. Itaresu pana dvīsu saccesu nirodhasaccaṁ iṭṭhaṁ kantaṁ manāpaṁ, maggasaccaṁ iṭṭhaṁ kantaṁ manāpanti evaṁ savaneneva kammaṁ karoti.

So evaṁ karonto cattāri saccāni ekappaṭivedheneva paṭivijjhati, ekābhisamayena abhisameti. Dukkhaṁ pariññāpaṭivedhena paṭivijjhati, samudyaṁ pahānappaṭivedhena paṭivijjhati, nirodhaṁ sacchikiriyā paṭivedhena paṭivijjhati, maggaṁ bhāvanāpaṭivedhena paṭivijjhati. Dukkhaṁ pariññābhisamayena abhisameti, samudayaṁ pahānābhisamayena, nirodhaṁ sacchikiriyābhisamayena, maggaṁ bhāvanābhisamayena abhisameti.

Evamassa pubbabhāge dvīsu saccesu uggahaparīpucchāsavanadhāraṇasammasanappaṭivedho hoti, dvīsu pana savanappaṭivedhoyeva. Aparabhāge tīsu kiccato paṭivedho hoti, nirodhe ārammaṇappaṭivedho. (DA.ii.391)

대 역

Hi맞다; 자세하게 설명하겠다. 'pañcakkhandhā다섯 무더기가 dukkhaṁ괴로움이다; 괴로움의 진리이다. taṇhā갈애가 samudayoti생겨남이다; 생겨남의 진리이다'라고 evaṁ이와 같이 saṅkhepena ca간략하게거나 《' ~ 배워 익힌다'와 연결하라.》[286] 'pañcakkhandhā 다섯 무더기란 katame무엇인가? rūpakkhandhoti물질 무더기이다. 《느낌·형성·의식 무더기이다. 물질 무더기란 무엇인가? 네 가지 근본물질과 파생물질이다》'라는 ādinā nayena등의 방법으로 vitthārena ca자세하게 purimāni dve saccāni앞의 두 진리에 대해서 ācariyassa santike스승의 곁에서 uggaṇhitvā배워 익히고, vācāya 말로 punappunaṁ parivattento거듭 외우면서 yogāvacaro수행자는 kammaṁ행위를; 위빳사나 수행을 karoti행한다. itaresu pana dvīsu saccesu나머지 두 가지 진리에 대해서는 'nirodhasaccaṁ소멸의 진리는 iṭṭhaṁ원할 만하다; 원할 만한 법이다; 좋은 법이다, kantaṁ좋아할 만하다; 거룩한 법이다, manāpaṁ마음에 드는 것이다; 마음을 기쁘게 하는 숭고한 법이다'라고, 'maggasaccaṁ도의 진리는 iṭṭhaṁ, kantaṁ, manāpanti원할 만하다, 좋아할 만하다, 마음에 드는 것이다'라고 evaṁ이와 같이 savaneneva단지 듣는 것만으로 kammaṁ행위를; 위빳사나 수행을 karoti행한다. 《그 출세간 진리 두 가지는 듣고 마음을 향하는 정도만으로 할 일이 끝났다는 뜻이다.》

so그는 evaṁ이와 같이 karonto행하면서; 수행하면서 cattāri sac-

286 괄호 안의 내용은 『위빳사나 수행방법론』 제1권, pp.535~538 참조. 아래의 괄호 내용도 마찬가지다.

cāni네 가지 진리를 ekappaṭivedheneva단 한 번의 통찰로; 단 한 번의 꿰뚫어 알고 봄으로 paṭivijjhati통찰하고; 도의 순간에 통찰하고, ekābhisamayena단 한 번의 관통으로; 단 한 번의 곧바로 적확하게 알고 봄으로 abhisameti관통한다; 도의 순간에 곧바로 적확하게 알고 본다. dukkhaṁ괴로움을; 괴로움의 진리를 pariññāpaṭivedhena구분통찰로 paṭivijjhati통찰하고, samudayaṁ생겨남을; 생겨남의 진리를 pahānappaṭivedhena제거통찰로 paṭivijjhati통찰하고, nirodhaṁ소멸을; 소멸의 진리를 sacchikiriyā paṭivedhena실현통찰로 paṭivijjhati통찰하고, maggaṁ도를; 도의 진리를 bhāvanāpaṭivedhena수행통찰로 paṭivijjhati통찰한다. dukkhaṁ괴로움을; 괴로움의 진리를 pariññābhisamayena구분관통으로 abhisameti관통하고, samudayaṁ생겨남을; 생겨남의 진리를 pahānābhisamayena제거관통으로, nirodhaṁ소멸을; 소멸의 진리를 sacchikiriyābhisamayena실현관통으로, maggaṁ도를; 도의 진리를 bhāvanābhisamayena수행관통으로 abhisameti관통한다.[287] evaṁ이와 같이 assa그에게; 그 수행자에게 pubbabhāge앞부분에는; 성스러운 도에 아직 도달하기 전인 위빳사나 수행을 하는 동안에는 dvīsu saccesu두 가지 진리에 대해서; 세간의 두 가지 진리에 대해서 uggaha parīpucchā savana dhāraṇa sammasanappaṭivedho배워 익히고, 묻고, 듣고, 수지하고, 명상이라는 통찰이 hoti있

287 저본에서 'paṭivijjhati'는 '꿰뚫어서 알고 본다'라고 번역했고, abhisameti는 '곧바로 적확하게 안다'라고, pariññā는 '구분해서 아는 앎'으로 번역했다. 이를 '통찰하다', '관통하다', '구분하여 앎' 등으로 번역했다.

고,[288] dvīsu pana반면 두 가지 진리에 대해서는; 나머지 소멸의 진리와 도의 진리라는 두 가지 진리에 대해서는 savanappaṭivedhoyeva듣는 것이라는 통찰만; 들어서 앎만 hoti있다. aparabhāge 뒷부분에는; 위빳사나의 뒤인 성스러운 도의 순간에는 tīsu세 가지에 대해서는; 괴로움의 진리와 생겨남의 진리와 도의 진리라고 하는 세 가지 진리에 대해서는 kiccato작용에 의한; 구분하여 아는 작용, 제거하여 아는 작용, 수행하여 아는 작용에 의한 paṭivedho통찰이 hoti있고, nirodhe소멸의 진리에 대해서는 ārammaṇappaṭivedho대상으로 행하는 통찰이 hoti있다.[289]

이 주석서에서 설명한 대로 '소멸에 대한 지혜와 도에 대한 지혜'라는 두 가지 지혜는 앞부분으로 말하자면 들어서 아는 지혜sutamaya ñāṇa 정도일 뿐입니다. 출세간 진리 두 가지는 '좋구나, 훌륭하구나'라고 마음을 기울이는 정도만 필요하지 일부러 관찰하고 숙고할 필요가 없다는 사실이 분명합니다. '괴로움에 대한 지혜와 생겨남에 대한 지혜'라는 두 가지 지혜는 들어서 아는 지혜가 생겨날 필요도 있고, 관찰하여 아는 수행에 의한 지혜도 필요하다는 사실을 분명하게 알아야 합니다.

288 배우고, 묻고, 듣고, 수지하는 것에 의해 아는 것은 교학적인 앎일 뿐이다. 위빳사나 실천에 의한 앎이 아직 아니다. 명상에 의한 앎만이 위빳사나 앎이다. 여기에서는 '모든 위빳사나를 명상이라는 통찰'이라고 한다. 명상의 지혜sammasana ñāṇa만을 뜻하지 않는다. 『위빳사나 수행방법론』 제1권, p.537 주485.

289 소멸의 진리만을 도의 지혜가 대상으로 해서 안다. 나머지 세 가지 진리에 대해서는 구분하여 아는 작용, 제거하는 작용, 수행하는 작용이 저절로 성취되기 때문에 '안다'라고 할 수 있다. '그러한 세 가지 진리는 대상으로 해서 아는 것이 아니다'라는 뜻이다. 『위빳사나 수행방법론』 제1권, p.538 주486.

들어서 아는 지혜도 필요하다

들어서 아는 지혜가 어느 정도로 필요한가 하면, 지금 언급한 주석서의 설명 그대로 "다섯 무더기가 괴로움의 진리이다. 갈애가 생겨남의 진리이다"라고 들어 보았다면 간략한 정도로 충분합니다. 그 설명에서 다섯 무더기란 "saṅkhittena pañcupādānakkhandhā dukkhā"라고 경에서 설해 놓은 다섯 취착무더기입니다. 다섯 취착무더기란 볼 때, 들을 때 등에 분명하게 드러나고 있는 성품법들이란 사실을 앞에서 자세하게 설명했습니다.[290] 생겨남의 진리도 생겨남의 진리에 대한 설명에서 자세하게 설명했습니다. 그 괴로움의 진리와 생겨남의 진리를 들어서 알고 있다면 연기도 간략하게 들어서 아는 지혜를 갖춘 것입니다. 무엇 때문인가 하면, 『위숫디막가 마하띠까』에 "ye dhammā hetuppabhavā어떤 법들은 원인을 처음으로 하는데; 원인으로부터 생겨나는데, tesaṁ hetuṁ tathāgato āhā원인을 처음 시작으로 하는 그 법들의 그 원인을 여래께서는 설하신다"라고 앗사지Assaji 장로가 설한 법을 "자세하게 설한 연기의 간략한 법문"이라고 분명하게 설명해 놓았습니다.[291] 또한 앗사지 장로의 그 게송에서 "ye dhammā hetuppabhavā"라는 구절을 통해 다섯 무더기라는 괴로움의 진리를 설했다는 사실, "tesaṁ hetuṁ tathāgato āhā"라는 구절을 통해 생겨남의 진리를 설했다는 사실을 율장 대품 주석서에 설명해 놓았습니다(VinA.ii.256). 따라서 괴로움의 진리와 생겨남의 진리를 간략하게 들어서 알면 연기를 간략하게 아는 '들어서 아는 지혜'를 갖추었다는 사실이 매우 분명합

290 본서 pp.251~264 참조.
291 Pm.ii.230.

니다. 그렇기 때문에 "연기를 원형 도표와 함께 자세하게 알지 못하면 법을 수행해서는 안 된다"라고 설하는 것은 그러한 주석서나 복주서와 반대되는, 실천 교법을 무너뜨리는 말이라고 기억해야 합니다.

'간략하게 들어서 아는 지혜'에 대한 성전, 부처님의 설법으로는 『맛지마 니까야』「쭐라딴하상카야숫따」를[292] 근거로 들 수 있습니다.

Idha, devānaminda, bhikkhuno sutaṁ hoti - 'sabbe dhammā nālaṁ abhinivesāyā'ti.[293] (M.i.318/M37)

대 역

Devānaminda천신들의 왕이여; 제석천왕이여, idha이 교법에서 bhikkhuno비구는 sutaṁ배움이; 들어 본 것이 hoti있다. 《kiṁ어떠한 것인가?》 'sabbe dhammā모든 법은 abhinivesāya집착하기에; 항상하다거나 행복하다거나 자아라고 집착하기에 nālaṁ적당하지 않다; 충분하지 않다'라고 iti이와 같이 들어 본 것을 말한다.

이 인용문을 통해 들어서 아는 지혜가 충분한 모습을 보이셨습니다. '볼 때마다 들을 때마다 닿을 때마다 알 때마다 여섯 문에서 분명하게 드러나고 있는 모든 다섯 무더기, 물질·정신법들은 항상하다고, 행복하다고, 자아라고 집착하기에 적당하지 않다. 항상하지 않고 괴롭고 자아가 아닌 성품법들일 뿐이다'라고 들어 보았다면 아라한과에 이르기 위해 수행하는 데 들어서 아는 지혜가 간략하게 구족됐다고 말하는

292 M37; 「Cūḷataṇhāsaṅkhayasutta 갈애 멸진 짧은 경」.

293 저본에 대역만 있어 빠알리어 원문을 역자가 첨가했다.

것입니다. 그래서 그 구절 바로 다음에 'so sabbaṁ dhammaṁ abhijānāti그 정도로 들어 놓은 비구가 모든 법을 대상으로 하여 안다'라는 등으로 정신·물질 구별의 지혜가[294] 생겨나도록 관찰하는 모습 등을 설해 나가셨습니다. 이 내용을 본승이 게송으로 표현해 보았습니다. 같이 독송합시다.

모든법은 무상해 고와무아네
이정도로 들으면 배움충분해
정신물질 혜관찰 새겨알아야
무상과고 성품만 구분알게돼

앞의 두 구절은[295] 들어서 아는 지혜가 간략하게 생겨나는 모습을 설명했습니다. 세 번째 구절에서 'abhijānāti(지향해서 안다)'라는 단어에 따라 볼 때 들을 때 등에 생겨나는 물질·정신법들을 대상으로 삼아 지혜로 관찰해서 아는 모습을 보였습니다. 그렇게 대상으로 삼아 관찰함으로써 실제로 생겨나는 물질·정신법들을 구분하여 알아 정신·물질 구별의 지혜도 생겨납니다. '눈과 형색이 있어서 본다'라는 등으로 조건을 아는 조건파악의 지혜도 생겨납니다. 그 두 가지 지혜를 '특별 구분지abhiññā pariññā'라고 합니다. 구분지pariññā 세 가지 중에 '숙지 구분지(ñāta pariññā, 熟知 區分智)'에 해당됩니다. 네 번째 구절을 통해 "sabbaṁ dhammaṁ abhiññāya sabbaṁ dhammaṁ parijānāti 모든 법을

294 정신·물질 구별의 지혜 등 여러 위빳사나 지혜는 부록 2를 참조하라.

295 참고로 전체 내용은 다음과 같다. ① Idha, devānaminda, bhikkhuno sutaṃ hoti - 'sabbe dhammā nālaṃ abhinivesāyā'ti. ② Evañcetaṃ, devānaminda, bhikkhuno sutaṃ hoti - 'sabbe dhammā nālaṃ abhinivesāyā'ti. ③ So sabbaṃ dhammaṃ abhijānāti; ④ sabbaṃ dhammaṃ abhiññāya sabbaṃ dhammaṃ parijānāti.

대상으로 하여 알고서 모든 법을 항상하지 않다고, 괴로움이라고, 무아라고 구분하여 안다"라는 바로 다음 구절의 의미를 설명했습니다. 그것은 조사 구분지tīraṇā pariññā, 제거 구분지pahāna pariññā와 관련돼 있습니다.[296]

즉 모든 법이 무상하고 괴로움이고 무아일 뿐이라고 들어 보았다면 아라한과에 이르도록 노력하는 데 있어 들어서 아는 지혜가 간략하게 구족됐다는 것입니다. 그래서 "연기를 자세하게 알지 못한 채 수행해서는 안 된다"라고 설하는 것은 「쭐라딴하상카야숫따」의 가르침과도 반대되고, 수행하려는 이들을 가로막는 것이기 때문에 실천 교법을 무너뜨리는 말이라고 기억해야 합니다.

그들이 설하는 대로 연기를 원형 도표와 함께 자세하게 알고 나서 수행해야 한다면 시간이나 기회를 얻지 못해서든, 외워 아는 지혜가 둔해서든, 그 연기를 자세하게 외울 수 없어서 일부 사람은 도와 과를 얻을 수 있을 정도로 강하게 이지하는 조건들이 있음에도 불구하고 노력하지 못해 도와 과를 놓쳐버리게 될 것입니다. 예를 들어, 부처님 당시 쭐라빤타까Cūḷapanthaka 존자는 44자로 된 게송 하나를 4개월이 되도록 외우지 못했습니다. 하지만 부처님께서 주신 수행주제를 마음에 새기고 노력해서 오전 정도의 시간 안에 선정·신통과 함께 아라한이 됐습니다.[297] 따라서 수행하고 있는 이들이나 수행하고자 하는 이들의 열의가 무너지도록 말하는 것을 지혜 있는 이들이라면 특히 조심하고 삼가

296 정신·물질 구별의 지혜와 조건파악 지혜가 숙지 구분지이다. 명상의 지혜와 생멸의 지혜가 조사 구분지이다. 무너짐의 지혜 이후가 제거 구분지이다. Vis.ii.241; 『청정도론』 제3권, p.219 참조.

297 Dhp.25; 『법구경 이야기』 제1권 pp.410~418 참조.

도록 본승이『담마짝까 법문』을 통해 주의를 주고자 하는 것입니다.

스승이 없이 혼자서 수행한다면『위숫디막가』에서 설해 놓은 대로 무더기, 감각장소, 요소, 진리, 기능, 연기들을 자세하게 읽고 익힐 필요가 있습니다. 하지만 견문을 구족한 훌륭한 선지식 스승에게서 수행지도를 받는 이라면 지금 근거로 든 성전이나 주석서에 일치하게 '모든 법은 무상하고 괴로움이고 무아다'라는 정도로 배워 놓았으면 들어서 아는 지혜가 충분하다고 기억해야 합니다. '범부의 상속에 다섯 무더기는 괴로움의 진리다. 갈애가 생겨남의 진리다. 이렇게 원인과 결과의 세간 진리 두 가지만 있다'라는 정도로 듣고 배워 놓았으면 들어서 아는 지혜가 충분하다고 기억해야 합니다. 미얀마에서 불교도라면 이 정도의 듣고 배움은 이미 갖추고 있는 이들이 많을 것입니다. 만약 이전에 갖추지 못했어도 수행하기 전에 수행지도 스승의 설법을 듣는 것으로 충분합니다. 수행 중에 법문을 듣는 것으로도 충분할 수 있습니다. 그러니 들어서 아는 지혜와 관련해 의심할 필요가 없습니다. 견문과 배움을 구족한 훌륭한 선지식 스승이 지도하는 대로 노력하기만 하면 됩니다.

도 구성요소를 닦는 모습

수행 방법에 대해서는 제3장에서 이미 설했습니다.[298] 그것에 이어서 조금 더 설명하겠습니다. 먼저 닦아야 할 도 구성요소에 세 가지가 있습니다. 그 게송을 다시 독송해 봅시다.

물라뿝바 아리야 삼단도요소
도요소를 닦으면 열반이르러

298 본서 pp.216~218 참조.

근본 도 구성요소를 닦는 모습

계송에서 '물라'라고 표현한 근본mūla 도 구성요소란 업 자산 정견 kammassakatā sammādiṭṭhi과 계 도 구성요소, 근접삼매 아니면 몰입선정 삼매들입니다. 이것에 대해서는 앞에서 자세하게 설명했습니다. 근본 도 구성요소 중 업 자산 정견은 불교에 입문한 이들이라면 어릴 때부터 갖춘 경우가 대부분입니다. 계 도 구성요소란 재가자로서 이전에 갖추지 못했어도 수행할 즈음에 계를 수지하면 구족됩니다. 출가자도 의심이 있으면 참회를 하는 등으로 출죄하면 구족됩니다. 삼매를 갖추기 위해서는 들숨날숨 등의 사마타 수행주제를 취해 선정을 얻도록 하든지, 혹은 근접삼매를 얻도록 하든지 노력하면 됩니다. 사마타 수행주제를 위해 노력할 시간이나 기회가 없다면 네 가지 요소를 관찰하는 위빳사나 수행주제를 시작으로 노력해도 근접삼매와 동일한 위빳사나 찰나삼매를 얻을 수 있습니다. 그 삼매를 얻으면 장애가 사라져 마음청정이 생겨납니다. 이것이 근본 도 구성요소를 닦는 간략한 방법입니다.

앞부분 도라는 위빳사나 도 구성요소를 닦는 모습

이렇게 근본 도 구성요소를 닦은 뒤 볼 때, 들을 때, 맡을 때, 먹어 알 때, 닿아서 알 때, 생각해서 알 때 분명하게 드러나고 있는 다섯 취착무더기라는 괴로움의 진리법을 사실대로 알도록 관찰하고 노력해야 합니다. '노력한다'라는 것은 끊임없이 관찰하고 새기는 것을 말합니다. 여기에서 다섯 취착무더기에 대한 것, 그것을 관찰하지 못해 사실대로 알지 못하면 항상하다거나 행복하다거나 자아라고 생각하여 집착하는 모습, 관찰하여 사실대로 알면 집착이 사라지는 모습, 그러한 것은 제3장과[299] 제4장에서[300] 자세하게 설명했습니다.

지혜라는 바른 견해가 생겨나는 모습

그렇게 삼매가 구족됐을 때 계속해서 관찰할 때마다 물질·정신의 생겨남과 사라짐, 무상·고·무아의 성품을 사실대로 계속 알아 나갑니다. 아는 모습은 다음과 같습니다. 〈부푼다, 꺼진다; 앉음, 닿음; 굽힘; 폄; 듦, 감, 놓음; 움직임; 고요함〉 등으로 관찰할 때 새겨서 알아지는 물질이 따로, 새겨서 아는 마음정신이 따로 구별돼 드러납니다. 그것은 위빳사나 지혜의 기본이자 처음인 정신·물질 구별의 지혜입니다. 이 지혜가 생겨나는 모습을 부처님께서 『디가 니까야』「사만냐팔라숫따」(D.i.72)와[301] 『맛지마 니까야』「마하사꿀루다이숫따」(M.ii.209)에[302] 루비 비유로 설명해 놓으셨습니다.

물질과 정신을 구별하는 모습에 대한 부처님의 비유

'veḷuriya'라는 묘안석 루비 안을 뚫어 검푸르거나 노랗거나 붉거나 희거나 연노랑인 어떤 하나의 줄로 꿴 뒤 그 묘안석을 손바닥 위에 올려놓고 본다고 할 때, 눈이 좋은 이라면 보석과 줄을 따로 구별해 볼 수 있을 뿐만 아니라 보석 안에 줄이 꿰뚫어 들어가 있는 것도 분명하게 알 수 있습니다. 마찬가지로 관찰하여 알아지는 물질이 따로, 관찰하여 아는 의식이 따로 구별되어 알 수 있습니다. 관찰되어 알아지는 물질 쪽으로 관

299 본서 p.218 참조.

300 본서 pp.250~270 참조.

301 D2; 「Sāmaññaphalasutta 사문과경」.

302 M77; 「Mahāsakuludāyisutta 사꿀루다이 긴 경」.

찰하여 아는 마음·의식이 계속해서 달려가는 것처럼 알 수도 있습니다. 이 비유에서 물질은 묘안석과 같습니다. 관찰하여 아는 마음은 줄과 같습니다. 줄이 묘안석 안으로 꿰뚫고 들어가 있는 것처럼 관찰하여 아는 마음·의식이 관찰되어 알아지는 물질 대상 쪽으로 계속해서 달려갑니다. 그렇게 물질과 정신 두 가지를 구분하여 아는 모습을 설명해 놓으셨습니다. 이 설명에 특별히 주의해야 합니다. 그렇게 설명하는 모습 중에 물질이 몇 종류와 몇 개, 마음과 마음부수가 몇 종류와 몇 개라고 알아야 한다는 내용이 포함되지 않았습니다. 물질과 관찰하여 아는 마음·의식 정도로 구분해서 아는 것만 포함됐습니다. 이것에 특히 주의해야 합니다.

그리고 『위숫디막가』에는 정신법이 드러나는 모습을 다음과 같이 설명했습니다.

Yathā yathā hissa rūpaṁ suvikkhālitaṁ hoti nijjaṭaṁ suparisuddhaṁ, tathā tathā tadārammaṇā arūpadhammā sayameva pākaṭā honti.[303] (Vis.ii.225)

대 역

Hi맞다; 정신의 법이 드러나게 하려면 물질만 거듭 관찰해야 한다는 것은 진실로 맞다. assa그에게; 그 수행자에게; 그 수행자는 yathā yathā어떠어떠한 관찰하는 모습으로 rūpaṁ물질이 suvikkhālitaṁ매우 깨끗하게 hoti되고, nijjaṭaṁ가로막힘이 없으며 suparisuddhaṁ매우 선명하게 되는데 tathā tathā그때마다, 그때마다; 그렇게 물질에 대한 관찰이 깨끗해지고 깨끗해지는 그때마다, 그때마

303 저본에 대역만 있어 빠알리어 원문을 역자가 첨가했다.

다 tadārammaṇā그 물질을 대상으로 하는 arūpadhammā정신법도 sayameva저절로 pākaṭā honti분명하게 된다.[304]

또한 같은『위숫디막가』에 다음과 같이도 설명했습니다.

Atha kho nāmaṁ nissāya rūpaṁ pavattati, rūpaṁ nissāya nāmaṁ pavattati, nāmassa khāditukāmatāya pivitukāmatāya byāharitukāmatāya iriyāpathaṁ kappetukāmatāya sati rūpaṁ khādati, pivati, byāharati, iriyāpathaṁ kappeti. (Vis.ii.231)

대 역

Atha kho사실은 nāmaṁ nissāya정신을 의지하여; 먹으려고 함 등의 정신을 의지하여 rūpaṁ pavattati물질이 생겨난다; 먹음 등의 물질이 생겨난다. rūpaṁ nissāya물질을 의지하여; 눈 등의 물질을 의지하여 nāmaṁ pavattati정신이 생겨난다; 봄 등의 정신이 생겨난다. nāmassa정신이 khāditukāmatāya먹으려 하고, pivitukāmatāya마시려 하고, byāharitukāmatāya말하려 하고, iriyāpathaṁ kappetukāmatāya자세를 행하려고 함이; 앉음·섬·감·누움이라고 하는 자세를 행하려고 함이 sati있으면; 생겨나면 rūpaṁ물질이 khādati먹고, pivati마시고, byāharati말하고, iriyāpathaṁ kappeti자세를 행한다; 앉음·섬·감·누움이라고 하는 자세를 행한다.[305]

304 『위빳사나 수행방법론』 제2권, pp.78~79;『청정도론』 제3권, p.183 참조.
305 『위빳사나 수행방법론』 제2권, p.133;『청정도론』제3권, p.193 참조.

이렇게 설명하는 곳에서도 개수와 함께 아는 모습을 보이지 않았습니다. 실제로 생겨나는 모습만 보였습니다. 그래서 종류나 숫자로 숙고하여 아는 정도만으로는 진정한 정신·물질 구별의 지혜가 생겨나지 않고 실제로 생겨나고 있는 물질·정신을 관찰하고 있으면서 알아지는 물질과 아는 마음·정신이 서로 구별되어 아는 것만 진정한 정신·물질 구별의 지혜라고 기억해야 합니다.

지금 말한 대로 몸의 현상인 물질을 관찰할 때 알아지는 물질과 아는 정신 이 두 가지가 구별되어 아는 것도 바로 알고 보는 바른 견해입니다. 관찰하기 전이나 갓 관찰을 시작했을 때는 몸과 마음·정신을 《책을 읽어 아는 것으로는 구별하고 있으나》 직접적인 경험의 지혜로 아는 것으로는 아직 구별할 수 없습니다. 그 지혜에 이르게 되면 알아지는 물질과 아는 정신이 저절로 구별됩니다. 〈생각한다; 아프다〉라는 등으로 관찰하여 알 때도 생각하여 아는 것과 그것이 의지하는 물질, 아픈 것과 아픈 장소인 몸 물질 등으로 저절로 구별됩니다. 이렇게 물질과 정신을 서로 구별하여 아는 것이 바르게 사실대로 아는 바른 견해입니다. 그때는 '물질인 몸과 아는 정신·마음, 이 두 가지만 있구나. 이 두 가지 외에 다른 어떤 살아 있는 실체라는 것은 없구나'라고도 압니다. 이것도 바르게 아는 바른 견해입니다.

그 뒤 삼매와 지혜가 한 단계 더 향상됐을 때 〈부푼다, 꺼진다; 앉음, 닿음〉 등으로 관찰하면서 '몸과 닿을 것이 있어서 닿아 안다. 눈과 보이는 형색이 있어서 볼 수 있다. 귀와 소리가 있어서 들을 수 있다. 굽히려는 마음이 있어서 굽힌다. 관찰하지 못해서 알지 못한다. 알지 못해서 좋아하고 즐긴다. 좋아하고 즐겨서 집착한다. 집착해서 행하고 말한다. 행하고 말해서 좋은 결과나 나쁜 결과가 생겨난다. 업이 좋아서 좋은 결과를 얻는다. 업이 나빠서 나쁜 결과를 얻는다'라는 등으로 원인과 결과를 연결하여 바라밀 지혜에 따라 압니다. 이것도 바르게 아는 바른 견해입니다.

그 뒤 삼매와 지혜가 다시 한 단계 더 향상됐을 때 마찬가지로 〈부푼다, 꺼진다; 앉음, 닿음〉 등으로 관찰하면서 관찰되는 대상의 처음도 분명하게 알게 됩니다. 사라져 버리는 끝도 분명하게 알게 됩니다. 그렇게 알게 되어 '생겨나서는 사라져 버리기 때문에 항상하지 않다'라고도 직접 분명하게 알게 됩니다. '순간도 끊임없이 생멸하고 있기 때문에 두려워할 만한 괴로움이다'라고도 알게 됩니다. '원하는 대로 마음대로 할 수 없기 때문에 무아다'라고도 알게 됩니다. 이렇게 아는 것도 바르게 아는 바른 견해입니다.

그보다 한 단계 더 삼매와 지혜가 향상됐을 때라면 〈부푼다, 꺼진다; 앉음, 닿음; 굽힘, 폄; 듦, 감, 놓음〉 등으로 관찰하고 있어도 몸과 배, 손과 발 등의 이러한 모습이나 형체가 드러나지 않고서 '휙', '휙', 매우 빠르게 사라져버리는 것만 경험하게 됩니다. 이때는 관찰하여 알아지는 대상도, 관찰하여 계속 알고 있는 마음도 매우 빠르게 사라져 버리는 것만 경험하기 때문에 '항상하지 않다. 두려워할 만한 괴로움이다. 자아가 아닌 성품법뿐이다'라는 성품을 더욱 분명하게 알고 있습니다. 계속해서 드러나는 대상도 즉시 사라져버리기 때문에 자아라고 집착할 만한 것이 없습니다. 관찰하여 계속해서 아는 마음도 즉시 사라져 버리기 때문에 자아나 나라고 집착할 수 없습니다. 그래서 이렇게 관찰할 때마다 계속해서 드러나고 있는 앎이 '무상하고 괴로움이고 무아다'라고 사실대로 아는 모습이 매우 분명합니다. 이렇게 아는 것도 바른 견해입니다.

관찰할 때마다 팔정도가 포함되는 모습

관찰할 때마다 작용자 도 구성요소가 포함되는 모습

물질과 정신을 나누어 아는 것부터 시작해서 지금 말하고 있는 앎까지 바르게 아는 위빳사나 정견이 계속해서 생겨날 때마다, 사실대로 바르게 알도록 마음을 향해 주는 바른 생각도 포함됩니다. 바르게 집중하여 머무는 바른 삼매도 포함됩니다. 사실대로 새기는 바른 새김도 포함됩니다. 몸의 현상을 새기는 몸 거듭관찰, 여러 가지 느낌을 새기는 느낌 거듭관찰, 여러 가지 마음이나 생각을 새기는 마음 거듭관찰, 여러 성품 법들을 새기는 법 거듭관찰이라는 새김확립 네 가지 중에서 하나하나가 새김확립입니다. 그렇게 사실대로 새길 수 있도록 애쓰는 바른 노력 도 구성요소도 포함됩니다. 그 바른 노력이, 물질과 정신이 계속해서 생겨날 때마다 그 물질과 정신을 관찰하여 새기도록 애쓰고 신경 써 주기 때문에 사실대로 관찰하는 대상에 착착 머물고 있는 위빳사나 바른 삼매가 생겨납니다. 그 삼매를 통해 바르게 집중하여 머물고 있도록 그 물질·정신 대상 쪽으로 마음을 향해 보내 주는 바른 생각이 생겨납니다. 그 바른 생각이 바르게 알도록 마음을 보내 주기 때문에 물질·정신의 성품, 무상·고·무아의 성품을 사실대로 아는 바른 견해가 생겨납니다.

이렇게 계속해서 관찰할 때마다 바른 노력과 바른 새김과 바른 삼매라는 삼매 도 구성요소 세 가지, 바른 견해와 바른 생각이라는 통찰지 도 구성요소 두 가지, 모두 다섯 가지 도 구성요소가 포함돼 있습니다. 이 도 구성요소 다섯 가지가 한 무더기로 조화롭게 관찰하여 아는 것을 행합니다. 그래서 이 다섯 가지 도 요소를 '작용자 도 구성요소kārakamaggaṅga'라고 주석서에서 이름을 붙였습니다. '일하는 자인 도 구성요소'라는 뜻입니다.

관찰할 때마다 계가 포함되는 모습

이 정도가 다가 아닙니다. 바른 말과 바른 행위와 바른 생계라는 계도 구성요소도 포함돼 있습니다. 포함되는 모습에는 계가 무너지지 않는 것으로 포함되는 것과 절제작용viratikicca이 성취되는 것으로 포함되는 것 두 가지가 있습니다.

• 무너지지 않는 것으로 포함되는 모습

계가 무너지지 않는 것으로 포함되는 모습은 다음과 같습니다. 위빳사나 수행자는 위빳사나 관찰을 하기 전에 계를 수지하여 계를 청정하게 합니다. 관찰하고 있을 때도 그 계가 무너지지 않습니다. 청정한 그대로 청정합니다. 더욱 청정하다고까지 말할 수 있습니다. 그래서 그 계 도 구성요소 세 가지와 함께 말하자면 계속해서 관찰할 때마다 여덟 가지 도 구성요소, 즉 팔정도가 생겨나고 있습니다. 그렇게 포함되는 모습을 『맛지마 니까야(후50경)』「마하살라야따니까숫따」에서[306] 다음과 같이 설명하셨습니다.

Cakkhuñca kho, bhikkhave, jānaṁ passaṁ yathābhūtaṁ, rūpe … cakkhuviññāṇaṁ … cakkhusamphassaṁ yamidaṁ cakkhusamphassapaccayā uppajjati vedayitaṁ sukhaṁ vā dukkhaṁ vā adukkhamasukhaṁ vā tampi jānaṁ passaṁ yathābhūtaṁ, cakkhusmiṁ na sārajjati, … Tassa asārattassa asaṁyuttassa asammūḷhassa ādīnavānupassino viharato āyatiṁ pañcupādā-

306 M149; 「Mahāsaḷāyatanikasutta 위대한 여섯 감각장소 경」.

nakkhandhā apacayaṁ gacchanti. Taṇhā cassa ponobbhavikā nandīrāgasahagatā tatratatrābhinandinī, sā cassa pahīyati. … Yā tathābhūtassa[307] diṭṭhi sāssa hoti sammādiṭṭhi; yo tathābhūtassa saṅkappo svāssa hoti sammāsaṅkappo; yo tathābhūtassa vāyāmo svāssa hoti sammāvāyāmo; yā tathābhūtassa sati sāssa hoti sammāsati; yo tathābhūtassa samādhi svāssa hoti sammāsamādhi. Pubbeva kho panassa kāyakammaṁ vacīkammaṁ ājīvo suparisuddho hoti. Evamassāyaṁ ariyo aṭṭhaṅgiko maggo bhāvanāpāripūriṁ gacchati.[308] (M.iii.336/M149)

해석 ; 대역

비구들이여, 《볼 때 관찰하여》 눈을 있는 그대로 알고 보면 … 형색을 … 보아 아는 눈 의식을 … 보고서 접촉함인 눈 접촉을 … 눈 접촉을 조건으로 일어난 행복하거나 괴롭거나 행복하지도 괴롭지도 않은 느낌을; 보고서 느낌을 있는 그대로 알고 보면, 그 눈에 더 이상 집착하지 않는다. … 그 눈 등에 대해 더 이상 집착하지 않고 얽매이지 않고 미혹하지 않고 바르게 알아 허물을 보고 있는 이에게 āyatiṁ pañcupādānakkhandhā apacayaṁ gacchanti나중에 생겨날 취착무더기들도 무너져버린다; 쌓이지 않는다. 《관찰하지 않는 대상과 관련하여 생겨날 새로운 생의 무더기가 생겨날 기회가 없이 소멸되어 버린다는 뜻이다.》 그리고 그에게 다시 태어남을 가져오고 즐김과 애착이 함께하며 여기저기서 즐기는 갈애

307 yathābhūtassa (Se.). 이 인용문의 나머지 'tathābhūtassa'도 마찬가지다.
308 저본에 대역만 있어 빠알리어 원문을 역자가 첨가했다.

도 제거된다. 《그 대상에 대해 생겨날 갈애가 사라진다는 뜻이다.》 … yā tathābhūtassa diṭṭhi sāssa hoti sammādiṭṭhi그와 같은 이의; 그렇게 알고 보는 이의 그 봄이; 앎과 봄이 바른 견해이다. yo tathābhutassa saṅkappo svāssa hoti sammāsaṅkappo그와 같은 이의; 그렇게 알고 보는 이의 그 생각이 바른 생각이다. 그렇게 알고 보는 이의 그 노력이 바른 노력이다. 그렇게 알고 보는 이의 그 새김이 바른 새김이다. 그렇게 알고 보는 이의 그 삼매가 바른 삼매이다. pubbeva kho panassa kāyakammaṁ vacīkammaṁ ājīvo suparisuddho hoti그 수행자의 몸의 업과 말의 업과 생계는 수행하기 그 이전에 이미 청정하다. evamassāyaṁ ariyo aṭṭhaṅgiko maggo bhāvanāpāripūriṁ gacchati이렇게 말한 대로 그 수행자에게 여덟 가지 구성요소가 있는 이 성스러운 도가 수행의 완성에 이른다.[309]

이것은 볼 때 알아야 할 다섯 법을 바르게 아는 수행자에게 팔정도가 포함되는 모습을 설명한 부처님의 설법을 요약해서 번역한 것입니다. 자세하게 알고자 한다면 『맛지마 니까야(후50경)』 「마하살라야따니까숫따」를 찾아보면 됩니다.[310] 성전에서 부처님께서 이렇게 설법한 팔정도가 구족되는 모습을 주석서에서는 성스러운 도의 순간으로 설명했습니다. 그것은 최상ukkaṭṭha방법으로 말한 것입니다. 하등omaka방법으로 위빳사나 순간에 팔정도가 구족되는 모습이라고 가정하면 위 성전의 내용 중 "cakkhuñca kho bhikkhave jānaṁ passaṁ yathābhūtaṁ(비구들이여,

309 『맛지마 니까야』 제4권, pp.595~596 참조.
310 『맛지마 니까야』 제4권, pp.593~600 참조.

눈도 있는 그대로 알고 본다)"라는 등으로 설하신 구절과 그대로 일치합니다. 일치하는 모습은 다음과 같습니다. 눈과 형색과 눈 의식과 눈 접촉과 눈 접촉을 조건으로 생겨난 느낌을 바르게 아는 것은 위빳사나로 아는 것입니다. 성스러운 도는 눈 등을 대상으로 해서 알지는 않습니다. 아는 작용이 성취되는 것 정도로만 있습니다. 따라서 "처음 언급된 '눈 등을 사실대로 아는 것'은 위빳사나 순간이고, 이 구절 전체는 그 위빳사나 순간에 바른 견해 등의 팔정도가 구족하게 포함되는 모습을 보여준다"라고 그 의미를 취하면 앞뒤가 일치하여 실제로 작용을 하고 있는 위빳사나 도 구성요소들을 닦는 모습도 저절로 설명됩니다. 그래서 본승은 부처님의 이 말씀을 통해 원래 설명하시려고 한 것은 위빳사나 도 구성요소라고 생각합니다. 그 위빳사나 도 구성요소가 구족됐을 때 생겨나는 성스러운 도 구성요소는 위빳사나의 목표로만 보이셨다고 이해합니다.

지금 설명한 것은 볼 때 보는 그 순간에 분명한 다섯 법을 관찰하여 알고서 팔정도를 닦는 모습입니다. 마찬가지로 들을 때, 맡을 때, 먹어서 알 때, 닿아서 알 때, 생각해서 알 때 등에서도 설해 놓은 구절들이 있습니다. 그 내용도 위 방법을 의지하여 알 수 있습니다. 지금까지 위빳사나 관찰을 할 때 계가 무너지지 않는 것으로 계 도 구성요소 세 가지가 포함되는 모습을 설명했습니다.

• 절제작용이 성취되는 것으로 포함되는 모습

계 도 구성요소가 절제작용viratikicca이 성취되는 것으로 포함되는 모습은[311] 볼 때 보는 순간 등을 관찰하여 사실대로 알아지는 물질·정

311 본서 p.366 참조.

신 대상과 관련하여 거짓말musāvāda 등의 삿된 말이 생겨날 기회가 없어집니다. 숙고해 보십시오. '사라져 버려서 항상하지 않다. 더 이상 존재하지 않는다"라고 알게 된 대상을 원하든 싫어하든 거짓말을 할 필요가 있겠습니까? 거짓말을 할 필요가 없습니다. 마찬가지로 그 대상에 대해 이간질을 할 필요도 없습니다. 욕할 필요도 없습니다. 쓸데없는 말을 할 필요도 없습니다. 그래서 삿된 말이 생겨날 기회가 더 이상 없다고 말한 것입니다. 마찬가지로 살생과 도둑질과 삿된 음행이라는 삿된 행위도 생겨날 기회가 없습니다. 여법하지 않게 재산을 구함이라는 삿된 생계도 생겨날 기회가 없습니다. 따라서 관찰하여 사실대로 계속해서 알 때마다 그 알아지는 대상과 관련하여 삿된 말을 삼감이라는 바른 말의 작용도 성취됩니다. 삿된 행위를 삼감이라는 바른 행위의 작용도 성취됩니다. 삿된 생계를 삼감이라는 바른 생계의 작용도 성취됩니다. 이렇게 삼감이라는 절제작용이 성취되기 때문에 관찰하여 새겨 사실대로 아는 바른 견해 도 구성요소가 계속해서 생겨날 때마다 바른 말과 바른 행위와 바른 생계라는 계 도 구성요소 세 가지가 절제작용이 성취되는 것으로 포함된다고 말할 수 있습니다.

팔정도가 늘어나도록 괴로움의 진리를 관찰해야

그래서 〈부푼다, 꺼진다; 앉음, 닿음; 생각함; 저림; 뜨거움; 아픔; 들음; 봄〉 등으로 계속 관찰할 때마다 바른 견해와 함께 팔정도 법들을 닦는다고 말합니다. 네 가지 진리 중에 괴로움의 진리는 구분해서 알아야 할pariññeyya 법입니다. 괴로움의 진리라는 것도 다섯 취착무더기일 뿐입니다. 취착무더기라는 것은 볼 때마다, 들을 때마다, 닿을 때마다, 알 때마다 여섯 문에서 분명하게 생겨나고 있는 법들입니다. 따라서 구분해서 알아야 할 봄이나 들음 등 괴로움의 진리법들을 관찰하여 알아야 합니다. 이렇게 계속해서 알 때마다 팔정도 법들이 늘어납니다. 팔정도라는 것은 늘어나도록 닦아야 하는bhāvetabba[312] 법입니다. 늘어나도록 닦아야 하는 팔정도가 늘어나도록 봄이나 들음 등 괴로움의 진리를 관찰해야 합니다.

그래서 봄이나 들음 등 괴로움의 진리를 관찰하면 팔정도가 늘어납니다. 팔정도를 늘어나게 하려면 그 괴로움의 진리들을 관찰해야 합니다. 앞부분 도라는 위빳사나 관찰을 할 때는 봄이나 들음 등 괴로움의 진리가 바로 관찰돼야 하는, 혹은 구분해서 알아야 하는pariññeyya 대상법들ārammaṇa입니다. 관찰하여 아는 도의 진리, 도 구성요소는 생겨 늘어나게 해야 하는bhāvetabba, 대상을 취하는 법ārammaṇika입니다. 이것을 확실하게 기억하도록 게송으로 다음과 같이 표현했습니다. 같이 독송합시다.

고제관찰 해야만 팔정도가 생겨나
도제구족 해야만 성도열반 본다네[313]

"괴로움의 진리가 대상, 관찰하여 아는 도 구성요소가 대상을 취하는 법"이라는 것을 지금처럼 거듭 말하는 이유는 "물질·정신 형성인 괴로움의 법들을 관찰하고 있으면 괴로움만 경험하게 될 것이다. 열반을 관찰해야 행복을 얻을 수 있다"라는 등으로 부처님께서 원하시는 바와 반대로 설하면서 교법을 무너뜨리고 있는 이들이 있어서 바른 방법과 바른 길을 확실하게 이해할 수 있도록 거듭 말하는 것입니다.

312 '닦는다'라는 단어는 저본에 '늘어나게 한다'라고 표현됐다.

313 위빳사나 앞부분 도라고 하는 여덟 가지 도 구성요소인 도의 진리를 구족해야만 성스러운 도로써 열반을 본다.

위빳사나 지혜로 네 가지 진리를 아는 모습

여섯 문에서 드러나는 모든 법을 관찰하고 새겨 '무상하다. 괴로움이다. 무아의 성품일 뿐이다'라고 계속해서 알고 있는 것은 괴로움의 진리를 구분하여 아는 것입니다. 그래서 계속해서 관찰할 때마다 'pariññāpaṭivedha', 구분하여 앎이라는 구분통찰 작용도 성취됩니다. 이것은 매우 분명합니다.

그렇게 계속해서 관찰하여 알 때마다 무상·고·무아의 성품일 뿐이라고 알게 된 그 물질·정신 대상과 관련하여 좋아하고 즐기는 것, 바라고 갈망하는 갈애가 더 이상 생겨날 기회가 없습니다. 그것은 갈애라고 하는 생겨남의 진리를 부분제거로 제거하는 것, 사라지게 하는 것입니다. 따라서 계속해서 관찰할 때마다 'pahānapaṭivedha', 제거함이라는 꿰뚫어 앎, 제거통찰 작용도 성취됩니다. 이것은 대상으로 하여 아는 것이 아닙니다. 제거하는 것, 사라지게 하는 것, 바로 그 작용을 두고 '안다'라고 말하는 것입니다.

그렇게 갈애가 사라지게 되면 그 갈애로부터 이어서 생겨날 '취착 무더기, 업, 형성, 의식, 정신·물질' 등의 번뇌 윤전kilesavaṭṭa, 업 윤전kammavaṭṭa, 과보 윤전vipākavaṭṭa이라는 윤전의 괴로움들도 생겨날 기회가 없습니다. 부분적으로 사라졌습니다. 이것은 위빳사나로 도달할 수 있는, 성취하게 할 수 있는 부분열반tadaṅganibbāna이라는 부분소멸tadaṅganirodha입니다. 이 부분소멸을 성취하게 하는 것으로 위빳사나 지혜가 도달하는 것입니다. 성스러운 도가 실현하는 것과 같은 종류입니다. 하지만 대상으로 하는 것은 아닙니다. 계속해서 관찰할 때마다 부분적으로 사라지는 것을 성취하게 하는 것 정도일 뿐입니다. 그것을 두고 "위빳사나를 통해 실현통찰sacchikiriyāpaṭivedha 작용을 성취하게 한다. 도달하는 것으로 안다"라고도 말합니다.

계속해서 관찰할 때마다 위빳사나 정견을 선두로 하는 팔정도가 자신의 상속에 계속해서 생겨납니다. 이렇게 생겨나고 있는 것, 바로 그것을 수행통찰bhāvanapaṭivedha이라고 합니다. 관찰할 때 관찰하는 바로 그것을 대상으로 하여 아는 것이 아닙니다. 하지만 자신의 상속에 생겨난 법들이기 때문에 다시 돌이켜 반조해 보면 알 수 있습니다.

지금까지 말한 대로 계속해서 관찰할 때마다 괴로움의 진리를 구분하여 압니다. 이것이 진짜 구분통찰pariññāpaṭivedha입니다. 생겨남의 진리를 부분제거로 제거합니다. 이것이 제거통찰pahānapaṭivedha입니다. 제거하는 것으로 아는 작용을 성취하는 것입니다. 부분소멸을 성취하게 하는 것으로 도달합니다. 이것이 실현통찰sacchikiriyāpaṭivedha입니다. 위빳사나 도를 늘어나게 합니다. 이것은 수행통찰bhāvanapaṭivedha입니다. 늘어나게 하는 것으로 아는 것입니다. 이렇게 괴로움에 대해서는 대상으로 아는 것을 통해, 생겨남-소멸-도에 대해서는 각각 제거하는 작용-도달하는 작용-늘어나게 하는 작용을 성취하는 것을 통해 관찰할 때마다 계속해서 네 가지 진리를 알아 나갑니다.

이렇게 알아야 할 네 가지 진리를 알아 나가면서 위빳사나 지혜가 성숙되고 예리해져 구족됐을 때 성스러운 도가 생겨나 열반을 실현합니다. 그 도의 순간에는 성스러운 도 바른 견해를 비롯한 성스러운 여덟 가지 도 구성요소 모두가 생겨납니다. 그 성스러운 도 구성요소들은 단 한 번만 생겨납니다. 단 한 번 생겨나는 것으로 제거해야 할 생겨남의 진리인 갈애 등 번뇌들을 제거하는 작용도 성취됩니다. 괴로움을 구분하여 아는 작용도 성취됩니다. 도의 진리를 늘어나게 하는 작용《그보다 더 위의 도를 위해 수행하는 작용》도 성취됩니다. 그래서 "성스러운 도 바른 견해는 네 가지 진리를 동시에 알고 본다"라고 설명해 놓았습니다.

성스러운 도의 지혜로 네 가지 진리를 동시에 알고 보는 모습

성스러운 도의 지혜로 네 가지 진리를 아는 모습은 다음과 같습니다. 소멸의 진리라는 열반의 적정한 요소를 직접 대상으로 하여 압니다. 그 적정의 요소인 제일 좋은 것을 알게 되어 '생겨났다가 사라졌다가 하며 적정하지 않은 세간의 물질·정신 형성법들은 괴로움이다'라고 알 수 있습니다. 그래서 괴로움의 진리를 구분하여 아는 작용도 성취됩니다. 괴로움이라고 알 수 있기 때문에 그 괴로움에 대해 좋아하고 갈망하는 갈애가 더 이상 생겨날 수 없습니다. 그 갈애가 생겨날 수 없는 모습은 네 가지 단계로 나누어 알아야 합니다. 첫 번째 도의 위력으로 사악처에 떨어지게 할 수 있는 갈애와 욕계 선처에서 일곱 생보다 넘어서 태어나게 할 수 있는 갈애가 더 이상 생겨날 수 없습니다. 두 번째 도의 위력으로 거친 감각욕망갈애와 욕계 선처에서 두 생을 넘어서 태어나게 할 수 있는 갈애가 더 이상 생겨날 수 없습니다. 세 번째 도의 위력으로 미세한 감각욕망갈애도 더 이상 생겨날 수 없습니다.[314] 네 번째 아라한도의 위력으로 색계 애착과 무색계 애착이라는 존재갈애도 더 이상 생겨날 수 없습니다. 여기에서 특별히 주의해야 할 것은 아나함의 상속에 생겨날 수 있는 그 존재갈애는 사견과 결합하지 않는 갈애입니다. 그래서 상견과 결합하지 않는 존재갈애도 있을 수 있다는 사실에 특히 주의해야 합니다.[315]

314 색계나 무색계에서 한 생보다 더 이상 생겨나게 하는 갈애도 없다.

315 원래 존재갈애는 상견과 결합한 사견이다. 하지만 상견을 포함한 모든 사견은 수다원도로 제거됐다. 그래서 여기서 '상견과 결합하지 않은'이라고 표현한 것이다. '다른 사견, 예를 들어 단견과 결합한 존재갈애가 있다'라는 뜻이 아니다.

그렇게 갈애가 생겨나지 못하는 것은 제거하는 것으로 아는 작용이 성취된 것입니다. 성스러운 도 구성요소 여덟 가지는 자신의 상속에서 생겨나기 때문에 생겨나게 하는 것으로 아는 작용도 성취됩니다. 그래서 주석서에서 "tīsu kiccato 세 가지는 작용을 통해", 즉 괴로움과 생겨남과 도라는 세 가지 진리에 대해서는 구분하여 앎이라는 구분통찰pariññāpaṭivedha 작용의 성취, 제거하여 앎이라는 제거통찰pahānapaṭivedha 작용의 성취, 생겨나게 하여 앎이라는 수행통찰bhāvanapaṭivedha 작용의 성취를 통해 아는 것이라고 주석서에서 설명했습니다.[316]

지금 설명한 대로 성스러운 도의 지혜는 소멸의 진리를 실현하여 직접 아는 것만으로 나머지 세 가지 진리에 대해 아는 작용이 성취됩니다. 위빳사나 지혜도 괴로움의 진리를 관찰하여 아는 것만으로 나머지 세 가지 진리에 대해 아는 작용이 성취됩니다. 이것을 게송으로 "네진리중 하나만 도가알고봐 | 통찰작용 네가지 모두성취돼"라고 표현했습니다. 같이 독송합시다.

네진리중 하나만 도가알고봐
통찰작용 네가지 모두성취돼

지금 말한 대로 봄, 들음 등의 취착무더기인 괴로움의 진리를 그것들이 생겨날 때마다 계속해서 관찰하여 알면서 닦아야 하는 위빳사나 도 구성요소들의 힘이 구족됐을 때 성스러운 여덟 가지 도 구성요소들이 생겨나 "관찰하여 알게 된 물질·정신 형성이라는 괴로움들이나, 관찰하여 아는 정신 형성이라는 괴로움들이 모두 소멸한 성품"인 열반이

316 본서 p.353 참조.

라는 적정한 성품에 달려 들어갑니다. 이것을 "적정한곳 도달해 바른도실천"이라고 게송으로 표현했습니다. 하지만 그 이전에 소멸의 구절과 연결돼야 의미가 분명합니다. 그래서 소멸에 대한 게송도 첨가했습니다. 같이 독송합시다.

갈애다함 소멸이 고통적정해
적정한곳 도달해 바른도실천[317]

갈애가 다하면 물질·정신의 모든 괴로움이 완전히 소멸됩니다. 그래서 성스러운 도가 생겨날 때 물질·정신의 형성이라는 모든 괴로움이 다 사라진 성품만 대상으로 합니다. 성스러운 도는 자신이 제거하는 갈애가 사라진 것만을 대상으로 하는 것이 아닙니다. 갈애가 사라진다는 것은 가르침의 방법으로 설명한 것이기 때문입니다. 그 가르침에 따르자면 "갈애가 사라지면 형성 괴로움들도 모두 사라진다"라고 의미를 취해야 합니다. 그 형성 괴로움들이 모두 사라지는 것이라야 소멸의 진리nirodhasacca인 진정한 열반입니다. 그래서 열반을 'sabbasaṅkhāra samatho모든 형성의 그침'이라고 설해 놓으셨습니다. 그래서 성스러운 도가 생겨날 때 물질·정신의 형성들 모두가 비어버린, 사라진, 그친 성품에 이르는 것으로만 분명하게 알 수 있습니다.

위빳사나도 소멸에 이르게 하는 도에 포함된다

그렇게 모든 형성 괴로움이 소멸된 곳에 이르기 때문에 성스러운 도를 'dukkhanirodhagāminī paṭipadā ariyasaccaṁ 괴로움의 소멸에

317 적정한 곳에 도달하여 보는 것이 (성스러운) 도 구성요소라는 바른 실천이다.

이르게 하는 실천인 성스러운 진리'라고 구체적으로 명칭을 붙인 것입니다. 하지만 위빳사나 도가 포함되지 않고 그 자체만으로 괴로움이 소멸된 곳에 도달할 수 없습니다. 바라밀 지혜가 성숙됐는지 아직 미숙한지에 따라 위빳사나 도를 여러 번 거듭 생겨나게 하고 나서, 또는 몇 시간이나 며칠이나 몇 달 생겨나게 하고 나서야 위빳사나 도의 힘을 통해서, 마치 위빳사나 도에서 튀어나온 것처럼 성스러운 도가 생겨납니다. 그래서 위빳사나 도를 성스러운 도의 앞부분 도pubbabhāgamagga라고 부를 만합니다. 그렇게 앞부분 도라는 것과 마지막 부분의 도라는 것 정도만 차이가 납니다. 닦아야 하는 것으로는 동일합니다. 그래서 괴로움의 소멸에 이르게 하는 실천인 성스러운 진리dukkhanirodhagāminī paṭipadā ariyasaccaṁ 안에 위빳사나 도도 바탕이 되는 것으로 포함시켜야 한다는 것을 『위방가 주석서』에 다음과 같이 설명해 놓았습니다.

Esa lokuttaro ariyo aṭṭhaṅgiko maggo yo saha lokiyena maggena dukkhanirodhagāminī paṭipadāti saṅkhaṁ gato.[318] (VbhA.114)

대 역

Esa이것은; 이렇게 말한 팔정도는 lokuttaro출세간인 aṭṭhaṅgiko여덟 가지 구성요소가 있는 ariyo maggo성스러운 도다. yo그것은; 그 성스러운 도는 saha lokiyena maggena세간의 도와 함께; 세간인 위빳사나 도와 함께 dukkhanirodhagāminī paṭipadā saṅkhaṁ괴로움의 소멸에 이르게 하는 실천이라고 불리게 gato된다.

318 저본에 대역만 있어 빠알리어 원문을 역자가 첨가했다.

네 가지 진리 중 도의 진리란 출세간 도이긴 하지만 앞부분 도라고 불리는 위빳사나 도 없이 그것 자체만으로는 생겨날 수 없습니다. 성스러운 도를 처음 시작부터 생겨나게 할 수 없습니다. 위빳사나 도를 처음 생겨나게 하여 위빳사나 지혜가 성숙되고 구족됐을 때라야 성스러운 도가 생겨납니다. 그래서 앞부분에 바탕이 되는 것으로 생겨나게 해야 하는 위빳사나와 함께 성스러운 도를 'dukkhanirodhagāminī paṭipadā', 괴로움의 소멸에 이르게 하는《실천하는 이를 도달하게 하는》바른 실천길" 이라고 한다는 뜻입니다. 이 내용을 "물라뿝바 아리야 삼단도요소 | 도요소를 닦으면 열반이르러"라는 게송으로 표현했습니다. 같이 독송합시다.

물라뿝바 아리야 삼단도요소
도요소를 닦으면 열반이르러

도의 진리는 이 정도면 충분히 이해했을 것으로 보고 법문을 마치겠습니다.

이「담마짝까숫따」의 가르침을 정성스럽게 경청한 청법선업 의도의 공덕으로 지금 법문을 듣는 선남자, 선여인, 대중들 모두가 앞부분 도라는 위빳사나 도와 함께 성스러운 도라는 도의 진리법을 구족하도록 끊임없이 관찰하고 닦고 수행하여 모든 고통이 사라진 열반이라는 거룩한 법에 빠르게 도달하기를.

사두, 사두, 사두.

『담마짝까 법문』제6장이 끝났다.

제7장

1963년 음력 2월 보름

(1963. 03. 09)

1962년 음력 10월 보름날에 설한 뒤 다른 곳에 설법이 있어 페인 담마용 법당에서 「담마짝까숫따」를 설하는 것이 중단됐습니다. 오늘 1963년 음력 2월 보름날, 이 「담마짝까숫따」를 이어서 설하겠습니다. 제6장에서 도의 진리까지 설명을 마쳤습니다. 이제 제7장에서는 진리sacca에 대한 지혜, 실행kicca에 대한 지혜, 완수kata에 대한 지혜에 대해 설명하겠습니다. 먼저 이 내용에 대한 성전을 독송하겠습니다.

3전 12행상

괴로움의 진리

괴로움의 진리에 대한 진리 지혜

9 'Idaṁ dukkhaṁ ariyasacca'nti me, bhikkhave, pubbe ananussutesu dhammesu cakkhuṁ udapādi, ñāṇaṁ udapādi, paññā udapādi, vijjā udapādi, āloko udapādi. (S.iii.369/S56:11)

대역

Bhikkhave비구들이여, 'idaṁ이것이 dukkhaṁ괴로움이라는 ariyasaccanti성스러운 진리다'라고; 성자들이 아는 바른 법이다'라고[319] me나에게 pubbe ananussutesu dhammesu이전에는 들어 본 적이 없는 법에 대한 cakkhuṁ udapādi눈이 생겨났다; 지혜의 눈이 생겨났다. ñāṇaṁ udapādi지혜가 생겨났다; 아는 지혜가 생겨났다.

319 저본에는 'dukkhaṁ ariyasaccanti'라고 붙여서 대역했으나 의미를 분명하게 하기 위해 두 단어를 분리하여 대역했다.

paññā udapādi통찰지가 생겨났다; 다양하게 아는 통찰지가 생겨났다. vijjā udapādi명지가 생겨났다; 꿰뚫어서 아는 명지가 생겨났다. āloko udapādi광명이 생겨났다; 앎·지혜·통찰지라는 광명이 생겨났다.

이것은 괴로움의 진리와 관련하여 '진리에 대한 지혜(saccañāṇa, 眞理智)'(이후 '진리 지혜')가 생겨난 모습을 설명한 것입니다. 괴로움의 진리 법체는 태어남의 괴로움jātidukkha 등으로 앞에서 자세하게 설명했습니다. 하지만 더욱 분명하도록 보충해 설명하자면 앞의 인용문에서 "idaṁ이것이"라는 단어는 앞에서 설명했던 '태어남jāti'부터 '취착무더기upādānakkhandha'까지의 성품법들을 말하는 것입니다. 여기서 기본이 되는 것은 다섯 취착무더기입니다. 그 취착무더기도 앞에서 자세하게 설명했습니다. 하지만 일부는 다섯 취착무더기를 문헌에 제시된 명칭 정도로만 이해하고 있습니나. 자신 내부에 실제로 존재하는 법으로 이해하는 이들은 적습니다. 그래서 자기 내부에 실제로 존재하는 법으로 이해하고 알 수 있도록 조금 다시 설명하겠습니다.

지금 볼 때마다, 들을 때마다, 맡을 때마다, 먹어서 알 때마다, 닿아서 알 때마다, 생각해서 알 때마다 분명하게 경험하고 있는 것들이 다섯 취착무더기입니다. 그것들은 성자들의 시각으로는 매우 두려운 것이어서 괴롭고 고통스러운 것으로 봅니다. 범부들의 시각으로는 그것을 고통이나 괴로움으로 생각하지 않습니다. 행복하고 좋은 것들로만 생각하고 있습니다. 아름답고 좋은 것을 보아서 좋다고 생각합니다. 자기가 보고 싶은 것을 볼 수 있어서 좋다고 생각합니다. 좋아하는 소리나 부드러운 소리를 들어서 좋다고 생각합니다. 자기가 듣고 싶은 것을 들을 수 있어서, 혹은 좋은 소리가 들려서 좋다고 생각합니다. 마찬가지로 좋은 냄새를 맡는 것, 좋은 맛을 맛보는 것, 좋은 감촉과 닿는 것을 좋다고 생각합니다. 욕계 탄생지 중생들은 그러한 좋은 감촉을 제일 좋다고 생각하고 있습니다. 기뻐할 만한 것들을 생각하고 있는 것이나 원하는 대로 생각할 수 있는 이러한 것들도 좋다고 생각합니다. 생각이나 사유가 모두 사라진다고 하면 좋아하지 않습니다. 매우 크게 손실이나 손해를 보는 것이라 생각하기도 합니다. 하지만 사실은 보게 된 것이나 듣게 된 것은 모두 취착무더기들일뿐입니다. 진정한 괴로움인 괴로움의 진리법들일 뿐입니다. '순간도 끊임없이 생멸하고 있어서 항상하지 않다'라는 등으로 그것들을 알고서 두려워할 만한 괴로운 것으로 사실대로 알고 볼 수 있도록 위빳사나 관찰을 해야 하는 것입니다.

부처님께서는 위빳사나 도 구성요소를 완벽하게 닦으셔서 아라한 도의 지혜로 제일 훌륭하고 제일 거룩한 열반의 행복을 알고 보셨습니다. 그렇게 제일 훌륭하고 제일 거룩한 열반의 행복을 알고 보셨기 때문에 순간도 끊임없이 생멸하고 있는 그 다섯 취착무더기를 두려워할 만한 진짜 괴로운 것으로만 알고 보십니다. 그렇게 알고 보는 것도 다른 이에게 들어 보아서가 아닙니다. 알라라 선인이나 우다까 선인에게서 배운 방법으로 알게 된 것도 아닙니다. 스스로의 지혜로 팔정도를 닦아서 알게 되신 것입니다. 그래서 "pubbe ananussutesu dhammesu cakkhuṁ udapādi 이전에는 들어 본 적이 없는 법에 대한 지혜의 눈이 생겨났다"라는 등으로 드러내어 설하신 것입니다.

그렇게 설하신 구절을 통해 정등각자sammāsambuddho, 즉 다른 이에게서 방법을 배우지 않고 스스로의 지혜의 힘으로 조사하고 구하여 바르게 아는 정등각자 부처님이라는 것도 선언하신 것입니다. 그렇게 선언하신 것도 중요합니다. 그 당시에는 니간타들이 실천하고 있던 단식 등 고행의 실천만을 훌륭한 실천이자 거룩한 실천이라고 생각하고 있었습니다. 그래서 "지금 실천해 온 것이나 알게 된 것은 다른 이에게서 들어서 그렇게 실천한 것이 아니다. 들어 본 대로 추론하고 숙고하여 안 것이 아니다. 스스로의 지혜로 실천해 왔고 알게 된 것이다"라고 선언해야 진짜 정등각자라는 사실을 법문을 듣는 대중들에게 특히 분명하게 알게 할 수 있었습니다. 그래서 그렇게 드러내어 설하신 것입니다.

그렇게 이전에 들어본 적이 없는 앎·지혜가 생겨났다는 것은 정등각자 부처님이나 벽지불만 해당됩니다. 부처님의 제자들은 부처님께서 설하신 법을 들어야, 그리고 그 들은 법에 따라 마음을 기울이고 노력해야만 그러한 앎·지혜가 생겨납니다. 그래서 지금도 앎·지혜를 얻고자 한다면 부처님께서 설하신 「마하시띠빳타나숫따」 등의 가르침에 따라 실천해야 합니다. 그렇게 실천하면 봄이나 들음 등과 관련된 취착무더기법들을 진짜 괴로움인 법이라고 알고 봅니다. 그렇게 알고 볼 수 있도록 마음을 기울이고 노력하게 하는 목적으로도 설하신 것입니다.

그렇게 드러내어 설하신 것 중에서 특별한 앎과 지혜가 생겨나는 모습을 "cakkhuṁ udapādi눈이 생겨났다, ñāṇaṁ udapādi지혜가 생겨났다, paññā udapādi통찰지가 생겨났다, vijjā udapādi명지가 생겨났다, āloko udapādi광명이 생겨났다"라는 다섯 가지 명칭으로 보이셨습니다. 이것은 앎·지혜로는 한 종류인 것을 다섯 가지 명칭으로 나누어 설하신 것입니다. 이 내용을 『상윳따 니까야 주석서』에 다음과 같이 설명돼 있습니다.

Cakkhuntiādīni ñāṇavevacanāneva. Ñāṇameva hettha dassanaṭṭhena cakkhu, ñātaṭṭhena ñāṇaṁ, pajānanaṭṭhena paññā, paṭivedhanaṭṭhena vijjā, obhāsanaṭṭhena ālokoti vuttaṁ.[320]

(SA.ii.20)

대역

Cakkhuntiādīni눈 등의 명칭은 ñāṇavevacanāneva지혜와 동의어[321]이다. hi맞다. ñāṇameva지혜 바로 그것이 ettha여기서; 이 지혜 등의 구절에서 dassanaṭṭhena볼 수 있다는 의미로는 cakkhu눈이라고 한다. ñātaṭṭhena알 수 있다는 의미로는 ñāṇaṁ지혜라고 한다. pajānanaṭṭhena다양하게 안다는 의미로는 paññā통찰지라고 한다. paṭivedhanaṭṭhena꿰뚫어서 안다는 의미로는 vijjā명지라고 한다. obhāsanaṭṭhena밝게 한다는 의미로는 āloko광명이라고 한다.

그 명칭들을 『빠띠삼비다막가』 성전에서는 알게 하고자 하는 원래 성품을 대상으로 여러 가지 법의 방편을 통해 이해하도록 눈 등의 빠알리어 명칭들을 설하셨다고 설명해 놓았습니다. 어떻게 설명했는지 하나씩 살펴보겠습니다.

Cakkhuṁ dhammo, dassanaṭṭho attho.[322] (Ps.ii.159)

대역

Cakkhuṁ눈은; 눈이라는 것에서 dhammo법이다; 빠알리어 명칭을

320 저본에 대역만 있어 빠알리어 원문을 역자가 첨가했다.
321 동의이음어.
322 저본에 대역만 있어 빠알리어 원문을 역자가 첨가했다.

얻는다; 눈이라는 것은 빠알리 명칭이라는 법이다. dassanaṭṭho본다는 성품이 attho의미다; 알게 하고자 하는 성품이다.

이 설명에서 말하고자 하는 바는 눈으로 보듯이 분명하게 알기 때문에 지혜를 눈이라고 말했다는 것입니다. 비유하자면 몇 년 동안 눈으로 보지 못하던 이가 좋은 안약을 얻어서든, 의사에게 수술을 잘 받아서든 눈이 정상으로 돌아왔다고 합시다. 그는 치료하기 전에는 아무것도 볼 수 없었습니다. 그러나 치료하고 나자 이전에 볼 수 없었던 것을 분명하고 확실하게 볼 수 있게 됐습니다. 마찬가지로 위빳사나 지혜와 성스러운 도의 지혜가 생겨나기 전에는 다섯 취착무더기라는 괴로움 법들을 행복하거나 좋은 것들로만 생각하고 있었습니다. 볼 때마다, 들을 때마다 등에서 끊임없이 관찰하고 새기는 수행자들은 위빳사나 지혜가 예리하게 생겨날 때 그 취착무더기라는 봄이나 들음 등을 '순간도 끊임없이 생멸하고 있기 때문에 두려워할 만한 괴로움들이다'라고 분명하게 이해하고 알고 봅니다. 그것은 눈으로 보지 못하다가 볼 수 있게 된 것과 마찬가지입니다. 성스러운 도의 지혜에 이르러 괴로움을 알고 보는 모습은 특별히 말할 필요도 없습니다. 그래서 분명하게 아는 지혜, 바로 그것을 눈으로 보는 것과 같다고 해서 'cakkhu 눈'이라고 설하신 것입니다.

이어서 "ñāṇaṁ udapādi" 등의 구절에 대해서는 『빠띠삼비다막가』에서 다음과 같이 설명했습니다.

Ñāṇaṁ dhammo, ñātaṭṭho attho.[323] (Ps.ii.159)

323 저본에 대역만 있어 빠알리어 원문을 역자가 첨가했다.

대역

Ñāṇaṁ dhammo지혜는 법이다; 지혜는 빠알리어 명칭이다. ñātaṭṭho attho아는 성품이 알게 하고자 하는 의미다.[324]

여기에서도 지혜가 생겨난다는 것은 '앎이 생겨난다. 알게 됐다'라는 뜻입니다. 이것은 분명합니다.

Paññā dhammo, pajānanaṭṭho attho.[325] (Ps.ii.159)

대역

Paññā dhammo통찰지는 법이다; 통찰지는 빠알리어 명칭이다. pajānanaṭṭho attho다양하게 아는 성품이 알게 하고자 하는 의미다.

여기에서는 'paññā'라고 표현하셨습니다. 이 용어는 미얀마에서도 그대로 '빤냐'라고[326] 사용합니다. 의미로는 'pajānana 다양하게 안다'는 뜻입니다. '다양하게 안다'는 것은 알아야 할 것들을 여러 가지로 다양하게 분석해서 아는 것을 말합니다. 위빳사나의 경우라면 〈부푼다, 꺼진다〉라는 등으로 관찰하고 새길 때 '팽팽함이나 움직이는 성품이 따로, 관찰하여 아는 마음이 따로'라는 등으로 물질과 정신을 구별하여 압니다. 보통 사람들은 그렇게 직접 체험해서 구별하여 알지 못합니다. 또한 원인과 결과로도 구별하여 압니다. 새로 거듭 생겨나는 것들이 거

324 ñāṇa지혜라는 것은 법, 즉 명칭이고, '안다는 의미로 지혜라고 한다'라는 것처럼 '안다'는 것이 그 단어를 통해 알게 하고자 하는 의미다.

325 저본에 대역만 있어 빠알리어 원문을 역자가 첨가했다.

326 실제 미얀마어 발음은 '빼냐', 혹은 '삐냐'에 가깝다.

듭 사라져 버리는 것도 구별하여 압니다. '생겨나서는 사라져 버리기 때문에 항상하지 않다. 두려워할 만한 괴로움이다. 자기 성품대로 생멸하고 있기 때문에 마음대로 할 수 없어 자아가 아닌 성품법들일 뿐이다'라고도 분석하여 압니다. 이것은 희미하게 아는 것이 아닙니다. 손바닥 위에 올려놓고 보듯이 확실하게 구별하여 분명하게 아는 것입니다. 이렇게 아는 것을 '다양하게 안다'라고 말하는 것입니다. 그래서 '통찰지가 생겨났다'란 '분석하여, 다양하게, 분명하게 알게 됐다'라는 뜻입니다.

Vijjā dhammo, paṭivedhaṭṭho attho.[327] (Ps.ii.159)

대 역

Vijjā dhammo명지는 법이다; 명지는 빠알리어 명칭이다. paṭivedhaṭṭho attho꿰뚫어 아는 성품이 알게 하고자 하는 의미다.

'vijjā'라는 명칭도 미얀마에서는 그대로 사용합니다. 일부는 'vijjādhara'라는 단어처럼 다른 단어와 결합하여 말하기도 합니다. 여기서 'vijjādhara'라는 것은 주문으로 마술을 부리는 주술사를 뜻합니다. 주술사들이 주문을 외워 하늘을 날아갔다는 내용 등을 문헌에서 볼 수 있습니다. 여기에서 'vijjā'는 사람을 뜻하는 단어가 아닙니다. 앎·지혜를 뜻합니다. 그래서 '꿰뚫어 아는 성품'이라고 설명한 것입니다. '꿰뚫어 안다'는 의미도 알기 어렵습니다. 1938년께 본승의 고향에서 한 사야도와 논의한 적이 있습니다. 본승이 '꿰뚫어 안다'라는 것에 대해 "보아서 아는 눈 의식, 들어서 아는 귀 의식 등이 생겨날 때마다 계속 따라서 끊임없

327 저본에 대역만 있어 빠알리어 원문을 역자가 첨가했다.

이 관찰하고 있으면 물질과 정신 두 가지를 사실대로 아는 통찰지가 생겨납니다"라고 말했습니다. 그러자 사야도는 그렇게 관찰해서 아는 것을 통찰지paññā라고 한다는 사실을 잘 이해하지 못했습니다. 그래서 사야도는 "통찰지라는 것은 꿰뚫어서 아는 것이지. 꿰뚫어서 알아야 통찰지라고 하지"라고 말했습니다. "그러면 어떻게 꿰뚫어서 아는 것을 말합니까?"라고 다시 질문했습니다. 사야도는 조금 오래 숙고하신 뒤 "꿰뚫어서 아는 것이란 꿰뚫어서 아는 것이지"라고만 대답했습니다.

'꿰뚫어서 안다'라는 말은 'paṭivedha'라는 빠알리어를 번역한 것입니다. 'paṭi 대상으로 향해서, 바로 직접적으로' + 'vedha 꿰뚫다'라고 분석할 수 있습니다. 제2장에서 'sambodhāya 꿰뚫어서 알기 위해'라는 구절의 설명에서 언급한 대로입니다.[328] 장막이 가려서 볼 수 없던 것을 그 장막을 뚫으면 마치 벽에 창문이 난 것처럼 꿰뚫어 볼 수 있게 되는 것처럼, 어리석음의 장막을 꿰뚫어서 알게 되는 것을 말합니다. 원래는 봄이나 들음 등을 무상하고 괴로움이고 무아라고 알고 볼 수 없었습니다. 항상하고 행복하고 자아라고만 생각했습니다. 무명, 어리석음에 덮여 있었기 때문입니다. 위빳사나 지혜가 드러나자 그 어리석음의 장막이 걷혀 열리듯이 분명하게 알게 됐습니다. 그렇게 알게 되는 것을 '꿰뚫어서 안다'라고 말한 것입니다. 부처님에게 그렇게 꿰뚫어서 아는 특별한 지혜도 생겨났다는 말입니다.

Āloko dhammo, obhāsaṭṭho attho.[329] (Ps.ii.159)

328 본서 pp.161~162 참조.
329 저본에 대역만 있어 빠알리어 원문을 역자가 첨가했다.

대역

Āloko dhammo광명은 법이다; 광명은 빠알리어 명칭이다. obhāsaṭṭho attho밝게 하는 성품이 알게 하고자 하는 의미다.

여기서 '광명'이라고 말했지만 눈으로 볼 수 있는 광명을 말하는 것이 아닙니다. 분명하고 선명하게 알게 하는 지혜를 말하는 것입니다. 원래 무상하고 괴로움이고 무아인 성품을 마치 어둠이 덮고 있듯이 알지 못하고 보지 못하다가 위빳사나 지혜와 성스러운 도의 지혜가 생겨날 때 그러한 것들을 분명하고 선명하게 알고 보게 됩니다. 그렇게 분명하게 아는 것, 바로 그것을 두고 '광명이 드러났다'라고 말한 것입니다. 그래서 그 구절을 대역할 때 "앎·지혜·통찰지라는 광명"이라고 설명했습니다.

특별한 앎·지혜 하나를 왜 '눈, 지혜, 통찰지, 명지, 광명'이라는 다섯 가지 명칭으로 설하셨는가 하면, 그 당시 법문을 듣는 여러 대중으로 하여금 분명하게 알게 하기 위해서입니다. 그것을 "제도 가능한 이들의 성향vineyyajjhāsaya에 따라서 설하신 것이다"라고도 말합니다. 본승도 일부 단어를 두 가지나 세 가지 명칭으로 거듭 말할 때가 있습니다. 첫 번째 단어로 이해가 되지 않으면 두 번째, 세 번째 단어로 이해하도록 거듭 말하는 것입니다.

지금 언급했던 성전의 의미들은 괴로움의 진리에 대해 아는 진리 지혜sacca ñāṇa와 관련된 구절들입니다. 그 진리 지혜는 충분히 이해했을 것입니다. 이제 괴로움의 진리에 관해 해야 할 역할 지혜를 설명하겠습니다.

괴로움의 진리에 대한 역할 지혜

10 'Taṁ kho panidaṁ dukkhaṁ ariyasaccaṁ pariññeyya'nti me, bhikkhave, pubbe ananussutesu dhammesu cakkhuṁ udapādi, ñāṇaṁ udapādi, paññā udapādi, vijjā udapādi, āloko udapādi. (S.iii.369/S56:11)

대 역

Bhikkhave비구들이여, 'taṁ kho pana idaṁ dukkhaṁ ariyasaccaṁ그러한 성품이 있는 이 괴로움 성스러운 진리는 pariññeyyanti 구분하여 알아야 할 법이다'라고 me나에게 pubbe ananussutesu dhammesu이전에는 들어 본 적이 없는 법에 대한 cakkhuṁ udapādi눈이 생겨났다; 지혜의 눈이 생겨났다. ñāṇaṁ udapādi지혜가 생겨났다; 아는 지혜가 생겨났다. paññā udapādi통찰지가 생겨났다; 다양하게 아는 통찰지가 생겨났다. vijjā udapādi명지가 생겨났다; 꿰뚫어서 아는 명지가 생겨났다. āloko udapādi광명이 생겨났다; 앎·지혜·통찰지라는 광명이 생겨났다.

이것은 괴로움의 진리와 관련하여 해야 할 역할kicca을 아는 '역할 지혜(kiccañāṇa, 役割智)'가 생겨나는 모습을 설명한 구절입니다. 여기에서 "taṁ그러한 성품이 있는"이라는 것은 방금 설명한 대로 "진짜 괴로움이라고 알아지는 성품, 혹은 태어남jāti을 시작으로 취착무더기upadānākkhandha까지의 성품이 있는"이라는 뜻입니다. 그 괴로움의 진리는 구분하고 분석해서 알아야 할 법이라고 아는 특별한 지혜도 생겨났다는 말입니다. 괴로움의 진리는 구분하여 알아야 하는pariññeyya 법이라는 사실에 특히 주의해야 합니다. '성스러운 도와 과와 열반을 얻으려

한다면, 열반에 이르고자 한다면 태어남을 시작으로 하고 취착무더기를 끝으로 하는 괴로움의 진리를 구분하여 알아야 한다. 구분하여 알도록 노력해야 한다'는 사실을 확실하게 기억해 두어야 합니다.

태어남을 시작으로 한 괴로움의 진리법 중에서도 원래 근본은 다섯 취착무더기입니다. 다섯 취착무더기를 사실대로 알면 괴로움의 진리 모두를 아는 일이 성취됩니다. 그래서 『상윳따 니까야』「칸다숫따」에서[330] 부처님께서는 다음과 같이 설하셨습니다.

Kathamañca bhikkhave dukkhaṁ ariyasaccaṁ?
Pañcupadānākkhandhātissa vacanīyaṁ. (S.iii.372/S56:13)

대역

Bhikkhave비구들이여, dukkhaṁ ariyasaccaṁ괴로움이라는 성스러운 진리란 kathamañca무엇인가? pañcupadānākkhandhāti다섯 취착무더기라고 vacanīyaṁ assa대답해야 한다; 대답할 수 있다.

이 다섯 취착무더기에 관해서는 제4장에서[331] 자세하게 설명했습니다. 볼 때마다, 들을 때마다, 닿을 때마다, 알 때마다 여섯 문에서 분명하게 생겨나고 있는 법들입니다. 그 법들을 생겨날 때마다 계속 따라서 관찰해서 직접 경험을 통해 알아야 합니다. 그렇게 관찰하여 땅 요소의 단단하고 거칠고 부드럽고 미끄러운 성품을 구분하여 알게 됩니다. 물 요소의 흐르고 결합하고 축축한 성품을 구분하여 알게 됩니다. 불 요소

330 S56:13; 「Khandhasutta 무더기 경」.
331 본서 pp.250~267 참조.

의 뜨겁고 차갑고 따뜻하고 서늘한 성품을 구분하여 알게 됩니다. 바람 요소의 팽팽하고 밀고 움직이는 성품을 구분하여 알게 됩니다. 알 수 있는 모습은 다음과 같습니다. 새김과 지혜로 집중하여 자신의 어느 한 곳의 감촉이나 닿음을 관찰하고 있으면 그 네 가지 요소 중 어느 한 가지를 그 요소의 고유성품이나 특성을 통해 구분하여 알 수 있습니다. 이전에도 자세하게 설명했기 때문에 여기서는 더 이상 설명하지 않겠습니다.

그 네 가지 요소를 안 뒤 〈봄; 들음〉이라는 등으로 관찰할 때 봄의 의지처나 들음의 의지처 등 의지하는 물질들도 압니다. 형색이나 소리 등 대상 물질도 압니다. 보아서 앎 등의 마음이나 마음부수도 압니다. 그렇게 안 뒤 〈부푼다, 꺼진다; 앉음, 닿음; 안다; 저림; 뜨거움; 아픔; 봄; 들음〉이라는 등으로 계속해서 관찰할 때마다, 관찰하여 알아지는 대상이든, 관찰하여 아는 마음이든 새로 생겨나서는 즉시 사라져버리는 것을 직접 알 수 있습니다. 그래서 관찰하고 있으면서 'hutvā abhāvato aniccaṁ 생겨나서는 사라져버리기 때문에 항상하지 않다'라고 구분하여 압니다. 'udayabbaya paṭipīḷanaṭṭhena dukkhaṁ 생멸이 끊임없이 괴롭히기 때문에 두려워할 만한 괴로움이다'라고도 구분하여 압니다. 'avasavattanaṭṭhena anattā 자기가 원하는 대로 되지 않고 그 성품대로 생멸하고 있기 때문에 자아가 아닌, 마음대로 되지 않는 성품법들일 뿐이다'라고도 구분하여 압니다. 이렇게 생겨나고 있는 물질·정신을 관찰하여 무상·고·무아의 양상으로 직접 아는 것이 구분하여 알아야 할pariññeyya 괴로움의 진리를 구분하여 아는 것입니다. 이렇게 구분하여 알아야 한다는 것을 잘 기억해 두어야 합니다.

'실제로 생멸하고 있는 취착무더기라는 괴로움의 진리를 무상 등의 양상을 통해 구분하여 알아야 한다'라고 아는 지혜는 부처님의 경우, 어느 누구에게 듣지 않고서 생겨났습니다. 그래서 "ananussutesu dhammesu cakkhuṁ udapādi 이전에는 들어 본 적이 없는 법에 대한 눈이 생겨났다"라는 등으로 드러내어 설하셨습니다. 꼰단냐 존자 등 부처님의 제자들은 부처님에게서든, 부처님의 제자들에게서든 들은 뒤에야 생겨납니다. 일부는 이 「담마짝까숫따」에서 'pariññeyya 구분하여 알아야 할 법'이라고 분명하게 설해 놓으셨음에도 불구하고 실제로 생멸하고 있는 취착무더기, 괴로움의 진리를 관찰해서 구분하여 알아야 한다는 것을 이해하지 못하기도 합니다. 물질법과 정신법, 무상·고·무아라고 들어 본 것 정도로만 일이 성취된다고 잘못 생각합니다. 애석할 따름입니다.

'괴로움의 진리라는 취착무더기를 관찰해서 구분하여 알아야 한다'라고 아는 지혜를 역할 지혜kiccañāṇa라고 합니다. 괴로움의 진리에 대해 해야 할 역할을 아는 지혜입니다. 그 지혜는 성스러운 도에 이르기 전부터 생겨나는 지혜입니다. '보는 것도 관찰하여 무상·고·무아라고 구분하여 알아야 한다. 듣는 것, 맡는 것, 먹어 아는 것, 닿아 아는 것, 생각하여 아는 것도 관찰하여 무상·고·무아라고 구분하여 알아야 한다'라는 것은 위빳사나 관찰을 하기 전부터 듣고 알아 두어야 합니다. 관찰하고 있으면서도 잘 이해하고서 알아 두어야 합니다. 그렇게 알아 두어야, 관찰해야 하는 취착무더기 법들을 구족하게 관찰하여 위빳사나 지혜가 구족하게 생겨날 수 있습니다. 본승의 제자들인 새김확립 수행자들은 관찰하고 새기는 모습이나 관찰하고 새기는 방법, 수행주제를 배울 때부터 시작해서, 볼 때나 들을 때 등에 분명하게 드러나는 성품법들을 관찰하여 알아야 한다는 것을 듣고서 이 역할에 대한 지혜는 이미 생겨났습니다. 관찰하고 있으면서도 처음에는 '관찰해야 한다'라고 알지 못했지만 '이것도 관찰해야 하는 것이구나. 또 이것도 관찰해야 하는 것이구나'라고 관찰해야 할 법들을 이해하고서 알게 됩니다. 이렇게 아는 것은 '구분하여 알아야 한다pariññeyya'라는 역할 지혜입니다. 이 역할 지혜는 매우 중요해서 설명하는 데 많은 시간을 들였습니다. 이 정도면 충분히 이해했을 것입니다. 이제 완수 지혜katañāṇa에 대해 설하겠습니다.

괴로움의 진리에 대한 완수 지혜

11 'Taṁ kho panidaṁ dukkhaṁ ariyasaccaṁ pariññāta'nti me, bhikkhave, pubbe ananussutesu dhammesu cakkhuṁ udapādi, ñāṇaṁ udapādi, paññā udapādi, vijjā udapādi, āloko udapādi.

(S.iii.369/S56:11)

대 역

Bhikkhave비구들이여, 'taṁ kho pana idaṁ dukkhaṁ ariyasaccaṁ그러한 성품이 있는 이 괴로움 성스러운 진리를 pariññātanti 분석하고 구분하여 알았다; 구분하여 아는 일을 완수했다'라고 me 나에게 pubbe ananussutesu dhammesu이전에는 들어 본 적이 없는 법에 대한 cakkhuṁ udapādi눈이 생겨났다; 지혜의 눈이 생겨났다. ñāṇaṁ udapādi지혜가 생겨났다; 아는 지혜가 생겨났다. paññā udapādi통찰지가 생겨났다; 다양하게 아는 통찰지가 생겨났다. vijjā udapādi명지가 생겨났다; 꿰뚫어서 아는 명지가 생겨났다. āloko udapādi광명이 생겨났다; 앎·지혜·통찰지라는 광명이 생겨났다.

봄이나 들음 등 취착무더기라는 괴로움의 진리법들을 관찰하여 무상·고·무아라고 계속해서 알고 있는 것이 위빳사나 지혜입니다. 그 위빳사나 지혜로 아는 것 정도로는 구분하여 아는 역할pariññākicca이 완전히 성취되지 않습니다. 관찰하지 못한 대상에 대해 항상하다고, 행복하다고, 자아라고 생각할 여지가 아직 있습니다. 관찰하는 위빳사나 지혜가 무르익고 구족됐을 때 성스러운 도의 지혜로 열반이라는 적정의 요소를 경험하여 보게 됩니다. 그렇게 성스러운 도의 지혜가 생겨나 열반이라는 적정한 요소를 경험하여 보아야 무상·고·무아라는 앎이 구족되고 확고해집니다. 그것이 바로 괴로움의 진리를 구분하여 앎이 성취되는 것입니다. 그렇지만 수다원도의 지혜 정도로는 아직 완벽하게 성취된 것이 아닙니다. 아라한도의 지혜로 경험하여 보아야 괴로움을 구분하여 앎이 남김없이 완전히 성취됩니다. 부처님께서는 아라한 도와 과에 이르시고 나서 부처님이 되신 때부터 괴로움의 진리를 구분하여 앎이 남김없이 완전히 성취됐습니다. 그래서 "'pariññātanti 구분하여 알았다; 구분하여 아는 역할과 작용이 완전히 성취됐다'라고 아는 지혜의 눈 등이 생겨났다"고 선언하신 것입니다.

지금의 수행자들도 그 괴로움의 진리를 구분하여 알도록, 최종적으로는 아라한 도와 과에 이르러 그 구분하여 앎을 완전히 성취하도록 노력하고 있는 것입니다. 마지막에는 아라한 도와 과에 이르러 반조의 지혜로 '구분하여 앎이 성취됐다'라고 숙고하여 알 수 있게 될 것입니다.

괴로움의 진리와 관련해 진리 지혜saccañāṇa, 역할 지혜kiccañāṇa, 완수 지혜katañāṇa라는 세 가지 지혜에 대한 설명이 끝났습니다. 요약하자면, 볼 때 등에 끊임없이 생겨나고 있는 성품법 모두를 괴로움의 진리dukkhasacca라고 아는 것이 진리 지혜이고, 그 괴로움의 진리법들을 관찰해서 구분하여 알아야 한다고 아는 것이 역할 지혜이고, 구분하여 아는 역할이 성취됐다고 숙고해서 아는 것이 완수 지혜입니다. 이 내용을 아래의 게송으로 표현했습니다. 같이 독송합시다.

끊임없이 생멸하는 물질정신 모든것을
괴로움의 진리라고 아는것이 진리지혜
괴로움의 진리법을 구분하여 알아야해
이와같이 알아야함 아는것이 역할지혜
괴로움의 진리법을 구분하여 아는역할
성취되고 완수했다 아는것이 완수지혜

이 세 가지 지혜 중에 진리 지혜라는 것은 위빳사나 관찰을 하고 있는 중에도 생멸해버리는 법들을 괴로움이라고 알고서 생겨납니다. 그것은 성스러운 진리의 앞부분에 생겨나는 지혜입니다. 성스러운 도의 순간에도 열반이라는 적정의 요소를 알고 보고서 '생멸하는 모든 성품은 괴로움이구나'라고 알고 보는 일이 성취되는 것으로 생겨납니다. 성스러운 도의 뒤에도 숙고하고서 알면서 생겨납니다. 그래서 게송으로 "도의순간 앞과뒤에 네진리를 아는 것이 | 삿짜냐나 라고하는 진리대한 진리智"라고 표현했습니다. 같이 독송합시다.

도의순간 앞과뒤에 네진리를 아는것이
삿짜냐나 라고하는 진리대한 진리智 (①진리 지혜 게송)

진리 지혜saccañāṇa는 도에 이르기 전인 앞부분에서도 생겨나고, 도의 순간 이후인 뒷부분에서도 생겨나고 도의 순간에도 생겨난다는 뜻입니다. 도의 순간에 안다는 것은 소멸의 진리만 대상으로 하여 압니다. 나머지 세 가지 진리는 구분pariññā–제거pahāna–수행bhāvanā 통찰

paṭivedha이라는, 아는 작용이 성취되는 것으로 안다고 말해야 합니다. 괴로움의 진리와 관련해 말하자면 소멸의 진리라는 적정의 요소를 알고 보는 것으로 그렇게 적정하지 않은 물질·정신법들은 괴로움이라고 아는 작용이 성취됩니다. 그래서 성스러운 도와 과를 얻은 성자들은 《특히 아라한들은》 숙고하여 살펴보면 생멸하고 있는 물질·정신은 괴로움일 뿐이라고 압니다. 그래서 도의 순간에 괴로움을 구분하여 앎이라고 하는 통찰paṭivedha 작용이 성취된다고 말합니다. 위빳사나 관찰을 하고 있는 중에는 그 괴로움의 진리를 관찰하여 실제로 계속해서 알고 있습니다. 이렇게 아는 것을 게송으로 "괴로움의 진리란것 구분하여 알아야해 | 이와같이 아는것을 구분통찰 이라고해"라고 표현했습니다. 같이 독송합시다.

괴로움의 진리란것 구분하여 알아야해
이와같이 아는것을 구분통찰 이라고해[332]

'괴로움의 진리는 구분하여 알아야 한다'라는 등으로 아는 역할 지혜는 성스러운 도의 순간 이전부터 생겨납니다. 그렇게 해야 할 역할을 이전부터 알아 두어야 그 역할을 행하고 실천하는 것으로 성스러운 도를 생겨나게 할 수 있습니다. 괴로움의 진리와 관련해 말하자면, '볼 때 등에 분명하게 드러나고 있는 취착무더기, 괴로움의 진리법들을 계속해서 그 법들이 생겨날 때마다 끊임없이 관찰하여 무상 등으로 구분하여 알아야 한다. 구분하여 알 수 있도록 끊임없이 관찰해야 한다'라는 것을 이전부터 알아 두어야 그렇게 알아 둔 대로 관찰하고 새겨, 구분

332 저본 게송에서는 '구분통찰'을 'pariññāpaṭivedha'라는 빠알리어 원어를 사용했다.

하여 아는 위빳사나 지혜가 무르익고 성숙됐을 때 성스러운 도가 생겨납니다. 생겨남과 소멸과 도의 진리와 관련해 해야 할 역할들도 이전에 미리 알아 두어야 그 역할을 완수할 수 있도록 노력하여 성스러운 도가 생겨나게 할 수 있습니다. 그래서 그 역할의 지혜에 대해서는 게송을 "구분제거 실현수행 해야함을 미리알아| 낏짜냐나 라고하는 역할대한 역할智"라고 표현했습니다. 같이 독송합시다.

> 구분제거 실현수행 해야함을 미리알아
> 낏짜냐나 라고하는 역할대한 역할智 (② 역할 지혜 게송)

'괴로움의 진리는 구분해서 알아야 한다고 아는 것이 역할 지혜이다. 생겨남의 진리는 제거해야 한다고 아는 것이 역할 지혜이다. 소멸의 진리는 실현해야 한다고 아는 것이 역할 지혜이다. 도의 진리는 수행해야[333] 한다고 아는 것이 역할 지혜이다. 이 네 가지 역할의 지혜는 수행하기 이전에 생겨나야 한다'라는 뜻입니다. 게송에서 '미리알아'라는 것이 바로 그 네 가지 진리를 이전에 미리 알아야 한다는 뜻입니다. '네 가지 진리를 미리 안다'라는 것은 '역할 지혜 네 가지가 미리 생겨난다'라고 하는 것과 성품으로 동일합니다.

또한 네 가지 진리를 성취했다고 아는 완수 지혜katañāṇa는 아라한 도와 과에 도달한 뒤 반조의 지혜로 숙고했을 때 'vusitaṁ brahmacariyaṁ 거룩한 청정범행을 다 완성했다', 'kataṁ karaṇīyaṁ 해야 할 일을 다 마쳤다'라고 숙고하고서 생겨나는 지혜입니다. 그래서 이 완수 지혜에 대한 게송은 "네진리의 역할완수 끝났음을 아는 것이| 까따냐

333 닦아야, 늘어나게 해야.

나 라고하는 완수대한 완수智"라고 표현했습니다. 이 게송도 같이 독송합시다.

> 네진리의 역할완수 끝났음을 아는것이
> 까따냐나 라고하는 완수대한 완수智 (③ 완수 지혜 게송)

'아라한도의 지혜로 소멸을 실현하여 괴로움을 구분하여 앎, 생겨남을 제거함, 도를 수행함이라는 세 가지 작용과 역할도 성취한다. 그렇게 네 가지 역할을 성취했다고 아는 완수 지혜는 아라한도로 네 가지 진리 모두를 성취했을 때 생겨난다. 그래서 역할을 완수했다는 사실을 알고 본다'라고 설명한 것입니다.

지금 말한 ①진리 지혜 게송, ②역할 지혜 게송, ③완수 지혜 게송은 『까타왓투』에 대한 복주서인 『빤짜빠까라나 근본복주서』(PaMT.112)에 설해 놓은 대로 만들어 놓은 것입니다. 괴로움의 진리와 관련된 세 가지 지혜에 관해서는 충분히 이해했을 것입니다. 이제 생겨남의 진리와 관련된 세 가지 지혜를 설명하겠습니다.

생겨남의 진리

생겨남의 진리에 대한 진리 지혜

12 'Idaṁ dukkhasamudayo ariyasacca'nti me, bhikkhave, pubbe ananussutesu dhammesu cakkhuṁ udapādi, ñāṇaṁ udapādi, paññā udapādi, vijjā udapādi, āloko udapādi. (S.iii.370/S56:11)

대 역

Bhikkhave비구들이여, 'idaṁ이것이 dukkhasamudayo괴로움의

생겨남이라는; 괴로움을 생겨나게 하는 원인이라는 ariyasaccanti 성스러운 진리다'라고; 성자들이 아는 바른 법이다'라고[334] me나에게 pubbe ananussutesu dhammesu이전에는 들어 본 적이 없는 법에 대한 cakkhuṁ udapādi눈이 생겨났다; 지혜의 눈이 생겨났다. ñāṇaṁ udapādi지혜가 생겨났다; 아는 지혜가 생겨났다. paññā udapādi통찰지가 생겨났다; 다양하게 아는 통찰지가 생겨났다. vijjā udapādi명지가 생겨났다; 꿰뚫어서 아는 명지가 생겨났다. āloko udapādi광명이 생겨났다; 앎·지혜·통찰지라는 광명이 생겨났다.

이 성전 인용문 중에서 "idaṁ이것이"라는 단어를 통해 앞에서 설명한 감각욕망갈애와 존재갈애와 비존재갈애라는 세 가지 갈애를 나타냈습니다. 이 세 가지 갈애가 괴로움을 생겨나게 하는 모습은 다음과 같습니다.

감각욕망갈애가 감각욕망 대상들을 좋아하고 원하기 때문에 일을 하는 등으로 그것을 구해야 합니다. 일부 사람들은 자신이 원하는 것을 구하기 위해 죽을 정도로 고통을 겪기도 합니다. 갈애가 원하는데도[335] 구하지 않고 참고 있는 것도 괴로움입니다. 얻기 힘든 것을 구하려고 생각하는 것도 괴로움입니다. 얻은 것을 보호하는 것도 괴로움입니다. 담배나 씹는담배를 좋아하는 이들은 그것들이 없으면 괴로워합니다. 술이나 마약에 중독된 이들은 이보다 더 괴로울 것입니다.

334 저본에는 'dukkhasamudayo ariyasaccanti'라고 붙여서 대역했으나 의미를 분명하게 하기 위해 두 단어를 분리하여 대역했다.

335 실제로 원하는 주체는 갈애다.

사람들은 태어날 때부터 혼자입니다. 어릴 때는 혼자 자유롭게 지내는 것이 행복했습니다. 하지만 나이가 들면 배우자를 원합니다. 감각욕망갈애 때문입니다. 그 갈애 때문에 배우자를 구해야 합니다. 구하기 힘든 배우자를 원하면 더욱 괴롭습니다. 설령 얻는다 하더라도 마음이 맞지 않거나 바라는 바가 같지 않으면 괴로움을 겪어야 합니다. 다행히 마음이 맞더라도 둘 중 한 사람이 중병에 걸릴 수도 있습니다. 그렇게 되면 환자를 돌보느라 극심한 고통을 겪어야 합니다. 더 나아가 둘 중 하나가 죽어버리면 남아 있는 이는 울고 통곡하면서 매우 심하게 고통을 겪어야 합니다. 그렇게 괴로움을 겪는 것은 모두 갈애 때문임이 분명합니다. 하지만 중생들은 대부분 그 갈애를 행복하게 하는 것이라고 생각합니다. 그 갈애로 여러 가지 대상을 좋아하고 즐기는 것을 최고로 압니다. 좋아할 것이 없어 좋아하고 즐기는 갈애가 생겨나지 않으면 무미건조해서 지겹다고 생각합니다. 절이나 불탑에 가는 것을 따분한 일이라고 생각합니다. 법문 듣는 것도 재미없는 것이라 생각합니다. 위빳사나 수행이라는 직설적인 법문을 들으면 더욱 지겨워하기도 합니다. 반면 연극이나 영화는 매우 좋아합니다. 그래서 좋아할 만한 대상들을 할 수 있는 만큼 생각하고 구해서 좋아하고 즐기는 갈애를 더욱 기르고 시중들고 있습니다. 그것은 갈애를 행복의 원인이라고 생각하기 때문입니다. 그렇게 생각하는 것도 다른 이유 때문이 아닙니다. 무명 때문입니다. 무명이 좋아할 만한 것, 즐길 만한 것, 행복한 것으로 생각하고서 가리키고 보여 주기 때문입니다.

사실은 그렇게 좋다고 생각되는 것은 순간도 끊임없이 사라지기 때문에 두려워할 만한 것들일 뿐입니다. 아무리 많이 즐기더라도 '충분하고 구족하다'라는 것이 없습니다. 며칠, 몇 달, 몇 년, 오랫동안 누리더라도 전혀 핵심이나 진수라고 할 만한 것이 남지 않습니다. 그래서 그렇게 좋아하고 즐기는 것이 끊어지지 않고 계속 생겨나도록 항상 애쓰고 노력하고 있어야 합니다. 또한 마지막에 좋아할 만한 것이 사라져 없어지면 매우 피곤하고 괴롭습니다. 그래서 괴로움의 원인일 뿐입니다. 이것은 현재 생에 괴로움의 원인인 모습에 대한 약간의 귀띔 정도입니다.

갈애가 괴로움을 생겨나게 하는 원인이라는 것의 진정한 이유는 바로 새로운 생을 거듭, 거듭 생겨나게 하기 때문입니다. 형색이나 소리 등 좋은 감각욕망 대상들을 즐기고 원하는 갈애 때문에 집착합니다. 집착해서 자기의 원함이 충족되도록 노력합니다. 그것은 형성이라는 업 존재입니다. 그렇게 원하고 갈망하여 행하는 업도 있기 때문에 갈애로부터 힘을 얻은 업형성 의식abhisaṅkhāraviññāṇa이라는 죽음직전 속행의 마음들도 그 즈음에 드러나는 대상을 강하게 거머쥡니다. 그 죽음 마음의 바로 다음에 새로운 생의 재생연결 의식이 생겨납니다. 새로운 생의 재생연결 의식이 처음 생겨나면 그 생 전체와 관련된 괴로움들을 겪고 경험해야 합니다. 그렇게 새로운 생의 의식을 시작으로 괴로움들이 생겨나는 것은 좋아하고 애착하는 갈애가 있기 때문입니다. 갈애가 없는 아라한들의 경우는 그렇게 새로운 생의 괴로움들이 더 이상 생겨나지 않습니다. 그래서 감각욕망갈애는 태어남 등의 괴로움들을 생겨나게 하는 진짜 원인이라는 생겨남의 진리입니다.

색계 존재나 무색계 존재를 원하는 이들이라면 색계 선정이나 무색계 선정을 얻도록 노력해야 합니다. 그 선정 선업 때문에 색계 범천의 생이나 무색계 범천의 생에 태어납니다. 범천의 생에서는 아프고 참기 힘든 몸의 괴로움이 없습니다. 마음의 괴로움도 없습니다. 수명도 몇 대겁으로 매우 깁니다. 세상의 시각으로는 행복하다고 말할 수 있습니다. 하지만 그곳도 수명이 다하면 죽어야 합니다. 그래서 죽음의 괴로움maraṇadukkha도 여전히 있습니다. 죽지 않고 지내기를 바라지만 그 바람대로 성취되지 않는 괴로움도 있습니다. 죽은 뒤 욕계 탄생지에 태어나 겪어야 할 괴로움들도 아직 사라지지 않았습니다. 그래서 범천의 생에 태어나게 하는 존재갈애도 괴로움을 생겨나게 하는 진짜 원인인 생겨남의 진리입니다.

'죽은 뒤에는 아무것도 없다'라고 생각하고서 좋아하고 갈망하는 갈애로 인해 불선업 행위도 삼가지 않고 할 수 있는 만큼 구해서 즐기기 때문에 불선업이 많아집니다. 그 불선업 때문에 대부분 사악처에 태어납니다. 사악처의 괴로움도 많이 겪어야 합니다. 그래서 비존재갈애도 괴로움을 생겨나게 하는 진짜 원인인 생겨남의 진리라는 사실이 매우 분명합니다.

그렇게 세 가지 갈애 모두 괴로움을 생겨나게 하는 진짜 원인이기 때문에 부처님께서 세 가지 갈애야말로 괴로움을 생겨나게 하는 진짜 원인이라고 아신 모습을 "'이것이 괴로움의 생겨남이라는 성스러운 진리다'라고 알고 보는 지혜의 눈이 나에게 생겨났다"라는 등으로 장담하며 선언하신 것입니다. 그렇게 괴로움을 생겨나게 하는 진짜 원인이라고 아는 것이 진리 지혜saccañāṇa입니다. 그 진리 지혜는 성스러운 도 앞부분에서도 생겨나고, 뒤에서도 생겨나고, 성스러운 도의 순간에서도 제거통찰pahānapaṭivedha, 즉 제거하고 사라지게 함이라는 통찰로도 아는 역할이 성취됩니다. 그래서 앞에서 언급한 것과 마찬가지로 "도의 순간 앞과뒤에 네진리를 아는 것이ㅣ 삿짜냐나 라고하는 진리대한 진리智"라고 게송으로 표현했습니다.

생겨남의 진리에 대한 역할 지혜

13 'Taṁ kho panidaṁ dukkhasamudayo ariyasaccaṁ pahātabba'nti me, bhikkhave, pubbe ananussutesu dhammesu cakkhuṁ udapādi, ñāṇaṁ udapādi, paññā udapādi, vijjā udapādi, āloko udapādi. (S.iii.370/S56:11)

대 역

Bhikkhave비구들이여, 'taṁ kho pana idaṁ dukkhasamudayo ariyasaccaṁ그러한 성품이 있는 이 괴로움의 생겨남이라는 성스러운 진리는 pahātabbanti제거해야 할 법이다'라고 me나에게 pubbe ananussutesu dhammesu이전에는 들어 본 적이 없는 법에 대한 cakkhuṁ udapādi눈이 생겨났다; 지혜의 눈이 생겨났다. ñāṇaṁ udapādi지혜가 생겨났다; 아는 지혜가 생겨났다. paññā udapādi통찰지가 생겨났다; 다양하게 아는 통찰지가 생겨났다. vijjā udapādi명지가 생겨났다; 꿰뚫어서 아는 명지가 생겨났다. āloko udapādi광명이 생겨났다; 앎·지혜·통찰지라는 광명이 생겨났다.

괴로움을 사라지게 하려면 괴로움을 생겨나게 하는 원인법을 제거해야 할 것입니다. 비유하자면, 병으로 인한 아픔을 제거하고자 한다면 병을 생겨나게 한 원인samuṭṭhāna을 약으로 제거해야 합니다. 미얀마 전통의학에 따르자면 피, 바람, 담즙, 추위와 더위, 음식 등이 병의 원인입니다. 서양 의학에 따르자면 여러 질병을 일으키는 바이러스 등이 원인일 것입니다. 질병을 생겨나게 하는 그러한 원인들을 여러 약으로 제거하여 치료해야 병으로 인한 괴로운 느낌들이 사라질 수 있습니다. 마찬가지로 새로운 생에 태어남을 시작으로 윤회의 괴로움들을 사라지게 하고 싶으면 그 괴로움을 생겨나게 하는 원인을 제거해야 합니다. 괴로움을 생겨나게 하는 원인은 바로 생겨남의 진리samudayasacca라는 갈애입니다. 그 갈애를 제거해야 합니다. 그래서 그 갈애를 'pahātabba 제거해야 하는 법'이라고 말한 것입니다.

어떻게 제거해야 하는가, 그것이 제일 중요합니다. 여기에 특히 주의해야 합니다. '갈애는 오지 마라. 생겨나지 마라. 갈애가 없는 마음만 두자. 갈애가 없는 마음만 생겨나게 하자'라고 하면서 그러한 마음만 둘 수 있겠습니까? '둘 수 있다'라고 믿는 이들이 있으면 한번 그대로 실험해 보십시오. 얼마나 오래 둘 수 있는지 숙고해 보십시오. 자식이나 아내가 있는 이들이라면 자식이나 아내를 사랑하는 마음, 좋아하는 마음이 생겨나지 않겠습니까? 올바르지 않은 법asaddhamma이라는 음행을 하고 싶은 마음이 생겨나지 않겠습니까? 담배를 피우려는 갈애, 씹는담배를 씹으려는 갈애, 좋은 반찬과 국을 먹으려는 갈애가 생겨나지 않겠습니까? 재산을 구하려는 갈애가 생겨나지 않겠습니까? "이러한 것들은 원래 생겨나던 것들이어서 관계가 없다"라고 반박해서는 안 됩니다. 할 수 없다면 굴복해야 합니다. 할 수 있다면 제거해야 합니다.[336] 이것에 매우 주의해야 합니다.

제거해야 할 갈애는 세 종류입니다. ①몸의 업이나 말의 업에까지 이르러 범하는 갈애가 한 종류, ②마음속으로만 좋아하고 원하고 바라는 갈애가 한 종류, ③실제로는 생겨나지 않았지만 생겨날 기회가 있는 갈애가 한 종류, 이렇게 세 종류입니다. 이 세 종류 중에서 몸의 업이나 말의 업에 이르러 범하는 갈애를 위범번뇌vītikkamakilesa라

336 단순히 명령하는 것으로 갈애가 생겨나지 않도록 할 수 없다면 그 갈애에게 굴복한 채 지내야 한다. 할 수 있다면 그 제거해야 할 법들을 제거해야 한다.

고 합니다. 그 위범번뇌는 계를 통해 제거해야 합니다. 계를 정성스럽게 지키고 단속하는 이들은 다른 이의 재산을 원하지만 훔치지 않습니다. 소유하지 않은 여성을 범하지 않습니다. 《비청정범행(abrahmacariya, 非淸淨梵行) 계목을 지키는 이들이라면 음행 자체를 하지 않습니다.》 거짓말을 하지 않습니다. 술이나 마약 등 취하게 하는 것을 수용하지 않습니다. 그렇게 계를 정성스럽게 지키고 있으면 몸의 업이나 말의 업으로 범하는 위범갈애가 없습니다. 이것은 계를 통해 제거하는 모습입니다.

마음속 생각만으로 좋아하고 원하고 애착하고 바라고 있는 갈애를 현전번뇌pariyuṭṭhānakilesa라고 합니다. 그 현전번뇌는 삼매를 통해 제거해야 합니다. 들숨날숨 등 사마타 수행주제 하나에 끊임없이 마음을 기울이고 있으면 그렇게 마음을 기울이고 있을 때는 감각욕망 대상들을 좋아하고 바라고 생각함이 생겨나지 않습니다. 없습니다. 그렇게 어떠한 하나의 수행도 노력하지 않고서 그냥 지내고 있으면 마음이 자기가 원하는 대상들을 생각하고서 대부분 감각욕망갈애가 생겨납니다. '감각욕망갈애가 생겨나지 않도록 마음을 그대로 잘 둘 수 있다'라고 생각하고 있다면 그것은 자신의 마음을 스스로 잘 모르기 때문입니다. 사실은 어느 하나의 수행을 끊임없이 애쓰는 중에도 삼매의 힘이 아직 약하다면 감각욕망 사유 등이 생겨납니다. 사마타 수행주제에 마음을 기울여 수행하여 선정 삼매를 얻으면 그 선정이 무너지지 않는 동안에는 거친 감각욕망의 사유들이 생겨나지 않고 사라집니다. 그것은 삼매가 감각욕망갈애를 억압제거vikkhambhana pahāna를 통해 제거해서 사라진 것입니다. 존재갈애와 비존재갈애는 선정을 얻은 일부 수행자들에게서조차 사라지지 않고 그대로 존재할 수 있습니다. 일부 범천들에게서도 사라지지 않고 그대로 존재할 수 있습니다. 그래서 존재갈애와 비존재갈애는 사마타 삼매로 제거할 수 없습니다. 삼매가 없는 일반 사람들에게서는 자기 생을 좋아하는 갈애가 사라지지 않는다는 것은 말할 필요도 없습니다. 그렇게 좋아하는 것을 배움이 적은 이들은 갈애인 줄, 번뇌인 줄 모르고 지내는 경우가 많습니다. 일부 "그러한 마음은 번뇌가 사라진 것이다. 그렇게 번뇌가 사라진 것이 열반이다"라고까지 매우 잘못되게 설하고 있기도 합니다. 부처님의 가르침과 정반대입니다.

실제로 아직 생겨나지는 않았지만 조건이 형성됐을 때 생겨날 수 있는 갈애를 잠재번뇌anusayakilesa라고 합니다. 잠재번뇌는 대상에 대해 생겨날 기회가 있는 대상잠재번뇌ārammaṇānusayakilesa가 한 종류, 상속에 생겨날 수 있는 상속잠재번뇌santānānusayakilesa가 한 종류, 이렇게 두 종류가 있습니다. 볼 때나 들을 때 등에 분명함에도 불구하고 관찰하지 않아서 무상 등으로 알지 못한 성품법들에 대해 다시 돌이켜 숙고했을 때 생겨날 가능성이 있는 번뇌를 대상잠재번뇌라고 합니다. 그 대상잠재번뇌는 위빳사나 지혜로 제거해야 합니다. 위빳사나 통찰지를 통해 제거하는 것은 관찰된 대상에 대해 생겨날 번뇌들만 제거할 수 있습니다. 관찰하지 않은 대상에 대해서는 제거할 수 없습니다. 성스러운 도의 지혜를 통해 아직 제거되지 못해 언제든 조건이 형성됐을 때 생겨날 가능성이 있는 번뇌들을 상속잠재번뇌라고 합니다. 그것은 성스러운 도의 지혜로 번뇌가 아직 제거되지 않은 개인의 상속에 생겨날 수 있는 번뇌입니다. 그 상속잠재번뇌들은 성스러운 도의 지혜로만 제거할 수 있습니다. 그래서 그 상속잠재번뇌를 성스러운 도의 지혜로 제거할 수 있도록 위빳사나 수행을 닦아야 합니다.

잠재번뇌가 있다는 사실은 분명하다

잠재번뇌가 있다는 사실을 경전이나 아비담마에 부처님께서 분명하게 설하셨음에도 불구하고 "잠재번뇌란 없다. 마음이 집착해서 번뇌가 생겨나는 것이다"라고 설하기도 합니다. 그것은 부처님의 가르침을 존중하지 않는 것입니다. 가르침에 불경한 것입니다. 숙고해 보십시오. 어린 갓난아이들에게는 남녀 간의 감각욕망과 관련된 것에 대해 좋아하고 즐기는 감각욕망갈애가 분명하게 생겨나지 않습니다. 그것은 아직 조건이 형성되지 않았기 때문입니다. 완전히 사라져 없는 것이 아닙니다. 그 아이의 상속에 조건이 형성되면 언제든 생겨날 수 있습니다. 그래서 나이가 들었을 때 여성이나 남성이라는 이성 대상을 보자마자 즉시, 듣자마자 즉시, 갑자기 감각욕망 번뇌kāma kilesa가 생겨나는 경우가 많은 것입니다. 그것은 이전에 보고 들어서 집착해 두었기 때문에 생겨나는 것이 아닙니다. 즉시 생겨나는 것입니다. 그렇게 생겨나는 것은 그 아이의 상속에 생겨날 기회가 있는 잠재번뇌가 있기 때문입니다.

또한 일부 사람들은 삼보에 대해 의심 없이 믿고 존경합니다. 하지만 다른 종교 지도자의 가르침을 듣고서 삼보와 관련된 의심vicikicchā이 생겨나기도 합니다. 일부는 사견까지 생겨나기도 합니다. 그러한 의심과 사견은 마음이 집착해서 생겨난 것이 아닙니다. 이전에부터 그의 상속에 성스러운 도로 아직 제거하지 못했기 때문에 생겨날 기회가 있어서 생겨난 것입니다. 부처님 당시의 성제자들은 그 사견과 의심을 수다원도로 이미 제거한 상태였기 때문에 어떠한 스승이 설하더라도 의심이 생겨나지 않았습니다. 사견도 생겨나지 않았습니다. 제석천왕이나 마라가 유혹하며 말하더라도 의심이 생겨나지 않았습니다. 사견도 생겨나지 않았습니다. 그것은 성스러운 도로 상속잠재번뇌santānānusayakilesa를 제거했기 때문입니다.

그러니 지금 「담마짝까숫따」 법문을 듣는 선남자, 선여인, 대중 여러분도 '자신의 상속에 조건이 형성됐을 때 생겨날 수 있는 갈애가 아직 사라지지 않았다. 여전히 존재하고 있다'라고 이해하고서 "괴로움을 생겨나게 하는 진짜 원인인 그 생겨남의 진리, 갈애는 성스러운 도로 제거해야 하는pahātabba 법이다. 위빳사나 수행을 닦아서 성스러운 도로 제거해야 한다"라는 사실을 확실히 기억해야 합니다. 그렇게 '제거해야 할 법이다'라고 아는 것이 생겨남의 진리에 대해 해야 할 역할을 아는 역할 지혜kiccañāṇa입니다. 그 역할 지혜는 성스러운 도의 순간의 앞부분에서부터 먼저 생겨날 수 있고, 먼저 갖춰질 수 있습니다. 그래서 "구분제거 실현수행 해야함을 미리알아 | 낏짜냐나 라고하는 역할대한 역할智"라고 게송으로 표현한 것입니다.

부처님께는 이 역할 지혜가 어느 누구에게 들어본 적이 없이 생겨났습니다. 그래서 "'그러한 성품이 있는 이 괴로움의 생겨남이라는 성스러운 진리는 제거해야 할 법이다'라고 나에게 이전에는 들어 본 적이 없는 법에 대한 지혜의 눈이 생겨났다"라는 등으로 장담하며 선언하신 것입니다. 그 뒤 제거작용을 성취한 사실도 다음과 같이 선언하셨습니다.

생겨남의 진리에 대한 완수 지혜

14 'Taṁ kho panidaṁ dukkhasamudayo ariyasaccaṁ pahīna'nti me, bhikkhave, pubbe ananussutesu dhammesu cakkhuṁ udapādi, ñāṇaṁ udapādi, paññā udapādi, vijjā udapādi, āloko udapādi. (S.iii.370/S56:11)

대 역

Bhikkhave비구들이여, 'taṁ kho pana idaṁ dukkhasamudayo ariyasaccaṁ그러한 성품이 있는 이 괴로움의 생겨남이라는 성스러운 진리를 pahīnanti제거했다; 제거하는 일을 완수했다'라고 me나에게 pubbe ananussutesu dhammesu이전에는 들어 본 적이 없는 법에 대한 cakkhuṁ udapādi눈이 생겨났다; 지혜의 눈이 생겨났다. ñāṇaṁ udapādi지혜가 생겨났다; 아는 지혜가 생겨났다. paññā udapādi통찰지가 생겨났다; 다양하게 아는 통찰지가 생겨났다. vijjā udapādi명지가 생겨났다; 꿰뚫어서 아는 명지가 생겨났다. āloko udapādi광명이 생겨났다; 앎·지혜·통찰지라는 광명이 생겨났다.

이것은 제거해야 할 생겨남의 진리라는 갈애를 아라한도의 지혜로 제거하는 일을 끝냈을 때 그 일을 완수했다는 것을 돌이켜 반조하는 반조의 지혜가 생겨나는 모습을 장담하며 말씀하신 것입니다. 해야 할 일을 성취하고 완수했다는 것을 아는 것이기 때문에 이 지혜를 완수 지혜katañāṇa라고 합니다. 게송으로는 "네진리의 역할완수 끝났음을 아는 것이 | 까따냐나 라고하는 완수대한 완수智"라고 표현했습니다.

이 생겨남의 진리와 관련해 특별히 알아야 할 것은 다음과 같습니다. "성스러운 도 네 가지는 열반만을 직접 경험하여 안다. 그렇게 아는 것으로 첫 번째에는 사악처에 태어나게 하는 갈애가 사라져버린다. 두 번째에는 거친 감각욕망갈애가 사라져버린다. 세 번째에는 미세한 감각욕망갈애가 사라져버린다. 네 번째에는 나머지 모든 갈애가 사라져버린다. 그렇게 갈애가 사라지도록 제거하는 것, 그것만을 '네 가지 성스러운 도가 생겨남의 진리를 안다'라고 말하는 것이다. 그것을 제거통찰pahānapaṭivedha이라고 한다. 즉 제거함이라고 하는 앎이라는 뜻이다. 그렇게 제거하는 것, 사라지게 하는 것, 바로 그것이 성스러운 도로 (생겨남의 진리를) 알아야 하는 대로 아는 것이다"라는 사실을 특별히 기억해야 합니다. 이 내용을 게송으로 아래와 같이 표현했습니다. 같이 독송합시다.

생겨남의 진리란것 제거해야 하는진리
이와같이 제거함을 제거통찰 이라고해[337]

이 완수 지혜도 매우 중요합니다. '수행한다'라는 것은 그 갈애와 함께 번뇌들을 제거하도록 수행하는 것입니다. '특별한 법을 얻었다. 알았다. 일이 끝났다'라는 것은 그 갈애와 함께 번뇌들이 사라져야 안심할 수 있습니다. 그래서 '자신에게 갈애와 함께 번뇌들이 사라졌는가'라고 조사하고 살펴보는 것이 매우 중요합니다. 최소한 수다원이 됐다면 사악처에 떨어지게 할 수 있는 불선업을 행할 수 있을 정도로 애착하고 바라는 것이 사라져야 합니다. 오계의 계목을 범할 수 있을 정도의 애착하고 바라는 것이 사라져야 합니다. 계속 유지되는 자아나 나라는 것으로 집착할 수 있는 사견과 결합하여 생겨나는 애착이나 바람이 사라져야 합니다. 그러한 갈애가 사라져야 안심할 수 있습니다. 아직 사라지지 않았으면 어떠한 법도 아직 얻지 못했다고 기억해야 합니다.

지금까지 생겨남의 진리와 관련해 진리 지혜와 역할 지혜와 완수 지혜라는 세 가지 지혜에 대한 설명이 끝났습니다. 이제 소멸의 지혜와

337 저본에는 '제거통찰'이 'pahānapaṭivedha'라고 빠알리어로 표현됐다.

관련한 세 가지 지혜를 설명하겠습니다.

소멸의 진리

소멸의 진리에 대한 진리 지혜

15 'Idaṁ dukkhanirodho ariyasacca'nti me, bhikkhave, pubbe ananussutesu dhammesu cakkhuṁ udapādi, ñāṇaṁ udapādi, paññā udapādi, vijjā udapādi, āloko udapādi. (S.iii.370/S56:11)

대역

Bhikkhave비구들이여, 'idaṁ이것이 dukkhanirodho괴로움의 소멸이라는 ariyasaccanti성스러운 진리다'라고; 성자들이 아는 바른 법이다'라고[338] me나에게 pubbe ananussutesu dhammesu이전에는 들어 본 적이 없는 법에 대한 cakkhuṁ udapādi눈이 생겨났다; 지혜의 눈이 생겨났다. ñāṇaṁ udapādi지혜가 생겨났다; 아는 지혜가 생겨났다. paññā udapādi통찰지가 생겨났다; 다양하게 아는 통찰지가 생겨났다. vijjā udapādi명지가 생겨났다; 꿰뚫어서 아는 명지가 생겨났다. āloko udapādi광명이 생겨났다; 앎·지혜·통찰지라는 광명이 생겨났다.

이 인용문 중에 "idaṁ이것이"라는 것은 생겨남의 진리라는 갈애가 남김없이 소멸함이라고 앞에서 설명한 것을 뜻합니다. '갈애의 소멸을 통해 물질·정신 형성, 모든 괴로움이 소멸된 적정의 요소를 소멸의 진

338 저본에는 'dukkhasamudayo ariyasaccanti'라고 붙여서 대역했으나 의미를 분명하게 하기 위해 두 단어를 분리해 대역했다.

리라고 한다'라고 아는 진리 지혜saccañāṇa가 생겨났다는 뜻입니다. 그 진리 지혜는 "도의순간 앞과뒤에 네진리를 아는 것이ı 삿짜냐나 라고 하는 진리대한 진리智"라고 앞서 말한 대로 성스러운 도의 지혜 앞에서도 생겨납니다. 뒤에서도 생겨납니다. 성스러운 도의 순간에도 직접 대상으로 하여 생겨납니다. 성스러운 도에 아직 도달하기 전에 어떻게 아는가 하면, 제자들의 경우라면 다른 이들에게 듣고서 들어서 아는 지혜sutamayañāṇa로만 알 수 있습니다. 부처님의 경우에는 수다원도에 이르기 전에도 스스로의 지혜로 꿰뚫어 아셨습니다. 그래서 "pubbe ananussutesu dhammesu 이전에는 들어 본 적이 없는 법에 대한 지혜의 눈이 생겨났다"라는 등으로 장담하며 선언하신 것입니다. 진리 지혜는 성스러운 도의 순간이라면 열반을 직접 경험하여 아는 성스러운 도의 지혜입니다.

소멸의 진리에 대한 역할 지혜

16 'Taṁ kho panidaṁ dukkhanirodho ariyasaccaṁ sacchikātabba'nti me, bhikkhave, pubbe ananussutesu dhammesu cakkhuṁ udapādi, ñāṇaṁ udapādi, paññā udapādi, vijjā udapādi, āloko udapādi. (S.iii.370/S56:11)

대역

Bhikkhave비구들이여, 'taṁ kho pana idaṁ dukkhanirodho ariyasaccaṁ그러한 성품이 있는 이 괴로움의 소멸이라는 성스러운 진리는 sacchikātabbanti실현해야 할 법이다'라고 me나에게 pubbe ananussutesu dhammesu이전에는 들어 본 적이 없는 법에 대한 cakkhuṁ udapādi눈이 생겨났다; 지혜의 눈이 생겨났다. ñāṇaṁ udapādi지혜가 생겨났다; 아는 지혜가 생겨났다. paññā udapādi통찰지가 생겨났다; 다양하게 아는 통찰지가 생겨났다. vijjā udapādi명지가 생겨났다; 꿰뚫어서 아는 명지가 생겨났다. āloko udapādi광명이 생겨났다; 앎·지혜·통찰지라는 광명이 생겨났다.

이것은 '갈애가 소멸된 열반이라는 소멸의 진리는 성스러운 도로 직접 경험하여 알아야 할 법이다'라고 아는 지혜입니다. 이 지혜는 소멸의 지혜와 관련해 해야 할 역할을 아는 지혜이기 때문에 역할 지혜kiccañāṇa라고 말합니다. 직접 경험하여 아는 모습은 다음과 같습니다. 형성평온의 지혜가 무르익어 구족됐을 때 그 순간에 생멸하는 어느 하나의 성품법을 빠르게 계속 알아 나가다가 관찰하여 알아지는 대상이건 관찰하여 아는 것이건, 그러한 모든 형성 괴로움이 소멸한 성품에 도달하여 직접 경험하여 알게 되면 갈애도 소멸하는 것입니다. 그래서 갈애의 소멸을 소멸의 진리라고 말하는 것입니다. 소멸의 진리는 성스러운 도의 지혜가 직접 대상으로 하여 압니다. 그렇게 아는 것을 실현통찰sacchikiriyāpaṭivedha이라고 합니다. 즉 직접 실현하는 것을 통해서 아는 것이라는 뜻입니다. 직접 실현하여 아는 것은 돌려서 말하는 것이 아니라 직접적으로 표현한 것입니다. 게송으로는 다음과 같이 표현했습니다. 같이 독송합시다.

소멸함의 진리란것 실현해야 하는진리
이와같이 실현함을 실현통찰 이라고해[339]

339 저본에는 '실현통찰'이 'sacchikiriyāpaṭivedha'라고 빠알리어로 표현됐다.

지금 볼 때마다, 들을 때마다, 닿을 때마다, 알 때마다 끊임없이 따라서 관찰하고 있는 것은 소멸의 진리를 직접 실현하여 아는 실현통찰 역할을 성취하기 위해서입니다. 부처님께서는 보리수 아래 불패의 금강좌aparājitapallaṅka에서 아라한 도와 과의 지혜로 열반을 실현하여 실현통찰을 성취하셨습니다. 그리고 그 일을 완수했음을 반조하는 완수 지혜가 생겨나는 모습을 다음과 같이 선언하셨습니다.

소멸의 진리에 대한 완수 지혜

17 'Taṁ kho panidaṁ dukkhanirodho ariyasaccaṁ sacchikata'nti me, bhikkhave, pubbe ananussutesu dhammesu cakkhuṁ udapādi, ñāṇaṁ udapādi, paññā udapādi, vijjā udapādi, āloko udapādi. (S.iii.370/S56:11)

대역

Bhikkhave비구들이여, 'taṁ kho pana idaṁ dukkhanirodho ariyasaccaṁ그러한 성품이 있는 이 괴로움의 소멸이라는 성스러운 진리를 sacchikatanti실현했다; 실현하는 일을 완수했다'라고 me 나에게 pubbe ananussutesu dhammesu이전에는 들어 본 적이 없는 법에 대한 cakkhuṁ udapādi눈이 생겨났다; 지혜의 눈이 생겨났다. ñāṇaṁ udapādi지혜가 생겨났다; 아는 지혜가 생겨났다. paññā udapādi통찰지가 생겨났다; 다양하게 아는 통찰지가 생겨났다. vijjā udapādi명지가 생겨났다; 꿰뚫어서 아는 명지가 생겨났다. āloko udapādi광명이 생겨났다; 앎·지혜·통찰지라는 광명이 생겨났다.

이것도 "네진리의 역할완수 끝났음을 아는 것이 | 까따냐나 라고하는 완수대한 완수智"라는 게송대로 소멸의 진리를 아라한 도와 과의 지혜로 실현하여 알았다고 돌이켜 반조하는 완수 지혜가 생겨나는 모습을 설명한 것입니다. 의미는 분명합니다. 이제 도의 진리에 관한 세 가지 지혜에 대해 설명하겠습니다.

도의 진리

도의 진리에 대한 진리 지혜

18 'Idaṁ dukkhanirodhagāminī paṭipadā ariyasacca'nti me, bhikkhave, pubbe ananussutesu dhammesu cakkhuṁ udapādi, ñāṇaṁ udapādi, paññā udapādi, vijjā udapādi, āloko udapādi.

(S.iii.370/S56:11)

대 역

Bhikkhave비구들이여, 'idaṁ이것이 dukkhanirodhagāminī paṭipadā괴로움의 소멸에 이르는 실천이라는; 괴로움의 소멸에 이르게 하는 실천이라는 ariyasaccanti성스러운 진리다'라고; 성자들이 아는 바른 법이다'라고[340] me나에게 pubbe ananussutesu dhammesu이전에는 들어 본 적이 없는 법에 대한 cakkhuṁ udapādi눈이 생겨났다; 지혜의 눈이 생겨났다. ñāṇaṁ udapādi지혜가 생겨났다; 아는 지혜가 생겨났다. paññā udapādi통찰지가 생겨났다; 다양하게 아는 통찰지가 생겨났다. vijjā udapādi명지가 생겨났다; 꿰뚫

340 이곳은 저본에서도 'ariyasaccanti'를 분리해서 해석했다.

어서 아는 명지가 생겨났다. āloko udapādi광명이 생겨났다; 앎·지혜·통찰지라는 광명이 생겨났다.

도의 진리에 대한 명칭이 조금 깁니다. '괴로움의 소멸에 이르게 하는 실천이라는 성스러운 진리dukkhanirodhagāminī paṭipadā ariyasacca'라고 설하셨습니다. 주석서에서는 '도의 진리maggasacca'라고 줄여서 설명해 놓았습니다. 이 법문에서도 줄여서 표현한 대로 설명하겠습니다. 여덟 가지 성스러운 도를 "괴로움의 소멸인 열반이라는 적정의 요소로 도달하게 하는 진짜 실천인 성스러운 도의 진리"라고 아는 것을 진리지혜saccañāṇa라고 합니다. 그래서 "도의순간 앞과뒤에 네진리를 아는것이 | 삿짜냐나 라고하는 진리대한 진리智"이라고 게송으로 표현해 놓았습니다. 다시 한 번 독송합시다.

도의순간 앞과뒤에 네진리를 아는것이
삿짜냐나 라고하는 진리대한 진리智

부처님의 제자들은 성스러운 도에 이르기 전에 이 도의 진리를 들어서 아는 지혜sutamayañāṇa로만 알 수 있습니다. 범부들은 성스러운 도의 진리를 직접 경험하여 아직 알지 못합니다. 그래서 'magga saccaṁ 도의 진리는 iṭṭhaṁ원할 만하다. kantaṁ좋아할 만하다. manāpaṁ마음에 드는 것이다'라고 이렇게 단지 듣는 것만을 통해 마음을 기울여야 한다고, 그렇게 마음을 기울이는 것만으로 도의 진리에 대해 앞부분에서 해야 할 일을 다한 것이라고 주석서에서 설명해 놓았습니다. 마찬가지로 범부들이 아직 경험하여 알지 못하는 소멸의 진리라는 열반에 대해서도 'iṭṭhaṁ원할 만하다. kantaṁ좋아할 만하다. manāpaṁ마음에 드는 것이다'라고 마음 기울이는 정도만 필요하다고, 그렇게 마음을 기울이는 것만으로 소멸의 진리에 대해 앞부분에서 해야 할 일을 다한 것이라고 주석서에서 설명해 놓았습니다. 그래서 성스러운 도의 진리를 숙고하고 추론하여 관찰할 필요가 없듯이, 소멸의 진리인 열반도 앞부분에서 숙고하고 추론하여 관찰할 필요가 없다고 알아 두어야 합니다. 부처님의 경우에는 소멸의 진리를 스스로의 지혜로 앞부분에서 미리 아셨던 것처럼, 이 도의 진리도 스스로의 지혜로 이미 아셨습니다. 그래서 "pubbe ananussutesu dhammesu 이전에는 들어 본 적이 없는 법에 대한 지혜의 눈이 생겨났다"라는 등으로 장담하며 선언하신 것입니다.

성스러운 도의 순간에는 소멸의 진리라는 열반의 적정한 요소만을 직접 경험하여 압니다. 그렇게 대상으로 하여 아는 도라는[341] 법들은 자신의 상속에 실제로 생겨납니다. 그렇게 생겨나기 때문에 자신의 상속에 생겨나게 해야 함이라는 수행 작용bhāvanākicca이 성취됩니다. 그것을 수행통찰bhāvanāpaṭivedha이라고 합니다. 즉 '생겨나게 함인 앎'이라는 뜻입니다. 그래서 게송으로 "실천도의 진리란것 수행해야 하는진리 | 이와같이 수행함을 수행통찰 이라고해"라고 표현했습니다. 게송을 같이 독송합시다.

실천도의 진리란것 수행해야 하는진리[342]
이와같이 수행함을 수행통찰 이라고해[343]

341 열반은 대상, 그것을 대상으로 하여 아는 것은 도이다.

342 '수행해야'하는 것은 '생겨나게 해야'하는 것이고 '닦아야'하는 것이다.

343 저본에는 '수행통찰'이 'bhāvanāpaṭivedha'라고 빠알리어로 표현됐다.

말하고자 하는 바는 "자신의 상속에 성스러운 도의 지혜가 생겨나면 '그 성스러운 도를 안다'라고 말한다. 아는 역할이 끝났다"라는 의미입니다. 자신의 상속에 생겨난 법이라고 했기 때문에 반조해 보아서도 확실하게 알 수 있습니다. 하지만 성스러운 도를 처음부터 생겨나게 하는 것은 되지 않습니다. 앞부분 도라는 위빳사나 도부터 생겨나게 해야 합니다. 그래서 위빳사나도 소멸에 이르게 하는 바른 실천에 포함시켜야 합니다. 그렇게 포함시켜야 한다는 것을 제6장에서[344] 『위방가 주석서』의 설명과 함께 설명했습니다.

도의 진리에 대한 역할 지혜

19 'Taṁ kho panidaṁ dukkhanirodhagāminī paṭipadā ariyasaccaṁ bhāvetabba'nti me, bhikkhave, pubbe ananussutesu dhammesu cakkhuṁ udapādi, ñāṇaṁ udapādi, paññā udapādi, vijjā udapādi, āloko udapādi. (S.iii.370/S56:11)

대역

Bhikkhave비구들이여, 'taṁ kho pana idaṁ dukkhanirodhagāminī paṭipadā ariyasaccaṁ그러한 성품이 있는 이 괴로움의 소멸에 이르게 하는 성스러운 진리는 bhāvetabbanti수행해야 할, 닦아야 할, 생겨나게 해야 할 법이다'라고 me나에게 pubbe ananussutesu dhammesu이전에는 들어 본 적이 없는 법에 대한 cakkhuṁ udapādi눈이 생겨났다; 지혜의 눈이 생겨났다. ñāṇaṁ udapādi지혜가 생겨났다; 아는 지혜가 생겨났다. paññā udapādi통찰지가 생

344 본서 p.377 참조.

겨났다; 다양하게 아는 통찰지가 생겨났다. vijjā udapādi명지가 생겨났다; 꿰뚫어서 아는 명지가 생겨났다. āloko udapādi광명이 생겨났다; 앎·지혜·통찰지라는 광명이 생겨났다.

'도의 진리는 자신의 상속에 생겨나게 해야 할 법이다'라고 아는 것을 역할 지혜kiccañāṇa라고 부릅니다. 도의 지혜와 관련해 행해야 할 역할을 아는 지혜입니다. 괴로움의 진리는 구분해서 알아야 합니다. 괴로움의 진리는 어떻게 해야 합니까? 《구분해서 알아야 합니다.》 도의 진리는 자신의 상속에서 생겨나게 해야 합니다. 도의 진리는 어떻게 해야 합니까? 《자신의 상속에서 생겨나게 해야 합니다.》 이것을 확실하게 기억해 두어야 합니다. "도의 진리는 생겨나게 해야 하는 법이다bhāvetabba"라고 이 「담마짝까숫따」를 시작으로 설하셨습니다. 따라서 도의 진리를 생겨나게 하는 것은 부처님의 가르침과 일치하게 열반에 이르게 하는 실천이 맞습니까, 아닙니까? 《맞습니다.》 도의 진리를 처음부터 바로 생겨나게 할 수 있습니까? 《없습니다.》 어떠한 법을 처음 생겨나게 해야 하는가 하면 앞부분 도pubbabhāgamagga라는 위빳사나 도부터 생겨나게 해야 합니다. 성스러운 도의 진리를 생겨나게 하길 원한다면 어떠한 것부터 생겨나게 해야 합니까? 《위빳사나부터 생겨나게 해야 합니다.》

앞부분 도pubbabhāgamagga라는 위빳사나 도를 생겨나게 하기 위해서 어떠한 법을 관찰해야 하는가 하면 바로 괴로움의 진리를 관찰해야 합니다. 괴로움의 진리라는 다섯 취착무더기를, 그 법들이 생겨날 때마다 계속해서 관찰하면 위빳사나 도 구성요소법들이 생겨납니다. 다섯 취착무더기에 관해선 제4장에서 이미 자세하게 설명했습니다. 볼 때마다, 들을 때마다, 맡을 때마다, 먹어서 알 때마다, 닿아서 알 때마다, 생각해서 알 때마다 분명하게 드러나고 있는 물질·정신법들입니다. 그 법들이 생겨날 때마다 그것들을 계속해서 관찰하고 새기고 있으면 관찰해서 알아지는 물질과 관찰해서 아는 정신, 이렇게 물질과 정신 두 가지를 먼저 압니다. 그렇게 알고 난 뒤 원인과 결과도 구분하여 압니다. 그 뒤 새로 거듭 생겨나서 사라져버리는 것도 압니다. 생겨나서 사라지기 때문에 '항상하지 않다. 생겨나고 사라지기만 하기 때문에 괴로움이다. 자기 성품대로 생멸하고 있는 무아다'라고도 압니다. 그렇게 스스로 경험하여 아는 것이 바른 견해 도 구성요소sammādiṭṭhimaggaṅga입니다. 바른 견해가 생겨나면 바른 생각 등 나머지 도 구성요소들도 그것에 포함되어 생겨난다는 것을 앞에서 이미 설명했습니다. 그렇게 위빳사나 도 구성요소들이 생겨나도록 어떻게 관찰해야 하는지 그 관찰하는 모습도 앞부분에서 이미 자세하게 설명했습니다.

간략하게 다시 설명하자면, 몸의 어떤 감촉 하나를 시작으로 관찰해야 합니다. 그때 처음에 쉽게 관찰하도록 배이 부풂과 꺼짐을 시작으로 관찰하도록 본승은 지도하고 있습니다. 부풂과 꺼짐을 관찰하고 있다가 생각이 생겨나면 그 생각도 관찰해야 합니다. 저리고 뜨겁고 아프고 가려운 등 괴로운 느낌이 드러나면 그것도 관찰해야 합니다. 움직임이나 자세의 바꿈 등 몸의 동작들이 드러나면 그것들도 관찰해야 합니다. 특별한 봄, 들음 등이 드러나면 그것들도 관찰해야 합니다. 그렇게 관찰하다가 관찰할 때마다 계속해서 바르게 아는 바른 견해와 함께 위빳사나 도 구성요소들이 생겨납니다. 위빳사나 도 구성요소들이 무르익어 구족됐을 때 성스러운 여덟 가지 도 구성요소가 생겨납니다. 그래서 실제로 생멸하고 있는 물질·정신이라는 괴로움의 진리를 끊임없이 관찰하고 있는 것은 여덟 가지 도 구성요소인 'bhāvetabba', 생겨나게 해야 하는 법을 생겨나게 하고 있는 것입니다. 이것이 여덟 가지 도 구성요소를 생겨나게 하는 모습에 대한 요약입니다. 이 여덟 가지 도 구성요소를 생겨나게 하는 모습을 확실히 기억하도록 아래와 같이 게송으로 표현했습니다. 같이 독송합시다.

앞부분도 위빳사나 생겨나게 닦아야만
성스러운 도를다음 얻을수가 있다네
앞부분도 위빳사나 생겨나게 닦으려면
봄과들음 고의진리 관찰해야 한다네
봄과들음 오취온의 고의진리 관찰하면
관찰마다 여덟가지 도요소가 생겨나네

그래서 "물라뿝바 아리야 삼단도요소 | 도요소를 닦으면 열반이르러"라고도 게송으로 표현했습니다. 이 게송도 다시 독송해 봅시다.

물라뿝바 아리야 삼단도요소
도요소를 닦으면 열반이르러

일부가 '물질과 정신의 생멸이나 무상·고·무아의 성품들을 문헌으로 아는 정도로 일이 성취된다'라고 이전에 생각하고 있다가 새김확립 방법에 따라 관찰하고 새겨서 특별한 앎과 봄들을 직접 경험했을 때라야 사실대로 이해합니다. '볼 때, 들을 때 등에 관찰하고 새기지 않고서 괴로움의 진리를 구분하여 아는 pariññākicca, 즉 구분하여 아는 역할을 아직 성취할 수 없다. 여덟 가지 도 구성요소를 생겨나게 하는 것도 성취할 수 없다'라고 스스로 이해하게 됐다는 사실을 드러내어 말하기도 합니다. 그것은 경전 지식이 많은 이들이기 때문에 실제로 수행해 보아 바른길임을 알고 보고 이해하게 된 것입니다. 그래서 "여덟 가지 도 구성요소들은 물질·정신법들이 생겨날 때마다 그것을 관찰해서 알고 생겨나게 해야 할bhāvetabba 법이다"라고 이 「담마짝까숫따」에서 설하신 부처님의 말씀을 중시하고 기억해 두어야 합니다. 또한 "그렇게 아는 지혜가 도의 진리와 관련해서 해야 할 역할을 아는 역할 지혜kiccañāṇa이다. 그 역할 지혜는 성스러운 도를 얻기 전에 들어서 아는 지혜로 갖출 수 있다. 그렇게 갖추어야만 볼 때마다 들을 때마다 등에 실제로 생겨나고 있는 취착무더기, 괴로움의 진리법들을 관찰하여 알고서 위빳사나 도 구성요소들을 생겨나게 할 것이다. 그렇게 위빳사나 도 구성요소를 생겨나게 해야만 성스러운 도 구성요소라는, 생겨나게 해야 하는bhāvetabba 도의 진리maggasacca를 생겨나게 해서 열반을 실현할 수 있다"라는 사실을 특히 주의하여 확고하게 새겨 두어야 합니다.

도의 진리에 대한 완수 지혜

20 'Taṁ kho panidaṁ dukkhanirodhagāminī paṭipadā ariyasaccaṁ bhāvita'nti me, bhikkhave, pubbe ananussutesu dhammesu cakkhuṁ udapādi, ñāṇaṁ udapādi, paññā udapādi, vijjā udapādi, āloko udapādi. (S.iii.369/S56:11)

대역

Bhikkhave비구들이여, 'taṁ kho pana idaṁ dukkhanirodhagāminī paṭipadā ariyasaccaṁ그러한 성품이 있는 이 괴로움의 소멸에 이르게 하는 실천이라는 성스러운 진리를 bhāvitanti생겨나게 했다; 수행했다; 닦았다; 생겨나게 하는 일을 완수했다'라고 me 나에게 pubbe ananussutesu dhammesu이전에는 들어 본 적이 없는 법에 대한 cakkhuṁ udapādi눈이 생겨났다; 지혜의 눈이 생겨났다. ñāṇaṁ udapādi지혜가 생겨났다; 아는 지혜가 생겨났다. paññā udapādi통찰지가 생겨났다; 다양하게 아는 통찰지가 생겨났다. vijjā udapādi명지가 생겨났다; 꿰뚫어서 아는 명지가 생겨났다. āloko udapādi광명이 생겨났다; 앎·지혜·통찰지라는 광명이 생겨났다.

이것은 생겨나게 해야 할 도의 진리를 아라한도까지 생겨나게 하여 '생겨나게 해야 하는 일을 완수했다'라고 숙고하는 완수 지혜katañāṇa를 구족한 모습을 장담하며 선언하는 말씀입니다.

네 가지 진리와 관련해 진리 지혜, 역할 지혜, 완수 지혜라는 세 가지 지혜, 네 가지씩을 다 설명했습니다. 그 세 가지 지혜, 네 가지씩을 요약하여 설명하겠습니다. 첫 번째 게송을 독송합시다.

도의순간 앞과뒤에 네진리를 아는것이
삿짜냐나 라고하는 진리대한 진리智

'이것이 괴로움의 진리다. 이것이 생겨남의 진리다. 이것이 소멸의 진리다. 이것이 도의 진리다'라고 이렇게 네 가지 진리를 아는 것이 진리 지혜입니다. 그 진리 지혜는 도에 이르기 전 앞부분에도 생겨납니다. 제자들의 경우는 소멸의 진리와 도의 진리는 앞부분에 들어서 아는 지혜로만 생겨납니다. 소멸의 진리는 도의 순간에도 직접 대상으로 하여 압니다. 나머지 진리 세 가지는 도의 순간에 구분하여 아는 작용, 제거하여 아는 작용, 생겨나게 하는 작용을 성취하는 것으로 앎이 성취됩니다. 그렇게 성취되는 모습을 "tīsu kiccato 나머지 세 가지 진리는

작용으로"라고 주석서에서 설해 놓았습니다. 도에 이르고 나서 아는 모습은 특별히 말할 필요가 없습니다. 분명합니다. 그래서 "도의순간 앞과뒤에 네진리를 아는 것이 | 삿짜냐나 라고하는 진리대한 진리智"라고 게송으로 표현한 것입니다. 두 번째 게송을 독송합시다.

구분제거 실현수행 해야함을 미리알아
낏짜냐나 라고하는 역할대한 역할智

"괴로움을 구분하여 알아야 한다. 생겨남을 제거해야 한다. 소멸을 실현하여 도달해야 한다. 도를 자신의 상속에 생겨나게 해야 한다"라고 아는 것이 바로 네 가지 진리와 관련해서 해야 할 역할을 아는 역할 지혜입니다. 성스러운 도에 이르기 전 앞부분에 위빳사나 관찰을 할 때든, 관찰하기 전에서든 생겨나는 지혜입니다. 그래서 "미리알아"라고 게송으로 표현해 놓았습니다. 미리 아는 것과 미리 생겨나는 것은 성품으로는 같습니다. 네 가지 진리와 연결해서 보면 '미리 안다'라고 의미를 해석하면 되고, 네 가지 역할 지혜와 관련해서 보면 '미리 생겨난다'라고 의미를 해석하면 됩니다. 마지막 세 번째 게송을 독송합시다.

네진리의 역할완수 끝났음을 아는것이
까따냐나 라고하는 완수대한 완수智

세간에서 일을 다했을 때 '일이 끝났다'라고 아는 것처럼 구분하여 아는 역할, 제거하는 역할, 실현하는 역할, 생겨나게 하는 역할이라는 그 네 가지 역할을 성취하고 완수했을 때 완수했다는 것을 돌이켜 숙고합니다. 그것은 반조paccavekkhaṇa의 지혜입니다. 그 지혜를 완수 지혜katañāṇa라고 합니다. 'kata완수했음을' + 'ñāṇa아는 지혜' = 'katañāṇa

완수했다는 것을 아는 지혜'라는 뜻입니다.

지금 말한 네 가지 진리와 관련해서 생겨나는 지혜는 진리 지혜 네 가지, 역할 지혜 네 가지, 완수 지혜 네 가지 등 모두 12가지입니다. 이 12가지 지혜 중 '진리 지혜'가 생겨나는 모습과 '역할 지혜' 네 가지를 확실하게 알아 두는 것이 제일 중요합니다. 그래서 그 역할 지혜 네 가지와 진리 지혜 네 가지를 게송 네 가지로 앞서 표현했습니다. 다시 독송해 봅시다.

괴로움의 진리란것 구분하여 알아야해
이와같이 아는것을 구분통찰 이라고해
생겨남의 진리란것 제거해야 하는진리
이와같이 제거함을 제거통찰 이라고해
소멸함의 진리란것 실현해야 하는진리
이와같이 실현함을 실현통찰 이라고해
실천도의 진리란것 수행해야 하는진리
이와같이 수행함을 수행통찰 이라고해

성스러운 도의 순간에 네 가지 진리를 동시에 아는 모습

성스러운 도의 순간에는 소멸의 진리만을 직접 대상으로 하여 압니다. 나머지 세 가지 진리에 대해서는 구분통찰pariññāpaṭivedha, 제거통찰pahānapaṭivedha, 수행통찰bhāvanāpaṭivedha이라는 아는 작용 세 가지가 저절로 성취되는 것으로만 압니다. 그래서 "tīsu kiccato paṭivedho hoti, nirodhe ārammaṇapaṭivedho 세 가지 진리에 대해서는 작용을 성취하는 것으로 통찰한다. 소멸에 대해서는 대상으로 하는 것으로 통찰한다"라고[345] 주석서에서 설해 놓았습니다. 이렇게 통찰하여 아는 모습도 두 게송으로 표현했습니다. 같이 독송합시다.

네진리중 하나만 도가알고봐
통찰작용 네가지 모두성취돼

그 성스러운 도의 순간처럼 위빳사나 관찰을 하는 순간에도 괴로움의 진리를 대상으로 하여 아는 것을 통해 나머지 세 가지 진리에 대해서도 아는 작용이 성취됩니다. 성취되는 모습은 다음과 같습니다. 무상하고 괴로움이고 무아라고 아는 대상에 대해 항상하고 행복하고 자아라고 생각해서 좋아하고 즐길 갈애가 생겨날 기회가 없이 사라집니다. 그것이 부분 제거통찰tadaṅgapahānapaṭivedha입니다. 그렇게 관찰해서 아는 대상에 대해 항상하고 행복하고 자아라고 생각하여 잘못 아는 무명을 시작으로 형성과 의식 등도 생겨날 기회가 없이 소멸합니다. 그것이 부분 실현통찰tadaṅganirodhapaṭivedha, 즉 부분소멸을 성취하는 것으로 도달하고 실현하는 것입니다. 무상하고 괴로움이고 무아라고 아는 위빳사나 여덟 가지 도 구성요소가 계속 관찰할 때마다 자신의 상속에 생겨납니다. 이것이 수행통찰bhāvanapaṭivedha입니다. 그래서 위빳사나 순간에도 괴로움의 진리를 대상으로 하여 아는 것만으로 나머지 진리에 대해서도 제거와 실현과 수행이라는 세 가지 역할·작용이 성취되는 것으로 네 가지 진리를 안다고 말할 수 있습니다. 이로써 네 가지 진리

345 DA.ii.391; 『위빳사나 수행방법론』 제1권, pp.536~538 참조.

에 대한 세 가지 진리 네 가지씩을 모두 설명했습니다. 오늘은 이 정도로 법문을 마치겠습니다.

이 「담마짝까숫따」의 가르침을 정성스럽게 경청한 청법선업 의도의 공덕으로 지금 법문을 듣는 선남자, 선여인, 대중들 모두가 봄, 들음 등 괴로움의 진리들을 구분하여 알도록 관찰해서 닦고 수행하여 자신이 원하는 성스러운 도의 지혜, 과의 지혜, 열반이라는 거룩한 법에 빠르게 도달하기를.

사두, 사두, 사두.

『담마짝까 법문』 제7장이 끝났다.

제8장

1963년 음력 3월 보름

(1963. 04. 08)

제7장에서는 네 가지 진리에 대한 진리 지혜와 역할 지혜, 완수 지혜라는 세 가지 지혜 네 가지씩, 모두 12가지 지혜가 생겨나는 모습을 설했습니다. 중간에 미지나, 버모 등에 가서 법을 설하느라 여기 페인 담마용 법당에서 설하던 『담마짝까 법문』이 얼마간 중단됐습니다. 오늘은 정등각자의 지위를 선언하시지 않았던 모습과 선언하셨던 모습을 시작으로 경의 끝까지 설하겠습니다.

붓다의 지위를 선언하시다

붓다의 지위를 선언하지 않으셨던 모습

21 Yāvakīvañca me, bhikkhave, imesu catūsu ariyasaccesu evaṁ tiparivaṭṭaṁ dvādasākāraṁ yathābhūtaṁ ñāṇadassanaṁ na suvisuddhaṁ ahosi, neva tāvāhaṁ, bhikkhave, sadevake loke samārake sabrahmake sassamaṇabrāhmaṇiyā pajāya sadevamanussāya 'anuttaraṁ sammāsambodhiṁ abhisambuddho'ti paccaññāsiṁ[346]. (S.iii.370/S56:11)

대 역

Bhikkhave비구들이여, me나에게 imesu catūsu ariyasaccesu이러한 네 가지 성스러운 진리에 대해 evaṁ이와 같이; 이와 같이 선언한 대로 tiparivaṭṭaṁ세 가지 회전이 있고 dvādasākāraṁ열두 가지

346 abhisambuddho paccaññāsiṁ (Se. Te. Ke.).

양상이 있는 yathābhūtaṁ ñāṇadassanaṁ사실대로 바르게 알고 봄이; 있는 그대로 알고 보는 지견이 yāvakīvañca어느 기간 na suvisuddhaṁ ahosi아직 청정하지 않았다. tāva그 동안은; 그렇게 청정하지 않은 동안은 ahaṁ나는 sadevake loke samārake sabrahmake 천신도 포함하고 마라도 포함하고 범천도 포함한 세상에서, sassamaṇabrāhmaṇiyā pajāya sadevamanussāya사문·바라문과 천신·인간을 포함한 무리에서; 사문과 바라문이라고 자칭하는 선인이나 수행자들과 관습적sammuti 천신이라는 왕과 일반 사람들을 포함한 중생 무리에서 anuttaraṁ위없는; 그보다 더 뛰어남이 없어 으뜸인 sammāsambodhiṁ정등각을; 스스로 바르게 깨달은 지혜를; 바르게 스스로 깨달은 붓다의 상태를 abhisambuddhoti"깨달았다"라고; "알게 되었다; 이르렀다"라고 neva paccaññāsiṁ선언하지 않았다, bhikkhave비구들이여.

정등각sammāsambodhi이란 거룩하신 부처님들에게만 생겨나는 아라한도입니다. 부처님들은 그 아라한도의 지혜를 다른 이에게서 방법을 배우지 않고 스스로의 지혜로만 실천하고 노력하여 얻으십니다. 틀리지 않게 바르고 옳게도 아십니다. 그 지혜를 얻는 것과 동시에 모든 법을 다 알 수 있는 일체지sabbaññutañāṇa도 얻으십니다. 그래서 그 아라한도의 지혜를 'sammā바르게' + 'saṁ스스로' + 'bodhi아는 지혜' = 'sammāsambodhi정등각, 바르게 스스로 아는 지혜'라고 합니다. 벽지불들에게 생겨나는 아라한도의 지혜는 'sambodhi스스로 아는 지혜'라고만 부릅니다.《'sammā바르게 아는' 덕목은 포함되지 않습니다.》부처님 제자들의 아라한도의 지혜는 'sammā바르게 아는' 덕목이나 'saṁ

스스로 아는' 덕목 모두 포함되지 않고 'bodhi아는 지혜, 깨달음'으로만 불립니다.

거룩하신 부처님들에게 생겨나는 아라한도의 지혜는 스스로도 알고 바르게도 압니다. 그래서 'sammāsambodhi정등각', 바르게 스스로 아는 지혜라고 합니다. 그 지혜가 생겨나는 것과 동시에 모든 법을 완전히 아는 일체지sabbaññutañāṇa도 얻으십니다. 그렇게 모든 법을 다 알 수 있기 때문에 모든 법을 다 아는 붓다의 지위에도 이르신 것입니다. 그 정등각의 지혜야말로 모든 법을 다 아는 붓다의 지위에 이르게 하는 원인이기 때문에 붓다가 되게 하는 원인이라고도 할 수 있습니다. '그 붓다의 지위에 이르게 하는 원인, 붓다가 되게 하는 원인인 정등각의 지혜를 얻었다. 알았다'라고 이전에는 아직 선언하지 않았다고 설하신 것입니다. 언제까지 선언하지 않으셨는가 하면, 앞에서 설명했던 네 가지 진리와 관련하여 사실대로 바르게 아는 진리 지혜와 역할 지혜와 완수 지혜라는 앎과 봄, 지견이 아직 완전히 깨끗하게 되기 전까지 선언하지 않으셨다는 뜻입니다. 시간으로 말한다면, 정등각을 선언하신 음력 6월 보름날부터 2개월 전 음력 4월 보름 새벽, 동이 트기 직전 아라한도에 이르기 전까지였습니다. 이를 통해 그보다 더 이전인 고행의 실천을 하는 동안에 선언하지 않았다는 것은 말할 필요도 없다는 사실도 알게 합니다.

여기에서 '세 가지 회전'이라는 것은 진리 하나씩에 대해 진리 지혜와 역할 지혜, 완수 지혜라는 세 가지를 말합니다. '열두 가지 양상'이라는 것은 그 세 가지 지혜가 네 가지 진리와 결합하여 생겨나는, 그 세 가지 지혜를 아는 모습 열두 가지를 말합니다. 이 열두 가지 앞부분과 뒷부분의 지혜와 함께 아라한도의 지혜가 바로 사실대로 바르게 아는 여실지yathābhūtañāṇa입니다. 그 여실지가 완전히 청정하게 되기 전까지는 붓다의 지위나 정등각의 지혜를 얻었다거나 알았다고 선언하지 않았다는 뜻입니다. 어디에서 선언하지 않았는가 하면 '바로 이 세상 가운데서'입니다.

이 세상 가운데서 위력이 크다고 할 수 있는, 앎과 지혜가 예리한 욕계천신들도 있습니다. 가르침에 반대하는 마라 천신도 있습니다. 욕계천신들보다, 마라보다 위력으로나 지혜·통찰지로나 예리한 범천들도 있습니다. 만약 여실지를 아직 구족하지 않고 여실지가 청정하지 않은 채 붓다의 지위를 선언한다면, 욕계천신들과 마라, 범천들이 반박하면서 질문하고 조사하며 검증했을 때 의심이 해결되도록 대답할 수 없습니다. 욕계천신과 마라, 그리고 범천이라는 존재들은 사람들과 그리 가깝지 않기 때문에 그만두더라도, 이 대지 위에 있는 사람들 중에서도 사문이라고 불리고 바라문이라고 불리는 선인들 등 거룩한 이들도 있습니다. 사람들이 관습적으로sammuti 천신이라고 부르는 왕들도 있습니다. 이 밖에 다른 사람들도 있습니다. 그들이 질문하며 조사했을 때도 의심이 해결되도록 대답할 수 없습니다. 그 당시 과거와 미래, 현재에 대해 모두 다 안다고 선언하고 주장하던 뿌라나 깟사빠Pūraṇa kassapa 등 외도 스승들도 있었습니다. 그 외도스승들에게 지혜 있는 사문들이나 지혜 있는 사람들이나 왕들이 질문하며 조사했을 때 그들은 의심이 해결되도록 대답할 수 없었습니다. 어느 때 부처님에게조차 빠세나디Pasenadī 꼬살라 왕이 "bhavampi gotamo고따마 존자도 anuttaraṁ sammāsambodhiṁ더 높음이 없이 제일 거룩한 정등각의 지혜라는 붓다의 지위를 abhisambuddhoti경험하여 알고 얻었다고 paṭijānāti선언하십니까?"라고 왕의 권위로 하대하고 제압하듯 질문하면서 조사한 적이 있었습니다. 그 당시 뿌라나 깟사빠 등 외도 스승들은 일반인들 앞에서는 붓다의 지위를 당당하게 주장하더라도 빠세나디 꼬살라 왕이 질문했을 때는 주장하지 않았다고 합니다. 그래서 "그 외도 스승들조차 붓다의 지위를 주장하지 않는데 고따마 존자는 나이도 아직 어리고 출가하여 수행자가 된 지도 오래 되지 않았는데 붓다의 지위를 선언하는가?"라고 거듭 조사하기까지 했습니다. 하지만 거룩하신 부처님은 진짜이기 때문에, 사실이기 때문에 의심이 해결되도록 대답할 수 있었습니다. 그렇게 대답할 수 있었기 때문에 그때부터 꼬살라 왕은 부처님에게 삼귀의를 수지하고서 재가신자가 된 것입니다. 그렇게 조사할 이들도 있다는 것을 대상으로 해서 "천신들도 있고, 마라들도 있고, 범천들도 있는 세상에서, 또한 사문들도 있고 바라문들도 있고 왕을 포함한 사람들도 있는 중생 무리 중에서 아직 선언하지 않았다"라고 말씀하신 것입니다.

이 구절을 통해 아직 진짜가 아닌 동안은 선언하기에 적당하지 않기 때문에 선언하지 않았다는 사실을 알게 합니다. 그렇게 선언하지 않았던 것을 말씀하신 뒤 선언하기에 적당한 시기가 됐을 때라야 선언하셨다는 사실을 다음과 같이 말씀하셨습니다.

붓다의 지위를 선언하시는 모습

22 Yato ca kho me, bhikkhave, imesu catūsu ariyasaccesu evaṁ tiparivaṭṭaṁ dvādasākāraṁ yathābhūtaṁ ñāṇadassanaṁ suvisuddhaṁ ahosi, athāhaṁ, bhikkhave, sadevake loke samārake sabrahmake sassamaṇabrāhmaṇiyā pajāya sadevamanussāya 'anuttaraṁ sammāsambodhiṁ abhisambuddho'ti paccaññāsiṁ. (S.iii.370/S56:11)

대 역

Bhikkhave비구들이여, yato ca kho실로 어느 때, me나에게 imesu catūsu ariyasaccesu이러한 네 가지 성스러운 진리에 대해 evaṁ 이와 같이; 이와 같이 선언한 대로 tiparivaṭṭaṁ세 가지 회전이 있고 dvādasākāraṁ열두 가지 양상이 있는 yathābhūtaṁ ñāṇadassanaṁ사실대로 바르게 알고 봄이; 있는 그대로 알고 보는 지견이 suvisuddhaṁ ahosi매우 청정하게 되었다; 매우 청정하게 생겨났다. atha그렇게 앎과 봄이 청정하게 되었을 때 ahaṁ나는 sadevake loke samārake sabrahmake천신도 포함하고 마라도 포함하고 범천도 포함한 세상에서, sassamaṇabrāhmaṇiyā pajāya sadevamanussāya또한 사문·바라문과 천신·인간을 포함한 무리에서; 사문과 바라문이라고 자칭하는 선인이나 수행자들과 관습적sammuti 천신이라는 왕과 일반 사람들을 포함한 중생 무리에서 anuttaraṁ위없는; 그보다 더 뛰어남이 없어 으뜸인 sammāsambodhiṁ정등각을; 스스로 바르게 깨달은 지혜를; 바르게 스스로 깨달은 붓다의 상태를 abhisambuddhoti"깨달았다"라고; "알게 되었다; 이르렀다"라고 paccaññāsiṁ당당하게 선언했다, bhikkhave비구들이여.

이 말씀을 통해 드러내고 선언하신 것은 "네 가지 성스러운 진리와 관련하여 알아야 할 진리 지혜 네 가지, 역할 지혜 네 가지, 완수 지혜 네 가지, 모두 열두 가지 양상이 있는 여실지견이 완전하게 청정하게 됐을 때라야 '제일 거룩한 정등각의 지혜를 얻었다. 깨달았다. 붓다의 지위에 이르렀다'라고 선언하셨다"라는 사실입니다. 그렇게 선언하시는 것도 어느 한 지역 일부분에서만 선언하시는 것이 아닙니다. 위력이나 지혜로 매우 예리하고 큰 천신들도 있고, 가르침을 반대하는 마라도 있고, 위력도 크고 지혜도 매우 예리한 범천들도 있는 온 세상 전체에서 당당하게 선언하신 것입니다. 지혜 있는 사문과 바라문들 외에 위력이나 권세가 큰 왕도 있고 다른 사람들도 있는 인간세상에서도 당당하게 선언하신 것이라는 뜻입니다.

그 구절을 통해 '어떠한 천신이든 마라든 범천이든 믿지 못해 의심이 있다면 질문하고 조사할 수 있고, 어떠한 사문이나 바라문이든 어떤 사람이든 어떠한 왕이든 어떤 지혜로운 이들이든 믿지 못해 의심이 있다면 질문하고 조사할 수 있다. 질문하고 조사하는 그 모든 것이 해결되도록 대답해 줄 것이다'라는 목적으로 당당하게 선언하며 말씀하신 것입니다. 매우 의미심장한 선언입니다. 그렇게 선언하며 드러내는 것도 전혀 조사나 숙고를 하지 않고 갑자기 선언하신 것이 아닙니다. 반조의 지혜로 조사하고 숙고한 뒤 비로소 선언하셨다는 사실을 다음과 같이 설하시면서 결론을 맺었습니다.

끝맺는 말씀

23 Ñāṇañca pana me dassanaṁ udapādi - 'akuppā me vimutti[347], ayamantimā jāti, natthidāni punabbhavo'ti. (S.iii.370/S56:11)

대역

Me나에게 ñāṇañca pana dassanaṁ앎과 봄도; 숙고하는 지혜도 udapādi생겨났다. 《kinti어떻게 생겨났는가?》 me나의 vimutti해탈

347 cetovimutti (Se.).

은; 번뇌로부터 벗어남은 akuppā확고부동하다; 더 이상 무너지지 않는다. 《'나의 번뇌로부터의 벗어남인 해탈은 아라한도와 아라한과로 벗어남이다. 색계 선정이나 무색계 선정으로 벗어남인, 단지 억압해서 멀리 떨어진 것 정도로 벗어난 해탈인 억압해탈vikkhambhana vimutti이 아니다. 남김없이 근절하여 벗어난 해탈인 근절해탈samuccheda vimutti이다. 또한 다시 고요하게 하여 벗어난 해탈인 재경안해탈paṭippassaddhi vimutti이기도 하다. 그래서 더 이상 무너질 수 없다'라고 이렇게도 반조의 지혜로 숙고하여 알게 되신 것이라는 뜻이다.》 ayaṁ지금 현재 생이 antimā jāti마지막 생이다. idāni이제 punabbhavo다시 태어남은; 새로운 생은 natthi더 이상 없다. iti이렇게이다; 이렇게 앎과 봄이라는 반조의 지혜도 생겨났다.

이 끝맺는 구절 중에 "akuppā me vimutti 나의 해탈은 확고부동하다. 더 이상 무너질 수 없다"라는 구절을 통해 색계선정이나 무색계선정으로 벗어남은 다시 무너질 수 있으나 부처님의 해탈은 더 이상 다시 무너질 수 없다는 의미를 나타냅니다. 색계선정이나 무색계선정에 이른 이들도 감각욕망 원함이나 분노 등의 번뇌로부터 벗어나 있습니다. 그 선정을 얻은 이들에게 감각욕망 원함 등의 번뇌가 생겨나지 않고 잠재워져 있습니다. 하지만 그 선정이 줄어들거나 무너졌을 때 감각욕망 원함 등이 다시 생겨납니다. 그 선정은 번뇌들의 생겨남을 잠시 진정시키는 것 정도로만 벗어납니다. 그것을 억압해탈vikkhambhana vimutti이라고 합니다. 부처님께서 구족하신 해탈은 번뇌라는 모든 것을 뿌리까지 제거하여 벗어났기 때문에 근절해탈samuccheda vimutti이라고 합니다. 또한 번뇌의 여세를 다시 잠재워 벗어났기 때문에 재경안해탈

paṭippassaddhi vimutti, 즉 다시 고요하게 하는 벗어남이기도 합니다. '근절해탈'이란 아라한도로 번뇌들을 뿌리까지 사라지게 하는 것으로 벗어나 해탈한 것입니다. '재경안해탈'이란 아라한과로 번뇌들의 여세를 다시 잠재워 벗어나 해탈한 것입니다. 그러한 해탈은 더 이상 무너지지 않습니다. 그래서 부처님께서 '나의 해탈은 확고부동하다. 더 이상 무너질 수 없다'라고 숙고하신 것입니다.

또한 부처님께서는 아라한도로 생겨남의 진리라는 갈애를 남김없이 제거하셨습니다. 갈애가 없으면 새로운 생도 더 이상 없습니다. 갈애가 아직 사라지지 않은 중생들은 어느 한 과거 생에서 죽으면 죽음 즈음에 집착한 것을 대상으로 하여 새로운 어떤 생에 태어나게 됩니다. 그래서 갈애가 아직 사라지지 않은 중생들에게는 다시 태어날 새로운 생이 있습니다. 보살도 이전의 많은 과거 생에서 새로운 생으로 계속 태어났습니다. 그래서 부처님께서 붓다가 되신 직후에 '새로운 생의 무더기라는 집을 거듭거듭 만들고 준비했다. 갈애라는 목수를 찾고 구한 나는 그 갈애를 볼 수 있는 아라한도의 지혜라는 통찰지의 눈을 아직 얻지 못했기 때문에 anekajāti saṁsāraṁ sandhāvissaṁ, 여러 생이 있는 윤회 내내 치달리고 헤맸다'라고도 숙고하셨습니다. '일체지와 함께 아라한도의 지혜를 얻어 갈애라는 목수를 발견했나니, 지금은 나의 무더기 집을 그대 갈애는 더 이상 지을 수 없다'라고도 바로 그때 숙고하셨습니다.[348] 그렇게 숙고하신 모습을 지금 드러내어 설명하신 것입니다.

그리고 '갈애가 다하여 다시 새로운 생에 더 이상 태어나지 않지

348 Dhp.153, 154; 『부처님을 만나다』, pp.194~195 참조.

만, 갈애가 있을 때 생겨난 지금의 생은 있다. 지금의 생이 마지막 생이다'라는 내용을 'ayaṁ지금 현재 생이 antimā jāti마지막 생이다. idāni이제 punabbhavo다시 태어남은; 새로운 생은 natthi더 이상 없다'라고 숙고하고서 사실대로 아는 반조의 지혜도 생겨났다는 사실을 선언하며 말씀하신 것입니다. 이 구절이 「담마짝까숫따」의 마지막 말씀입니다.

숙고할 점

실천 방법을 직접 설하신 것이 없다

이 「담마짝까숫따」를 살펴보면 "dve me bhikkhave antā pabbajitena na sevitabbā"라는 첫 문장부터 "ayamantimā jāti, natthidāni punabbhavoti"라는 끝 문장까지 부처님께서 직접 실천했던 길의 차례와 직접 경험하여 알게 된 법들, 경험하여 아는 모습을 설명하시는 것들뿐입니다. '어떻게, 어떠한 모습으로 실천해야 한다'라고 직접 설명하신 것은 거의 없습니다. 법문의 처음에 "두 극단부분을 의지하면 안 된다"라는 정도만 실천하도록 지도하신 것을 볼 수 있습니다. 그러면 그 당시 법문을 듣는 대중들은 어떠한 방법과 어떠한 모습으로 도와 과라는 특별한 법을 얻게 됐는지 이 점을 숙고해 볼 필요가 있습니다. 그것에 대해 지금부터 설명하겠습니다.

법문을 듣는 대중들이 특별한 법을 얻는 모습

부처님께서 설하신 법들 중에 "이렇게 실천해야 한다. 이렇게 마음을 기울여야 한다"라는 등으로 지도하고 격려하는 모습이 직접적으로 포함되어 있지 않더라도 "의지해야 할 것을 의지하도록, 삼가야 할 것을 삼가도록 지도하고 격려하는 것이 포함됐다"라고만 취해야 합니다.

그래서 이전에 거룩한 스승들께서 넷띠netti 방법에[349] 따라 "부처님의 설법은 명령āṇatti이 포함돼 있다"라고 설명해 놓았습니다. 예를 들면 다음과 같습니다.

Asevanā ca bālānaṁ, paṇḍitānañca sevanā;
Pūjā ca pūjaneyyānaṁ[350], etaṁ maṅgalamuttamaṁ. (Sn.318)

해석

어리석은 이들을 의지하지 않고
지혜로운 이들을 의지하는 것
공경할 만한 이들을 공경하는 것
이것이 거룩한 길상이라네[351]

이 「망갈라숫따」[352] 첫 구절에 '어리석은 이를 의지하지 않는 것, 지혜로운 이를 의지하는 것, 공경할 만한 이들을 공경하는 것, 이 세 가

349 부처님의 말씀을 바르게 해석하는 방법을 말한다. 이 해석법을 모은 성전이 『Nettipakaraṇa 道論』이다. 전재성, 『빠알리-한글 사전』, p.39 참조.

350 pūjanīyānaṁ (Se. Te. Ke.).

351 역자의 해석이다.

352 Sn.게송 258~269; 「Maṅgalasutta 길상경」.

지가 거룩한 길상이다'라고 길상의 내용 정도만 설명하셨습니다. "의지하지 마라. 의지하라. 예경하라"라고 명령하고 권장하는 것은 포함돼 있지 않습니다. 하지만 그렇게 명령하고 권장하시는 것으로 의미를 파악해야 합니다.

마찬가지로 이 「담마짝까숫따」에서도 직접적인 명령이나 권장은 포함돼 있지 않지만 "양 극단부분을 가까이 하지 않고 중도실천을 나 여래는 꿰뚫어 알았다"라고 설하셨다면, "나 여래처럼 그대들도 양 극단부분을 버려야 한다. 중도실천에 따라 실천해야 한다"라고 지도하고 격려하고 권장하시는 것으로 의미를 파악해야 합니다.

"중도실천은 통찰지의 눈을 생겨나게 한다"라는 등으로 설하신 곳에서도 "중도실천을 따르면 그대들에게도 통찰지의 눈이 생겨나 특별한 앎·지혜가 생겨나서 열반을 실현할 수 있는 것까지 특별한 이익들을 얻을 것이다"라는 등의 의미가 포함됐다고 파악해야 합니다

여덟 가지 도 구성요소의 법체를 드러내어 설명하신 곳에서도 "계와 삼매와 통찰지라는 팔정도를 생겨나게 해야 한다"라고 지도하시고 가르치셨다고 파악해야 합니다.

또한 괴로움의 진리에 대한 내용을 설명하실 때 괴로움의 진리법들을 구분해서 알도록 노력하라고 지도하신 것으로 파악해야 합니다. 생겨남의 진리에 대한 내용을 설명하시는 곳에서도 그 법을 제거하도록 지도하신 것으로 파악해야 합니다. 소멸의 진리와 도의 진리를 설하실 때도 도의 진리를 자신의 상속에서 생겨나게 하면서 닦아 소멸의 진리를 직접 경험하여 알도록 노력하라고 지도하신 것으로 파악해야 합니다.

그 뒤 진리 지혜 네 가지를 설하시는 곳에서는 네 가지 진리를 아

는 진리 지혜 네 가지가 생겨나도록 노력하라고 지도하신 것으로 파악해야 합니다. 역할 지혜 네 가지를 설하시는 곳에서도 괴로움의 진리를 무상 등으로 구분하여 알도록 관찰하라고 지도하신 것으로 파악해야 합니다. 이것은 매우 분명합니다. "pariññeyyaṁ 구분하여 알아야 할 법"이라고 설하시면 그 괴로움의 진리를 구분하여 알도록 노력해야 한다는 것은 매우 분명합니다. 그 괴로움의 진리라는 것도 태어남jāti을 시작으로 하고 취착무더기를 끝으로 하는 성품법들이라는 것은 앞에서 드러내어 설명했기 때문에 자신의 상속에 봄이나 들음 등으로 분명하게 드러나고 있는 법들이라는 사실도 알 수 있습니다. 따라서 봄이나 들음 등이 생겨날 때마다 무상 등으로 구분하여 알도록 관찰해야 한다는 것도 이해할 수 있습니다. 도의 진리를 생겨나게 해야 하는 법이라고 설하시는 곳에서는 봄이나 들음 등의 취착무더기, 괴로움의 진리법을 관찰하여 알아서 생겨나게 해야 한다는 것을 이해할 수 있습니다. 생겨남의 진리를 제거해야 하는 법이라고 설하시는 곳에서는 사실대로 아는 지견이 생겨나도록 괴로움의 진리를 관찰하는 것을 통해 그 법들에 대한 애착과 즐김을 제거해야 한다는 것을 이해할 수 있습니다. 소멸의 진리를 실현해야 하는 법이라고 설하시는 곳에서는 괴로움의 진리를 사실대로 바르게 알도록 관찰하여 위빳사나 도 구성요소들을 생겨나게 하면 마지막에 소멸의 진리를 직접 경험할 것이라는 것을 이해할 수 있습니다.

부처님께서 "내가 직접 중도실천majjhimapaṭipadā이라는 팔정도를 닦아 이렇게, 이렇게 알게 되었다"라고 설하시면, 법문을 듣는 대중들은 '나도 부처님처럼 팔정도 법을 닦아서, 부처님처럼 알아야 할 것들을 알 수 있을 것이다'라고 이해할 수 있습니다. 비유하자면, 어떤 사람이 자신이 좋은 약을 의지해서 병이 사라졌다고 말하면 같은 병을 가진 이들이 '나도 그 약을 먹으면 병이 사라질 것이다'라고 이해할 수 있는 것과 마찬가지입니다.

그 당시 법문을 듣는 대중들은 「담마짝까숫따」를 듣고서 특별한 법을 얻을 수 있는 비범한 이들이었기 때문에 지금 본승이 말한 대로 이해할 수 있었을 것입니다. 또한 그렇게 이해한 대로 물질과 정신이 생겨날 때 바로 그 물질과 정신, 괴로움의 진리법들을 관찰하여 위빳사나 지혜가 차례대로 향상되어 적절하게 성스러운 도로 소멸의 진리, 열반이라는 특별한 법을 직접 실현했다고 말할 수 있습니다.

지금 본승이 설한 법을 이해한 선남자와 선여인들도 생겨나고 있는 물질·정신이라는 취착무더기, 괴로움의 진리법들을 구분하여 알 수 있도록 관찰하고 닦아서 성스러운 네 가지 진리를 알아 성스러운 도와 과라는 특별한 법을 얻을 수 있다는 것에 의심이 없습니다.

지금 본승이 설한 대루 이해했기 때문에 「담마짝까숫따」를 들은 대중들 중에 꼰단냐 존자가 그의 상속에 분명하게 생겨나고 있는 들음, 앎, 존경함, 기쁨, 닿음, 봄 등을 관찰하여 위빳사나 도 구성요소들을 생겨나게 하여 수다원 도와 과에 도달했습니다. 그렇게 도달한 모습은 나중에 설명하겠습니다.

1억 8천 명의 범천도 마찬가지 방법으로 관찰하여 성스러운 도와 과라는 특별한 법을 얻었습니다. "aparimāṇā ca devatāyo abhisamiṁsu"라고 설명해 놓은[353] 「밀린다빤하」에 따라 한계를 알 수 없을 정도로 많은 욕계 천신도 마찬가지 방법으로 관찰하고 닦아 성스러운 도

353 Mil.331.

와 과라는 특별한 법을 얻었다고 할 수 있습니다. 그렇게 특별한 법을 얻기에 적당한 이들이 특별한 법을 얻은 것이 하나의 이유, 또한 설하기에 적당한 법을 다 설했다는 것이 하나의 이유, 이러한 두 가지 이유로 부처님께서는 「담마짝까숫따」의 가르침을 본승이 독송한 끝맺는 구절로 마무리하셨던 것입니다. 그래서 그렇게 법문을 마치셨다는 사실과 오비구가 매우 기뻐하고 좋아했다는 사실을 제1차 결집에 올리는 장로들이 다음과 같이 기록해 놓았습니다.

결집 기록

24 Idamavoca bhagavā. Attamanā pañcavaggiyā bhikkhū bhagavato bhāsitaṁ abhinandunti. (S.iii.371/S56:11)

대역

Idaṁ이렇게 설한 대로; "dve me bhikkhave antā pabbajitena na sevitabbā"라는 첫 문장부터 "ayamantimā jāti, natthidāni punabbhavoti"라는 끝 문장까지 「담마짝까숫따」의 가르침을 bhagavā세존께서는 avoca설하셨습니다; 최초설법으로 설하셨습니다. pañcavaggiyā bhikkhū오비구는 attamanā흡족해하며; 행복한 마음으로 bhagavato bhāsitaṁ부처님의 말씀을 abhinanduṁ크게 기뻐했습니다; 기뻐하고 사두를 부르며 받아들였습니다.[354] iti이상입니다.

354 저본에 이 단락은 경어체여서 그대로 따랐다.

꼰단냐 장로에게 법안이 생겨나다

성전과 의미

그 뒤에 꼰단냐 장로가 특별한 법을 얻게 된 모습도 결집에 참석한 장로들은 다음과 같이 기록하여 설명해 놓았습니다.

25 Imasmiñca pana veyyākaraṇasmiṁ bhaññamāne āyasmato koṇḍaññassa virajaṁ vītamalaṁ dhammacakkhuṁ udapādi - "yaṁ kiñci samudayadhammaṁ, sabbaṁ taṁ nirodhadhamma"nti. (S.iii.371/S56:11)

대 역

Ca pana또한 그리고; 또한 특별한 사실로는, imasmiṁ veyyākaraṇasmiṁ이 상세한 설명을;「담마짝까숫따」의 가르침을 bhaññamāne 설하고 계실 때; 설하고 나셨을 때 āyasmato koṇḍaññassa꼰단냐 존자에게 virajaṁ티가 없고 vītamalaṁ더러움이 없는 dhammacakkhuṁ법의 눈이; 수다원도의 지혜가 udapādi생겨났습니다. 《kinti 어떻게 생겨났는가 하면》 samudayadhammaṁ생겨남의 성품이 있는 yaṁ kiñci그 어떤 법들이 atthi있다면 taṁ sabbaṁ그 모든 법은 nirodhadhammaṁ소멸의 성품이 있다. iti이렇게 생겨났습니다.[355]

355 결집의 기록이어서 앞 단락과 마찬가지로 경어체로 번역했다.

이 결집 기록에서 말하고자 하는 바를 요약하면 꼰단냐 존자가 수다원 도와 과에 이르러 수다원이 됐다는 것입니다. 언제 도달했는가 하면 "bhaññamāno=bhaññamāne 설하고 계실 때", 즉 이 「담마짝까숫따」를 부처님께서 설하시는 바로 그 동안에 수다원이 됐다고 말하는 것입니다. 이것은 성전에 있는 그대로 문법에 따라 정확하게 번역한 의미입니다. 『사랏타디빠니 복주서』에서는 이렇게만 설명해 놓았습니다. 『빠띠삼비다막가 주석서』에서는 그 구절을 현재의 근처인 과거시제라고 번역하여 "bhaṇite 설하시자"라는 의미로 설명해 놓았습니다. 그래서 본승이 앞서 이 구절을 독송할 때 두 가지 방법 모두로 대역한 것입니다.

법문을 들으면서 꼰단냐 존자가 특별한 법을 얻는 모습

꼰단냐 존자는 부처님께서 설하셨던 법 중에서 중도라는 팔정도의 법체에 대한 법문을 들었을 때 그 팔정도를 닦아서 수다원 도와 과라는 특별한 법을 얻을 수 있었을 것입니다. 네 가지 진리의 법체를 들었을 때도 그 네 가지 진리를 알아야 하는 대로 알도록 관찰하여 도와 과라는 특별한 법을 얻을 수 있었을 것입니다. 특히 '괴로움은 구분하여 알아야 하는 법이고 도는 생겨나게 해야 하는 법이다'라는 내용을 들었을 때, 괴로움의 진리라는 취착무더기를 관찰하여 알고서 위빳사나 도를 생겨나게 하는 것으로 수다원 도와 과에 이르렀을 가능성이 매우 큽니다.

괴로움을 관찰하여 알고서 닦는 모습은 다음과 같습니다. 법문을 들은 대로 들음, 봄 등을 관찰하여 알고서 실제로 생멸하는 성품, 무상·고·무아의 성품을 알면서 팔정도를 닦을 수 있습니다. 설하시는 법의 의미를 알고 보고 이해한 것을 다시 관찰하여 알고서도 닦을 수 있습니다. 존경할 만한 좋은 음성과 존경할 만한 좋은 법을 듣고서 생겨나는 존경심을 관찰해서도 닦을 수 있습니다. 존경하고 나서 기뻐함도 많이 생겨났을 것이고, 그렇게 기쁨이 생겨났을 때 그 희열을 관찰해서도 닦을 수 있습니다. 그렇게 희열을 관찰해서 닦았을 가능성도 매우 큽니다. 그래서 여러 성전에서 법문을 듣는 대중들의 상속에 《kallacitta받아들이려는 마음이 생겨났을 때, muducitta부드러운 마음이 생겨났을 때, vinīvaraṇacitta장애가 없는 마음이 생겨났을 때, udaggacitta기뻐서 고무된 마음이 생겨났을 때》[356] 부처님께서 네 가지 진리를 설하셨고, 그것을 통해 대중들이 특별한 법을 얻었다는 내용이 설해져 있습니다. 또한 자신 내부의 닿음, 좋고 나쁜 느낌, 부처님을 봄 등을 관찰하여 알고서도 팔정도를 닦을 수 있습니다.

지금 말한 들음 등의 생겨나는 물질·정신들은 명칭이나 개념 정도가 아닙니다. 실재하는 빠라맛타 실재성품들입니다. 다섯 취착무더기라는 것은 그 빠라맛타 실재성품입니다. 구분하여 알아야 할pariññeyya 괴로움의 진리라는 것도 이 빠라맛타 실재성품입니다. 따라서 괴로움의 진리를 구분하여 알아야 한다는 가르침에 일치하게 관찰할 때마다 계속해서 그 괴로움의 진리를 생겨남과 사라짐으로, 무상하고 괴로움이고 무아라고 구분하여 압니다. 그렇게 알 때마다 계속해서 항상하고 행복하고 자아라고 잘못 생각하여 좋아할 갈애가 생겨날 기회가 없이 계속 사라져버립니다. 이것은 "생겨남의 진리는 제거해야 하는 것이다"라는 가르침 그대로 부분제거tadaṅgapahāna를 통해 계속 제거하는 것입니다.

356 문법까지 고려한 정확한 표현은 "kallacitte muducitte vinīvaraṇacitte udaggacitte"이다. 본서 p.198 참조.

그렇게 알게 된 대상에 대해 알지 못함, 잘못 앎이라는 무명을 시작으로 번뇌와 업, 과보가 생겨날 기회가 없이 계속 소멸합니다. 그것이 부분소멸tadaṅganirodha입니다. 관찰해 알 때마다 계속해서 그 부분소멸을 성취해 도달하는 것입니다. 관찰할 때마다 계속해서 위빳사나 도 구성요소법들을 생겨나게 하는 모습은 특별히 말할 필요도 없습니다. 그렇게 들음 등을 관찰하고 알고서 네 가지 진리를 알아야 하는 대로 아는 위빳사나를 닦으면서 꼰단냐 존자는 「담마짝까숫따」를 들으면서 바로 수다원 도와 과에 이르러 수다원이 됐습니다. 혹은 법문이 끝났을 때 수다원 도와 과에 이르러 수다원이 됐다고도 할 수 있습니다.

도의 순간에 티나 더러움이 사라지는 모습

그렇게 수다원이 됐을 때 수다원도의 지혜를 "virajaṁ 티가 사라졌다, vītamalaṁ 더러움이 사라졌다"라고 칭송해 놓았습니다. 여기에서 '어떻게 티가 사라졌는가? 어떻게 더러움이 사라졌는가?'라고 살펴볼 필요가 있습니다. 『사랏타디빠니 복주서』에서는 "사악처에 태어나게 할 수 있는 애착 등의 티가 사라졌다. 사견과 의심이라는 더러움이 사라졌다"라고 설명했습니다. 그것은 수다원도가 제거할 수 있는 번뇌를 티나 더러움으로 설명한 것입니다.

『빠띠삼비다막가 주석서』에서는 '티'도 애착 등의 번뇌이고 '더러움'도 애착 등의 번뇌라고 설명하면서 "애착 등은 뒤덮기 때문에 티라고 하고, 무너지게 하기 때문에 더러움이라고 한다"라고 설명해 놓았습니다. 여기에서 숙고해 보아야 할 것이 있습니다. 바로 "이 티나 더러움이 법의 눈이라는 도의 지혜와 결합하지 않은 것을 '사라졌다'라고 말하는 것인가? 성스러운 도로 열반을 보지 못하고 알지 못하도록 괴롭힐 수 없는 것을 '사라졌다'라고 말하는 것인가?"라는 점입니다. 도의 지혜라는 것은 번뇌와 결합하는 일은 절대로 없기 때문에 결합하지 않는 것은 말하지 않아도 됩니다. 그러므로 열반을 알지 못하고 보지 못하도록 가로막을 수 없다는 것을 "번뇌의 티가 사라졌다. 번뇌의 더러움이 사라졌다"라고 한 것이라고 그 의미를 파악해야 합니다.

가로막지 못하는 모습은 다음과 같습니다. 수다원도의 지혜로 제거되는 사견·의심과 사악처에 태어나게 하는 애착 등의 힘이 아직 남아 있는 동안은 계속 위빳사나 관찰을 하더라도 수다원도의 지혜로 열반을 볼 수 없습니다. 백내장으로 시야가 흐려져서 형상을 볼 수 없는 것과 마찬가지입니다. 위빳사나 지혜가 성숙돼 구족되면 사견·의심과 사악처에 태어나게 하는 애착 등의 힘이 약해져서 열반을 보지 못하도록 가로막을 수 없습니다. 백내장 증상이 나아져서 보지 못하도록 눈을 덮거나 눈앞을 가로막을 수 없는 것과 마찬가지입니다. 그렇게 되면 수다원도의 지혜가 열반을 직접 경험하여 알게 됩니다. 그렇게 열반을 보아 생겨날 수 있을 정도로 힘이 강해진 것을 "virajaṁ 티가 사라졌다, vītamalaṁ 더러움이 사라졌다"라고 말한다고 그 의미를 이해해야 합니다.

위빳사나로 가능한 만큼 제거해야 도의 지혜가 번뇌의 뿌리까지 제거한다

이렇게 취하면 "dhammacakkhuṁ 법의 눈; 법에 대한 지혜의 눈"이라는 단어와도 일치하게 됩니다. 그리고 아래에 소개한『위숫디막가』와『위숫디막가 마하띠까』의 설명과도 일치합니다.

Tassa taṁ uppannabhāvaṁ vināsayamānaṁ yasmā taṁ taṁ lokiyalokuttarañāṇaṁ uppajjati. (Vis.ii.330)

해석

그것들의 그 일어남이라는 상태를 무너뜨리면서 각각의 세간과 출세간의 지혜가 생겨나기 때문이다.[357]

Paṭhamaṁ lokiyañāṇena yathābalaṁ pahīnameva lokuttarañāṇaṁ pajahati. (Pm.ii.503)

해석

먼저 세간 위빳사나 지혜가 힘이 닿는 만큼 제거한 번뇌를 출세간 도의 지혜가 뿌리까지 제거한다.[358]

위빳사나 지혜에서 도의 지혜가 생겨난다

여기에서 특히 주의해야 할 것은 출세간 도의 지혜라는 것도 다른 것에서 생겨나는 것이 아니라 이전의 여러 마음에 연결돼 뒤의 여러 마음이 생겨나듯이 위빳사나 지혜에 이어서 생겨난다는 사실입니다. 동일화ekattha 방법으로 말하자면, 바로 위빳사나 지혜에서 도의 지혜가

357 해석은 역자가 첨가했다. 일어남uppanna에는 ① 현재 일어남vattamānuppanna, ② 기존떠남 일어남bhūtāpagatuppanna, ③ 기회작용 일어남okāsakatuppanna, ④ 토양얻음 일어남bhūmiladdhuppanna, ⑤ 현행 일어남samudācāruppanna, ⑥ 대상집착 일어남ārammaṇādhiggahituppanna, ⑦ 억압못함 일어남avikkhambhituppanna, ⑧ 근절못함 일어남asamūhatuppanna이라는 여덟 가지가 있다. 여기서 '그것들'이란 '대상집착 일어남'과 '억압못함 일어남'과 '근절못함 일어남'이다. 일어남 여덟 가지에 대한 자세한 내용은 『청정도론』 제3권, pp.380~381 참조.

358 해석은 역자가 첨가했다.

생겨난다고도 말할 수 있습니다. 이것에 특히 주의해야 합니다. 그래서 위빳사나 지혜의 힘 때문에 힘이 약해진 사견과 의심 등의 번뇌라는 티와 더러움이 열반을 보지 못하도록 덮거나 방해하지 못하게 하는 것을 바로 티나 더러움이 사라졌다고 말하는 것이라고 기억해야 합니다.

『맛지마 니까야(중50경)』「브라흐마유숫따」에서는[359] 아래 세 가지 도를 '법의 눈dhammacakkhu'이라고 말했습니다(M.ii.346). 『맛지마 니까야(후50경)』「쭐라라훌로와다숫따」에서는[360] 성스러운 도와 과의 지혜 네 가지를 법의 눈이라고 했습니다(M.iii.327). 그 위의 도의 지혜들에 대해서 "티와 더러움이 사라졌다"라고 말할 때도 위빳사나 지혜의 힘으로 감각욕망 애착과 분노 등의 힘이 약해져 열반을 볼 수 없을 정도로 방해할 수 없는 것을 "viraja vītamala 티가 없고 더러움이 사라진 것"이라고 그 의미를 취해야 적당합니다. 이렇듯 자세하게 조사하여 말하는 것은 다른 이유 때문이 아닙니다. 성스러운 도의 지혜는 다른 곳에서 온 것이 아니라 바로 위빳사나 지혜에서 '자연적으로 강한 의지 조건pakatūpanissaya'의[361] 힘으로 생겨난 것이라는 점을 이해시키기 위해서입니다.

그러면 법의 눈이라는 수다원도의 지혜는 어떻게 생겨나는가 하면, 본문에 소개된 대로 "yaṁ kiñci samudayadhammaṁ, sabbaṁ taṁ nirodhadhammanti 생겨남의 성품이 있는 그 모든 법은 소멸의 성품이 있다"라고 알고 보며 생겨난다고 말했습니다. 그렇게 알고 보는 것

359 M91;「Brahmayusutta 브라흐마유 경」.

360 M147;「Cūlarāhulovādasutta 라훌라 교계 짧은 경」.

361 자연적으로 강한 의지 조건을 비롯한 '강한 의지 조건'에 대해서는『청정도론』제3권, pp.64~67; 비구 일창 담마간다 편역,『빳타나』, pp.88~99 참조.

에는 두 종류가 있습니다. 생멸의 지혜udayabbayañāṇa 등에서 관찰할 때마다 계속해서 생겨나서는 즉시 계속해서 사라져버리는 것만 경험하기 때문에 '생겨나는 모든 것은 사라지는 것일 뿐이다'라고 위빳사나 지혜로 알고 보는 것이 한 종류입니다. 또한 형성평온의 지혜가 성숙되고 구족됐을 때 끊임없이 일어나고 있는, '진행pavatta'이라고 부르는 물질·정신의 상속이 끊임없이 계속 사라져버리는 것을 계속해서 알고 있다가 물질·정신 형성이 완전히 소멸한 성품 속에 마치 들어가듯이 그 성품을 알고 보게 됩니다. 그렇게 알고 보는 것은 열반이라는 적정의 요소를 직접 경험하여 알고 보는 것입니다. 그때 생겨나는 모든 것은 모두 사라지고 소멸해 버리는 것으로만 알고 보게 됩니다. 이렇게 성스러운 지혜로 알고 보는 모습이 또 다른 한 종류입니다. 법의 눈dhamma-cakkhu이라는 수다원도의 지혜가 생겨나는 모습은 지금 말한 알고 보는 모습 두 종류 중 두 번째에 따라 생겨나는 것입니다. 그래서 수다원도에 이르렀을 때 물질·정신 형성들이 완전히 소멸한 성품에 도달하는 것으로 분명합니다. 그렇게 수다원도의 지혜로 알고 보게 되면 '생겨나는 모든 것은 소멸하는 것일 뿐이구나'라고 아는 지견도 확고해집니다. 그 위의 도의 지혜로 아는 모습도 마찬가지입니다. 그래서 「쭐라라훌로와다숫따」에서는 네 가지 도의 지혜가 생겨나는 모습도 "virajaṁ vītamalaṁ dhammacakkhuṁ udapādi 'yaṁ kiñci samudayadhammaṁ, sabbaṁ taṁ nirodhadhamma'nti '생겨나는 성품이 있는 모든 법은 소멸하는 성품이 있다'라고 티가 없고 더러움이 없는 법의 눈이 생겨났다"라고 여기와 동일하게 설명해 놓았습니다(M.iii.327).

도의 대상인 열반은 모든 물질·정신이 소멸한 성품

이 내용과 관련해 어떤 사람이 『쫄라닛데사 주석서』에서 "수다원도의 지혜를 통해 사견과 결합한 마음 네 가지와 의심과 함께하는 마음 한 가지 등 불선 마음 다섯 가지가 사라진다"를 근거로 내세우면서 "수다원도의 지혜와 과의 지혜의 순간에 물질과 정신이 완전히 사라지는 것을 경험한다"라는 사실을 부정하며 설하고 글을 써 놓았습니다. 그의 견해는 "수다원 도와 과의 지혜를 통해 불선 마음 다섯 가지의 소멸만을 수다원 도와 과가 대상으로 하여 알고 볼 수 있다"라고 주장하는 것 같습니다. 이것은 매우 잘못된 견해입니다. 열반은 불선법 중 어느 한 부분의 소멸을 의미하는 것이 아닙니다. 물질과 정신의 어느 한 부분이 소멸하는 것을 의미하는 것도 아닙니다. 번뇌와 업, 과보라는 세 가지 윤전 모두가, 물질·정신 형성 모두가 소멸한 성품만을 열반이라고 합니다. "그렇다면 성스러운 도와 과는 무엇을 대상으로 하는가?"라고 질문한다면 "열반을 대상으로 한다"라고 대답해야 합니다. 열반은 지금 말했던 대로 모든 물질·정신 형성이 소멸한 성품입니다. 그러므로 "수다원 도와 과의 순간에 알아지는 것이나 아는 것이나 완전히 사라진 것만을 경험하고 있다"라는 것이 올바르게 사실대로 아는 모습입니다.

확실하게 주의를 기울여 살펴보고 숙고해 보면 『쫄라닛데사 주석서』의 원래 성전인 『숫따니빠따(도피안 품)』 「아지따숫따」에서[362] "etthetaṁ uparujjhati 이 열반의 적정한 요소에서는 그 물질·정신 모두가 소멸한다"라고 설해 놓으신 것을 분명하게 볼 수 있습니다(Sn.434). 또한 "그러

362 Sn.게송 1038~1045; 「Ajitasutta 아지따 경」. 원래 제목은 「Ajitamāṇavapucchā 아지따 학인의 질문」이다.

면 수다원도의 대상인 열반과 그 위의 도의 대상인 열반은 같은가, 다른가?"라고 질문하더라도 "같다. 다르지 않다"라고 대답해야 합니다. 만약 수다원도가 불선 마음 다섯 가지의 소멸만 대상으로 하고, 다른 도들도 각자 제거한 마음의 소멸만을 대상으로 한다면 네 가지 도의 대상인 열반은 네 가지로 나뉠 것입니다. 하지만 열반은 그렇게 나누어지지 않습니다. 한 가지 열반만을 대상으로 하는 것이 매우 분명합니다. 그래서 "수다원 도와 과는 불선 마음 다섯 가지의 소멸만을 대상으로 하여 알고 볼 수 있다"라는 견해는 매우 잘못이라고 말한 것입니다. 잘못된 견해에 대한 검토가 너무 길어졌습니다. 성전 구절을 다시 독송해 보겠습니다.

25 Imasmiñca pana veyyākaraṇasmiṁ bhaññamāne āyasmato koṇḍaññassa virajaṁ vītamalaṁ dhammacakkhuṁ udapādi - "yaṁ kiñci samudayadhammaṁ, sabbaṁ taṁ nirodhadhammaṁ"nti. (S.iii.371/S56:11)

대역

Ca pana또한 그리고; 또한 특별한 사실로는, imasmiṁ veyyākaraṇasmiṁ이 상세한 설명을; 「담마짝까숫따」의 가르침을 bhaññamāne 설하고 계실 때; 설하고 나셨을 때 āyasmato koṇḍaññassa꼰단냐 존자에게 virajaṁ티가 없고 vītamalaṁ더러움이 없는 dhammacakkhuṁ법의 눈이; 수다원도의 지혜가 udapādi생겨났습니다. 《kinti 어떻게 생겨났는가 하면》 samudayadhammaṁ생겨남의 성품이 있는 yaṁ kiñci그 어떤 법들이 atthi있다면 taṁ sabbaṁ그 모든 법은 nirodhadhammaṁ소멸의 성품이 있다. iti이렇게 생겨났습니다.

설한 법을 이해하는 것만으로 도의 지혜가 생겨나는 것 아닌가

여기에서 반론을 제기할 수 있습니다. 즉 "지금 독송한 성전 구절 중에 꼰단냐 존자가 위빳사나 수행을 했다는 사실이 포함되지 않았다. 「담마짝까숫따」를 부처님께서 설하시는 동안, 혹은 갓 설하시고 났을 때 법의 눈dhammacakkhu이라는 수다원도의 지혜가 생겨났다는 것만 포함됐다. 그러면 부처님께서 설하신 「담마짝까숫따」를 이해하는 정도만으로 수다원도의 지혜가 생겨난 것 아닌가? 그렇다면 꼰단냐 존자가 위빳사나 수행을 하는 모습을 설명하는 것은 사족이 아닌가?"라는 점입니다. 대답하자면, 사족이 아닙니다. 이 「담마짝까숫따」 안에 팔정도를 생겨나게 해야 한다는 것도 설해 놓았습니다. "dukkhe ñāṇaṁ(괴로움에 대한 지혜)" 등 바른 견해에 대한 성전과 주석서의 설명에서도 괴로움의 진리와 생겨남의 진리를 관찰하여 알아야 할 것이라고도 설해 놓았습니다. 앞부분 도라는 위빳사나 도 구성요소들이 구족돼야 성스러운 도의 지혜가 생겨난다고도 설명해 놓았습니다. 몸, 느낌, 마음, 법이라는 네 가지 법 중에서 어느 한 가지라도 관찰하지 않으면 위빳사나 통찰지나 도 통찰지가 생겨날 수 없다고 확실하게 설명해 놓은 성전도 있습니다.[363] 새김확립 네 가지를 생겨나게 해야 바른 새김 도 구성요소가 생겨난다는 사실도 성전에 분명하게 있습니다.[364] 그러한 여러 근거를 통해서 위빳사나 도 구성요소를 생겨나게 하지 않고서는 성스

363 DA.ii.338; 『마하사띠빳타나숫따 대역』, p.47; 『네 가지 마음챙기는 공부』, p.86; 본서 p.194 참조.

364 본서 pp.185~187 참조.

러운 도 구성요소가 생겨나는 일이 없기 때문에 위빳사나 도 구성요소들을 생겨나게 하는 모습을 이해시키기 위해 진실로 필요해서 드러내어 설명한 것입니다. 그리고 그 드러내어 설명한 방법 중에서 어느 한 방법으로 위빳사나 관찰을 하여 순간적으로 수다원 도와 과에 이르렀다고 기억해야 합니다.

꼰단냐 존자가 수다원도의 지혜를 얻은 모습을 설명한 뒤 「담마짝까숫따」에 대해 칭송하는 모습 등을 결집에 참여한 장로들은 다음과 같이 기록했습니다.

천신과 범천들이 찬탄하는 모습

26-1 Pavattite ca pana bhagavatā dhammacakke bhummā devā saddamanussāvesuṁ - "etaṁ bhagavatā bārāṇasiyaṁ isipatane migadāye anuttaraṁ dhammacakkaṁ pavattitaṁ appaṭivattiyaṁ samaṇena vā brāhmaṇena vā devena vā mārena vā brahmunā vā kenaci vā lokasmi"nti. (S.iii.371/S56:11)

대역

Ca pana그리고 또한; 특별히 기억할 만한 것은 bhagavatā세존께서 dhammacakke법의 바퀴를 pavattite굴리시자; 「담마짝까숫따」의 가르침을 설하시자 《'법의 바퀴'란 법을 꿰뚫어 아는 통찰의 지혜와 설하기에 적당한 내용을 아는 가르침의 지혜, 이 두 가지 지혜라는 사실을 주석서에서 설명했다. 「담마짝까숫따」의 설법을 통해 그 법의 바퀴를 굴리신 것이라는 뜻이다.》[365] bhummā devā지신들이; 땅에서 사는 지신들이 saddaṁ찬탄의 소리를 anussāvesuṁ한목소리로 외쳤습니다. 《kinti어떻게 외쳤는가 하면》 lokasmiṁ이 세상에 appaṭivattiyaṁ samaṇena vā brāhmaṇena vā devena vā mārena vā brahmunā vā kenaci vā사문이라고 불리는 이들이든지, 바라문이라고 불리는 이들이든지, 천신이든지, 마라든지, 범천이든지, 어떠한 한 사람이든지 어느 누구도 되돌아가게 하거나 가로막을 수 없는 anuttaraṁ그보다 더 나음이 없어 위없는 etaṁ dhammacakkaṁ이 법의 바퀴를; 이 「담마짝까숫따」의 가르침을 bhagavatā세존께서는 bārāṇasiyaṁ isipatane migadāye바라나시 성의 이시빠따나라는 미가다야 숲에서 pavattitaṁ굴리셨다; 설하셨다. iti이렇게 외쳤습니다.

26-2 Bhummānaṁ devānaṁ saddaṁ sutvā cātumahārājikā devā saddamanussāvesuṁ "etaṁ bhagavatā bārāṇasiyaṁ isipatane migadāye anuttaraṁ dhammacakkaṁ pavattitaṁ, appaṭivattiyaṁ samaṇena vā brāhmaṇena vā devena vā mārena vā brahmunā vā kenaci vā lokasmi"nti. Cātumahārājikānaṁ devānaṁ saddaṁ sutvā tāvatiṁsā devā … yāmā devā … tusitā devā … nimmānaratī devā … paranimmitavasavattī devā … brahmakāyikā devā saddamanussāvesuṁ - "etaṁ bhagavatā bārāṇasiyaṁ isipatane migadāye anuttaraṁ dhammacakkaṁ pavattitaṁ appaṭivattiyaṁ samaṇena vā brāhmaṇena vā devena vā

365 『상윳따 니까야』 제6권, p.390 주269 참조.

mārena vā brahmunā vā kenaci vā lokasmi"nti. (S.iii.371/S56:11)

대역

Bhummānaṁ devānaṁ saddaṁ sutvā지신들의 찬탄하는 소리를 듣고 cātumahārājikā devā사대천왕들이 saddaṁ찬탄의 소리를 anussāvesuṁ한목소리로 외쳤습니다. … cātumahārājikānaṁ devānaṁ saddaṁ sutvā사대천왕들의 찬탄하는 소리를 듣고 tāvatiṁsā devā도리천 천신들이 … yāmā devā야마천 천신들이 … tusitā devā도솔천 천신들이 … nimmānaratī devā화락천 천신들이 … paranimmitavasavattī devā타화자재천 천신들이 … brahmakāyikā devā범신천 천신들이 saddaṁ찬탄의 소리를 anussāvesuṁ한목소리로 외쳤습니다.《kinti어떻게 외쳤는가 하면》lokasmiṁ이 세상에 appaṭivattiyaṁ samaṇena vā brāhmaṇena vā devena vā mārena vā brahmunā vā kenaci vā사문이라고 불리는 이들이든지, 바라문이라고 불리는 이들이든지, 천신이든지, 마라든지, 범천이든지, 어떠한 한 사람이든지 어느 누구도 되돌아가게 하거나 가로막을 수 없는 anuttaraṁ그보다 더 나음이 없어 위없는 etaṁ dhammacakkaṁ이 법의 바퀴를; 이「담마짝까숫따」의 가르침을 bhagavatā세존께서는 bārāṇasiyaṁ isipatane migadāye바라나시 성의 이시빠따나라는 미가다야 숲에서 pavattitaṁ굴리셨다; 설하셨다. iti이렇게 외쳤습니다.

26-3 Itiha tena khaṇena[366] tena muhuttena yāva brahmalokā saddo abbhuggacchi. (S.iii.371/S56:11)

366 제6차 결집본에는 이 다음에 "tena layena"라는 구절이 있다. 'Se. Te. Ke.' 본에는 없다. 저본에서는 없는 본을 따랐다. 그 이유는 이어서 설명돼 있다.

대역

Iti이렇게 iha이 세상에 tena khaṇena그 찰나에 tena muhuttena그 잠시 동안에 saddo찬탄의 소리가 yāva brahmalokā범천세상까지 abbhuggacchi퍼져나갔습니다.

"그 순간에"라는 구절에 대해

사전에 손가락을 열 번 튕기는 시간을 1찰나khaṇa, 10찰나가 1라야laya, 10라야가 1카날라야khaṇalaya, 30카날라야가 1무훗따muhutta라고 정의돼 있습니다. 이것에 따르면 1무훗따는 몇 천 찰나가 됩니다. 그러면 위 구절을 어떻게 이해해야 하는가 하면, 『빠띠삼비다막가 주석서』에 다음과 같이 주석해 놓았습니다.

Tena khaṇenāti vacanaṁ visesetvā tena muhuttenāti vuttaṁ. Muhuttasaṅkhātena khaṇena, na paramatthakhaṇenāti vuttaṁ hoti. (PsA.ii.218)

대역

Tena khaṇenāti vacanaṁ'그 찰나에'라는 구절을 visesetvā수식하면서 muhuttasaṅkhātena무훗따라는 khaṇena찰나로 iti vuttaṁ hoti이렇게 말한 것이다. na paramatthakhaṇena (vuttaṁ hoti)절대적인 찰나로 말한 것이 아니다.

"그 찰나에"라는 구절은 손가락을 열 번 튕기는 엄밀한 찰나를 말하는 것이 아니라, "무훗따라는 찰나에"라는 뜻이라는 설명입니다. 이

『빠띠삼비다막가 주석서』에 따라서 "tena layena 그 순간에"라는 구절이 없는 스리랑카 본이나 태국 본, 캄보디아 본이 더욱 정확하다고 생각합니다. 그래서 더욱 정확하다고 생각되는 것을 여기에서 설명했습니다.

대지의 진동과 광채가 나타나다

27 Ayañca dasasahassilokadhātu saṅkampi sampakampi sampavedhi, appamāṇo ca uḷāro obhāso loke pāturahosi atikkamma devānaṁ devānubhāvanti. (S.iii.371/S56:11)

대역

Ayañca dasasahassilokadhātu이 일만 우주의 세계도 saṅkampi진동했습니다; 위로 솟구치며 진동했습니다. 《"uddhaṁ uggacchanti 위로 솟구치며 suṭṭhukampi크게 진동했다"라는 『빠띠삼비다막가 주석서』에 따라서》 sampakampi요동쳤습니다; 위로 아래로 진동했습니다 《"uddhaṁ uggacchanti adho okkamantī suṭṭhu kampati(위로 솟구치고 아래로 꺼지면서 크게 진동했다)"라는 『빠띠삼비다막가 주석서』에 따라서》 sampavedhi흔들렸습니다; 사방으로 흔들리며 진동했습니다. 《"catuddisā gacchanti 사방으로 퍼지면서 suṭṭhu kampati크게 진동했다"라는 『빠띠삼비다막가 주석서』에 따라서》 appamāṇo uḷāro한계 없이 넓게 퍼지는 obhāso ca광채도; 설법의 지혜 때문에 생겨난 광채도 atikkamma devānaṁ devānubhāvaṁ

천신과 범천들의 광채와 위력을 능가하며 loke세상에 pāturahosi 분명하게 드러났습니다. iti이상입니다.

부처님께서 감흥어를 읊으시다

28 Atha kho bhagavā imaṁ udānaṁ udānesi - "aññāsi vata, bho, koṇḍañño, aññāsi vata, bho, koṇḍañño"ti! Iti hidaṁ āyasmato koṇḍaññassa 'aññāsikoṇḍañño' tveva nāmaṁ ahosīti.

(S.iii.371/S56:11)

대역

Atha kho그때; 「담마짝까숫따」를 설하셨을 때; 꼰단냐 존자에게 수다원도의 지혜라는 법의 눈이 갓 생겨났을 때 bhagavā세존께서는 "aññāsi vata, bho, koṇḍañño, aññāsi vata, bho, koṇḍañño"ti"참으로[367] 꼰단냐가 깨달았구나. 참으로 꼰단냐가 깨달았구나"라고 imaṁ udānaṁ이러한 감흥어를 udānesi읊으셨습니다; 기쁜 마음으로 읊으셨습니다. iti hi바로 이 때문에; 바로 이 감흥어 때문에 āyasmato koṇḍaññassa꼰단냐 존자에게 'aññāsikoṇḍañño' tveva'안냐시꼰단냐'라는 idaṁ nāmaṁ이 이름이 ahosi생겨났습니다. iti이상이 「담마짝까숫따」의 끝입니다.

367 저본에는 이 'bho'라는 단어를 그 뜻 그대로 '여러분'이라고 번역했다. 한글로는 어색하여 『상윳따 니까야』 제6권, p.391의 표현을 따라 '참으로'라고 번역했다.

지금 마무리의 의미로 독송한 성전은 『상윳따 니까야』 「마하왁가 상윳따」에 포함된 「담마짝까숫따」의 결어입니다. 부처님께서 이 법을 설하시고 나셨을 때 숙고해 보니 꼰단냐 존자가 수다원 도와 과라는 특별한 법을 깨달은 것을 보셨습니다. 그때 기쁜 마음으로 "꼰단냐가 깨달았구나. 꼰단냐가 깨달았구나"라고 기쁨의 말인 감흥어를 읊으셨다는 의미입니다. 그렇게 읊은 바로 그것을 연유로 해서 꼰단냐 존자를 다른 이들이 안냐시꼰단냐Aññāsikoṇḍañña라고 불렀다고 합니다.

『상윳따 니까야』 성전에 따르자면 「담마짝까숫따」의 가르침은 이 정도가 끝입니다. 하지만 율장에 따르면 비구 승가가 탄생하게 된 모습을 이어서 설명하고 있습니다. 그 율장 성전에서 설명해 놓은 구절을 조금 더 설명해 보겠습니다.

안냐시꼰단냐가 비구가 되길 청하는 모습

성전과 대역

29 Atha kho āyasmā aññāsikoṇḍañño diṭṭhadhammo pattadhammo viditadhammo pariyogāḷhadhammo tiṇṇavicikiccho vigatakathaṁkatho vesārajjappatto aparappaccayo satthusāsane bhagavantaṁ etadavoca - "labheyyāhaṁ, bhante, bhagavato santike pabbajjaṁ, labheyyaṁ upasampada"nti. (Vin.iii.17)

대역

Atha kho그러자; 부처님께서 감흥어를 읊고 나셨을 때 āyasmā aññāsikoṇḍañño안냐시꼰단냐 존자는 diṭṭhadhammo알고 본 법이 있는 이가 되어; 네 가지 진리를 알고 보게 되어, pattadhammo 도달한 법이 있는 이가 되어; 네 가지 진리법에 이르러 얻게 되어, viditadhammo분명하게 알게 된 법이 있는 이가 되어; 네 가지 진리를 분명하게 알게 되어, pariyogāḷhadhammo완전히 구족하게 꿰뚫어 알게 된 법이 있는 이가 되어; 네 가지 진리를 완전히 구족하게 꿰뚫어 알게 되어서, tiṇṇavicikiccho넘어선 의심이 있는 이가 되어; 의심을 넘어선 이가 되어, vigatakathaṁkatho이럴까 저럴까 헤매지 않는 이가 되어 satthusāsane부처님의 교단에 vesārajjappatto당당함에 이르러서《"'무엇 때문에 종교를 바꾸었는가?'라는 등으로 다른 이가 질문했을 때 그러한 것을 두려워하거나 움츠러들지 않고 당당하게 됐기 때문에"라는 뜻이다.》 aparappaccayo다른 이를 의지하여 믿는 것이 아니라; 스스로 직접 알고서 믿게 되어 bhagavantaṁ 세존에게 etaṁ avoca이와 같은 말을 했습니다. 어떻게 말했는가 하면 "bhante세존이시여, ahaṁ저는 bhagavato santike세존의 앞에서 pabbajjaṁ출가자의 상태를 labheyyaṁ얻고자 합니다. upasampadaṁ구족계를 받은 비구의 지위를 labheyyanti얻고자 합니다"라고 etaṁ avoca이와 같이 청하는 말을 했습니다.

전통을 버리기는 쉽지 않다

꼰단냐 존자에게는 전통으로 따르던 가르침이 있었을 것입니다. 그 가르침을 버리고 부처님에게 출가한다는 것은 보통의 믿음으로는 불가능합니다. 지금 시대에도 다른 종교를 믿는 이들이 불교에 입문해 출가한다는 것은 쉬운 일이 아닙니다. 일부는 가사를 두르는 것은 고사하고 수행을 위해 삼보에 귀의하고, 계를 수지하는 일도 결코 쉽지 않습니다. 오비구 중에 꼰단냐 존자를 제외한 다른 네 명도 당시엔 부처님에게 출가하려는 결정을 크게 망설였던 것 같습니다. 그러면 꼰단냐 존자는 왜 부처님께 출가하기를 청했을까요? 그 이유를 "diṭṭhadhammo" 라는 등의 구절을 통해 설명해 놓았습니다.

"법을 보게 되어"라는 등의 덕목을 갖추는 모습

꼰단냐 존자는 "diṭṭhadhammo 알고 본 법이 있기 때문에도" 출가하기를 청했다고 합니다. 네 가지 진리 중에서 소멸의 진리라는 열반법도 실현하여 알고 보았습니다. 그 열반이라는 적정의 요소를 알고 보아, 순간도 끊임없이 생멸하고 있는 물질·정신 형성법들도 두려워할 만한 괴로움인 것으로 보았습니다. 그 물질·정신 괴로움, 바로 그것을 좋아하고 갈망하고 있는 갈애도 괴로움을 생기게 하는 원인이라고 사실대로 보았습니다. 바른 견해 등 도의 진리법들도 적정 요소에 도달하게 하는 원인인 실천길이라고 바르게 보았습니다. 이렇게 네 가지 진리를 스스로 직접 경험하여 보아 '이 법들을 부처님께서도 완벽하게 보셨을 것이다'라는 것을 확실하게 믿게 됐습니다. 이렇게 확신하는 것을 '부동의 확신지혜aveccappasādañāṇa', 즉 동요하지 않고 확신하는 지혜로 법을 알고 보아 믿는 믿음법이라고 말합니다. 비유하자면, 좋은 약을 복용해서 병이 나은 이가 그 약을 처방해 준 의사선생님을 훌륭하다고 알고서 믿음을 갖는 것과 마찬가지입니다. 그래서 "diṭṭhadhammo", 네 가지 진리를 부처님께서 설하신 대로 경험하여 알고 보았기 때문에 출가하고자 청한 것이라는 뜻입니다.

여기서 "diṭṭha 경험하여 보았다"라는 것에는 지혜로 보는 것이 아니라 눈 등으로 경험하여 보는 것도 있기 때문에 "pattadhammo 도달한 법이 있기 때문에"라고도 다시 설명해 놓았습니다. 그 "도달했다"도 지혜로 도달한 것이 아니라 다른 방법으로 도달한 것도 있기 때문에 "viditadhammo 분명하게 알게 된 법이 있어서"라고 다시 설명했습니다. 그 분명하게 아는 것도 한 부분 정도만 아는 것도 있기 때문에 남김없이 분명하게 알았다는 것을 알게 하기 위해 "pariyogāḷhadhammo 완전히 구족하게 꿰뚫어 알게 된 법이 있어서"라고도 다시 설명해 놓았다고 합니다. 이것은 그 당시 빠알리어 운용법에 따라 단어를 여러 방편으로 자세하게 설명하는 것입니다.

그렇게 네 가지 성스러운 진리를 스스로의 지혜로 경험하여 보는 것, 아는 것이 매우 중요합니다. 바른 법을 스스로 아직 알지 못하면 불교를 믿는다고 해도 의심이 여전히 남아 있게 됩니다. 그러다 의심이 생길 만한 조건과 만나게 되면 언제든 부처님과 가르침, 승가와 관련해서 의심이 생길 수 있습니다. 자신이 실천하고 있는 계와 삼매, 통찰지라는 수련sikkhā과 관련해서도 의심이 생겨날 수 있습니다. 경험해야 할 만한 것을 직접 경험해서 알게 되면 그것에 비례해서 의심이 사라집니다. 볼 때마다 들을 때마다 닿을 때마다 알 때마다 끊임없이 관찰하고 새기고 있는 수행자는 삼매와 지혜가 힘이 좋아졌을 때 새겨 알게 된 물질과 새겨 아는 마음·정신을 구별하여 압니다. 그 뒤 '눈과 형색이 있어서 보아 앎이 생겨난다'라는 등으로도 직접 경험하여 압니다.

'가고 싶어 해서 감이 생겨난다'라는 등으로도 알게 됩니다. '관찰하고 새겨 알지 못하기 때문에 좋다고 생각한다. 좋다고 생각해서 갈망하고 즐긴다. 즐겨서 애착한다. 애착해서 자신의 바람이 이루어지도록 노력한다'라는 등으로도 직접 경험하여 알게 됩니다. '업이 좋지 않아서 좋지 않은 것을 겪어야 한다. 업이 좋아서 좋은 것을 누릴 수 있다'라는 등으로도 알게 됩니다. 그 정도로 직접 경험하고 이해하게 되면 '자아가 있는가? 창조자가 있는가?'라는 등으로 의심하던 것이 생겨나지 않고 사라질 수 있습니다.

그 뒤 관찰되는 물질·정신이 계속해서 관찰하는 중에 즉시 생겨나서는 계속 사라져 가는 것을 경험하게 되어 '항상하지 않은 것이구나. 두려워할 만한 괴로움이구나. 마음대로 할 수 없어 자아가 아닌 성품법들일 뿐이구나'라고 관찰하면서 바로 알고 보고 이해합니다. 그렇게 특별하게 알게 됐을 때 "그 법들을 설하신 부처님은 직접 경험하여 아시고 설하신 것이다. 바르고 진정한 부처님이시다. 설하신 법도 바르고 진정한 가르침이다. 그 법을 실천하고 있는 승가도 잘 실천하고 있는 승가다"라고 믿음의 힘이 좋아집니다. 그 뒤 물질·정신 형성이 모두 소멸한 성품에 도달하게 됩니다. 그때는 소멸의 진리인 열반의 적정한 요소를 직접 경험하여 알게 되는 것입니다. 그때 괴로움을 구별해 아는 역할, 생겨남을 제거하는 역할, 도를 자신의 상속에 생겨나게 하는 역할을 성취하는 것으로 괴로움과 생겨남, 그리고 도라는 나머지 세 가지 진리도 알게 됩니다. 그렇게 네 가지 진리를 알기에 적합한 대로 알게 되어 부처님과 가르침, 승가와 관련한 믿음saddhā이 무너질 수 없을 정도로 확고해집니다. 계와 삼매와 통찰지라는 수련과 관련한 믿음도 무너질 수 없을 정도로 확고해집니다. 그렇게 스스로 경험하여 알고서 믿는 믿음은 확고하기 때문에 의심vicikicchā을 잘 넘어섭니다. 꼰단냐 존자도 네 가지 진리를 스스로 경험하여 알고서 의심을 넘어섰습니다. 그래서 "tiṇṇavicikiccho 넘어선 의심이 있기 때문에", 즉 의심을 넘어섰기 때문에도 부처님에게 출가를 청한 것입니다.

의심이 사라지면 "kathaṁ kathaṁ 어떨까? 이럴까, 저럴까? 진짜 부처님이 맞을까? 사실일까?"라는 등으로 헤매는 일도 사라집니다. 그래서 "vigatakathaṁkatho 이럴까 저럴까 헤매지 않게 돼서도" 출가를 청한 것입니다. 그 두 가지 구절도 의미로는 같은 방편의 구절들입니다.

또한 "satthusāsane vesārajjappatto 부처님의 교단에 '확실하게 옳다'라는 지혜로 당당함에 이르렀기 때문에도" 출가를 청했습니다. 또한 "aparappaccayo 다른 이를 의지해서 믿는 것이 아니라 스스로 알고 있기 때문에도" 부처님께 출가를 청한 것이라고 했습니다.

어떠한 가르침이나 종교에 귀의하는 사람들 중 대부분은 직접 알아서가 아니라 다른 이를 믿고 의지해서 귀의합니다. 일부 사람들은 목신, 숲신, 산신을 숭배하기도 합니다. 이는 부모나 조부모, 스승 대대로 전해 내려오는 관습을 그대로 따르는 것입니다. 누구도 그 천신을 본 적이 없습니다. 또 어떤 사람들은 제석천왕이나 범천, 하느님이라는 존재를 숭배합니다. 이들 또한 누구도 직접 본 적이 없습니다. 부모나 스승의 말을 따라서 믿고 숭배하는 것입니다. 불교에 입문한 이들 중에서도 알아야 할, 알기에 적당한 법을 아직 알지 못하면 부모나 스승을 의지해서 믿고 귀의해야 합니다. 사마타나 위빳사나 수행을 열심히 노력하여 어느 정도 직접 경험하면 스스로의 경험만으로도 믿고 의지할 수 있습니다. 선정이나 도와 과라는 법을 얻게 되면 그 선정이나 도와 과에 관해서는 다른 이를 의지하여 믿는 것이 아닙니다. 스스로 알고서 믿는 것입니다.

찟따 장자와 나따뿟따

부처님 당시에 찟따Citta라는 아나함 장자가 있었습니다. 어느 날, 찟따 장자가 니간타 나체외도 종파의 스승인 나따뿟따Nāṭaputta에게 갔습니다. 나따뿟따는 자이나 교도들이 으뜸인 붓다로 숭배하고 있는 '마하위라Mahāvīra'라고 불리는 자였습니다. 그는 부처님께서 아직 정등각자가 되시기 전부터 유명한 사람이었습니다. 외도스승 나따뿟따가 "찟따 장자여, 어떤가? 그대의 스승인 고따마에게는 사유와 고찰이 사라진 선정증득이 있다고 하는데 그것을 믿는가?"라고 물었습니다. 그러자 찟따 장자가 "사유와 고찰이 사라진 선정증득이 있다는 그것에 관해서는 부처님을 믿어서 알고 인식하는 것이 아니오"라고 대답했습니다. 이에 나따뿟따는 '찟따 장자는 붓다를 믿지 않는다고 말한다'라고 생각하고는 "오, 제자들이여, 보라. 찟따 장자는 매우 정직하다. 그는 믿지 않는 것을 믿지 않는다고만 말한다. 이것은 믿기에도 적당하지 않다. 바람을 잡을 수 없는 것처럼, 강가 강의 흐름을 손으로 가로막을 수 없는 것처럼 사유와 고찰을 사라지도록 할 수 없다"라고 제자 대중들에게 말했습니다.

그러자 찟따 장자가 "나따뿟따 존자여, 아는 것과 믿는 것 중 어느 것이 더욱 거룩합니까?"라고 물었습니다.

"아는 것이 믿는 것보다 더욱 거룩하오."

"나따뿟따 존자여, 저는 어느 때를 막론하고 원하는 때마다 사유와 고찰이 있는 초선정에 입정할 수 있습니다. 사유와 고찰이 사라진 제2선정에도 입정할 수 있습니다. 희열이 사라진 제3선정에도 입정할 수 있습니다. 행복이 사라진 제4선정에도 입정할 수 있습니다. 그렇게 사유와 고찰이 사라진 선정증득을 직접 경험하여 알고 보는데도 '사유와 고찰이 사라진 선정증득이 있다'라는 것에 대해서 다른 어떤 사문을 의지해서 믿을 필요가 있습니까?"(S41:8)

사유와 고찰이 사라진 선정증득을 직접 경험하여 알고 있기 때문에 찟따 장자는 다른 이를 통해서 믿을 필요가 없는 것입니다. 마찬가지로 네 가지 진리를 직접 경험하여 알고 있는 꼰단냐 존자도 부처님의 팔정도, 계와 삼매와 통찰지라는 가르침, 교법과 관련해 다른 이를 의지하여 믿게 된 것이 아닙니다. 그래서 "aparappaccayo 의지해서 믿을 다른 누가 있지 않다; 다른 이를 의지하여 믿게 된 것이 아니라 스스로 알고 있기 때문에도" 부처님에게 출가를 청한 것입니다. 매우 존경할 만합니다. 그 의미를 깊이 새기면서 다시 독송해 보겠습니다.

매우 존경할 만하다

29 Atha kho āyasmā aññāsikoṇḍañño diṭṭhadhammo pattadhammo viditadhammo pariyogāḷhadhammo tiṇṇavicikiccho vigatakathaṁkatho vesārajjappatto aparappaccayo satthusāsane bhagavantaṁ etadavoca - "labheyyāhaṁ, bhante, bhagavato santike pabbajjaṁ, labheyyaṁ upasampada"nti. (Vin.iii.17)

대역

Atha kho그러자; 부처님께서 감흥어를 읊고 나셨을 때 āyasmā aññāsikoṇḍañño안냐시꼰단냐 존자는 diṭṭhadhammo알고 본 법이 있는 이가 되어; 네 가지 진리를 알고 보게 되어, pattadhammo 도달한 법이 있는 이가 되어; 네 가지 진리법에 이르러 얻게 되어,

viditadhammo분명하게 알게 된 법이 있는 이가 되어; 네 가지 진리를 분명하게 알게 되어, pariyogāḷhadhammo완전히 구족하게 꿰뚫어 알게 된 법이 있는 이가 되어; 네 가지 진리를 완전히 구족하게 꿰뚫어 알게 되어, tiṇṇavicikiccho넘어선 의심이 있는 이가 되어; 의심을 넘어선 이가 되어, vigatakathaṁkatho이럴까 저럴까 헤매지 않는 이가 되어 satthusāsane부처님의 교단에 vesārajjappatto당당함에 이르러서《"'무엇 때문에 종교를 바꾸었는가?'라는 등으로 다른 이가 질문했을 때 그러한 것을 두려워하거나 움츠러들지 않고 당당하게 됐기 때문에"라는 뜻이다.》 aparappaccayo다른 이를 의지하여 믿는 것이 아니라; 스스로 직접 알고서 믿게 되어 bhagavantaṁ 세존에게 etaṁ avoca이와 같은 말을 했습니다. 어떻게 말했는가 하면 "bhante세존이시여, ahaṁ저는 bhagavato santike세존의 앞에서 pabbajjaṁ출가자의 상태를 labheyyaṁ얻고자 합니다. upasampadaṁ구족계를 받은 비구의 지위를 labheyyanti얻고자 합니다"라고 etaṁ avoca이와 같이 청하는 말을 했습니다.

결집에 참석한 장로들이 꼰단냐 존자가 비구가 되기를 청하는 이 대목에서 출가하게 된 계기이자 원인이기도 한 여러 덕목을 "diṭṭhadhammo pattadhammo"라는 등으로 설명해 놓은 것은 매우 존경할 만합니다. 법의 성품을 알면 알수록 더욱 더 존경할 만합니다. 그렇게 꼰단냐 존자가 청했을 때 부처님께서 다음과 같이 말씀하시고 출가시켜 주셨습니다.

에히 빅쿠로 비구가 되는 모습

30 "Ehi bhikkhū"ti bhagavā avoca - "svākkhāto dhammo, cara brahmacariyaṁ sammā dukkhassa antakiriyāyā"ti. Sāva tassa āyasmato upasampadā ahosi. (Vin.iii.17)

대역

"Bhikkhu비구여, ehi오라; 나의 교단으로 오라"라고 iti이렇게 먼저 말씀하시면서 부르고 나서 "dhammo법을 svākkhāto잘 설했다.[368] sammā dukkhassa antakiriyāya괴로움의 올바른 종식을 행하기 위해; 괴로움을 바르게 종식시키기 위해 brahmacariyaṁ청정범행을; 거룩한 계와 삼매와 통찰지의 실천을 cara실천하라"라고 iti이렇게 bhagavā세존께서 avoca말씀하셨습니다. sā eva그 말이 바로; "에히 빅쿠"라는 바로 그것이 tassa āyasmato그 존자의; 그 꼰단냐 존자의 upasampadā구족계가; 비구가 되게 하는 구족계를 주는 것이 ahosi됐습니다. iti이상이 끝입니다.

안냐시꼰단냐 존자는 원래도 출가자였습니다. 하지만 부처님의 제자로서 교법에 입문한 출가자는 아니었습니다. 그래서 교단에 입문한 비구의 자격을 청한 것입니다. 그러자 부처님께서 "ehi bhikkhu"라고 부르시고 비구가 되게 했습니다. 불교 교단에 입문한 출가자의 자격을 부여했습니다. 그렇게 "에히 빅쿠"라고 불러서 교단에 입문한 출가자

368 직역하면 '법은 잘 설해졌다'이다.

의 자격을 부여하는 것으로 안냐시꼰단냐 존자는 부처님의 제자로서 교단에 입문한 비구가 됐습니다.

초전법륜, 그 후

초전법륜을 듣고 특별한 법을 얻은 이들

부처님께서 「담마짝까숫따」를 설하실 때 사람들 중 그 최초 설법을 들은 이는 오비구뿐이었습니다. 특별한 법을 얻은 이는 그 다섯 명 중에 안냐시꼰단냐 존자 한 사람뿐이었습니다. 범천들은 1억 8천 명이 특별한 법을 얻었습니다. 욕계 천신들은 헤아릴 수 없이 많은 이가 특별한 법을 얻었다고 합니다. 그래서 『밀린다빤하』에서는 다음과 같이 설명해 놓았습니다.

Aṭṭhārasa brahmakoṭiyo aparimāṇā ca devatāyo, … abhisamiṁsu. (Mil.331)

대역

Aṭṭhārasa brahmakoṭiyo1억 8천 명의 범천과 aparimāṇā ca devatāyo한계를 지을 수 없이 많은 천신이 abhisamiṁsu특별한 법을 알았다.

그 당시 안냐시꼰단냐 존자 혼자만 부처님의 제자 비구로서 입문했습니다. 오비구 중 나머지 왑빠Vappa, 밧디야Bhaddiya, 마하나마

Mahānāma, 앗사지Assaji 네 명은 부처님의 제자로서 교법에 입문한 비구가 되기를 아직 청하지 않았습니다. 그들에게는 안냐시꼰단냐 존자처럼 "diṭṭhadhamma" 등으로 직접 경험한 지혜가 아직 갖추어져 있지 않아서 부처님의 가르침과 관련해 당당함이나 확신 등의 덕목들이 없었기 때문입니다. 하지만 「담마짝까숫따」를 듣고 '들어서 아는 지혜'의 믿음은 생겨났습니다. 그래서 그 네 명도 그 법을 들을 때를 시작으로 부처님의 훈계와 지도에 따라 실천하고 노력했습니다. 그렇게 노력하는 모습과 법을 알고 보게 된 모습을 율장 대품 등에서 다음과 같이 설명했습니다.

노력하고 나서야 특별한 법을 얻게 된 모습

Atha kho bhagavā tadavasese bhikkhū dhammiyā kathāya ovadi anusāsi. Atha kho āyasmato ca vappassa āyasmato ca bhaddiyassa bhagavatā dhammiyā kathāya ovadiyamānānaṁ anusāsiyamānānaṁ virajaṁ vītamalaṁ dhammacakkhuṁ udapādi - yaṁ kiñci samudayadhammaṁ, sabbaṁ taṁ nirodhadhammanti. (Vin.iii.17)

대역

Atha kho그러자; 안냐시꼰단냐 존자를 에히 빅쿠 비구로 받아들이신 뒤 그 때 bhagavā세존께서는 tadavasese bhikkhū그 나머지 비구들을; 그 안냐시꼰단냐 존자를 제외한 나머지 네 명의 비구를 dhammiyā kathāya법의 가르침으로 ovadi anusāsi훈계하고 지도하셨습니다. atha kho그렇게 훈계하고 지도하셨을 때 bhagavatā세존으로부터 dhammiyā kathāya법의 가르침으로 ovadiyamānānaṁ anusāsiyamānānaṁ훈계와 지도를 받아서; 훈계와 지도를 받았기 때문에 노력하고 실천하여 āyasmato ca vappassa왑빠 존자에게도, āyasmato ca bhaddiyassa밧디야 존자에게도 virajaṁ티가 없는, vītamalaṁ더러움이 없는, dhammacakkhuṁ법의 눈이; 수다원도의 지혜가 udapādi생겨났습니다. 《kinti어떻게 생겨났는가?》 samudayadhammaṁ생겨남의 성품이 있는 yaṁ kiñci그 어떤 법들이 atthi있다면 taṁ sabbaṁ그 모든 법은 nirodhadhammaṁ소멸의 성품이 있다. iti이렇게 생겨났습니다.[369]

그렇게 법의 눈이 열려 수다원이 됐을 때 왑빠 존자와 밧디야 존자도 부처님께 비구가 되기를 청했습니다. 부처님께서 에히 빅쿠로 비구계를 주었다고 하는 그 사실을 설명하면서 율장 대품에서는 이렇게도 이어서 설명했습니다.

교법의 시작부터 체계적으로 노력하고 보호하는 모습

Atha kho bhagavā tadavasese bhikkhū nīhārabhatto dhammiyā kathāya ovadi anusāsi. Yaṁ tayo bhikkhū piṇḍāya caritvā āharanti, tena chabbaggo yāpeti. Atha kho āyasmato ca mahānāmassa āyasmato ca assajissa bhagavatā dhammiyā kathāya ovadiyamānānaṁ anusāsiyamānānaṁ virajaṁ vītamalaṁ

369 성전은 현장감을 살리기 위해 경어체로 번역했다.

dhammacakkhuṁ udapādi - yaṁ kiñci samudayadhammaṁ, sabbaṁ taṁ nirodhadhammanti. Te diṭṭhadhammā pattadhammā viditadhammā pariyogāḷhadhammā tiṇṇavicikicchā vigatakathaṁkathā vesārajjappattā aparappaccayā satthusāsane bhagavantaṁ etadavocuṁ - "labheyyāma mayaṁ, bhante, bhagavato santike pabbajjaṁ, labheyyāma upasampada"nti. "Etha bhikkhavo"ti bhagavā avoca - "svākkhāto dhammo, caratha brahmacariyaṁ sammā dukkhassa antakiriyāyā"ti. Sāva tesaṁ āyasmantānaṁ upasampadā ahosi. (Vin.iii.17)

대 역

Atha kho그러자; 왑빠 존자와 밧디야 존자에게 에히 빅쿠로 구족계를 준 뒤 그때 bhagavā세존께서는 tadavasese bhikkhū그 나머지 비구에게; 마하나마 존자와 앗사지 존자에게 nīhārabhatto가져온 공양을 드시면서; 당신께서 식접 탁발을 나가지 않고 가져온 공양을 드시면서 dhammiyā kathāya법의 가르침으로 ovadi anusāsi 훈계하고 지도하셨습니다. tayo bhikkhū piṇḍāya caritvā세 명의 비구가 탁발하여 yaṁ āharanti어떤 음식을 가져오면 tena그 음식으로 chabbaggo여섯 명이; 부처님과 함께 여섯 명이 연명했습니다; 의지하며 연명했습니다. atha kho그러자; 그렇게 훈계하고 지도하셨을 때 bhagavatā세존으로부터 dhammiyā kathāya법의 가르침으로 ovadiyamānānaṁ anusāsiyamānānaṁ훈계와 지도를 받아서; 훈계와 지도를 받았기 때문에 노력하고 실천하여 āyasmato ca mahānāmassa마하나마 존자에게도, āyasmato ca assajissa 앗사지 존자에게도 virajaṁ티가 없는, vītamalaṁ더러움이 없는

dhammacakkhuṁ법의 눈이; 수다원도의 지혜가 udapādi생겨났습니다. 《kinti어떻게 생겨났는가?》 samudayadhammaṁ생겨나기 마련인; 생겨남의 성품이 있는 yaṁ kiñci그 어떤 법들이 atthi있다면 taṁ sabbaṁ그 모든 법은 nirodhadhammaṁ소멸하기 마련인 법이다; 소멸의 성품이 있다. iti이렇게 생겨났습니다. te그들은; 그 마하나마 존자와 앗사지 존자는 diṭṭhadhammā알고 본 법이 있는 이들이 되어; 네 가지 진리를 알고 보게 되어, pattadhammā도달한 법이 있는 이들이 되어; 네 가지 진리법에 이르러 얻게 되어, viditadhammā분명하게 알게 된 법이 있는 이들이 되어; 네 가지 진리를 분명하게 알게 되어, pariyogāḷhadhammā완전히 구족하게 꿰뚫어 알게 된 법이 있는 이들이 되어; 네 가지 진리를 완전히 구족하게 꿰뚫어 알게 되어, tiṇṇavicikicchā넘어선 의심이 있는 이들이 되어; 의심을 넘어선 이가 되어, vigatakathaṁkathā이럴까 저럴까 헤매지 않는 이들이 되어 satthusāsane부처님의 교단에 vesārajjappattā당당함에 이르러서 aparappaccayā다른 이를 의지하여 믿는 것이 아니라; 스스로 직접 알고서 믿게 되어 bhagavantaṁ세존에게 "labheyyāma mayaṁ, bhante, bhagavato santike pabbajjaṁ, labheyyāma upasampadan"ti"세존이시여, 저희들은 세존의 앞에서 출가자의 상태를 얻고자 합니다. 구족계를 받은 비구의 지위를 얻고자 합니다"라는 etaṁ avocuṁ이와 같이 말했습니다. bhagavā세존께서는 "etha bhikkhavo"ti"비구들이여, 나의 교단으로 오라"라고 먼저 말씀하시면서 부르고 나서 "dhammo법을 svākkhāto잘 설했다. sammā dukkhassa antakiriyāya괴로움의 올바른 종식을 행하기 위해 brahmacariyaṁ거룩한 계, 삼매, 통찰지의 실천을 caratha

실천하라"라고 iti이렇게 bhagavā세존께서 avoca말씀하셨습니다. sā eva그 에히 빅쿠라는 말, 바로 그것이 tesaṁ āyasmantānaṁ그 마하나마 존자와 앗사지 존자의 upasampadā구족계가; 비구가 되게 하는 구족계를 주는 것이 ahosi됐습니다. iti이상이 끝입니다.

이것은 율장 대품 성전에서 설명한 구절입니다. 이 성전에서는 두 명씩 짝을 지어서 법을 수행하여 깨달음에 이른 것으로 설명해 놓았습니다. 그것에 대한 주석서에서는 한 명씩 법을 얻은 모습을 다음과 같이 설명해 놓았습니다.

Atha kho āyasmato ca vappassāti ādimhi vappattherassa pāṭipadadivase dhammacakkhuṁ udapādi, bhaddiyattherassa dutiyadivase, mahānāmattherassa tatiyadivase, assajittherassa catutthiyanti. Imesañca pana bhikkhūnaṁ kammaṭṭhānesu uppannamalavisodhanatthaṁ bhagavā antovihāreyeva ahosi. Uppanne uppanne kammaṭṭhānamale ākāsena gantvā malaṁ vinodesi. Pakkhassa pana pañcamiyaṁ sabbe te ekato sannipātetvā anattasuttena ovadi. (VinA.iii.246)

대역

Atha kho āyasmato ca vappassāti ādimhi"그때 왑빠 존자에게"라는 등에서 vappattherassa왑빠 장로에게는 pāṭipadadivase음력 6월 하현의 1일째에 dhammacakkhuṁ법의 눈이 udapādi생겨났다. bhaddiyattherassa밧디야 장로에게는 dutiyadivase2일째에, mahānāmattherassa마하나마 장로에게는 tatiyadivase3일

째에, assajittherassa앗사지 장로에게는 catutthiyaṁ4일째에 법의 눈이 생겨났다. iti이렇게 알아야 한다. ca pana그 밖에 알아야 할 것이 imesaṁ bhikkhūnaṁ이 비구들의; 왑빠 등 네 비구들의 kammaṭṭhānesu수행주제에 uppannamalavisodhanatthaṁ생겨나는 번뇌의 더러움을 깨끗하게 해 주기 위해 bhagavā세존께서 antovihāreyeva탁발을 나가지 않고 정사 안에서만 머물러 대기하고 ahosi계셨다. uppanne uppanne kammaṭṭhānamale수행주제의 더러움이 생겨날 때마다 계속해서 ākāsena gantvā하늘로 날아가셔서 malaṁ vinodesi더러움을 깨끗하게 해 주셨다. pakkhassa pana pañcamiyaṁ하현의 5일째에 sabbe te그 다섯 명 모두를 ekato sannipātetvā한 곳에 모이게 하여 anattasuttena「아낫딸락카나숫따」를[370] ovadi설하셨다.

이것은 율장 주석서의 설명입니다. 여기에서 "정사에서 대기하고 계셨다"라고 설명한 것은 "nīhārabhatto(가져온 공양을 드시면서)"라는 성전 구절에 대한 주석입니다. 특히 주의를 기울여야 할 것은 하늘로 날아가서 더러움을 제거해 주셨다는 구절입니다. 매우 중요하기 때문에 빠르게 가신 모습입니다. 지금 시대에도 수행주제 스승들이 제자들에게 항상 가까이 있으면서 지도해 줄 수 있으면 더욱 좋을 것입니다.

『맛지마 니까야(근본50경)』「빠사라시숫따」에서는 오비구가 아라한과에 도달한 모습을 다음과 같이 부처님께서 설하셨습니다.

370 S22:59;「Anattalakkhaṇasutta 무아특성경」.

Dvepi sudaṁ, bhikkhave, bhikkhū ovadāmi, tayo bhikkhū piṇḍāya caranti. Yaṁ tayo bhikkhū piṇḍāya caritvā āharanti tena chabbaggiyā[371] yāpema. Tayopi sudaṁ, bhikkhave, bhikkhū ovadāmi, dve bhikkhū piṇḍāya caranti. Yaṁ dve bhikkhū piṇḍāya caritvā āharanti tena chabbaggiyā yāpema. Atha kho, bhikkhave, pañcavaggiyā bhikkhū mayā evaṁ ovadiyamānā evaṁ anusāsiyamānā attanā jātidhammā samānā jātidhamme ādīnavaṁ viditvā ajātaṁ anuttaraṁ yogakkhemaṁ nibbānaṁ pariyesamānā ajātaṁ anuttaraṁ yogakkhemaṁ nibbānaṁ ajjhagamaṁsu, (M.i.229/M26)

대역

Bhikkhave비구들이여, dvepi bhikkhū두 명의 비구를 ovadāmi훈계하기도 했다. tayo bhikkhū세 명의 비구가 piṇḍāya caranti탁발을 했다. tayo bhikkhū piṇḍāya caritvā세 명의 비구가 탁발을 하고 나서 yaṁ āharanti어떤 공양을 가져 오면 tena그 음식으로 chabbaggiyā우리 여섯 명은 yāpema연명했다. bhikkhave비구들이여, tayopi bhikkhū세 명의 비구를 ovadāmi훈계하기도 했다. dve bhikkhū두 명의 비구가 piṇḍāya caranti탁발을 했다. dve bhikkhū piṇḍāya caritvā두 명의 비구가 탁발을 하고 나서 yaṁ āharanti어떤 공양을 가져 오면 tena그 음식으로 chabbaggiyā우리 여섯 명은 yāpema연명했다. bhikkhave비구들이여, atha kho그때 지금 내가 말한 대로 mayā evaṁ ovadiyamānā evaṁ anusāsiyamānā나 여래가 훈계하고 지도

371 chabbaggā (Se. Te.).

하여; 나 여래가 훈계하고 지도한 대로 실천하고 노력하여서 pañcavaggiyā bhikkhū오비구는 attanā jātidhammā samānā스스로 새로운 생에 태어남이 있기 때문에 jātidhamme ādīnavaṁ viditvā태어남의 허물을 보고서 ajātaṁ anuttaraṁ yogakkhemaṁ nibbānaṁ 태어남이 없는 족쇄가 사라져 제일 으뜸인 열반을 pariyesamānā찾고 구하고 노력하여 ajātaṁ anuttaraṁ yogakkhemaṁ nibbānaṁ태어남이 없는 족쇄가 사라져 제일 으뜸인 열반을 ajjhagamaṁsu얻었다.

이 경의 주석서에서는 다음과 같이 설명했습니다.

Dvepi sudaṁ, bhikkhave, bhikkhū ovadāmītiādi pāṭipadadivasato paṭṭhāya piṇḍapātatthāyapi gāmaṁ appavisanadīpanatthaṁ vuttaṁ. Tesañhi bhikkhūnaṁ kammaṭṭhānesu uppannamalavisodhanatthaṁ bhagavā antovihāreyeva ahosi. Uppanne uppanne kammaṭṭhānamale tepi bhikkhū bhagavato santikaṁ gantvā pucchanti. Bhagavāpi tesaṁ nisinnaṭṭhānaṁ gantvā malaṁ vinodeti. Atha nesaṁ bhagavatā evaṁ nīhaṭabhattena ovadiyamānānaṁ vappatthero pāṭipadadivase sotāpanno ahosi. Bhaddiyatthero dutiyāyaṁ, mahānāmatthero tatiyāyaṁ, assajitthero catutthiyaṁ. Pakkhassa pana pañcamiyaṁ sabbeva te ekato sannipātetvā anattalakkhaṇasuttaṁ kathesi, suttapariyosāne sabbepi arahattaphale patiṭṭhahiṁsu. (MA.ii.96)

대 역

Dvepi sudaṁ, bhikkhave, bhikkhū ovadāmītiādi"비구들이여,

때로는 두 명의 비구를 지도했다"라는 구절에서 pāṭipadadivasato paṭṭhāya음력 6월 하현의 초하루부터 시작해 piṇḍapātatthāyapi(세존께서는) 탁발을 위해서도 gāmaṁ appavisanadīpanatthaṁ마을에 들어가지 않았기 때문에 vuttaṁ말한 것이다. hi맞다; 자세하게 설명하겠다. tesaṁ bhikkhūnaṁ그 비구들의; 왑빠 등 그 비구들의 kammaṭṭhānesu수행주제에 uppannamalavisodhanatthaṁ생겨나는 더러움들을 깨끗하게 해 주기 위해 bhagavā세존께서는 antovihāreyeva정사 안에서만 ahosi계셨다. uppanne uppanne kammaṭṭhānamale수행주제의 더러움이 생겨날 때마다 생겨날 때마다 tepi bhikkhū그 비구들도 bhagavato santikaṁ gantvā세존에게 가까이 와서 pucchanti질문했다. bhagavāpi세존께서도 tesaṁ nisinnaṭṭhānaṁ gantvā그 비구들이 앉아 있는 장소로 가셔서 malaṁ더러움을; 혼란을 vinodeti깨끗하게 해 주셨다. atha그때 bhagavatā evaṁ nīhaṭabhattena ovadiyamānānaṁ탁발을 가시 않고서 가져온 음식으로 (지내면서) 세존께서 이렇게 설하시는 대로 훈계 받고 지도받은 nesaṁ그 비구들 중에 vappatthero왑빠 존자는 pāṭipadadivase음력 6월 하현의 1일째에 sotāpanno ahosi수다원이 됐다. bhaddiyatthero밧디야 장로는 dutiyāyaṁ2일째에, mahānāmatthero마하나마 장로는 tatiyāyaṁ3일째에 assajitthero앗사지 장로는 catutthiyaṁ4일째에 수다원이 됐다. pakkhassa pana pañcamiyaṁ 하현의 5일째에는 sabbeva te그 다섯 명 모두를 ekato sannipātetvā 한 곳에 모이게 하여 anattalakkhaṇasuttaṁ「아낫딸락카나숫따」를 kathesi설하셨다. suttapariyosāne경의 끝에 sabbepi그 모두는 arahattaphale아라한과를 patiṭṭhahiṁsu확립했다.

듣는 것만으로는 되지 않고 수행해야 한다

이것이 「빠사라시숫따」에 관한 주석서에서 말해 놓은 내용입니다. 율장 성전과 경전 성전에는 두 명씩, 두 명씩 요약해서 보였습니다. 주석서에서는 한 명씩, 한 명씩 수다원이 된 모습을 자세하게 나누었습니다. 이 정도로만 차이가 납니다. 단지 듣는 것만이 아니라 수행하고 나서야 수다원이 된 모습, 탁발하지 않고서 밤낮으로 끊임없이 노력하는 모습, 부처님께서도 설하고 지도하시기 위해 항상 정사에만 계셨던 모습, 이러한 점들은 모두 동일합니다. 그래서 "왑빠 존자는 보름날 저녁부터 수행하기 시작해서 하현의 1일에 수다원이 됐다. 이것은 부처님께서 훈계하고 지도하셨던 대로 노력해서 수다원이 된 것이다. 단지 법문을 듣는 것만으로 된 것이 아니다. 밧디야 존자는 이틀 정도 수행해서 하현의 2일이 돼서야 수다원이 됐다. 마하나마 존자는 3일 정도 수행해서 하현의 3일이 돼서야 수다원이 됐다. 앗사지 존자는 4일 정도 수행해서 하현의 4일이 돼서야 수다원이 됐다. 단지 법문을 듣는 것만으로 수다원이 된 것이 아니다. 부처님께서 자세하게 훈계하고 지도하신 대로 열심히 끊임없이 관찰하고 노력해서 수다원이 됐다"라는 사실이 매우 분명합니다.

또한 왑빠 존자 등 오비구는 보통 사람들이 아닙니다. 보살이 탄생했을 때부터 징조와 특징을 읽을 수 있는 왕사王師 바라문들이라고도 말합니다. 일부 주석서에서는 그 바라문들의 아들들이라고도 합니다. 보살이 어린 나이였을 때부터 그들은 숲으로 출가해 사문이 된 특별한 이들이기도 합니다. 부처님께서 설하시는 법문을 단지 들어서 아는 sutamaya 지혜 정도라면 쉽게 이해할 수 있는 이들이었습니다. 단지 법문을 듣는 것 정도로, 이해하는 것 정도로 수다원이 될 수 있다고 한다면 왑빠 존자 등이 하루나 이틀 정도 힘들게 노력할 필요가 없었을 것입니다. 부처님께서도 그들로 하여금 일부러 힘들게 수행하도록 시키지 않았을 것입니다. 한 번 설하는 것 정도만으로 수다원이 되지 않으면 두 번 거듭 설하셨을 것이고, 두 번으로 되지 않으면 세 번 등으로 거듭 설하셨을 것입니다. 그럼에도 불구하고 그렇게 설하지 않으시고 왜 수행을 시키셨는가를 숙고해 볼 만합니다. 숙고해 본다면 "수행해야 수다원이 될 제도가능자neyya들이기 때문에 부처님께서 수행하도록 훈계하고 지도하셨다"라는 사실이 분명합니다.

그래서 지금 시대에도 "수다원이 되는 것 정도는 사마타와 위빳사나를 노력할 필요가 없다. 스승이 말하는 대로 이해하고 알면 다 된 것이다"라는 등으로 사마타와 위빳사나라는 수행의 행위를 노력하지 않도록, 가로막도록 설하는 주장은 전혀 근거가 없는 주장이자 실천 교법paṭipattisāsana을 무너뜨리는 주장이라는 사실을 확실하게 기억해 두어야 합니다. "그러한 주장을 믿고 따르게 되면 열반의 길을 막아버린다"라는 것을 확실히 기억해 두어야 합니다.

왑빠 존자 등이 노력하는 모습

오비구 중 왑빠 존자 등 네 명의 비구가 어떻게 수행했는가 하면, 이 「담마짝까숫따」에서 설한 대로 여덟 가지 도 구성요소를 자신의 상속에 생겨나게 하여 수행했을 것입니다. "여덟 가지 도 구성요소를 생겨나게 하려면 자신의 상속에 끊임없이 생겨나고 있는 봄, 들음 등의 다섯 취착무더기, 괴로움의 진리법들을 구분하여 알 수 있도록 끊임없이 관찰하고 있어야 한다"라는 등으로 앞에서 자세하게 설명한 대로 관찰하고 새기고 닦고 노력했다는 사실이 분명합니다.

생겨나고 있는 물질·정신을 끊임없이 관찰하고 있는 수행자는 처음 관찰할 때는 감각욕망 사유 등 마음의 망상이나 생각이라는 장애들도 생겨나기 마련입니다. 특히 배움이 많은 이에게는 '맞는가, 안 맞는가?' 라고 분석하여 숙고하는 의심vicikicchā도 일부 심하게 생겨나기 마련입니다. 특별한 대상이나 표상을 보고서 매우 거만하게 되기도 합니다. 어떤 사람이 가까이 와서 말하고 있는 것처럼 생각되기도 합니다. 흐리멍덩함, 지겨워함, 실망함이 생겨나기도 합니다. 믿음과 지혜, 삼매와 정진 등의 균형이 맞지 않아 수행이 진전되지 않는 것을 경험하기도 합니다. 자세하게 집중해서 관찰하지 않아 삼매나 지혜가 생겨나지 않는 것을 경험하기도 합니다. 생멸의 지혜에 이르렀을 때 일부는 빛이나 희열, 새김, 특별한 지혜 등을 경험하여 스스로 높이 평가하기도 합니다. 그렇게 수행주제의 더러움, 장애를 만났을 때 수행지도 스승이 깨끗하게 해결해 줄 필요가 있습니다. 지도해 줄 스승이 없으면 이익이 없게 될 수 있습니다. 그래서 왑빠 존자 등이 수행할 때 부처님께서 탁발조차 나가지 않고 미리 대기하고 기다리면서 깨끗하게 되도록 지도해 주셨던 것입니다.

이렇게 부처님께서 지도해 주셨기 때문에 왑빠 존자는 하루 정도 노력하는 것만으로 수다원 도와 과의 지혜를 얻었습니다. 그때 네 가지 진리법을 스스로 경험하여 알고 보았기 때문에 "diṭṭhadhamma" 등의 특별한 덕목들도 갖추게 됐습니다. 그렇게 바른 법을 직접 스스로 경험하여 알고 보게 되자 부처님의 교법과 관련해 의심이 사라졌습니다. 교법과 관련해 누가 어떻게 질문해도 대답하기에 두려울 것이 없이 당당하게 됐습니다. 그래서 부처님께 출가하고자 청한 것이고, 부처님께서는 "에히 빅쿠"라고 부르시면서 출가시켜 주신 것입니다.

밧디야, 마하나마, 앗사지 존자도 수다원 도와 과의 지혜를 각각 얻고서 의심이 사라져 당당하게 되어 하현의 2일째, 3일째, 4일째에 각각 출가를 청했고, 부처님께서는 "에히 빅쿠"라고 부르시면서 각각 출가시켜 주셨습니다.

하현의 5일째, 부처님께서는 오비구 모두를 모이게 한 뒤 「아낫딸락카나숫따」를 설하셨습니다. 그때 법문을 들으면서 다섯 취착무더기를 관찰하면서 위빳사나 도 구성요소법들을 닦아서 다섯 비구 모두 아라한 도와 과에 이르러 아라한이 됐습니다. 그래서 이 내용을 다음과 같이 마지막으로 언급했습니다.

부처님을 포함 아라한 여섯 분이 출현하시다

Tena kho pana samayena cha loke arahanto honti. (Vin.iii.20)

대 역

Tena kho pana samayena그때; 「아낫딸락카나숫따」를 설하시고 나셨을 때 loke세상에; 이 인간세상에 cha여섯 명의; 부처님을 포함해서 여섯 명의 arahanto아라한들이 honti출현했다; 이전에는 없었다가 특별하게 출현했다.

2,551년 전[372], 음력 6월 하현의 5일에 바라나시 근처 미가다와나 숲에 번뇌가 다하여 아라한이 되어 머무시던 부처님과 오비구라는 거룩

372 2019년도는 5월 18일 이후부터 불기 2563년이다. 따라서 2019년 후반부를 기준으로는 2608년 전이다.

한 아라한 존자들께 부처님의 제자 저희들은 지극한 정성으로 두 손 모아 예경 올립니다.

1962년 음력 8월 그믐부터 1963년 음력 3월 보름날까지 여덟 번에 걸쳐 「담마짝깝빠왓따나숫따Dhammacakkappavattanasutta」라고 불리는 「담마짝까숫따」의 가르침을 자세하게 설했습니다.

이 가르침을 정성스럽게 경청하고 새긴 청법선업 의도의 공덕으로 법문을 듣는 선남자, 선여인, 대중들 모두가 감각쾌락탐닉 몰두kāmasukhallikānuyoga라는 너무 느슨한 한 극단부분과 자기학대고행 몰두attakilamathānuyoga라는 너무 지나친 한 극단부분을 버리고, 삼가고, 제거하고서 중도실천majjhimapaṭipadā이라는 여덟 가지 도 구성요소법들을 닦기를.

그리하여 괴로움의 진리를 구분해 아는 것인 구분통찰-구분관통, 생겨남의 진리를 제거하는 것인 제거통찰-제거관통, 소멸의 진리를 실현하는 실현통찰-실현관통, 도의 진리를 자신의 상속에 생겨나게 하여 수행하는 것인 수행통찰-수행관통 등을 성취하여 모든 고통이 종식된 열반에 빠르게 도달하기를.

사두, 사두, 사두.

『담마짝까 법문』 제8장이 끝났다.

『담마짝까 법문』이 모두 끝났다.

부록

부록 1

담마짝까숫따 빠알리어와 해석

담마짝깝빠왓따나숫따

Dhammacakkappavattanasutta

나모 땃사 바가와또 아라하또 삼마삼붓닷사

Namo tassa bhagavato arahato sammāsambuddhassa

[니다나][373]

1 에왕 메 수땅 ‖ 에깡 사마양 바가와 바라나시양 위하라띠 이시빠따네 미가다예 ‖ 따뜨라 코 바가와 빤짜왁기예 빅쿠 아만떼시 ‖[374]

[나 세위땁바 드웨 안따]

2 드웨메 | 빅카웨 | 안따 빱바지떼나 나 세위땁바 ‖ 까따메 드웨 ‖ 요 짜양 까메수 까마수칼리″까누요고 히노 감모 뽀툿자니꼬 아나리요 아낫타상히또 | 요 짜양 앗따낄라마타누요고 둑코 아나리요 아낫타상히또 ‖[375]

373 (원) [ ] 안의 내용은 편의를 위해 표시한 제목이다.

374 (원) 이 단락의 의미는 pp.49~51을 참조하라.

375 (원) 이 단락의 의미는 pp.114~140을 참조하라.

초전법륜경

아라한이시며 정등각자이신 그 거룩하신 세존께 예경 올립니다.

[서문]

1 이와 같이 나는 들었습니다. 한때 세존께서는 바라나시의 이시빠따나 미가다야 숲에 머무셨습니다. 그때 세존께서는 오비구에게 다음과 같이 말씀하셨습니다.

[의지하면 안 되는 양극단]

2 "비구들이여, 출가자는 두 가지 극단을 의지해서는 안 된다. 어떠한 두 가지인가?
저열하고 통속적이고 범속하고 성스럽지 못하고 이익과 관련되지 않는 감각욕망쾌락의 탐닉에 몰두하는 것과, 괴롭고 성스럽지 못하고 이익과 관련되지 않는 자기 학대에 몰두하는 것이다."

[맛치마 빠띠빠다 땃사 아니상사]

3 에떼 코, 빅카웨, 우보 안떼 아누빠감마 맛치마 빠띠빠다 따타가떼나 아비삼붓다 짝쿠까라니 냐나까라니 우빠사마야 아빈냐야 삼보다야 닙바나야 상왓따띠 ||[376]

4 까따마 짜 사, 빅카웨, 맛치마 빠띠빠다 따타가떼나 아비삼붓다 짝쿠까라니 냐나까라니 우빠사마야 아빈냐야 삼보다야 닙바나야 상왓따띠 ||
아야메와 아리요 앗탕기꼬 막고 세야티당 삼마딧티 삼마상깝뽀 삼마와짜 삼마깜만또 삼마아지오 삼마와야모 삼마사띠 삼마사마디 ||
아양 코 사, 빅카웨, 맛치마 빠띠빠다 따타가떼나 아비삼붓다 짝쿠까라니 냐나까라니 우빠사마야 아빈냐야 삼보다야 닙바나야 상왓따띠 ||[377]

[둑카삿짜]

5 이당 코 빠나, 빅카웨, 둑캉 아리야삿짱, 자띠삐 둑카, 자라삐 둑카, [바디삐 둑코,][378] 마라남삐 둑캉, (소까빠리데와둑카도마낫수빠야사삐 둑카,)[379] 압삐예히 삼빠요고 둑코, 삐예히 윕빠요고 둑코, 얌뻿창 나 라바띠 땀삐 둑캉, 상킷떼나 빤짜빠다나깐다 둑카 ||[380]

---

376 ㉯ 이 단락의 의미는 pp.140~164를 참조하라.

377 ㉯ 이 단락의 의미는 pp.164~222를 참조하라.

378 ㉯ [ ] 안의 내용은『삿짜닛데사』성전에 없다. 주석서의 설명도 없다.

379 ㉯ ( ) 안의 내용은『상윳따 니까야』에는 없고『삿짜닛데사』성전에는 있다. 앞의 '바디삐 둑코'는 빠지고 '소까빠리데와둑카도마낫수빠야사삐 둑카'가 첨가된 것이 정확하다.

380 ㉯ 이 단락의 의미는 pp.224~271을 참조하라.

[중도와 그 이익]

3 "비구들이여, 이러한 두 가지 극단을 따르지 않고 여래는 중도를 꿰뚫어 알았나니 그것은 눈을 만들고 지혜를 만들고 적정과 특별한 지혜와 바른 깨달음과 열반으로 이끈다."

4 "비구들이여, 그러면 여래가 꿰뚫어 안, 눈을 만들고 지혜를 만드는, 적정과 특별한 지혜와 바른 깨달음과 열반으로 이끄는 중도란 무엇인가?"
"그것은 바로 여덟 가지 구성요소를 갖춘 성스러운 도이니, 즉 바른 견해, 바른 생각, 바른 말, 바른 행위, 바른 생계, 바른 노력, 바른 새김, 바른 삼매이다."
"비구들이여, 이것이 바로 여래가 꿰뚫어 안, 눈을 만들고 지혜를 만드는, 적정과 특별한 지혜와 바른 깨달음과 열반으로 이끄는 중도이다."

[괴로움의 진리]

5 "비구들이여, 이것이 괴로움이라는 성스러운 진리이다. 태어남도 괴로움이다. 늙음도 괴로움이다. [병듦도 괴로움이다.] 죽음도 괴로움이다. (슬픔·비탄·고통·근심·절망도 괴로움이다.) 싫어하는 것과 함께하는 것도 괴로움이다. 좋아하는 것과 함께하지 못하는 것도 괴로움이다. 원해도 얻지 못하는 것을 원하는 것도 괴로움이다. 간단히 말해서 다섯 취착무더기가 괴로움이다."

[사무다야삿짜]

6 이당 코 빠나, 빅카웨, 둑카사무다양 아리야삿짱, 야양 딴하 뽀놉바위까 난디라가사하가따 따뜨라따뜨라비난디니, 세야티당, 까마딴하 바와딴하 위바와딴하.[381]

[니로다삿짜]

7 이당 코 빠나, 빅카웨, 둑카니로도 아리야삿짱, 요 땃사예와 딴하야 아세사위라가니로도 짜고 빠띠닛삭고 뭇띠 아날라요.[382]

[막가삿짜]

8 이당 코 빠나, 빅카웨, 둑카니로다가미니 빠띠빠다 아리야삿짱, 아야메와 아리요 앗탕기꼬 막고, 세야티당, 삼마딧티 삼마상깝뽀 삼마와짜 삼마깜만또 삼마아지오 삼마와야모 삼마사띠 삼마사마디.[383]

[둑카삿짜야 삿짜냐나]

9 '이당 둑캉 아리야삿짠'띠 메, 빅카웨, 뿝베 아나누수떼수 담메수 짝쿵 우다빠디, 냐낭 우다빠디, 빤냐 우다빠디, 윗자 우다빠디, 알로꼬 우다빠디.[384]

---

381 ⓦ 이 단락의 의미는 pp.274~333을 참조하라.
382 ⓦ 이 단락의 의미는 pp.336~345를 참조하라.
383 ⓦ 이 단락의 의미는 pp.345~378을 참조하라.
384 ⓦ 이 단락의 의미는 pp.380~389를 참조하라.

[생겨남의 진리]

6 "비구들이여, 이것이 괴로움의 생겨남이라는 성스러운 진리이다. 그것은 바로 갈애이니, 다시 태어나게 하고 즐김과 애착이 함께하고 여기저기서 즐기는 것이다. 즉 감각욕망갈애, 존재갈애, 비존재갈애이다."

[소멸의 진리]

7 "비구들이여, 이것이 괴로움의 소멸이라는 성스러운 진리이다. 그것은 바로 그 갈애가 남김없이 빛바래어 소멸함, 버림, 놓아버림, 벗어남, 들붙지 않음이다."

[도의 진리]

8 "비구들이여, 이것이 괴로움의 소멸로 인도하는 실천이라는 성스러운 진리이다. 그것은 바로 여덟 가지 구성요소를 갖춘 성스러운 도이니, 즉 바른 견해, 바른 생각, 바른 말, 바른 행위, 바른 생계, 바른 노력, 바른 새김, 바른 삼매이다."

[괴로움의 진리에 대한 진리 지혜]

9 "비구들이여, '이것이 괴로움이라는 성스러운 진리이다'라고 전에 들어보지 못한 법들에 대한 눈이 생겼다. 지혜가 생겼다. 통찰지가 생겼다. 명지가 생겼다. 광명이 생겼다."

[둑카삿짜야 낏짜냐나]

10 땅 코 빠니당 둑캉 아리야삿짱 빠린녜얀띠 메 | 빅카웨 | 뿝베 아나눗수떼수 담메수 짝쿵 우다빠디 | 냐낭 우다빠디 | 빤냐 우다빠디 | 윗자 우다빠디 | 알로꼬 우다빠디 ||[385]

[둑카삿짜야 까따냐나]

11 땅 코 빠니당 둑캉 아리야삿짱 빠린냐딴띠 메 | 빅카웨 | 뿝베 아나눗수떼수 담메수 짝쿵 우다빠디 | 냐낭 우다빠디 | 빤냐 우다빠디 | 윗자 우다빠디 | 알로꼬 우다빠디 ||[386]

[사무다야삿짜야 삿짜냐나]

12 이당 둑카사무다양 아리야삿짠띠 메 | 빅카웨 | 뿝베 아나눗수떼수 담메수 짝쿵 우다빠디 | 냐낭 우다빠디 | 빤냐 우다빠디 | 윗자 우다빠디 | 알로꼬 우다빠디 ||[387]

[사무다야삿짜야 낏짜냐나]

13 땅 코 빠니당 둑카사무다양 아리야삿짱 빠히땁반띠 메 | 빅카웨 | 뿝베 아나눗수떼수 담메수 짝쿵 우다빠디 | 냐낭 우다빠디 | 빤냐 우다빠디 | 윗자 우다빠디 | 알로꼬 우다빠디 ||[388]

385 ㉯ 이 단락의 의미는 pp.390~394를 참조하라.
386 ㉯ 이 단락의 의미는 pp.394~399를 참조하라.
387 ㉯ 이 단락의 의미는 pp.399~403을 참조하라.
388 ㉯ 이 단락의 의미는 pp.404~409를 참조하라.

[괴로움의 진리에 대한 역할 지혜]

10 "'그 괴로움이라는 성스러운 진리는 구분하여 알아야 한다'라고 전에 들어보지 못한 법들에 대한 눈이 생겼다. 지혜가 생겼다. 통찰지가 생겼다. 명지가 생겼다. 광명이 생겼다."

[괴로움의 진리에 대한 완수 지혜]

11 "'그 괴로움이라는 성스러운 진리를 구분하여 알았다'라고 전에 들어보지 못한 법들에 대한 눈이 생겼다. 지혜가 생겼다. 통찰지가 생겼다. 명지가 생겼다. 광명이 생겼다."

[생겨남의 진리에 대한 진리 지혜]

12 "비구들이여, '이것이 괴로움의 생겨남이라는 성스러운 진리이다'라고 전에 들어보지 못한 법들에 대한 눈이 생겼다. 지혜가 생겼다. 통찰지가 생겼다. 명지가 생겼다. 광명이 생겼다."

[생겨남의 진리에 대한 역할 지혜]

13 "'그 괴로움의 생겨남이라는 성스러운 진리는 제거해야 한다'라고 전에 들어보지 못한 법들에 대한 눈이 생겼다. 지혜가 생겼다. 통찰지가 생겼다. 명지가 생겼다. 광명이 생겼다."

[사무다야삿짜야 까따냐나]

14 땅 코 빠니당 둑카사무다양 아리야삿짱 빠히난띠 메 | 빅카웨 | 뿝베 아나눗수떼수 담메수 짝쿵 우다빠디 | 냐낭 우다빠디 | 빤냐 우다빠디 | 윗자 우다빠디 | 알로꼬 우다빠디 ||[389]

[니로다삿짜야 삿짜냐나]

15 이당 둑카니로도 아리야삿짠띠 메 | 빅카웨 | 뿝베 아나눗수떼수 담메수 짝쿵 우다빠디 | 냐낭 우다빠디 | 빤냐 우다빠디 | 윗자 우다빠디 | 알로꼬 우다빠디 ||[390]

[니로다삿짜야 낏짜냐나]

16 땅 코 빠니당 둑카니로도 아리야삿짱 삿치까땁반띠 메 | 빅카웨 | 뿝베 아나눗수떼수 담메수 짝쿵 우다빠디 | 냐낭 우다빠디 | 빤냐 우다빠디 | 윗자 우다빠디 | 알로꼬 우다빠디 ||[391]

[니로다삿짜야 까따냐나]

17 땅 코 빠니당 둑카니로도 아리야삿짱 삿치까딴띠 메 | 빅카웨 | 뿝베 아나눗수떼수 담메수 짝쿵 우다빠디 | 냐낭 우다빠디 | 빤냐 우다빠디 | 윗자 우다빠디 | 알로꼬 우다빠디 ||[392]

389 ㉯ 이 단락의 의미는 pp.409~411을 참조하라.
390 ㉯ 이 단락의 의미는 pp.412~413을 참조하라.
391 ㉯ 이 단락의 의미는 pp.413~415를 참조하라.
392 ㉯ 이 단락의 의미는 pp.415~416을 참조하라.

[생겨남의 진리에 대한 완수 지혜]

14 "'그 괴로움의 생겨남이라는 성스러운 진리를 제거했다'라고 전에 들어보지 못한 법들에 대한 눈이 생겼다. 지혜가 생겼다. 통찰지가 생겼다. 명지가 생겼다. 광명이 생겼다."

[소멸의 진리에 대한 진리 지혜]

15 "비구들이여, '이것이 괴로움의 소멸이라는 성스러운 진리이다'라고 전에 들어보지 못한 법들에 대한 눈이 생겼다. 지혜가 생겼다. 통찰지가 생겼다. 명지가 생겼다. 광명이 생겼다."

[소멸의 진리에 대한 역할 지혜]

16 "'그 괴로움의 소멸이라는 성스러운 진리는 실현해야 한다'라고 전에 들어보지 못한 법들에 대한 눈이 생겼다. 지혜가 생겼다. 통찰지가 생겼다. 명지가 생겼다. 광명이 생겼다."

[소멸의 진리에 대한 완수 지혜]

17 "'그 괴로움의 소멸이라는 성스러운 진리를 실현했다'라고 전에 들어보지 못한 법들에 대한 눈이 생겼다. 지혜가 생겼다. 통찰지가 생겼다. 명지가 생겼다. 광명이 생겼다."

[막가삿짜야 삿짜냐나]

18 이당 둑카니로다가미니 빠띠빠다 아리야삿짠띠 메 | 빅카웨 | 뿝베 아나눗수떼수 담메수 짝쿵 우다빠디 | 냐낭 우다빠디 | 빤냐 우다빠디 | 윗자 우다빠디 | 알로꼬 우다빠디 ||[393]

[막가삿짜야 낏짜냐나]

19 땅 코 빠니당 둑카니로다가미니 빠띠빠다 아리야삿짱 바웨땁반띠 메 | 빅카웨 | 뿝베 아나눗수떼수 담메수 짝쿵 우다빠디 | 냐낭 우다빠디 | 빤냐 우다빠디 | 윗자 우다빠디 | 알로꼬 우다빠디 ||[394]

[막가삿짜야 까따냐나]

20 땅 코 빠니당 둑카니로다가미니 빠띠빠다 아리야삿짱 바위딴띠 메 | 빅카웨 | 뿝베 아나눗수떼수 담메수 짝쿵 우다빠디 | 냐낭 우다빠디 | 빤냐 우다빠디 | 윗자 우다빠디 | 알로꼬 우다빠디 ||[395]

[나 빳짠냐싱]

21 야와끼완짜 메 | 빅카웨 | 이메수 짜뚜수 아리야삿쩨수 에왕 띠빠리왓땅 드와다사까랑 야타부땅 냐나닷사낭 나 수위숫당 아호시 | 네와 따와항 | 빅카웨 | 사데와께 로께 사마라께 사브라흐마께 삿사마나브라흐마니야 빠자야 사데와마눗사야 아눗따랑 삼마삼보딩 아비삼붓도띠 빳짠냐싱 ||[396]

393 ㉯ 이 단락의 의미는 pp.416~419를 참조하라.
394 ㉯ 이 단락의 의미는 pp.419~423을 참조하라.
395 ㉯ 이 단락의 의미는 pp.423~424를 참조하라.
396 ㉯ 이 단락의 의미는 pp.430~434를 참조하라.

[도의 진리에 대한 진리 지혜]

18 "비구들이여, '이것이 괴로움의 소멸로 인도하는 실천이라는 성스러운 진리이다'라고 전에 들어보지 못한 법들에 대한 눈이 생겼다. 지혜가 생겼다. 통찰지가 생겼다. 명지가 생겼다. 광명이 생겼다."

[도의 진리에 대한 역할 지혜]

19 "'그 괴로움의 소멸로 인도하는 실천이라는 성스러운 진리는 수행해야 한다'라고 전에 들어보지 못한 법들에 대한 눈이 생겼다. 지혜가 생겼다. 통찰지가 생겼다. 명지가 생겼다. 광명이 생겼다."

[도의 진리에 대한 완수 지혜]

20 "'그 괴로움의 소멸로 인도하는 실천이라는 성스러운 진리를 수행했다'라고 전에 들어보지 못한 법들에 대한 눈이 생겼다. 지혜가 생겼다. 통찰지가 생겼다. 명지가 생겼다. 광명이 생겼다."

[천명하지 않았다]

21 "비구들이여, 나에게 이 네 가지 성스러운 진리에 대해 이와 같이 세 가지 회전과 열두 가지 양상이 있는 여실지견이 아직 지극히 청정해지기 전까지 나는 천신과 마라와 범천을 포함한 세상에서, 사문·바라문과 천신·인간을 포함한 무리 가운데서 위없는 정등각을 바르게 깨달았다고 천명하지 않았다."

[빳짠냐싱]

22 야또 짜 코 메 | 빅카웨 | 이메수 짜뚜수 아리야삿쩨수 에왕 띠빠리왓땅 드와다사까랑 야타부땅 냐나닷사낭 수위숫당 아호시 | 아타항 | 빅카웨 | 사데와께 로께 사마라께 사브라흐마께 삿사마나브라흐마니야 빠자야 사데와마눗사야 아눗따랑 삼마삼보딩 아비삼붓도띠 빳짠냐싱 ||[397]

[니가마나]

23 냐난짜 빠나 메 닷사낭 우다빠디 아꿉빠 메 위뭇띠 | 아야만띠마 자띠 | 낫티다니 뿌납바오띠 ||[398]

[상가야나]

24 이다마오짜 바가와 || 앗따마나 빤짜왁기야 빅쿠 바가와또 바시땅 아비난둔띠 ||[399]

[꼰단냐사 담마짝쿵 우다빠디]

25 이마스밍짜 빠나 웨야까라나스밍 반냐마네 아야스마또 꼰단냐사 위라장 위따말랑 담마짝쿵 우다빠디 양 낀찌 사무다야담망 삽방땅 니로다담만띠 ||[400]

---

397 ㉯ 이 단락의 의미는 pp.434~436을 참조하라.
398 ㉯ 이 단락의 의미는 pp.436~439를 참조하라.
399 ㉯ 이 단락의 의미는 p.444를 참조하라.
400 ㉯ 이 단락의 의미는 pp.445~454를 참조하라.

[천명했다]

22 "비구들이여, 나에게 이 네 가지 성스러운 진리에 대해 이와 같이 세 가지 회전과 열두 가지 양상이 있는 여실지견이 지극히 청정해졌을 때 나는 천신과 마라와 범천을 포함한 세상에서, 사문·바라문과 천신·인간을 포함한 무리 가운데서 위없는 정등각을 바르게 깨달았다고 천명했다."

[끝맺는 말씀]

23 "그리고 나에게는 '나의 해탈은 확고부동하다. 이것이 나의 마지막 태어남이다. 이제 다시 태어남은 없다'라는 앎과 봄도 생겨났다."

[결집]

24 세존께서 이렇게 말씀하셨습니다. 오비구는 흡족한 마음으로 세존의 말씀에 크게 기뻐했습니다.

[꼰단냐 존자에게 법안이 생겨나다]

25 그리고 또한 이 상세한 설명이 설해졌을 때 꼰단냐 존자에게 '생겨나기 마련인 법은 그 무엇이든 모두 소멸하기 마련인 법이다'라고 티가 없고 더러움이 없는 법의 눈이 생겨났습니다.

[데와 빠상싱수]

26 빠왓띠떼 짜 빠나 바가와따 담마짝께 붐마 데와 삿다마눗사웨숭 에땅 바가와따 바라나시양 이시빠따네 미가다예 아눗따랑 담마짝깡 빠왓띠땅 압빠띠왓띠양 사마네나 와 브라흐마네나 와 데웨나 와 마레나 와 브라흐무나 와 께나찌 와 로까스민띠 ||

붐마낭 데와낭 삿당 수뜨와 짜뚜마하라지까 데와 삿다마눗사웨숭 에땅 바가와따 바라나시양 이시빠따네 미가다예 아눗따랑 담마짝깡 빠왓띠땅 압빠띠왓띠양 사마네나 와 브라흐마네나 와 데웨나 와 마레나 와 브라흐무나 와 께나찌 와 로까스민띠 ||

짜뚜마하라지까낭 데와낭 삿당 수뜨와 따와띵사 데와 삿다마눗사웨숭 에땅 바가와따 바라나시양 이시빠따네 미가다예 아눗따랑 담마짝깡 빠왓띠땅 압빠띠왓띠양 사마네나 와 브라흐마네나 와 데웨나 와 마레나 와 브라흐무나 와 께나찌 와 로까스민띠 ||

따와띵사낭 데와낭 삿당 수뜨와 야마 데와 삿다마눗사웨숭 에땅 바가와따 바라나시양 이시빠따네 미가다예 아눗따랑 담마짝깡 빠왓띠땅 압빠띠왓띠양 사마네나 와 브라흐마네나 와 데웨나 와 마레나 와 브라흐무나 와 께나찌 와 로까스민띠 ||

야마낭 데와낭 삿당 수뜨와 뚜시따 데와 삿다마눗사웨숭 에땅 바가와따 바라나시양 이시빠따네 미가다예 아눗따랑 담마짝깡 빠왓띠땅 압빠띠왓띠양 사마네나 와 브라흐마네나 와 데웨나 와 마레나 와 브라흐무나 와 께나찌 와 로까스민띠 ||

[천신들이 칭송하다]

26 그리고 또한 이와 같이 세존께서 법륜을 굴리시자 지신들이 "세존께서 바라나시국의 이시빠따나 미가다야 숲에서 어떤 사문도, 바라문도, 천신도, 마라도, 범천도 이 세상의 그 누구도 멈추게 할 수 없는, 이러한 위없는 법륜을 굴리셨다"라고 환호했습니다.

지신들의 환호성을 듣고 사대왕천 천신들이 "세존께서 바라나시국의 이시빠따나 미가다야 숲에서 어떤 사문도, 바라문도, 천신도, 마라도, 범천도 이 세상의 그 누구도 멈추게 할 수 없는, 이러한 위없는 법륜을 굴리셨다"라고 환호했습니다.

사대왕천 천신들의 환호성을 듣고 도리천 천신들이 "세존께서 바라나시국의 이시빠따나 미가다야 숲에서 어떤 사문도, 바라문도, 천신도, 마라도, 범천도 이 세상의 그 누구도 멈추게 할 수 없는, 이러한 위없는 법륜을 굴리셨다"라고 환호했습니다.

도리천 천신들의 환호성을 듣고 야마천 천신들이 "세존께서 바라나시국의 이시빠따나 미가다야 숲에서 어떤 사문도, 바라문도, 천신도, 마라도, 범천도 이 세상의 그 누구도 멈추게 할 수 없는, 이러한 위없는 법륜을 굴리셨다"라고 환호했습니다.

야마천 천신들의 환호성을 듣고 도솔천 천신들이 "세존께서 바라나시국의 이시빠따나 미가다야 숲에서 어떤 사문도, 바라문도, 천신도, 마라도, 범천도 이 세상의 그 누구도 멈추게 할 수 없는, 이러한 위없는 법륜을 굴리셨다"라고 환호했습니다.

뚜시따낭 데와낭 삿당 수뜨와 님마나라띠 데와 삿다마눗사웨숭 에땅 바가와따 바라나시양 이시빠따네 미가다예 아눗따랑 담마짝깡 빠왓띠땅 압빠띠왓띠양 사마네나 와 브라흐마네나 와 데웨나 와 마레나 와 브라흐무나 와 께나찌 와 로까스민띠॥

님마나라띠낭 데와낭 삿당 수뜨와 빠라님미따와사왓띠 데와 삿다마눗사웨숭 에땅 바가와따 바라나시양 이시빠따네 미가다예 아눗따랑 담마짝깡 빠왓띠땅 압빠띠왓띠양 사마네나 와 브라흐마네나 와 데웨나 와 마레나 와 브라흐무나 와 께나찌 와 로까스민띠॥

빠라님미따와사왓띠낭 데와낭 삿당 수뜨와 브라흐마까이까 데와 삿다마눗사웨숭 에땅 바가와따 바라나시양 이시빠따네 미가다예 아눗따랑 담마짝깡 빠왓띠땅 압빠띠왓띠양 사마네나 와 브라흐마네나 와 데웨나 와 마레나 와 브라흐무나 와 께나찌 와 로까스민띠॥

이띠하 떼나 카네나 (떼나 라예나)[401] 떼나 무훗떼나 야와 브라흐말로까 삿도 압북갓치॥[402]

[로까 상깜삐 । 오바소 빠뚜라호시]

27 아얀짜 다사사핫실로까다뚜 상깜삐 삼빠깜삐 삼빠웨디। 압빠마노 짜 울라로 오바소 로께 빠뚜라호시 아띡깜마 데와낭 데와누바완띠॥[403]

401 ㉯ ( ) 안의 내용은 외국본에 없다.

402 ㉯ 이 단락의 의미는 pp.456~460을 참조하라.

403 ㉯ 이 단락의 의미는 p.460을 참조하라.

도솔천 천신들의 환호성을 듣고 화락천 천신들이 “세존께서 바라나시국의 이시빠따나 미가다야 숲에서 어떤 사문도, 바라문도, 천신도, 마라도, 범천도 이 세상의 그 누구도 멈추게 할 수 없는, 위없는 이러한 법륜을 굴리셨다”라고 환호했습니다.
화락천 천신들의 환호성을 듣고 타화자재천 천신들이 “세존께서 바라나시국의 이시빠따나 미가다야 숲에서 어떤 사문도, 바라문도, 천신도, 마라도, 범천도 이 세상의 그 누구도 멈추게 할 수 없는, 이러한 위없는 법륜을 굴리셨다”라고 환호했습니다.
타화자재천 천신들의 환호소리를 듣고 범신천 천신들이 “세존께서 바라나시국의 이시빠따나 미가다야 숲에서 어떤 사문도, 바라문도, 천신도, 마라도, 범천도 이 세상의 그 누구도 멈추게 할 수 없는, 이러한 위없는 법륜을 굴리셨다”라고 환호했습니다.
이렇게 이 세상에 그 찰나, (그 잠시), 그 순간에 범천 세상에 이르기까지 환호성이 퍼져나갔습니다.

[대지가 진동하고 광채가 나타났다]

27 이 일만 우주도 진동했고, 요동쳤고, 흔들렸습니다. 한계 없이 퍼지는 광채도 천신들의 위력을 능가하며 세상에 분명하게 나타났습니다.

[바가와 우다낭 우다네시]

28 아타 코 바가와 이망 우다낭 우다네시 안냐시 와따 보 꼰단뇨 안냐시 와따 보 꼰단뇨띠‖ 이띠 히당 아야스마또 꼰단냐사 안냐시 꼰단뇨 뜨웨와 나망 아호시띠‖[404]

[빱밧장 야짜시]

29 아타 코 아야스마 안냐시꼰단뇨 딧타담모 빳따담모 위디따담모 빠리요갈하담모 띤나위찌낏초 위가따까탕까또 웨사랏잡빳또 아빠랍빳짜요 삿투사사네 바가완땅 에따다오짜 – "라베야"항 반떼 바가와또 산띠께 빱밧징| 라베양 우빠삼빠단"띠‖[405]

[에히 빅쿠]

30 "에히 빅쿠"띠 바가와 아오짜 "스왁카또 담모| 짜라 브라흐마짜리양 삼마 둑캇사 안따끼리야야"띠‖ 사와 땃사 아야스마또 우빠삼빠다 아호시띠‖[406]

담마짝깝빠왓따나숫땅 닛티땅‖

404 ⓦ 이 단락의 의미는 pp.461~462를 참조하라.
405 ⓦ 이 단락의 의미는 pp.462~470을 참조하라.
406 ⓦ 이 단락의 의미는 p.471을 참조하라.

[세존께서 감흥어를 읊으셨다]

28 그때 세존께서는 감흥어를 읊으셨습니다. "참으로 꼰단냐는 깨달았구나. 참으로 꼰단냐는 깨달았구나"라고. 이 감흥어로 인해 꼰단냐 존자는 '안냐시꼰단냐'로 불리게 됐습니다.[407]

[출가를 청했다]

29 그때 안냐시꼰단냐 존자는 법을 보고, 법에 도달하고, 법을 분명하게 알고, 법에 정통하고, 의심을 넘어서고, 이럴까 저럴까 헤매지 않게 되고, 스승의 교법에 당당하게 되고, 다른 이를 의지하지 않게 되어 세존께 "존자시여, 저는 세존의 앞에서 출가를 하고자 합니다. 구족계를 받고자 합니다"라고 말했습니다.

[오라, 비구여]

30 세존께서는 "비구여, 오라. 법은 잘 설해졌다. 청정범행을 행하라. 바르게 괴로움을 종식시키기 위해"라고 말씀하셨습니다. 바로 그 말이 존자의 구족계가 됐습니다.

「초전법륜경」이 끝났습니다.

407 『상윳따 니까야』의 「담마짝까숫따」는 여기서 끝난다.

부록 2

삼장의 구성

Tipiṭaka 띠삐따까

Vinaya piṭaka 위나야 삐따까 율장律藏

Suttavibhaṅgha 숫따위방가 경분별經分別

Mahāvibhaṅgha 마하위방가 대분별大分別

Pārājika 빠라지까 바라이波羅夷

Pācittiya 빠찟띠야 단타單墮

Bhikkhunivibhaṅgha 빅쿠니위방가 비구니분별比丘尼分別

Khandhaka 칸다까 건도부健度部

Mahāvagga 마하왁가 대품大品

Cūḷavagga 쭐라왁가 소품小品

Parivāra 빠리와라 부수附隨

Sutta piṭaka 숫따 삐따까 경장經藏

Dīgha Nikāya 디가 니까야 장부長部

Majjhima Nikāya 맛지마 니까야 중부中部

Saṁyutta Nikāya 상윳따 니까야 상응부相應部

Aṅguttara Nikāya 앙굿따라 니까야 증지부增支部

Khuddhaka Nikāya 쿳다까 니까야 소부小部

Khuddhakapāṭha 쿳다까빠타 소송경小誦經

Dhammapada 담마빠다 법구경法句經

Udāna 우다나 감흥어感興語

Itivuttaka 이띠웃따까 여시어설如是語說

Suttanipāta 숫따니빠따 경집經集

Vimānavatthu 위마나왓투 천궁사天宮史

Petavatthu 뻬따왓투 아귀사餓鬼史

Theragāthā 테라가타 장로게長老偈

Therīgāthā 테리가타 장로니게長老尼偈

Apadāna 아빠다나 비유경譬喩經

Buddhavaṁsa 붓다왐사 불종성경佛種姓經

Cariyāpiṭaka 짜리야삐따까 소행장所行藏

Jātaka 자따까 본생담本生譚

Mahā Niddesa 마하 닛데사 대의석大義釋

Cūḷa Niddesa 쭐라 닛데사 소의석小義釋

Paṭisambhidāmagga 빠띠삼비다막가 무애해도無碍解道

Nettippakaraṇa 넷띱빠까라나 도론導論

Milindapañha 밀린다빤하 밀린다왕문경彌蘭陀王問經

Peṭakopadesa 뻬따꼬빠데사 장훈藏訓

Abhidhamma piṭaka 아비담마 삐따까 논장論藏

Dhammasaṅgaṇī 담마상가니 법집론法集論

Vibhaṅga 위방가 분별론分別論

Dhātukathā 다뚜까타 계론界論

Puggalapaññatti 뿍갈라빤냣띠 인시설론人施設論

Kathāvatthu 까타왓투 논사論事

Yamaka 야마까 쌍론雙論

Paṭṭhāna 빳타나 발취론發趣論

부록 3

상윳따 니까야의 구성

Saṁyutta Nikāya 상윳따 니까야 상응부相應部

1. Sagāthāvaggasaṁyutta 사가타왁가상윳따 유게품상응有偈品相應

2. Nidānavaggasaṁyutta 니다나왁가상윳따 인연품상응因緣品相應

3. Khandhavaggasaṁyutta 칸다왁가상윳따 온품상응蘊品相應

4. Saḷāyatanavaggasaṁyutta 살라야따나왁가상윳따 육처품상응六處品相應

5. Mahāvaggasaṁyutta 마하왁가상윳따 대품상응大品相應
    1) Maggasaṁyutta 막가상윳따 도상응道相應
    2) Bojjhaṅgasaṁyutta 봇장가상윳따 각지상응覺支相應
    3) Satipaṭṭhānasaṁyutta 사띠빳타나상윳따 염처상응念處相應
    4) Indriyasaṁyutta 인드리야상윳따 근상응根相應
    5) Sammappadhānasaṁyutta 삼맙빠다나상윳따 정근상응精勤相應
    6) Balasaṁyutta 발라 상윳따 역상응力相應
    7) Iddhipādasaṁyutta 잇디빠다상윳따 여의족상응如意足相應
    8) Anuruddhasaṁyutta 아누룻다상윳따 아나율상응阿那律相應
    9) Jhānasaṁyutta 자나상윳따 선상응禪相應
    10) Ānāpānasaṁyutta 아나빠나상윳따 호흡상응呼吸相應
    11) Sotāpattisaṁyutta 소따빳띠상윳따 예류상응豫流相應

12) Saccasaṁyutta 삿짜상윳따 제상응諦相應

(1) Samādhivagga 사마디왁가 삼매품三昧品

(2)Dhammacakkapavattanavagga 담마짝깝빠왓따나왁가 전법륜품轉法輪品

① Dhammacakkapavattanasutta 담마짝깝빠왓따나숫따 초전법륜경初轉法輪經

(3) Koṭigāmavagga 꼬띠가마왁가 꼬띠가마품

…

(11) Pañcagati peyyāla 빤짜가띠 뻬얄라 다섯 거취 반복

부록 4

칠청정과 위빳사나 지혜들

1. 계청정(sīla visuddhi, 戒淸淨)

2. 마음청정(citta visuddhi, 心淸淨)

3. 견해청정(diṭṭhi visuddhi, 見淸淨)

(1) 정신·물질 구별의 지혜(nāmarūpa pariccheda ñāṇa, 名色區別智)

4. 의혹극복청정(kaṅkhāvitaraṇa visuddhi, 度疑淸淨)

(2) 조건파악의 지혜(paccaya pariggaha ñāṇa, 緣把握智)

5. 도·비도 지견청정(maggāmagga ñāṇadassana visuddhi, 道非道智見淸淨)

(3) 명상의 지혜(sammasana ñāṇa, 思惟智)

(4-1) 생멸 거듭관찰의 지혜(udayabbayānupassanā ñāṇa, 生滅隨觀智)
(약한 단계)

6. 실천 지견청정(paṭipadā ñāṇadassana visuddhi, 行道智見淸淨)

(4-2) 생멸 거듭관찰의 지혜(udayabbayānupassanā ñāṇa, 生滅隨觀智)
(성숙된 단계)

(5) 무너짐 거듭관찰의 지혜(bhaṅgānupassanā ñāṇa, 壞隨觀智)

(6) 두려움 드러남의 지혜(bhayatupaṭṭhāna ñāṇa, 怖畏現起智)

(7) 허물 거듭관찰의 지혜(ādīnavānupassanā ñāṇa, 過患隨觀智)

(8) 염오 거듭관찰의 지혜(nibbidānupassanā ñāṇa, 厭離隨觀智)

(9) 벗어나려는 지혜(muñcitukamyatā ñāṇa, 脫欲智)

(10) 재성찰 거듭관찰의 지혜(paṭisaṅkhānupassanā ñāṇa, 省察隨觀智)

(11) 형성평온의 지혜(saṅkhārupekkhā ñāṇa, 行捨智)

(12) 수순의 지혜(anuloma ñāṇa, 隨順智)

(13) 종성의 지혜(gotrabhū ñāṇa, 種姓智) *청정에는 포함 안 됨

7. 지견청정(ñāṇadassana visuddhi, 智見淸淨)

(14) 도의 지혜(magga ñāṇa, 道智)

(15) 과의 지혜(phala ñāṇa, 果智) *청정에는 포함 안 됨

(16) 반조의 지혜(paccavekkhaṇa ñāṇa, 觀察智) *청정에는 포함 안 됨

부록 5

빠알리어의 발음과 표기

빠알리어는 고유의 표기법을 가지고 있지 않습니다. 그래서 나라마다 자신의 언어로 표시합니다. 한국어의 경우 지금까지 빠알리어에 대한 한국어 고유의 표기법이 없어 소리 나는 대로 비슷하게 표현한 후 영어 표기법을 병기하여 표시했으나, 본 책에서는 한국어 고유의 표기법으로도 빠알리어를 나타냈습니다. 각각의 표기와 발음은 아래와 같습니다.

일반적인 표기

단모음	a아	i이	u우
장모음	ā아̄	ī이̄	ū우̄
복모음	e에	o오	

자음

	무성무기음	무성대기음	유성무기음	유성대기음	비음
후음	ka까	kha카	ga가	gha가̊	ṅa앙
구개음	ca짜	cha차	ja자	jha자̊	ña냐
권설음	ṭa따̣	ṭha타̣	ḍa다̣	ḍha다̣̊	ṇa나̣
치음	ta따	tha타	da다	dha다̊	na나
순음	pa빠	pha파	ba바	bha바̊	ma마
반모음	ya야̊	ra라	la라̣	va와	vha와̊
마찰음	sa사				
기식음	ha하				
설측음	ḷa라̣				
억제음	ṁ앙				

특별한 경우의 표기

″ 자음중복

예를 들어 '밋체야″ miccheyya'라는 단어의 '체야″'라는 표기에서 그냥 '체야'라고 표현하면 '야'가 'ya'인지 'yya'인지 알 수 없습니다. 그래서 ' ″ '라는 표기를 사용하여 자음이 중복됨을 표현합니다. 비슷한 예로 '울로″께야̄″타 ullokeyyātha'라는 단어에서 그냥 '울로'라고 표현하면 '로'의 'ㄹ'이 'l' 하나임을 나타내므로 'l'이 두 개임을 나타내기 위해 '울로″'라고 표현합니다.

˂ '야'의 표기

예를 들어 '깝빳̣타̄잉 kappaṭṭhāyiṁ'이라는 단어에서 그냥 '잉'이라고 표현하면 'iṁ'으로 오해할 수 있습니다. 그래서 'yiṁ'임을 나타내기 위해 '잉'이라고 표현합니다.

ˇ '와'의 표기

예를 들어 '이다마오̌짜 idamavoca'라는 단어에서 그냥 '오'라고 표현하면 'o'라고 오해할 수 있습니다. 그래서 'vo'을 나타내기 위해 '오̌'라고 표현합니다.

받침의 표기

받침으로 쓰일 수 없는 중복된 받침은 'ㅅ', 'ㄱ', 'ㅂ' 으로 통일합니다. 한글 맞춤법 규정에 따라 '짜, 자, 따̥, 다̥, 따, 다'의 자음이 중복될 때는 모두 앞의 자음에 'ㅅ' 받침으로 표기합니다. '까, 가'의 자음이 중복될 때는 모두 앞의 자음에 'ㄱ' 받침으로 표기합니다. '빠, 바'의 자음이 중복될 때는 모두 앞의 자음에 'ㅂ' 받침으로 표기합니다.

발음

모음의 발음

- 모음은 표기된 대로 발음하면 됩니다.
- '아'의 발음은 실제로는 우리말의 '어'에 가까운 소리로 발음합니다.

단음

– 단모음 '아', '이', '우'는 짧게 발음합니다.

– 복모음 '에', '오'가 겹자음 앞에 올 때도('엣타'의 '에') 짧게 발음합니다.

장음

– 장모음 '아̄', '이̄', '우̄'는 길게 발음합니다.

– 복모음 '에', '오'가 단자음 앞에 올 때도('삼모디'의 '모') 길게 발음합니다.

– 단모음이 겹자음 앞에 올 때와('빅쿠'의 '빅') 억제음(앙) 앞에 올 때도('짝쿵'의 '쿵') 길게 발음합니다.
– 단모임이나 복모음이 장음으로 발음되는 경우, 표현의 복잡성을 고려하여 따로 장음부호 '¯'를 붙이지 않았습니다.

자음의 발음

후음 (까, 카, 가, 가, 앙)

혀뿌리를 여린입천장(입천장 안쪽의 부드러운 부분)에 부딪히면서 낸다고 설명하기도 하고 목청에서 소리를 낸다고 설명하기도 합니다. 대부분 표기된 대로 발음하면 됩니다. 특히 '가'는 강하게 콧소리로 '가' 하고 발음합니다. '앙'은 보통 받침으로 많이 쓰입니다. 대표적인 예가 '상강saṅghaṁ'이고, '앙'이라고 발음합니다.

구개음 (짜, 차, 자, 자, 냐)

혀 가운데로 단단입천장(입천장 가운데 부분의 딱딱한 부분)에 부딪히면서 냅니다. 마찬가지로 '자'는 '가'와 마찬가지로 강하게 콧소리로 '자'하고 발음합니다. 'ㄴ'는 '아' 모음 앞에 올 때는 '냐'로 발음하고, 받침으로 올 때는 'ㅇ'이나 'ㄴ'으로 발음합니다. 즉 뒤에 오는 자음이 목구멍에서 가까우면 'ㅇ', 멀면 'ㄴ'으로 발음합니다. 즉 'patañjalī 빠딴잘리'의 경우에는 '빠딴잘리'로, 'milindapañha 밀린다빤하'의 경우에는 '밀린다빵하'로 발음합니다.

권설음 (따̥, 타̥, 다̥, 다̥̊, 나̥)

입천장 머리(입천장의 한가운데 부분)를 혀끝으로 반전하며 소리를 냅니다. 마찬가지로 '다̥̊'는 입천장 머리를 혀끝으로 반전하며 강하게 콧소리로 '다'하고 발음합니다.

치음 (따, 타, 다, 다̊, 나)

혀끝을 윗니의 정면으로 부딪히며 소리를 냅니다. '다̊'는 정면에 부딪히며 강하게 콧소리로 '다'하고 발음합니다.

순음 (빠, 파, 바, 바̊, 마)

두 입술로 소리를 냅니다. 마찬가지로 '바̊'는 강하게 콧소리로 '바'하고 발음합니다.

반모음 (야́, 라, 라̃, 와)

'야́'는 그대로 '야́'로 발음하고, '라'는 혀 가운데를 경구개에 부딪히면서 '라'하고 발음합니다. '라̃'는 혀끝을 윗니의 정면에 부딪히면서 '을라' 하고 발음합니다. '와'는 모음 앞에서는 독일어의 'w'처럼 '봐'로 발음한다고 설명하기도 하고, 입을 둥글게 오므린 뒤 '와'하고 발음해야 한다고(미얀마) 설명하기도 합니다. 자음 뒤에서는 일반적으로 영어의 'w'처럼 '와'로 발음합니다. 표기할 때는 모두 '와'로 통일했습니다. 특별한 경우로 'yha'라는 단어는 '야́'라고 표기했습니다. 표기는 '샤'로(미얀마) 발음합니다.

마찰음 (사)

이를 서로 마찰시키면서 '싸'하고 발음합니다. 약한 '사' 발음보다는 조금 강한 '싸'의 발음에 더 가깝습니다.

기식음 (하)

한국어의 '하' 발음과 같습니다.

설측음 (랗̃)

입천장 머리(입천장의 한가운데 부분)를 혀의 양끝으로 반전하며 소리를 냅니다.

억제음 (앙)

음성학적으로는 '까, 카, 가, 가̊' 등 후음 앞에서는 '앙'과 마찬가지로, '짜, 치, 자, 자̊' 등 구개음 앞에서는 '안'과 마찬가지로, '땋, 탛, 닿, 닿̊' 등 권설음 앞에서는 '안̥'과 마찬가지로, '따, 타, 다, 다̊' 등 치음 앞에서는 '안'으로, '빠, 파, 바, 바̊' 등 순음 앞에서는 '암'으로 발음됩니다. 그 이외의 자음이나 모음 앞, 또는 단독으로 쓰이는 한 단어나 문장의 끝에 올 경우에는 '암'으로(미얀마), 혹은 '앙'으로(스리랑카) 받침을 넣어 발음합니다. 이 책에서는 모두 '앙'으로 표시했습니다.

역자후기

양곤의 마하시 센터 정문 위에는 북 모형이 두 개 놓여 있습니다. 한쪽 북에는 '교학pariyatti 북', 다른 쪽 북에는 '실천paṭipatti 북'이라고 쓰여 있습니다. 중앙에는 삼장을 나타내는 경전 모형이 올려져 있습니다. 이것은 마하시 센터의 공식 상징 표시이기도 합니다.

'수행센터를 나타내는 조형물에 왜 교학과 삼장을 나타내는 상징을 굳이 포함시켰을까?' 이러한 의문은 마하시 사야도의 법문, 특히 이 『담마짝까 법문』이 해결해 줄 것입니다.

「담마짝까숫따」는 설해진 시기를 알 수 있어 불교 역사적으로 중요한 위치를 차지합니다. 중도와 팔정도, 사성제가 분명하게 설해졌기 때문에 교학의 측면에서도 매우 중시됩니다. 불자들이 매일 보호경으로 독송하기도 합니다. 하지만 실제 수행과 어떠한 관련이 있는지는 마하시 사야도께서 「담마짝까숫따」를 설하시고 나서야 분명하게 드러났습니다.

중도실천이라는 팔정도를 직접 닦는 모습, 네 가지 진리를 수행을 통해 아는 모습, 오비구들이 깨달음을 얻는 과정 등 수행과 관련된 법문은 불교 수행, 특히 위빳사나 수행의 핵심을 제시하고 있습니다. 관련된 교학적 근거들도 탄탄하게 제시하고 있습니다.

교학의 북과 실천의 북을 조화롭게 울리는 '북*book*'입니다.

이 법문의 영역본을 번역한 책이 2011년도에 나왔습니다. 하지만 영역 과정에서 여러 단락이나 주석이 생략됐고, 대역도 그냥 해석으로 바뀌었습니다. 이러한 내용을 보충해서 원문과 더 가깝게 번역한다면 의미가 있다고 생각해서 이 책을 출간하게 됐습니다. 마하시 사야도의 『담마짝까 법문』을 바탕으로 우 소다나 사야도께서 2018년 한 해 내내 100회의 강의로 호두마을에서 자세하게 설하신 내용도 이어서 출간될 예정입니다.

역자는 책을 읽을 때 새롭거나 중요한 내용이 나오면 강조를 하면서 읽는데, 마하시 사야도의 『담마짝까 법문』의 경우, 거의 페이지마다 강조 표시를 해야 했습니다. 또 번역을 하면서 읽어 나가는데 그런 내용과 만날 때마다 환희에 넘쳤던 기억이 떠오릅니다. 교정을 하면서 다시 읽을 때도 믿음이 북받쳤습니다. 이런 감동이 여러분에게도 전해지길 기원합니다.

이 책도 역자의 이전 여러 번역서와 마찬가지로 우 소다나 사야도의 도움이 컸습니다. 명확하지 않은 부분에 대해서 사야도께서는 항상 친절하게 하나씩 해결해 주셨습니다. 언제나 올바른 수행의 길로 이끌어 주시는 스승님께 다시 한번 감사의 예경을 올립니다. '수행의 끈을 놓지 마라'라고 묵묵히 지원해 주신 은사스님께서 최근에 입적하셨습니다. 이 법보시의 공덕을 입적하신 은사스님께 특별히 회향합니다. 그리고 미얀마와 인연을 맺게 해 주신 법산스님, 마음껏 법담을 나눌 수 있는 범라스님과 현암스님, 불교에 발을 완전히 담그게 이끌어주신 일묵스님과 여러 도반스님들, 또한 빠알리 성전들을 훌륭하게 번역해 놓으신 각묵스님과 대림스님, 전재성 박사님을 비롯한 많은 분께 감사드립니다.

그리고 한국마하시선원과 호두마을, 진주녹원정사 회원들을 비롯해 필수품과 법으로 불법을 뒷받침하면서 도움을 주신 여러 재가불자 여러분과 가족들, 특히 이 책을 출판하는 데 모든 비용을 법보시해 주신 이장천, 권봉화, 이종철, 김정림, 이진비 가족분들의 신심에도 사두를 외칩니다. 특히 꼼꼼히 원고를 교정해 주신 까루나 님, 좋은 책을 만들어주신 홍수연 님을 비롯한 나눔커뮤니케이션 관계자 여러분의 정성에도 사두를 외칩니다.

이 모든 분에게,
또한 바른 법을 찾는 모든 수행자에게 이 공덕몫을 회향합니다.
그 모든 이에게
중도라는 팔정도 길이 분명하게 드러나기를.
그 길 따라 오롯이 실천하기를.
실천하는 모두가 사성제를 깨닫기를.
그리하여 부처님의 바른 법이 오랫동안 유지되기를.

불기 2562년 서기 2019년 5월
호두마을에서
비구 일창 담마간다Dhammagandha 삼가 씀

참고문헌

번역 저본

Mahāsi Sayadaw,『Dhammasacca tayato』, Yangon, Buddhasāsanānuggaha aphwe, 2017(제8쇄).

저본의 영역본

Translated by U Ko Lay,『The wheel of dhamma』, Yangon, Buddhasāsānuggaha aphwe, 2015(3rd ed.).

저본의 한역본

마하시 아가 마하 빤디따 지음, 김한상 옮김,『초전법륜경』, 행복한 숲, 2011.

빠알리 삼장 및 번역본

The Chaṭṭha Saṅghāyana Tipitaka Version 4.0 (CST4), VRI.

Bhaddanta Jāgara Mahāthera,『Saṁyutta Nikāya Sagāthāvagga Aṭṭhakathā Nissaya』, Pitakatounboun Aṭṭhakathā Ṭīkā Nissaya Asoung, Nissaya DVD-ROM, Yangon, Buddhacetaman, Seinyatanā Dhammācariya Sāthintaik.

Mahāsi Sayadaw, 『Visuddhimagga Myanmarpyan』 4vols, Yangon, Buddhasāsanānuggaha aphwe, 1992.

________________, 『Visuddhimagga Mahāṭikā Nissaya』 4vols, Yangon, Buddhasāsanānuggaha aphwe, 1968.

Myanmarnaingan Buddhasāsanāphwe, 『Mūlapaṇṇāsa Nissaya』, Pitakatounboun Pāḷito Nissaya Asoung, Nissaya DVD-ROM, Yangon, Buddhacetaman, Seinyatanā Dhammācariya Sāthintaik.

________________, 『Udāna Aṭṭhakathā Nissaya』, Pitakatounboun Pāḷito Nissaya Asoung, Nissaya DVD-ROM, Yangon, Buddhacetaman, Seinyatanā Dhammācariya Sāthintaik.

각묵스님 옮김, 『상윳따 니까야』 전6권, 초기불전연구원, 2009.

대림스님 옮김, 『청정도론』 전3권, 초기불전연구원, 2004.

, 『맛지마 니까야』 전4권, 초기불전연구원, 2012.

, 『앙굿따라 니까야』 전6권, 초기불전연구원, 2006~2007.

비구 일창 담마간다 옮김, 『마하시 사야도의 마하사띠빳타나숫따 대역』, 불방일, 2016.

전재성 역주, 『숫타니파타』, 한국빠알리성전협회, 2004.

__________, 『빅쿠비방가-율장비구계』, 한국빠알리성전협회, 2015.

사전류

전재성, 『빠알리-한글사전』, 한국빠알리성전협회, 2005.

기타 참고도서

Ashin Sīlānandabhivaṃsa, translated by U Min Swe,『*Biography of The most venerable Mahāsi Sayādaw*』*, part I, Yangon, Buddhasāsanānuggaha aphwe, 2017.*

Mahāsi Sayadaw,『*Cittānupassanā tayatogyi hnin Dhammānupassanā tayatogyi*』*, Yangon, Buddhasāsanānuggaha aphwe, 2018.*

__________,『*Mahāsatipaṭṭhāna sutta pāḷi nissaya*』*, 2000.*

__________,『*Nibbāna shinya tayato*』*, 2006.*

__________,『Vipassanā Shunikyan』*2*vols, *1997.*

각묵스님,『네 가지 마음챙기는 공부』, 초기불전연구원, 2008(개정판2쇄).

대림스님/각묵스님,『아비담마 길라잡이』 전2권, 초기불전연구원, 2002, 전정판 2017.

마하시 사야도 법문, 비구 일창 담마간다 편역,『위빳사나 백문백답』, 이솔출판사, 2014.

마하시 사야도 지음, 비구 일창 담마간다 옮김,『위빳사나 수행방법론』 전2권, 불방일, 2016.

무념·응진 역,『법구경 이야기』 전3권, 옛길, 2008.

비구 일창 담마간다 지음,『부처님을 만나다』, 불방일, 2018(개정판 1쇄).

__________,『가르침을 배우다』, 불방일, 2017.

비구 일창 담마간다 편역,『빳타나』, 불방일, 2018.

우 소다나 사야도 법문, 비구 일창 담마간다 옮김,『어려운 것 네 가지』, 불방일, 2017.

찾아보기

ㄱ

간접적 괴로움pariyāyadukkha 237
감각욕망갈애kāmataṇhā 323
감각욕망쾌락의 탐닉에 몰두kāmasukhallikānuyoga 117
감각욕망취착kāmupādāna 267
감춰진 괴로움paṭicchannadukkha 236
개구리 천신Maṇḍūkadevaputta 184, 283
고통 괴로움dukkhadukkha 234
고행의 실천dukkaracariya 89
과 정견phala sammādiṭṭhi 203
구분관통pariññābhisamaya 160
구분통찰pariññāpaṭivedha 397
구분지pariññā 356
구분하여 알아야 할pariññeyya 390
극단anta 107
근본mūla 도 구성요소 208, 359
근절해탈samuccheda vimutti 437
근접삼매upacāra samādhi 191, 198
꿰뚫는 지혜sambodhā 161

ㄴ

나따뿟따Naṭaputta 98, 468
눈cakkhu 147

ㄷ

단견ucchedadiṭṭhi 327
대상잠재번뇌ārammaṇānusayakilesa 332, 407
도덕적 부끄러움hirī 307
도덕적 두려움ottappa 307
도 정견magga sammādiṭṭhi 203
드러난 괴로움appaṭicchannadukkha 236

ㅁ

마하나마Mahānāma 472
명지vijjā 387

몰입삼매appanā samādhi 216
무명avijjā 324
미가다야Migadāya 49
비존재vibhava 327
비존재갈애vibhavataṇhā 327
빠세나디Pasenadī 왕 433

ㅂ

바른 견해sammādiṭṭhi 201
바른 노력sammāvāyāma 180
바른 말sammāvācā 173
바른 삼매sammāsamādhi 196
바른 새김sammāsati 185
바른 생각ammāsaṅkappa 219
바른 생계sammāājīva 178
바른 앎sampajañña 137
바른 행위sammākammanta 176
반조 정견paccavekkhaṇā sammādiṭṭhi 203
밧디야Bhaddiya 477
법의 눈dhammacakkhu 451
법의 바퀴dhammacakka 456
변화 괴로움vipariṇāmadukkha 234
부분소멸tadaṅganirodha 160, 338
부분열반tadaṅganibbāna 340, 372
부분제거tadaṅgapahāna 157
분노없음 생각abyāpāda saṅkappa 220
비구bhikkhu 106

ㅅ

사견취착diṭṭhupādāna 267
사마나Samaṇa 천신 298
상견sassatadiṭṭhi 325
상속잠재번뇌santānānusayakilesa 407
상실byasana 243
새김확립satipaṭṭhānā 188
선서sugata 142
선정jhāna 197
선정 정견jhana sammādiṭṭhi 210
성스러운ariya 165
수마나Sumanā 장로니 293
수행bhāvanā 418
수행관통bhāvanābhisamaya 160
수행통찰bhāvanapaṭivedha 373
숙지 구분지ñāta pariññā 357
실현관통sacchikiriyābhisamaya 160
실현통찰sacchikiriyāpaṭivedha 352

ㅇ

아난다Ānanda 존자 48, 150
아지따Ajita 327
안냐시꼰단냐Aññāsikoṇḍañña 461
알라라Āḷāra 59
앗사까Assaka 왕 279
앗사지Assaji 478
앞부분 도pubbabhāgamagga 221
억압해탈vikkhambhana vimutti 437
업 자산 정견kammassakatā sammādiṭṭhi 203
업형성 의식abhisaṅkhāraviññāṇa 330
여실지yathābhūtañāṇa 432
역할 지혜kiccañāṇa 390
오비구pañcavaggiya bhikkhū 49
완수 지혜katañāṇa 396
왑빠Vappa 477
우다까 라마뿟따Udaka Rāmaputta 65
우빠까Upaka 94
우빠리Upari 왕비 279
위범번뇌vītikkamakilsesa 405
위빳사나 정견vipassanā sammādiṭṭhi 203, 217
이시빠따나isipatana 51
인욕 단속khanti saṁvara 138
일어남uppanna 450

ㅈ

자아교리취착attavādupādāna 267
자기학대 몰두attakilamathānuyoga 127
자자pavaraṇā 170
작용자 도 구성요소kāraka maggaṅga 219, 365
잠재번뇌anusayakilesa 158
재경안해탈paṭippassaddhi vimutti 437
정등각sammāsambodhi 382
절제작용viratikicca 369
제거관통pahānābhisamaya 160
제거통찰pahānapaṭivedha 373
제거 구분지pahāna pariññā 357
조사 구분지tīraṇā pariññā 357
존재bhava 325
존재갈애bhavataṇhā 325
죽음직전 속행마음maraṇasannajavanacitta 325
중도실천majjhimapaṭipadā 140
지혜ñāṇa 146
직접적 괴로움nippariyāyadukkha 237
진리 지혜saccañāṇa 381
진행pavatta 452
짬뻬야Campeyya 용왕 277
찟따Citta 장자 468

ㅊ

찰나삼매khaṇika samādhi 191
최상ukkaṭṭha 방법 199
취착upādāna 267
취착무더기upādānakkhandha 267
출리 생각nekkhamma saṅkappa 220

ㅌ

특별 구분지abhiññā pariññā 356
특별한 지혜abhiññā 159

ㅎ

하등omaka 방법 199
해침없음 생각avihiṁsā saṅkappa 220
행실의례집착sīlabbataparāmāsa 156
행실의례취착sīlabbatupādāna 267
현법열반론diṭṭhadhammanibbānavāda 119
현전번뇌pariyuṭṭhānakilesa 332
형성 괴로움saṅkhāradukkha 235

저자

마하시 사야도 우 소바나**U Sobhana**

1904년 7월 29일, 미얀마의 세익쿤에서 출생하여 1916년에 사미계, 1923년에 비구계를 수지했다. 1930년부터 따운와인갈레이 강원에서 강사로 지내다가 1932년에는 밍군 제따완 사야도의 가르침을 받아 위빳사나 수행을 직접 실천했다. 1942년에는 사사나다자 시리빠와라 담마짜리야(국가인증우수법사) 칭호를 받았다. 1949년부터는 양곤의 마하시 수행센터에서 위빳사나 수행을 지도하며 국내는 물론 국외로도 바른 위빳사나 수행법을 널리 선양했다. 1952년에는 악가마하빤디따(최승대현자)의 칭호를 받았고, 1954년부터 2년간 열린 제6차 경전결집 때는 질문자와 최종결정자의 역할을 맡았다. 1982년 8월 14일, 세랍 78세, 법랍 58세로 마하시 수행센터에서 입적했다. 『Vipassanā Shunikyan위빳사나 수행방법론』, 『Visuddhimagga Mahāṭīkā Nissaya위숫디막가 대복주서 대역』을 비롯해 100권이 넘는 저서와 법문집이 있다.

감수자

우 소다나**U Sodhana** 사야도

1957년 미얀마 머그웨이 주에서 출생. 1972년 사미계, 1979년 비구계를 각각 수지했다. 1992년 담마짜리야 법사 시험에 합격했고 잠시 먀다웅 강원에서 강사로 재직했다. 1995년 마하시 수행센터에서 수행한 뒤 외국인 법사학교에서 5년간 수학했다. 그 뒤 마하시 수행센터에서 수행지도법사로 수행자를 지도하다 2002년 처음 한국에 왔다. 2007년 8월부터 한국마하시선원 선원장으로 지내며 경전과 아비담마를 강의하면서 강릉 인월사와 호두마을 등지에서 위빳사나 수행을 지도하고 있다. 2013년 양곤 마하시 수행센터 국외 나야까 사야도로 임명됐고, 2017년 12월 공식적으로 칭호를 받았다. 2019년 3월 정부에서 수여하는 마하깜맛타나짜리야 칭호를 받았다.

역자

비구 일창 담마간다**Dhammagandha**

1972년 경북 김천 출생. 1996년 해인사 백련암에서 원융 스님을 은사로 출가했다. 범어사 강원을 졸업했고 2000년과 2005년 두 차례 미얀마에 머물면서 비구계를 수지한 뒤 미얀마어와 빠알리어, 율장 등을 공부했으며 찬매 센터, 파옥 센터, 마하시 센터 등에서 수행했다. 현재 진주 녹원정사에서 정기적으로 초기불교에 대해 강의하고 있으며, 한국마하시선원과 호두마을을 오가며 우 소다나 스님의 법문을 통역하고 있다. 저서로 『부처님을 만나다』와 『가르침을 배우다』, 역서로 『위빳사나 수행방법론』(전2권), 『위빳사나 백문백답』, 『통나무 비유경』, 『마하사띠빳타나숫따 대역』, 『어려운 것 네 가지』, 『담마짝까 법문』, 『알라와까숫따』, 『헤마와따숫따 법문』, 『보배경 강설』, 『아비담마 강설1, 2』, 『아낫딸락카나숫따 법문』, 『아리야와사 법문』, 『자애』, 『말루꺄뿟따숫따 법문』 등이 있다.

법보시 명단

감 수 | 우 소다나 사야도
번 역 | 비구 일창 담마간다
교 정 | 까루나, 홍수연
보 시 | 이장천, 권봉화, 이종철, 김정림, 이진비(초판 1쇄)
한국마하시선원 법보시자들(개정판 1쇄)

삽바다낭 담마다낭 지나띠||
Sabbadānaṁ dhammadānaṁ jināti.
모든 보시 중에서 법보시가 으뜸이니라.

이당 노 뿐냥 닙바낫사 빳짜요 호뚜||
Idaṁ no puññaṁ nibbānassa paccayo hotu.
이러한 우리들의 공덕으로 열반에 이르기를.

이망 노 뿐냐바강 삽바삿따낭 바제마||
Imaṁ no puññabhāgaṁ sabbasattānaṁ bhājema.
이러한 우리들의 공덕몫을 모든 존재에게 회향합니다.

사두, 사두, 사두.
Sādhu, Sādhu, Sādhu.
훌륭합니다, 훌륭합니다, 훌륭합니다.

• 이 책에서 교정할 내용을 아래 메일주소로 보내주시면 다음에 책을 펴낼 때 큰 도움이 될 것입니다. 많은 관심 부탁드립니다(nibbaana@hanmail.net).

• 한국마하시선원에서 운영하는 도서출판 불방일에서는 마하시 사야도의 법문은 「큰북」 시리즈로, 우 소다나 사야도의 법문은 「불방일」 시리즈로, 비구 일창 담마간다의 법문은 「법의 향기」 시리즈로, 독송집이나 법요집은 「큰북소리」로 출간하고 있습니다. 여러분들의 많은 법보시를 기원합니다(농협 355-0041-5473-53 한국마하시선원).

마하시 사야도의

담마짝까 법문

• 초전법륜경 해설 •

초　판 1쇄 발행일 | 2019년 5월 8일
개정판 1쇄 발행일 | 2025년 1월 17일

지 은 이 | 마하시 사야도
번　　역 | 비구 일창 담마간다
감　　수 | 우 소다나 사야도

펴 낸 이 | 사단법인 한국마하시선원
편집진행 | 홍수연 김이하
디 자 인 | (주)나눔커뮤니케이션 02)333-7136

펴 낸 곳 | 도서출판 불방일
등　　록 | 691-82-00082
주　　소 | 경기도 안양시 만안구 경수대로 1201번길 10
(석수동 178-19) 2층
전　　화 | 031)474-2841
팩　　스 | 031)474-2841
홈페이지 | http://koreamahasi.org
이 메 일 | nibbaana@hanmail.net

* 이 도서의 국립중앙도서관 출판예정도서목록(CIP)은 서지정보유통지원시스템 홈페이지(http://seoji.nl.go.kr)와 국가자료종합목록시스템(http://www.nl.go.kr/kolisnet)에서 이용하실 수 있습니다.
(CIP제어번호 : CIP2019015962)

* 잘못된 책은 구입하신 서점에서 바꿔드립니다.

값 30,000원
ISBN 979-11-956850-9-7

03220
9 791195 685097
ISBN 979-11-956850-9-7